T5-AGW-770

Gib mir ein Zeichen

Arbeiten zur Praktischen Theologie

Herausgegeben von
Karl-Heinrich Bieritz und Christian Grethlein

Band 1

Walter de Gruyter · Berlin · New York
1992

Gib mir ein Zeichen

Zur Bedeutung der Semiotik für theologische Praxis- und Denkmodelle

Herausgegeben von
Wilfried Engemann und Rainer Volp

Walter de Gruyter · Berlin · New York
1992

∞ Gedruckt auf säurefreiem Papier,
das die US-ANSI-Norm über Haltbarkeit erfüllt.

Die Deutsche Bibliothek — CIP-Einheitsaufnahme

Gib mir ein Zeichen : zur Bedeutung der Semiotik für theologische Praxis- und Denkmodelle / hrsg. von Wilfried Engemann und Rainer Volp. — Berlin ; New York : de Gruyter, 1992
(Arbeiten zur praktischen Theologie ; Bd. 1)
ISBN 3-11-013618-X
NE: Engemann, Wilfried [Hrsg.]; GT

Printed in Germany
Satz: Eva Erdmann, Schwerte
Druck: Werner Hildebrand, Berlin 65
Buchbinderische Verarbeitung: Lüderitz und Bauer, Berlin 61

"Non esageriamo."
"Esageriamo, anzi. Se incominciamo ad ammettere la possibilità che ci sia anche un solo dato, nell'universo, che non rivela qualcosa d'altro, siamo già fuori dal pensiero ermetico."

(Umberto Eco, *Il pendolo di Foucault*)

"Wir wollen nicht übertreiben." -
"Im Gegenteil, übertreiben wir. Wenn wir anfangen, die Möglichkeit gelten zu lassen, daß im Universum auch nur eine Gegebenheit existiert, die nicht etwas anderes offenbart, sind wir bereits außerhalb des hermetischen Denkens."

(Umberto Eco, *Das Foucaultsche Pendel*)

Zu diesem Buch

Mit den Ergebnissen und Verfahrensweisen der Semiotik an die Theologie heranzutreten, hat in erster Linie damit zu tun, sich mit dem Argumentations- und Interpretationsrepertoire theologischer Praxis- und Denkmodelle zu beschäftigen. Das vorliegende Buch ist demnach keine Agende für eine semiotischen Theologie, sondern eine Auseinandersetzung mit theologischen Programmen und Prämissen, sofern deren Strukturen semiotisch beschreibbar sind.

Etwas *semiotisch* zu beschreiben heißt aber, die Bedeutung bzw. Wirkung von etwas anhand seines Zeichencharakters zu erklären, also darzulegen, inwiefern "es" (ein Wort, ein Text, eine Handlung, ein Symbol, ein Raumgefüge usw.) von Erkenntnis- und Kommunikationsprozessen bestimmt und von dem kulturellen Kontext, in dem sich diese vollziehen, nach Form und Inhalt geprägt wird.

Wer auf dem semiotischen Feld arbeitet, steht angesichts eines weitverzweigten Netzes systematisierender Zugänge in der Gefahr, die operative Natur der dabei verwandten Modelle zu übersehen und sie derart zu seinem "Forschungsgegenstand" zu machen, daß er abbricht, wenn er ihre Begriffe definiert und entsprechende Zeichenklassen bestimmt hat. Aber lediglich als Lehre von den Zeichen, womöglich gar als Sonderfall der Linguistik oder Logik verstanden, nimmt man der Semiotik ihren Witz, den sie in den letzten beiden Jahrzehnten durch die *Zusammenführung von Zeichen- und Kommunikationstheorie zu einer neuen Disziplin* gewonnen hat.

Der Semiotik diese Prägung gegeben zu haben, ist das besondere Verdienst Umberto Ecos. Sein 60. Geburtstag war für die Herausgeber Anlaß, den gegenwärtigen Stand der Urteilsbildung zu theologisch relevanten Fragen in semiotischer Perspektive in einem besondern Band zu dokumentieren. Dabei hat sich gezeigt, in welchem Maß die Semiotik die verschiedensten philosophischen, theologischen und andere "Immunsysteme" herausfordert und im besten Sinn des Wortes strapaziert. Eine Herausforderung und eine "Strapaze" aber, die sich lohnen dürften; denn man übersteht sie nicht, ohne die Legitimität der eigenen Prämissen, Hypothesen und Überzeugungen überprüft zu haben.

Die Semiotik hat zwar erheblich von jenen Philosophen profitiert, die sich unter teilweise ganz verschiedenen Voraussetzungen und entgegengesetzten Absichten unter anderem auch mit der Phänomenologie der Zeichen befaßt haben. Aber das deutlich wachsende Interesse an der Semiotik ist wohl weniger ihrer internen Plausibilität, sondern vor allem ihrer universalen Interpretationsstruktur hinsichtlich des Gelingens und Scheiterns jedweder Art von Verstehen und Verständigung zuzuschreiben. Theologie befaßt sich also insofern mit der Semiotik, als sie von Signifikations- und Kommunikationsprozessen durchzogen ist, für die sie keine außersemiotischen Bedingungen, keine zeichenfreien Räume beanspruchen kann.

Der vorliegende Band versucht, die Dichte dieses Raumes aufzuzeigen und Anregungen zu geben, ihn zu gestalten.

Greifswald/Mainz im Mai 1992

Wilfried Engemann Rainer Volp

Inhalt

Einleitung

I. Voraussetzungen

II. Analysen

III. Konsequenzen

Einleitung

Wilfried Engemann

Semiotik und Theologie - Szenen einer Ehe[1]

1. Zur Phänomenologie des Zeichens oder: Von der Theologie als semiotischem Feld 2. Der Prozeß der Zeichen oder: Von der semiotischen Kritik theologischer Praxis- und Denkmodelle 3. Die Wirkung der Zeichen oder: Semiotik in theologischer Perspektive

1. Zur Phänomenologie des Zeichens oder: Von der Theologie als semiotischem Feld

So differenziert die Semiotik als Lehre von den Zeichen darüber Auskunft gibt, was ein Zeichen sei bzw. wie ein Zeichen funktioniert, so allgemein ist der Konsens, der sich alltagssprachlich im Gebrauch des Zeichenbegriffs[2] niederschlägt. Wir sagen: "Gib mir ein Zeichen, wenn du soweit bist" - und meinen damit irgendein akustisches Signal. Wir raten: "Gib mir ein Zeichen, wenn du wieder ansprechbar bist" - und meinen damit einen Besuch. Wir fordern: "Gib mir ein Zeichen, daß du es ehrlich meinst" - und denken dabei an eine Unterschrift. Alles, was Gestalt annehmen, alles, was gesehen, gehört, gefühlt, gerochen, geschmeckt, alles, was wahrgenommen werden kann, alles das gehört zur Welt der Zeichen. Wer verstehen oder sich verständigen will, muß sich in dieser Welt auskennen, muß sich immer auf etwas beziehen, woran, wodurch, womit er erkennen oder sich verständigen kann.

Vom Paradies der Genesis bis zum Inferno der Apokalypse, vom brennenden Dornstrauch bis zum Brotbrechen in Emmaus, von den Kopfwaschungen Johannes des Täufers bis zu den Fußwaschungen Jesu, vom Heilsverständnis Paulus' bis zur Gnadenlehre der Scholastik, von der Abendmahlslehre Luthers bis hin zur gegenwärtigen Debatte um die Erneuerung der Liturgie - jedwedes Verstehen und Verständigen vollzieht sich unter der permanenten Lektüre von Zeichen. Der sich dem Menschen nahende Gott wird bald an seinem /Schritt/[3] (Gen 3, 8), bald an /globalen oder kosmischen Unregelmä-

---

[1] Erweiterte Fassung eines Vortrags, der am 20. Mai 1992 an der Universität Bern im Rahmen des *Collegium generale* gehalten wurde. Das interfakultäre Forum stand unter dem Thema "Welt der Zeichen - Welt der Wirklichkeit".

[2] Vgl. hierzu auch "Bauchschmerzen", zuletzt in: Umberto Eco, *Im Labyrinth der Vernunft*. Texte über Kunst und Zeichen, Leipzig 1989, 5-12.

[3] Die für die Lehre von den Zeichen grundlegende Differenzierung zwischen einem *Aus-*

ßigkeiten/ (Lk 21, 28; Act 8, 6), bald an der /Predigt des Evangeliums/ erkannt. Seit es sie gibt, leben Religiosität und Theologie "in, mit und unter" den Bedingungen der Lektüre der Zeichen.

Um den Mechanismus dieser Lektüre genauer zu beschreiben, möchte ich zunächst auf eine Kommunikationsmodalität zu sprechen kommen, die für das Verständnis des semiotischen Zeichenbegriffs sehr wichtig ist. Es geht um die Rolle der Übereinkünfte.

1.1. Übereinkünfte über Übereinkünfte. Unausweichlichkeiten theologischer Theorie und Praxis

Was geschieht, wenn Menschen /etwas/ verstehen oder sich verständigen? Wie gehen wir vor, wenn wir nach einem passenden Ausdruck für etwas suchen, das wir begreifen oder mitteilen möchten?

Ganz gleich, welche kommunikationstheoretischen, philosophischen oder theologischen Modalitäten beim Herangehen an solche Fragen in Betracht gezogen werden - man kann sie nur im Kontext der unzähligen und unausweichlichen Erscheinungsformen der *Übereinkunft* bzw. der *Konvention* versuchen zu beantworten: also z.B. im Rahmen von Gewohnheiten, von unwillkürlich befolgten oder willkürlich vereinbarten Regeln, bezogen auf eine verinnerlichte Tradition, beziehungsweise - semiotisch formuliert - auf ein System verschiedener Codes, anhand deren sich Menschen im täglichen Leben orientieren. Erkenntnis und Verständigung sind ohne voraussetzbare Übereinkünfte nicht möglich.

---

druck für etwas (dem Signifikanten) und der *Bedeutung von etwas* (dem Signifikat) wird in der semiotischen Literatur in der Regel durch eine unterschiedliche Schreibweise angezeigt, der ich - um der für diese Zusammenhänge notwendigen Unterscheidbarkeit willen - im weiteren folgen möchte: Wird auf einen *Ausdruck*, einen Begriff oder eine sonstige Repräsentationsform Bezug genommen, so steht das betreffende Wort zwischen zwei Schrägstrichen (also z.B. der /Schritt/ als *akustisch* wahrnehmbares Geräusch, als *optisch* registrierbare Bewegung, als *rhythmische* Einheit). Geht es um die *Bedeutung*, um die dem Ausdruck beigemessene Interpretation oder einfach um eine Aussage *über* einen Ausdruck, werden doppelte Anführungszeichen gesetzt (z.B. kann der /Schritt/ in der zitierten Stelle "nahender Gott" bzw. "Bedrohung" signifizieren). Erfordert der jeweilige Darstellungszusammenhang keine besonderen Spezifizierungen - oder geht es um die durch Ausdruck und Bedeutung repräsentierten Sachverhalte (eine Formulierung, die wir weiter unten relativieren müssen) - werden keinerlei Zeichen benutzt. Vom Schritt wäre dann als von einem realen Vorgang die Rede, wie er tagtäglich und allerorten "abläuft". (In der Semiotik werden solche Ereignisse, Gegenstände - "die Dinge, wie sie sind" - als *Referente* (Sg.: das Referent) bezeichnet. Wenn die An- und Ausführungszeichen auch den verfremdenden bzw. uneigentlichen Gebrauch eines Wortes anzeigen sollen, wird dies jeweils aus dem Zusammenhang hervorgehen.

So selbstverständlich diese Feststellung erscheinen mag, führt sie in ihren Konsequenzen zu Überlegungen, die am *nervus rerum* solcher Debatten rühren, in denen es um die Ableitbarkeit oder Unableitbarkeit theologischer Gehalte geht, also beispielsweise um das Zustandekommen von "Offenbarung", um das Woher des "Evangeliums", um die "Gültigkeit" von Gottesbildern, systematisch-theologischer Modelle und ethischer Richtlinien, um die Angemessenheit praktisch-theologischer Handlungsvollzüge und um ähnliche Prozesse, in denen theologisch definierbare Inhalte menschlichem Verstehen und Kommunizieren "ausgesetzt" werden.

Weil aber einerseits das Verständnis für die radikale kulturelle Bedingtheit der Übereinkunft von grundlegender Bedeutung für die Charakteristik des Zeichens ist, und weil andererseits offenkundige Fehleinschätzungen der Theologie hinsichtlich der Kommunizierbarkeit bestimmter Inhalte mit einer gewissen Ignoranz gegenüber der Phänomenologie des Zeichens zusammenhängen, möchte ich zunächst drei Gesichtspunkte zur Funktionalität der Übereinkünfte festhalten. Dabei geht es im Grunde um die Beschreibung eines einzigen Aktes: um den für jeden Erkenntnis- und Verständigungsvorgang unaussetzbaren Rückgriff auf irgendetwas, das man irgendwie wahrnehmen und in irgendeiner Hinsicht auf irgendetwas anderes beziehen kann.

a) Der Aspekt der Unabdingbarkeit der Übereinkunft

Wenn Menschen kommunizieren, wird "etwas" (z.B. ein Sachverhalt, auf den man sich beziehen möchte) durch /etwas anderes/ (einen bestimmten Ausdruck) gewissermaßen "vertreten". Dementsprechend betreffen - kommunikationstheoretisch gesehen - die in einer Kultur geltenden Konventionen die Frage, *was wodurch* vertreten werden, also in der Kommunikation "erscheinen" kann. Einem Gedanken oder einem Gefühl können wir durch bestimmte Worte ebenso Ausdruck verschaffen wie durch eine /Gebärde[4]/, durch unsere /Mimik/, durch das /Tempo/, mit dem wir uns fortbewegen, unsere /Körperhaltung/, durch unsere /Kleidung/, unsere /Art und Weise, diese Kleidung zu tragen/ u.a.m. Daß "Gott" gemeint ist, kann mit einem /gleichseitigen Dreieck und einem Auge in der Mitte/, mit dem Tetragramm /*JHWH*/, einem /bärtigen Gesicht über den Wolken/ und auf andere Weise ausgedrückt werden. Piktogramme auf Bahnhöfen, Linien auf Landkarten, Bilder, Melodien - /alles/ ist qua Übereinkunft potentiell tauglich, für "etwas anderes" zu stehen, "etwas" aufzurufen, was zur semantischen und damit zur Kommunikationswelt einer Kultur gehört.[5] Und wer verstehen oder sich verständigen will, muß an den

---

4 Ronald Sequeira verweist in seinem Beitrag auf Kriterien der Liturgik, die sich allein aufgrund der Lesbarkeit von Gebärden und Körperbewegungen ergeben.

5 Martin Heider versucht in seinem Beitrag gar zu zeigen, inwiefern die fraktale Geometrie,

Konventionen, die in einer Kultur das Ersetzen von "etwas" durch /etwas anderes/ regeln, partizipieren.

Der jeweils wirkende soziokulturelle Kontext ist freilich nichts Statisches; er ist in ständiger Veränderung begriffen, und in entsprechender Weise[6] wandeln bzw. erweitern sich natürlich auch die Übereinkünfte - die Ebenen sämtlicher Codes, die in einer Kultur benutzt werden, auch die theologischen oder religiösen. Daß beispielsweise der Ausdruck /Gott ist grün/ im Jahre 1992 einen sehr hohen Informationswert hat, als theologisches Programm gelesen, mit schöpfungstheologischen Aussagen verbunden und sogar im Kontext der "Eigenschaften Gottes" interpretiert werden kann, dies ist nur möglich, weil /grün/ im Kommunikationspotential unserer Kultur mit einer Fülle von Bedeutungen versehen ist, die über farb-physikalische Zusammenhänge weit hinausgehen und mit der Farbe Gottes nichts zu tun haben.

Und hier zeichnen sich bereits die Probleme ab, mit denen man zu tun bekommt, wenn man mit den semiotischen Ergebnissen und Verfahrensweisen an die Theologie herantritt: Wenn von /Gott/ die Rede ist, von /seinem Sohn/, seinem /Geist/ oder seinem /Reich/ usw., werden häufig Interpretationsmodelle herangezogen, in denen die Konvention als kommunikative Größe gezielt ausgeklammert wird. Der kommunikativen Modalität der Übereinkunft wird beispielsweise die Modalität der Offenbarung als etwas entgegengesetzt, deren Gehalt weder aus Übereinkünften noch aus einem kulturellen Kontext gespeist sei - und sei dieser noch so religiös. Wir werden diese Argumentation an anderer Stelle in Zweifel ziehen.

b) Der Aspekt der Bezüglichkeit der Übereinkunft

Versucht man nun, jenes */etwas/*, das aufgrund einer *Konvention* für "*etwas anderes*" stehen kann, jeweils zu erklären, trifft man erneut auf /etwas/, das - aufgrund von Übereinkünften - wiederum für "etwas anderes" steht. Wenn z.B. Ray Bradbury[7] in den Vorstellungen seiner Leser "Jesus" erscheinen läßt

---

also eine mathematisch generierte Vorstellungswelt, dazu benutzt werden kann, *theologische* Aussagen zu reflektieren und dabei z.B. etwas zum Verständnis der "Unendlichkeit Gottes" beizusteuern.

[6] Die "Kultursemiotik" von Walter A. Koch hat nicht unerheblich dazu beigetragen, sowohl die "metadisziplinäre Rolle" der Lehre von den Zeichen zu profilieren als auch die semiotische Argumentation im Horizont der Kultur zu verdichten (vgl. seine Schrift *Evolutionäre Kultursemiotik*, Bochum 1986, 116, 25.). Sein in diesem Band veröffentlichter Aufsatz zeigt aufs Neue die Untrennbarkeit kommunikationstheoretischer Untersuchungen von der Beobachtung semiosischer, kulturell evolutiver Prozesse. Koch zeigt dabei eine Interpretationsgrundlage auf, derzufolge das Verstehen von etwas nie darauf hinauslaufen kann, durch das Verständnis ein "endgültiges Abbild der objektiven Wirklichkeit" (ebd., 112) zu gewinnen.

[7] Vgl. "Der Mann" in: Ray Bradbury, *Der illustrierte Mann*, Berlin o.J., 52-70.

(ohne diesen Namen gebrauchen zu müssen), ruft er Übereinkünfte auf, die nur im Kontext weiterer Übereinkünfte (die dem Interpretationsrepertoire des Lesers zur Verfügung stehen müssen) verstanden werden können.

Man kann sich diesen Aspekt einer im Grunde nur willkürlich abschließbaren, nur aus einer bestimmten Intention heraus begrenzbaren Bezüglichkeit einer Übereinkunft an Beispielen aus allen Bereichen der Theologie vergegenwärtigen: Ohne die - formal wie inhaltlich - aus dem in einer Kultur zirkulierenden Verständigungspotential gespeisten Konventionen ist es nicht einmal möglich, eine Liturgie verstehend mitzufeiern. So wird beispielsweise das gestische Andeuten eines /Kreuzes/ noch längst nicht verstanden, wenn ein Rezipient erkennt: "So geht ein Kreuz." Erst das kulturelle Wissen um das /Kreuz/ als "Mittel der Todesstrafe", erst das Partizipieren an einer theologischen Übereinkunft, nach der das /Kreuz auf einem Altar/ auf "*Jesus* am Kreuz" verweist und wiederum der /Tod Jesu am Kreuz/ und die Kenntnis *dieses* Kreuzes im kirchlichen Kontext zugleich "Solidarität", "Vergebung", "Sühne" usw. bedeuten - daß das /Kreuz/ schließlich "Heil" konnotieren kann, ermöglichen angemessenes (d.h. in diesem Fall freilich religionskonformes) Verstehen.

Der Verweis auf den Aspekt der Bezüglichkeit der Konvention auf immer weitere Konventionen impliziert die kritische Rückfrage an solche Modelle der Theologie, deren Struktur man entweder mit dem Anspruch erklärt, sie korrespondiere mit Gottes Sosein, oder in der Überzeugung verteidigt, sie seien - weil sie sich jeder Erklärbarkeit entzögen - interpretatorisch nicht überschreitbar.

c) Der Aspekt der Verletzbarkeit der Übereinkunft

So gewiß Kommunikation einerseits auf sprachlichen und anderen Übereinkünften beruht, gibt es andererseits die Erfahrung der *Abnutzung des Übereingekommenen*, des Verschleißens von (Zeichen-)Sprache, die, immer noch traktiert, schon nicht mehr ganz "stimmt", in ihrer Wirkung fragwürdig ist und kaum noch die Beteiligung des Kommunikationspartners ermöglicht bzw. erfordert. In diesem Zusammenhang ist der Aspekt der Verletzbarkeit der Übereinkunft von besonderem Gewicht: Wir können Konventionen auch "benutzen", indem wir uns gegen sie wenden. Es gibt eine Praxis menschlicher Kommunikation, die bestimmte sprachliche und andere Konventionen *im Rahmen von schon Konventionsfähigem verletzt* und dabei einen Prozeß auslöst, der neue, situationsbezogene Regeln des Verstehens einführt, der also Übereinkünfte *trifft*, für die es noch gar keine Regeln gibt.

Dementsprechend gehört zur Semiotik, daß sie zwar Konventionen voraussetzt, aber vom Zweifel an der Mitteilungskraft, an der Kommunikationsleistung bloß regelmäßiger Sprache, vom Mißtrauen gegenüber dem Verständigungseffekt des nur in Konventionen Gründenden angesteckt ist. Zu ihrer Konzeption gehört es, Verständigung auch an der Grenze, im Störbereich von Übereinkunft zu erklären und zu ermöglichen.

Auf diesem Hintergrund ergeben sich elementare Fragen an die Konzeption theologischer Praxis- und Denkmodelle: Wie steht es um die "Botschaft" des Gottesdienstes?[8] Entfaltet er sie lediglich reminiszierend, indem er gleichsam Konventionen dogmatischer, ethischer, liturgischer Art abschreitet, die in seinem sozioreligiösen Kontext gelten? Woran werden die einen Gottesdienst Mitfeiernden eigentlich beteiligt[9], wenn er der "Gewohnheit, der Form die Hauptaufmerksamkeit zu schenken"[10], Vorschub leistet und alle Bestrebungen, an seinen Formen etwas zu ändern, als anarchistisch erscheinen läßt?

Als aus der Kommunikation erwachsenene und in die Kommunikation führende Wissenschaft kann die Theologie nicht von der Aufgabe entbunden werden, auf der Grundlage von Konventionen neue Konventionen zu ermöglichen, ja, sie "heraufzubeschwören". Wenn die Theologie den Menschen nicht mehr dazu anspornt und anleitet, sich sub communicatione zu erschließen, was Gott und die Welt miteinander zu tun haben, verliert sie ihr zentrales - den Fortbestand der Tradition letztlich wahrendes - innovatives Moment.

1.2. Zur theologischen Relevanz des Zeichenbegriffs

Die eben genannten Aspekte der Übereinkunft lassen sich im Zeichenbegriff zusammenführen. Vorläufig und allgemein formuliert: /Etwas/ *wird* zum Zeichen, sobald es als für "*etwas anderes*" stehend betrachtet wird.

Um die damit verbundenen kommunikationstheoretischen, semiotischen und theologischen Probleme zu vertiefen, möchte ich einen für diesen Zusammenhang recht interessanten Text aus dem Neuen Testament in die weiteren Erläuterungen einbeziehen. Ich habe ihn nicht nur wegen der in ihm ausdrücklich angesprochenen Rolle der Zeichen oder der semiotisierend-religiösen Wechselrede wegen ausgewählt (eine sehr frühe, gewissermaßen naive Szene der Ehe

---

[8] Vgl. hierzu den Beitrag von Rainer Volp, in dem der "Gottesdienst als semiotische Aufgabe" erläutert wird. Diese Aufgabe hat u.a. damit zu tun, das Zusammenwirken verschiedenster Bedeutungsträger und Bedeutungsdimensionen im Gottesdienst zu berücksichtigen, d.h. z.B. Liturgie so zu gestalten, daß sich im Vollzug dieser Liturgie Identifikationsmöglichkeiten einstellen, statt die Aufgabe der Liturgie darauf festzulegen, die Dogmen der Kirche widerzuspiegeln.

[9] Vgl. dazu den Beitrag von Hans Erich Thomé, in dem er dazu anregt, bei der Konzeption von Gottesdiensten jenen kommunikativen Strukturen mehr (gestalterische) Aufmerksamkeit zu schenken, die zu einer "interaktionsbezogenen Codierung der Botschaften" beitragen.

[10] Vgl. Wassily Kandinsky, *Essays über Kunst und Künstler*. Aufsätze, Stuttgart 1955, 26.

zwischen Semiotik und Theologie), sondern vor allem, weil er sehr anschaulich verschiedene Zeichenverständnisse und -mißverständnisse repräsentiert, über die man sich im klaren sein sollte, wenn man das semiotische Instrumentarium zur Auseinandersetzung mit theologischen Fragestellungen benutzt.

> Mt 16, 1-4: (1) Da traten die Pharisäer und Sadduzäer zu Jesus; die versuchten ihn und forderten, daß er sie ein Zeichen vom Himmel sehen ließe. (2) Aber er antwortete und sprach: Des Abends sprecht ihr: Es wird ein schöner Tag werden, denn der Himmel ist rot. (3) Und des Morgens sprecht ihr: Es wird heute Unwetter geben, denn der Himmel ist rot und trübe. Über des Himmels Aussehen könnt ihr [also] urteilen; könnt ihr dann nicht auch über die Zeichen der Zeit urteilen? (4) Dieses böse und abtrünnige Geschlecht sucht ein Zeichen; doch soll ihm kein Zeichen gegeben werden denn das Zeichen des Jona.

Zunächst kann diese Wechselrede zwischen den Pharisäern und Jesus zur Veranschaulichung des oben skizzierten Zeichenbegriffs herangezogen werden. Für die Phänomenologie des Zeichens sind zwei unterschiedliche Ebenen konstitutiv: Da ist zunächst die unendlich weite Palette der *Ausdrucksformen.* Zu ihnen gehört alles, was als Wort, Geste, Bild, Handlung, Ereignis usw. potentiell *signifikant* werden kann. Aus der /Stellung der Zeiger einer Uhr/ lesen wir die "Stunde des Tages", aus dem /Mienenspiel/ eines Gesichts "Freude" oder "Ärger". Wir lesen den /Gang/ und die /Kleidung/ eines Menschen, wir interpretieren die /Klasse des Wagens/, den er fährt, wir schließen von seiner /Sprache/ auf seine "Herkunft", von seinem /Parteiabzeichen/ auf seine "Gesinnung", von der /Menge seiner Bücher/ auf das "Maß seiner Bildung", von einem /roten, trüben Himmel/ auf das zu erwartende Wetter. In der Semiotik spricht man in diesem Zusammenhang von den *Signifikanten.* Sie stellen sozusagen das Material, das wahrgenommen und mit etwas anderem verbunden wird, was über die unmittelbare Wahrnehmung hinausgeht. Dieses andere ist das *Signifikat*, die Bedeutung, die - angeregt durch die Wahrnehmung - sozusagen abgerufen bzw. gebildet wird.[11] Ein Zeichen "gibt" es also nur kraft einer Zuordnung und kann daher nur funktional definiert werden: als

---

[11] Dieser instrumentelle bzw. kausale Zusammenhang ist schon sehr früh für den Zeichenbegriff geltend gemacht worden. Als Vertreter der Stoa (und des Skeptizismus!) ordnet bereits Sextus Empiricus den Zeichen eine erschließende Funktion zu (vgl. Zsigmond Telegdi, *Ein Beitrag zur Lehre vom sprachlichen Zeichen*, Berlin 1981, 20). Ähnlich akzentuiert die Scholastik: "Signum est id quod representat aliquid a se potentiae cognoscenti" (Johannes a Santo Thoma, zit. nach Hans Burkhardt, *Logik und Semiotik in der Philosophie von Leibniz*, München 1980, 175). Leibniz schließlich schreibt in seiner Tafel der Definitionen: "Das Zeichen ist ein Wahrgenommenes, aus welchem man die Existenz eines Nicht-Wahrgenommenen schließen kann" (in: ders., *Fragmente zur Logik*, ausgewählt, übersetzt und erläutert von Franz Schmidt, Berlin 1966, 122).

ein perspektivisch gebildeter bzw. benutzter Verbund von Signifikant und Signifikat.

In diesem Zusammenhang ist es wichtig festzuhalten, daß die Wirklichkeit, "die Dinge, wie sie sind", Gegenstände oder Ereignisse, nicht in das Zeichen eingehen. Es gibt keine Möglichkeit, sozusagen vom Kontinuum der Ereignisse her, aus dem unabhängig von allen punktuellen Deutungen sich vollziehenden Wirklichkeitsgeschehen heraus, zu einer "wirklichkeitsgetreuen" Interpretation eines Sachverhalts vorzudringen. Im Gegenteil, der menschliches Verstehen und Kommunizieren begründende Zeichengebrauch dokumentiert die unüberbrückbare, prinzipielle Diskontinuität zwischen Ereignis und Interpretation.[12] Die enormen Anstrengungen der Theologie, diese Diskontinuität zu überwinden oder wenigstens zu kaschieren, haben m.E. gerade nicht zu einer besseren Verständlichkeit ihrer Anliegen beigetragen. Wolfhart Pannenbergs Ansatz, den theologischen Gehalt seiner Christologie in eine logische Kontinuität zu historischen Faktizitäten zu bringen, kann zwar beschreiben, wie etwa die Auferweckung als eines der gesichertsten Daten der Weltgeschichte zu denken wäre[13]; aber das erklärt nicht, inwiefern diese Auferweckung irgendeine Bedeutung für mich gewinnen könnte. Der bewußte Verzicht der Theologie auf den Anspruch der Abbildbarkeit des Wirklichkeitsverhältnisses zwischen den "Dingen des Glaubens" und dem Menschen, zwischen Gott und Welt, könnte Kapazitäten dafür freisetzen, in der unausweichlichen Diskontinuität zwischen (einst) wahrgenommenen Ereignissen und notwendigen Interpretationen nach Zeichen zu suchen und Zeichen zu geben, mit denen andere Gott und die Welt verstehen und sich über Gott und die Welt verständigen können.[14]

---

[12] Vgl. Wilfried Engemann zur metaphorischen Rede in dem Aufsatz "Metaphorische Euphemismen. Aufschwung, Umschwung, Wende - Es lebe der Sport!", in: *WzM* 8 (1991), 462-469, bes. 468.

[13] Vgl. Wolfhart Pannenberg, *Grundzüge der Christologie*, Gütersloh ^{2}1966, bes. 98-111.

[14] Vgl. demgegenüber die in diesem Punkt Pannenberg zustimmende Position Walter Kaspers, nach der "historische Fragestellung" und "hermeneutische(r) Horizont" aufgrund der "Interdependenz von Faktum und Deutung" zusammengehören. Nach Kasper bedarf man der Zeichen insofern, als "deutende Worte hohl und leer [blieben], wenn sie nicht wirklich Geschehenes deuten und dadurch bestätigt werden" (vgl. ders., *Jesus der Christus*. Grundriß und Aufsätze zur Christologie, Berlin 1981, 155)); "das leere Grab [sei] in diesem Sinn ein Zeichen". Aber ganz abgesehen davon, daß es keineswegs zutrifft, daß Worte ihre "Füllung" durch "wirklich Geschehenes" erhielten (vgl. Umberto Eco, *Einführung in die Semiotik*, München 1972, 69-85; Wilfried Engemann, *Semiotische Homiletik: Die Frage nach dem Werk*. Prämissen, Analysen, Konsequenzen; erscheint im Herbst 1992 im Francke-Verlag, Tübingen, 3.2.2.-3.2.3.), setzt dieses Zeichenverständnis letztlich Signifikant und Referent in eins und ist bei der Bildung interpretierender Signifikationsstrukturen eher hinderlich als hilfreich.

Was oben von der Übereinkunft gesagt wurde, betrifft also die in einer Kultur benutzte und ein Zeichen begründete Verbindung von Ausdruck und Bedeutung[15], Form und Inhalt, Bezeichnendem und Bezeichneten. Der Aspekt der Unabdingbarkeit bedeutet hier: Man kann nicht nicht Zeichen gebrauchen. Der Aspekt der Bezüglichkeit der Übereinkunft hat aber zur Konsequenz, daß ein Zeichen nur durch ein weiteres erklärt bzw. verständlich werden kann. Und schließlich verweist der Aspekt der Verletzbarkeit der Übereinkunft auf den Umstand, daß neue Zeichen entstehen werden. Ohne diesen Aspekt wären Erkenntnis und Kommunikation lediglich reproduktive Prozesse ohne produktive Kraft oder innovative Potenz.

Vergegenwärtigt man sich freilich das wechselvolle Beieinander von Semiotik und Theologie oder die Einschätzung der Rolle der Zeichen in der Geschichte der Philosophie, wird man zunächst feststellen müssen, daß die Unabdingbarkeit des Zeichens, sein Übereinkunftscharakter und seine Unbeständigkeit keineswegs vorbehaltslos akzeptiert wurden. Das zeigt sich besonders in der Entwicklung bestimmter philosophischer und theologischer Begriffe, die im Grunde nur funktionieren, solange man den Prozeß der Zeichen nicht in Rechnung stellt. Die dabei entstehenden Probleme sollen im folgenden deutlich gemacht werden.

2. Der Prozeß der Zeichen oder: Von der semiotischen Kritik theologischer Praxis- und Denkmodelle

Die Lektüre der Zeichen ist so alt wie der Mensch selbst. Daran ändert auch die Tatsache nichts, daß die "Semiotik" erst viel später als solche definiert wurde. Es ist ein besonderes Verdienst John Lockes, sowohl den Begriff *Semiotik* wie auch dessen Definition als *Lehre von den Zeichen* in die damalige Logik eingefügt zu haben. Locke versuchte u.a. zu verdeutlichen, inwiefern Vorstellungen und Begriffe als Produkte eines semiotischen Verfahrens zu verstehen seien, das nicht im Erfassen einzelner Essenzen des Wahrgenommenen bestehe, sondern im Prozeß einer unausweichlichen Abstraktion.[16] Im Verlauf dieses Prozesses werden einige der wahrgenommenen Elemente einer Struktur zu einem (oder mehreren) Zeichen für diese Wahrnehmung zusammengestellt.

---

15 Vgl. hierzu Umberto Ecos Charakterisierung des Zeichens als "kulturelle Einheit" in: *Einführung in die Semiotik*, a.a.O. (vgl. Anm. 14), 102, 108-111, 122, 125f.; ders., Zeichen. Einführung in einen Begriff und seine Geschichte, Frankfurt/M. 1977, 176-178 u.ö.

16 Vgl. John Locke, *Versuch über den menschlichen Verstand*, Leipzig 1979, II, § II; III, § II; IV, XX sowie Umberto Ecos Kommentar zum Verhältnis von Ding, Begriff und Zeichen, z.B. in: ders., *Trattato di semiotica generale*, Milano ^{9}1985, 224.

Die dabei entstehenden Resultate sind aber wiederum nur dann von Belang, wenn sie den Erkenntnis- und Verständigungsprozeß nicht abschließen, sondern offenhalten.

Dieser Eintrag in die Philosophie und Logik seiner Zeit ist Locke von jenen angekreidet worden, die von der Anlage ihrer Interpretationssysteme her nicht darauf verzichten konnten, vom Signifikationsvermögen des einzelnen unabhängige, nicht prozeßgebundene Faktoren im Sinne außersemiotischer Größen anzunehmen.[17] Dahinter verbarg sich oftmals die latente Frage nach einem Nicht-Zeichen bzw. dem für sich selbst sprechenden Zeichen. Hegel schreibt in seinen *Vorlesungen* über Locke:

> "Ganz außer den Augen gesetzt ist bei Locke die Wahrheit an und für sich selbst; ... da ist bloß von Relation die Rede, der Inhalt sei nun ein objektives Ding oder Inhalt der Vorstellung".[18]

Charles Sanders Peirce hat jedoch in seinen umfangreichen Untersuchungen gezeigt, daß gerade mit der Möglichkeit jener Relation zwischen etwas Wahrgenommenen und einer Vorstellung, einem Gefühl oder einer Handlung - mit einer in jedem Fall *interpretierenden Reaktion* also - menschliches Verstehen und Sich-Verständigen steht und fällt.[19] Indem Peirce das Augenmerk nicht nur auf die Natur des Zeichens, sondern mehr noch auf die Prozedur der Zeichen im menschlichen Erkennen und Verstehen richtete, ging er über Locke hinaus - und entsprechend wuchs der Unmut auf seiten derjenigen, die aus philosopischen, theologischen oder ideologischen Gründen, wenn schon nicht bei den Dingen, so doch wenigstens bei *einem* Zeichen stehen bleiben wollten und ihre Begriffe und Interpretationsmodelle als Endlösungen favorisierten (vgl. dazu weiter unten).

---

[17] Gottfried Wilhelm Leibniz charakterisiert beispielsweise in einem Brief an Cornelius Dietrich Koch "Locke & Co." als unverständige Philosophen, "die die Logik verschmähten" (zitiert nach Hans Burkhardt, *Logik und Semiotik in der Philosphie von Leibniz*, München 1980, 383; Übertragung W.E.).

[18] Georg Wilhelm Friedrich Hegel, *Vorlesungen über die Geschichte der Philosophie*, Bd. III, Leipzig 1982, 256f.

[19] Vgl. Charles Sanders Peirce, *Collected Papers*, Bd. V, Cambridge ²1960, 475 f. und ders., *Schriften zum Pragmatismus und Pragmatizismus*, hg. v. Karl-Otto Apel, Frankfurt/M. ²1976, 512 f. Besonders wichtig für diesen Zusammenhang ist der in der Peirceschen Semiotik zentrale Begriff des *Interpretanten*. Interpretant ist nicht der Interpret, sondern kommt dem nahe, was wir oben als Signifikant beschrieben haben. Ein beliebiger Ausdruck (in der Nuancierung von Peirce: ein "Repräsentamen") ist insofern (zugleich) Interpretant, als er zur Bestimmung eines (weiteren) Ausdrucks taugt. Mit anderen Worten: Was nützt es, etwas auf einen Begriff gebracht zu haben, der "nicht in der Lage wäre, zu einer weiteren Konklusion beizutragen" (vgl. ebd., 390)?

Daß es nicht selbstverständlich, aber durchaus möglich ist, das von den Kritikern der Semiotik beklagte Fazit des Ecoschen Rosenromans ("Stat rosa pristina nomine, nomina nuda tenemus"; Der Name der Rose, München [2]1986, 635) - nämlich die sich in der unbegrenzten Semiose anscheinend verflüchtigende ethische, religiöse, den Menschen vorgegebene Verbindlichkeit - nun gerade als Grund dafür zu interpretieren, die Verantwortung für menschliche Lebensverhältnissezu übernehmen, geht besonders aus dem Beitrag Hermann Deusers (in diesem Buch) hervor. In Anknüpfung an Charles Sanders Peirces Pragmatizismus zeigt er, wie eng die Akzeptierung des kulturellen Universums als ein "System der semiotischen Systeme" damit zusammenhängen kann, Welt mitgestalten und verändern zu wollen. Deusers These von der für die modernen Wissenschaften ebenso wie für Moralität und Religion geltende "Vereinbarkeit von Fallibilismus und Realismus" impliziert dementsprechend, weitere "Wahrheitsfindung nicht zu blockieren".

Wenn die breite Integration der Semiotik in die verschiedensten Wissenschaftsbereiche etwas verdeutlicht hat, dann wohl vor allem dies, daß es keinen Sektor menschlichen Lebens gibt, den man aus der Semiose als dem Prozeß der Zeichen heraushalten könnte, keinen Raum, in dem man sich jene Arbeit, etwas für etwas anderes zu lesen - das wiederum nur durch weitere Interpretanten erschlossen wird - ersparen könnte. Auch die Religiosität eines Menschen und die Theologie, mit der er lebt (sei er nun Theologe oder nicht), können nicht unabhängig von der Lektüre der Zeichen entstehen oder sich entwickeln.

Auf diesem Hintergrund komme ich auf die bereits angeführte Erzählung von der "Zeichenforderung der Pharisäer" zurück: Interessanterweise wird die Erwartung der Fragesteller abgewiesen, indem ihr Zeichenverständnis korrigiert wird. Es ist von der Auffassung bestimmt, etwas wahrnehmen zu können, was für sich selbst spricht und die Frage erspart, was /es/ zu bedeuten habe. Die Pharisäer verstehen unter einem Zeichen nicht weniger als die repräsentierte Wirklichkeit. Damit akzeptieren sie aber gerade *kein Zeichen für...*, sondern erwarten etwas, was sie sozusagen "umhauen" könnte und meinen damit die "Sache selbst". Während sie sich mit einem "Zeichen vom Himmel" etwas erhoffen, das keines weiteren Kommentars bedürfte, also quasi für sich selbst spräche, werden sie auf die *Lektüre der Zeichen* verwiesen, wie sie sie aus dem Alltag kennen. Sie werden auf signifikante Erscheinungen einerseits und die jeweilige Interpretationsleistung andererseits aufmerksam gemacht. Der Befragte appelliert also an die Fähigkeit, etwas *als* Zeichen zu *lesen*[20], d.h. "es" um eine Bedeutung zu *ergänzen*, sich den Gehalt zu *erschließen*.

Nichtsdestotrotz ist es in der Theologie immer wieder als Tugend angesehen worden, etwas vorweisen zu können, was angeblich nicht interpretationsbedürftig oder wenigstens nicht (weiter) interpretationsfähig sei. Die Akzeptierung des Zeichencharakters jeder Wahrnehmung freilich schließt die Respektierung der Interpretationsbedürftigkeit und -fähigkeit des Wahrgenommenen ein. Der Wunsch nach einem "Zeichen vom Himmel" hingegen birgt den Mythos einer für sich selbst sprechenden Wirklichkeit. Dieser Wunsch klingt nach beispielsweise im Offenbarungsbegriff der Orthodoxie.

2.1. Unmittelbare Offenbarung?

Eines der zähesten semiotischen Mißverständnisse und einige sehr engagiert diskutierte theologische Loci haben in einer bestimmten Hinsicht sehr viel miteinander zu tun. In beiden Fällen wird postuliert, daß es Verstehens- und Kommunikationsprozesse gebe, in denen man nicht auf die Lektüre von Zeichen angewiesen sei, sondern sich der Wirklichkeit selbst argumentativ bedienen könne[21]. So demonstriert zwar beispielsweise der sich durch die gesamte Dogmengeschichte ziehende Streit um exklusive oder inklusive, allgemeine oder eigentliche, unmittelbare oder mittelbare, progressive oder abgeschlossene Offenbarung nicht nur mustergültig den unausweichlichen Rückgriff auf ein immenses Repertoire von Zeichen, sondern ebenso das schier unerschöpfliche Bilden neuer Zeichen und ganzer Zeichensysteme. Aber gerade das Kapitel *De revelatione* zeigt zugleich auch die Gebrochenheit, die Zurückhaltung, den Widerstand der Theologie bei der theoretischen Rezeption semiotischer Einsichten.

---

[20] Rudolf Roosen führt in seinem Beitrag zwei Prototypen der Welttextlektüre vor Augen - Simplicissimus und Don Quixote - um zu zeigen, daß die Bedingungen, unter denen aus Grimmelshausens frommem Einsiedler der Cervantessche Dummkopf auf dem Klepper wird, dieselben sind wie die, unter denen z.B. philosophie- oder religionsgeschichtlich die Frage nach der Ontologie der Dinge favorisiert wurde. Auf diesem Hintergrund betont Roosens Studie den epistemologischen Aspekt der erschließenden Lektüre der Zeichen.

[21] Besonders gravierend wirkt sich dieses Mißverständnis in der materialistisch-marxistisch gewendeten Semiotik aus. Autoren wie Georg Klaus (*Semiotik und Erkenntnistheorie*, Berlin 1972), Lazar O. Reznikow (*Zeichen, Sprache, Abbild*, Frankfurt/M. 1977) oder Todor Pawlow (*Aufsätze zur Ästhetik*, hg. v. Erhard John, Berlin 1975) vertreten in unterschiedlicher Akzentuierung die Auffassung, jedwede Signifikation (mithin jede Bedeutung) sei überhaupt erst dadurch möglich, daß "gegenständliche Wirklichkeit" als ihre "Ursache" existiere (Reznikow, 152). Georg Klaus versucht gar, einen eigenen Zweig der Semiotik, die *Sigmatik* zu entwickeln, deren Aufgabe es sein soll, den *unmittelbaren* Zusammenhang zwischen den in einer Gesellschaft benutzten Zeichen und der vermeintlich durch sie repräsentierten Wirklichkeit herzustellen (vgl. Georg Klaus, s.o., 60 u.ö.).

Die Wurzeln dieses Widerstandes reichen mindestens bis Hollaz zurück, der in seinem "Examen theologicum acroamaticum" die spezielle, durchs Wort ergehende Offenbarung in eine mittelbare und unmittelbare Offenbarung untergliederte. Die mittelbare Offenbarung ergehe durch die Heilige Schrift; die unmittelbare Offenbarung sei den Schreibern der Bibel durch Inspiration zuteil geworden.[22] Einmal abgesehen davon, daß eine Offenbarung nichts offenbaren würde, böte sie ausschließlich eine bestimmte Struktur ihrer Signifikanten, also lediglich eine bestimmte Folge von Lauten, Buchstaben oder Bildern, zeigt die Entstehung der Schriften des Alten und Neuen Testaments selbst, in welch starkem Maße Wahrgenommenes mit bereits vorhandenen Zeichen verknüpft wurde, ganz gleich, ob es sich um die Kommunikation von Visionen[23] oder Ereignissen[24] handelte. Die Verfasser der biblischen Texte bezogen sich also ihrerseits auf vorgefundene Texte im weiteren Sinn, auf Situationen, Raumgefüge[25], Handlungen, Bilder, deren spezifische Struktur zum Instrument und Schlüssel dessen wurde, was *über* diese Texte als Heilige Schrift getextet wurde. Wenn etwa in der *Offenbarung des Johannes* von jemandem die Rede ist, der eine "Stimme wie von einer Posaune" (Off 1, 10) und "Haare weiß wie Wolle" (Off 1, 14) hat, oder wenn feuerflammige Zungengestalten auf den Häuptern der Apostel als Signifikant für die Herabkunft des Heiligen Geistes gedeutet werden (Apg 2, 3), ist die Zeichenbildung längst im Gange.

Gewiß, es wäre ein theologischer Anachronismus, an dieser Stelle nun auch noch von der Semiotik her die Argumente gegen die Verbalinspiration der Schrift zusammenzustellen. Immerhin hat man sich auf verschiedene Formeln dafür geeinigt, den Anspruch der Schrift auch als "Buch der Kirche" aufrecht erhalten zu können.[26] Aber in nicht wenigen theologischen Ansätzen wird das Bestreben deutlich, die Unmittelbarkeit der Offenbarung - wenn

---

22 Vgl. *Examen theologicum acromaticum* (1707) Proleg. III Q 2.

23 Vgl. z.B. *Offenbarung des Johannes* 1.

24 Beispielsweise erklärt der Verfasser der *Apostelgeschichte* in seiner Vorrede ausdrücklich, daß er sich in seinem "ersten Bericht" (Lukasevangelium) auf "alles das" bezogen habe, "was Jesus anfing zu *tun* und zu *lehren*".

25 Für die Frage nach den Gesichtspunkten der alttestamentlichen und einer heutigen Gottesdiensttheologie wäre es sicherlich aufschlußreich, einmal die *semantischen* Dimensionen der sehr genauen Angaben zur *räumlichen* Dimensionierung des Heiligen Zeltes (vgl. Gn. 25-31 und 35-38) zu reflektieren.

Herbert Muck verweist in seinem Beitrag - u.a. anhand von Beispielen zu dem geschichtlichen Beieinander von Architektur, Weltbild und Lebensvollzug - auf die enorme Mitsprache-Funktion des Raums bei allen Siginifikations- und Kommunikationsvorgängen, die sich in ihm vollziehen. Außerdem verdeutlicht Muck den "Raumzusammenhang" als "mental gebildetes oder [...] durch Erfahrung, Erwartungshaltung [...] bedingtes *Zeichensystem*".

26 Vgl. z.B. Friedrich Jacob, *Glaubenslehre*. Ein Leitfaden zum Verstehen der christlichen Botschaft, Berlin ^{2}1978, 24-36.

schon nicht mit der Verbalinspiration der Schrift - so wenigstens mit der "Zeit der unmittelbaren Offenbarung [...] von der Geburt Christi bis zum Tod des letzten Apostels"[27] zu rechtfertigen. Semiotisch könnte man hier von einem verifikatorisch motivierten Ineinssetzen von Signifikanten und Referenten sprechen. Es ist mehr von dem Interesse geleitet, im Wiedererkennen vertrauter signifikanter Strukturen auch die vertrauten Gehalte bestätigt zu finden, als zu der ernsten Frage zu ermuntern, *was das jetzt zu bedeuten habe*.

Theologen reden hier gern vom "rechten Hören" - und meinen damit, daß z.B. der Text die angemessene Interpretation, das richtige Verstehen schon enthielte, ja erzwänge. Karl Barth spricht gar von einer "Schnur", der man nur zu folgen brauche.[28] Interessanterweise wird aber die Interpretationsleistung der Zeichenlektüre in der Perikope von der *Zeichenforderung der Pharisäer* an einem Beispiel demonstriert, in dem ein und dieselbe signifikante Erscheinung unterschiedlich interpretiert werden kann. Es ist jedesmal der rote Himmel; aber nur demjenigen zeigt er mehr als sich selbst, der imstande ist, den Text des Himmels zu anderen Kontexten in Beziehung zu setzen, was auf einen völligen Wandel der Bedeutung hinauslaufen kann: Steht der rote Himmel in einem Fall für gutes Wetter, steht er in einem anderen für schlechtes.

Die Notwendigkeit einer prinzipiell kontextuellen Lektüre wird der Theologie abgesprochen, solange Offenbarung als "Selbstenthüllung des seinem Wesen nach unenthüllbaren Gottes"[29] definiert bzw. die These aufgestellt wird, Offenbarung knüpfe in keiner Weise am bestehenden Interpretationscodex einer Religion an, sondern impliziere geradezu die "Aufhebung der Religion"[30]. Wenngleich Karl Barths Offenbarungsbegriff theologiegeschichtlich als Antwort auf die sogenannte "liberale" (und dabei in ihrer Wahrnehmung doch sehr befangene) Theologie verständlich ist, und obwohl inzwischen auch ganz andere, den Prozeß der Semiose zulassende oder gar in Rechnung stellende Definitionen des Offenbarungsbegriffs vorliegen[31], wird doch in vielen theologischen Ansätzen deutlich, welch gewichtige Rolle der Versuch spielt, die Offenbarung mit bestimmten, auf- und abrufbaren signifikanten Strukturen zu identifizieren und - womöglich in der Angst vor sich unerwartet ergebenden

---

27 Oscar Cullmann, *Christus und die Zeit*, Zürich ³1962, 54.

28 Vgl. Karl Barth, *Homiletik*, Zürich 1966, 64.

29 Karl Barth, *Kirchliche Dogmatik*, Bd. I/1, Zürich 1932, 333.

30 Vgl. zum Kontext ebd., 304-307.

31 Nach Tillich kann sich die Offenbarung "noch unendlich an Orten fortsetzen, wo das Zentrum der Offenbarungsgeschichte" [er bezieht sich dabei auf die Geschichte Jesu Christi] noch nicht wahrgenommen wurde und wird "bis zum Ende der Geschichte" andauern (vgl. Paul Tillich, *Systematische Theologie*, Bd. I, Stuttgart ³1956, 172).

Lesarten für Gott und die Welt[32] - den unausweichlichen Prozeß der Semiose zu stoppen.

Interessanterweise läuft Jesu "Belehrung" über Zeichen und Zeichenlektüre nicht auf das Fazit hinaus, daß ein Zeichen vom Himmel keine Klarheit schaffen könne, sondern daß die Antwort, nach der die Pharisäer suchen, in den Zeichen der Zeit liege. Was immer man historisch-kritisch über den Sinn dieser Auskunft eruieren mag: Dem Wunsch nach *einem* Zeichen wird zunächst mit dem Verweis auf *die* Zeichen begegnet. Sowohl der Plural wie auch das Attribut "der Zeit" implizieren einen prozessualen Aspekt.

2.2. Originäre Erfahrung?

Markante Beispiele für theologische Barrieren gegenüber einer Interpretation abverlangenden, ergänzenden Lektüre der Zeichen finden sich auch in bestimmten Ausformungen der "Theologie der Erfahrung". Etwas gesehen, gehört bzw. "erfahren" zu haben, wurde und wird immer wieder mit dem Anspruch eines besonders hohen Verständnisgrades in dieser "Sache" verbunden. Es ist nach Ansicht des Wahrnehmenden jeweils ein bestimmtes *Segment Wirklichkeit*, mit dem das Gegebensein bzw. das Abhandenkommen des Wissens um etwas steht und fällt. Er bewegt sich in semantischen Welten, als stünden sie in einer unmittelbaren Verbindung zu den Dingen - mehr noch, als wäre das im Erleben Erkannte nichts anderes als Fernwirkung einer religiösen Gegenstandswelt.

Man braucht sich nur einmal die Geschichte des Erfahrungsbegriffs in der Neuzeit zu vergegenwärtigen, um festzustellen, mit welcher Zähigkeit immer wieder der Versuch unternommen wurde, "Erfahrung zum ausschlaggebenden Kriterium" im Begründen und Rechtfertigen bestimmter - nicht nur religiöser - Gehalte zu machen.[33] Vielleicht darf man in Thomas Müntzers Verständnis von der Erfahrung als ein "Christusgleichwerden" (*verursacht* durch das Kreuz Christi) einen Prototyp des Versuches sehen, via Erfahrung zur Wirklichkeit

---

[32] Karl-Heinrich Bieritz denkt in seinem Beitrag kritisch über die Theologie als Zähmerin der (semantischen) Möglichkeiten Gottes nach. Aus Bieritz' fiktivem, nachdenklichem Gespräch mit William von Baskerville ergibt sich die Frage, welche Folgen es selbst für bewährte theologische Interpretationssysteme haben könnte, wenn man ihre Signifikanten und Signifikate einspeiste in den Prozeß der unbegrenzten Semiose. Bieritz' Aufsatz regt zu einer semiotischen Analyse des *Rahmens* theologischer Urteile an.

Der Beitrag von Dirk Röller charakterisiert in ähnlichem Zusammenhang den Gang der Emmaus-Jünger schließlich als Auszug aus einem sich geschlossen haltenden, nicht mehr ausreichenden Erklärungssystem. Nach Röller sind es insbesondere Zeichenhandlungen (in der Emmausperikope z.B. das Brotbrechen), die "geschlossene semantische Systeme auf[zu]brechen" imstande sind.

[33] Vgl. z.B. den Artikel *Erfahrung* in: TRE, Berlin/New York 1982; bes. den Beitrag von Joachim Track, *Neuzeit* (III.2.), 116-127.

Gottes selbst vorzudringen und von der dabei gefundenen, vermeintlich nur offengelegten "Wirklichkeitsstruktur" her die Heilige Schrift und andere "Texte" (Ereignisse, Geschichten, Situationen usw.) zu interpretieren.

Eine deutliche Parallele zu dieser sich auf die Realien zurückführen wollenden Erfahrungswelt ist - um ein Beispiel aus der Gegenwart aufzunehmen - in der charismatischen Erweckungsbewegung der siebziger und achziger Jahre zu sehen. Menschen bezeugen, Gottes Stimme gehört, vom Heiligen Geist ergriffen und Jesus begegnet zu sein. Mit dieser Bezeugung ist in der Regel nicht nur der Anspruch einer authentischen Gotteserfahrung verbunden, sondern vor allem das Axiom der Nicht-Hinterfragbarkeit, der Nicht-Überschreitbarkeit des Erfahrenen. Mit anderen Worten, daß /mich das Sprachengebet überkommt/, daß /mir meine Schuld vergeben wird/, daß /in meinem Leben alles anders/ geworden ist, wird als "zureichender Grund"[34], gewissermaßen als Letztbegründung für die Erfahrung Gottes und damit für Gott selbst betrachtet.

Aber dabei wird übersehen, daß in jedem Fall etwas *als Zeichen* für etwas anderes gebraucht wurde, z.B. das Phänomen der /Zungenrede/ für das "Angerührtsein vom Heiligen Geist" oder für "Gott ist unter uns". Und nun kann man danach fragen - im Rahmen einer theologischen Debatte muß man das sogar tun - was dies wiederum zu bedeuten habe, /vom Heiligen Geist angerührt/ worden zu sein bzw. die /Vergebung der Schuld/ empfangen zu haben. Wer aber darauf antwortet, zeigt zugleich, daß seine Erfahrung gerade nicht als jene Letztbegründung für ein bestimmtes Gottes-, Glaubens- oder Weltverständnis gelten kann. Andernfalls könnte er über seine Erfahrung (hinaus) nichts äußern, geschweige denn, sie "erklären".[35] Denn indem er sie erklärt, gebraucht er das ihm Widerfahrene in seiner signifikanten Struktur und ordnet ihm Signifikate zu.

Selbst einige jener theologischen Versuche, denen daran gelegen war, u.a. vom Erfahrungsbegriff her die Gottes- und Glaubenslehre zu innovieren, bergen den Hang, in irgendeiner Weise die Unmittelbarkeit der Begegnung Gottes im Kontext einer *unbedingten Betroffenheit* festzuhalten[36]. Daß aber der begründete Zweifel am Für-sich-selbst-Sprechen irgendeiner Wahrnehmung, die am "Erfahrung-Machen" beteiligt ist, nichts damit zu tun hat, Wirklichkeit zu leugnen, Ereignisse und Vorgänge zu ignorieren oder "Erfahrungswelten" ab-

---

[34] Vgl. die ironische Kritik Voltaires am Leibnizschen Modell des "zureichenden Grundes" im *Candide*, Paris/London/Wien 1923, bes. 94. Alle Antworten auf die "Fragen des Lebens" gerinnen aus den Ereignissen selbst. Sie ergeben sich spruchbereit und plausibel aus dem vermeintlich miterlebten Ablauf der Dinge.

[35] Vgl. auch Ecos Kritik am ontologischen Strukturalismus und der hermeneutisierenden Prämisse der "Letzten Struktur" in: ders., *Einführung in die Semiotik*, a.a.O. (vgl. Anm. 14), 408-416, bes. 411.

[36] Vgl. z.B. Paul Tillich, *Systematische Theologie*, a.a.O. (Anm. 31), 18-25.

zuqualifizieren, zeigen beispielsweise theologische Ansätze wie die von Gerhard Ebeling und Eberhard Jüngel. Indem Ebeling die Erfahrung des Glaubens als "Erfahrung mit der Erfahrung" charakterisiert[37], und indem Jüngel die Offenbarung programmatisch in den Zusammenhang erzählter und eröffnender Erfahrung stellt[38], wird etwas davon deutlich, was der Prozeß der Semiose für die Theologie bedeutet: nämlich die für ihre Theorie und Praxis notwendige Akzeptanz, daß jegliche Erfahrung und das dabei ausgearbeitete "Verständnis" Gottes und der Welt einen unüberwindbar instrumentellen bzw. operativen Charakter haben. Deshalb hat die Theologie alles zu versuchen, sich die Interpretations*bedürftigkeit* und Interpretations*fähigkeit* der von ihr eingerichteten Begriffe und Strukturen zu erhalten, statt sie als diskursive Endresultate ihres Nachdenkens zu verteidigen.

2.3. Authentisches Symbol?

In der Theologie wird der Begriff "Symbol" bzw. "symbolisch" häufig willkürlich und isoliert, außerhalb eines ihn charakterisierenden kommunikationstheoretischen Konzepts gebraucht. Oft erscheint er lediglich als Behelf zur Erklärung bestimmter Ausdrücke, die (a) vermeintlich ihre Bedeutung in *indirekter* Weise signifizierten[39], (b) die angeblich zu der jeweils vermittelten Bedeutung eine *formale Ähnlichkeit* hätten[40] oder gar (c) einen *originäreren Bezug* zur Wirklichkeit[41] böten als das Zeichen in seiner beliebigen Struktur.

Unter solchen willkürlichen, in ihrer radikalen Abgrenzung vom Zeichenbegriff letztlich verfehlten Prämissen scheint es kein Zufall zu sein, daß der Symbolbegriff aufs Ganze gesehen in der Theologie weiter verbreitet ist als der Terminus /Zeichen/. Erklärt man das Symbol als etwas, das seinen Referenten *authentisch* vertrete, seine Bedeutung letztlich aus einer historisch begründeten formalen Spezifik gewinne und mit seinem "Wahrheitsanspruch" den historischen Hintergrund gar "überbiete"[42] - beschreibt man das Symbol gerade nicht hinsichtlich der ihm andernorts unterstellten Offenheit, sondern

---

37 Vgl. z.B. Gerhard Ebeling, "Die Klage über das Erfahrungsdefizit in der Theologie als Frage nach ihrer Sache", in: *Wort und Glaube* III, Tübingen 1975, 22 u.ö.

38 Vgl. Eberhard Jüngel, *Gott als Geheimnis der Welt*, Tübingen ^{3}1978, 40f. u.ö.

39 So meint beispielsweise Peter Biehl, daß sich das Symbol u.a. dadurch auszeichne, daß es "das eigentlich Gemeinte" "nur indirekt" durch seinen "Stoff" ausdrücke (vgl. Peter Biehl, "Symbole", in: *Handbuch religiöser Erziehung* II, hg. v. Werner Böcker u.a., Düsseldorf, 1987, 481).

40 Vgl. hierzu die Bemerkungen Roland Barthes zur "fonction symbolique" in: ders., *Le degré zero de l'écriture*, Paris ^{2}1962, 97.

41 Tillich schreibt zum Wirklichkeitsbezug des Symbols, es präsentiere - mehr oder weniger angemessen - "letzte Wirklichkeit" (Die Frage nach dem Unbedingten in: ders., *Gesammelte Werke*, Bd. VIII, Stuttgart ^{2}1978).

42 Vgl. Biehl, a.a.O. (Anm. 39), 484f. und 493.

gliedert es in ein ideologisches Interpretationsrepertoire ein, das u.a. bestätigen soll, daß der sich immer wieder erweisende "Wahrheitsanspruch der christlichen Symbole" die "Offenheit und Bedeutungsfülle" anderer religiöser Symbole "heilsam" begrenze[43].

Aber bereits die Gepflogenheit, vom "Symbol" im Genitiv zu sprechen, weist auf einen *synonymen Gebrauch für Zeichenbegriff* hin, wobei selbstverständlich Konventionen vorausgesetzt werden, mit denen die signifizierende Kraft dieser Symbole steht und fällt. Es geht immer um Ausdrucksformen, die weder eo ipso Bedeutung evozieren noch tatsächlich indirekt, ähnlich oder originär der Wirklichkeit verbunden sind. Deshalb ist es unbegründet - selbst beim "Symbol des Kreuzes"[44] - solche Symbole außerhalb von Zeichenfunktionen erklären zu wollen.

Die Kriterien für die Möglichkeit symbolischer Interpretation sind also nicht aus der Beschaffenheit seines signifikanten Materials zu gewinnen, sondern in erster Linie in Bezugnahme auf das Umfeld, *in dem die betreffende Ausdrucksform neben anderen steht und in den sie durch den Kommunikationsumstand gerät.* Von diesem Standpunkt aus ist es weder der Grad einer gewissen Indirektheit (was immer das sein mag) noch der "einer natürlichen Beziehung zwischen Bezeichnung und Bezeichnetem"[45] oder gar der Grad der Repräsentation unbedingter ontologischer Strukturen, an dem der symbolische Wert eines Ausdrucks abzulesen wäre. Was aber nicht für jede Zeichenfunktion geltend gemacht werden kann, ist die Möglichkeit, daß ein Signifikant in einem Kontext steht, in dem er als Interpretant eines Zeichens nicht nur nicht "aufgebraucht" werden kann, sondern verschiedenen Zuordnungsoperationen ausweicht und (statt mit einem Signifikat) mit einigen Inhaltsnebeln ("nebulose di contenuto"[46]) in Beziehung tritt.

Alle Versuche, etwas als Symbol Verstandenes in irgendeiner *letzten* Hinsicht in den definitiven Diskurs über /etwas/ einzubinden, scheitern am symbolischen Modus selbst. Was ein Ausdruck bei der symbolischen Realisierung sagt, sagt er, weil seine Interpretation zweifelhaft ist; und er ist insofern zweifellos ein Symbol, als hinzukommt, daß ausschließlich "zweifelhafte Gründe" für seine Anwesenheit ermittelt werden können[47]. Erführe das, was das Symbol sagt, eine autorisierte Interpretation, würde seine Grundmodalität zerstört und das Symbol hörte auf, symbolisch zu wirken bzw. das, was es sagen kann, zu sagen. Wer sich auf den Umgang mit Symbolen einläßt, nimmt zugleich in Kauf, ja, er begrüßt es, daß an keinem Punkt des Semiosepro-

---

[43] Ebd., 485f.

[44] Gegen Biehl, ebd., 485f.

[45] Ferdinand de Saussure, *Grundfragen der allgemeinen Sprachwissenschaft*, Berlin 1967, 80.

[46] Umberto Eco, *Trattato di semiotica generale*, a.a.O. (vgl. Anm. 16), 326.

[47] Vgl. Umberto Eco, *Semiotik und Philosophie der Sprache*, München 1985, 237.

zesses des Symbols ein theologisch ermächtigter Interpretant erscheint. Das Symbol lebt von einer Eigensprache, die nur im Zusammenspiel mit dem Kontext gilt, in dem es steht, und die erst im Vollzug der symbolischen Realisierung überhaupt wahrnehmbar wird.

Um die sich in den oben genannten Argumenten abzeichnende "Symbolsuppe"[48] etwas genießbarer zu machen, setzt Joachim Scharfenberg das Symbol vom Klischee einerseits und vom denotativen Zeichen andererseits ab. Sein psychoanalytisches Urteil im Hinblick auf das "geradezu eruptive Anwachsen von Möglichkeiten zur symbolischen Kommunikation" (vgl. ebd.) zeigt interessante Analogien zu entsprechenden semiotischen Urteilen Umberto Ecos. Auch Scharfenbergs Plädoyer für eine gründliche religionspädagogische Besinnung auf die Kraft des Symbols als "offenes Kunstwerk"[49] ist unübersehbares Indiz für die Relevanz Ecoscher Semiotik. Die Frage, wie der Prozeß der Semiose zugunsten des "echten, immer mehrdeutigen Symbols" (ebd.) offengehalten werden kann, ist schließlich eine, die den Semiotiker wie den Pastoralpsychologen beschäftigt und ihnen ein effektives Miteinander verheißt.

Man kann also von Zeichen und Symbolen nicht wie von untauglichen und tauglichen Repräsentationsweisen sprechen, sondern beide Male geht es um den semiosischen Gebrauch bestimmter Ausdrücke. Der Unterschied zwischen der zeichenbildenden und der symbolischen Bewältigung eines (womöglich desselben) Ausdrucks ist vor allem der, daß sich bei letzterer kein Ende sich anbahnender Inhalte absehen läßt, während man bei ersterer an irgendeinem Punkt der Semiose eine (wenigstens vorübergehend) ausreichende Signifikation ausgeführt hat. In der Theologie sollte man daher weniger vom "Setzen" als vielmehr vom "Einrichten" eines Symbols sprechen - in der Erwartung, daß es ein Wahrnehmender "in Gang" und zur Sprache zu bringen versucht, ohne es in seinen interpretatorische Anläufen je ganz erschöpfen zu können.

3. Die Wirkung der Zeichen oder: Semiotik in theologischer Perspektive

Sämtliche Konsequenzen, die sich auf diesem Hintergrund sowohl für die Semiotik als auch für die Theologie ergeben, sind im Grunde Ableitungen aus der Phänomenologie des Zeichens. Um auf diese Folgerungen aufmerksam zu machen, möchte ich nun auf die dritte Akzentuierung der Zeichenlektüre zu sprechen kommen und dazu noch einmal das Erzählstück über die "Zeichenforderung der Pharisäer" ins Spiel bringen.

---

[48] So Joachim Scharfenberg zu Beginn seines Aufsatzes in diesem Buch.

[49] Vgl. die Eco-Rezeption ebd.

Den Fragestellern wird erklärt, es werde ihnen "kein [anderes] Zeichen als das des Jona zur Verfügung gestellt". Damit wird ihr Warten auf das diffuse Unerhörte, vermeintlich jede Lektüre Erübrigende, abgeblasen. Statt mit einem vermeintlich unerwarteten (aber paradoxerweise in ihrem Welt- und Gottesbild längst untergebrachten) Ereignis, werden sie mit einer Metapher konfrontiert. Oder einem Rätselwort?[50] Oder einem Bild? - Auf jeden Fall mit einer präzisen Struktur, die ihre ganze Aufmerksamkeit fordert, und mit der sie operieren müssen, soll sie sie zu bestimmten Einsichten führen.

"Sie" - das sind letztlich natürlich die, von denen der *Text* des Matthäusevangeliums gelesen wird, zunächst vielleicht von Judenchristen im Raum Syriens, heute von uns. In jedem Fall sind es einerseits in alttestamentlicher Tradition stehende und andererseits (gleichzeitig) "nachösterliche" Rezipienten. Das heißt, sie kennen nicht nur die Jona-Geschichte, sondern auch die Jesus-Geschichte, können deshalb einen Zusammenhang erahnen und den Verweis auf die Jona-Erzählung als Anspielung verstehen - und einmal durchspielen: Ein Mann, der sich um des Überlebens der anderen willen über Bord werfen läßt, ein Mensch in Todesnot, der sich von Gott und der Welt verlassen glaubt, ein Totgeglaubter, mit dem man nach drei Tagen wieder rechnen mußte (siehe Ninive, siehe z.B. Emmaus). Aber wenn das /Zeichen des Jona/ Interpretant für "Karfreitag und Ostern" wäre, was hieße das für die Frage nach einem Zeichen vom Himmel, für den Wunsch zu wissen, woran man mit Gott ist? Daß Karfreitag und Ostern der Schlüssel sind - der Code zum Verständnis für Gott und die Welt? Wie aber wäre ein solcher Schlüssel zu handhaben...? - So konkret, so "ausschließlich" die "Antwort Jesu" erscheint, so weit ist der Spielraum, den sie für jene offenhält, die sich mit womöglich eigenen Karfreitags- und Ostererfahrungen an der Interpretation dieser Antwort versuchen wollen.

Die Frage, wie etwas beschaffen sein müsse, von dessen Wahrnehmung eine erkenntnis- und kommunikationsfördernde Wirkung zu erwarten sei, ist in neuester Zeit durch verschiedene Impulse der semiotischen Ästhetik (bzw. der ästhetischen Semiotik) zugespitzt worden. Nachdem man sich ausgiebig mit der Frage einer angemessenen *Zeichenproduktion* befaßt hat, zeichnet sich in der semiotischen und ästhetischen Literatur ein starkes Interesse am *Verhältnis des Rezipienten zum Werk* ab - handele es sich nun um ausgesprochene Kunstwerke oder ausgesprochene Texte. Dabei wird der Versuch unternommen, mit dem semiotisch-analytischen Prozedere jedweden Verstehens und Sich-Verständigens Ernst zu machen: Ein Kommunikationsakt greift um so tiefer, ist

---

[50] Frank Hiddemann hat den Gebrauch der Begriffe "Geheimnis und Rätsel" in Theologie und Ästhetik gewissenhaft analysiert, systematisiert und interpretiert. Sein Beitrag *Geheimnis und Rätsel...* ist darüber hinaus ein wichtiger Beitrag zur Präzisierung des Problems der Kontingenzbewältigung auf theologischer, ästhetischer sowie erkenntnistheoretischer Ebene. Die seinen Beitrag abschließende Differenzierung von "Geheimnis" und "Rätsel" im Hinblick auf Gleichnisse ("kleine Welt-Rätsel"), dürfte der gegenwärtig neu entfachten Diskussion dieser literarischen Gattung einen wichtigen Impuls geben.

um so innovierender, weiterführender, je mehr der Rezipient vom Werk dazu herausgefordert wird, sich auf die Arbeit der Lektüre einzulassen.

Diesen Gedanken möchte ich in zweierlei Hinsicht ausführen - einer spezielleren und einer allgemeinen: Zunächst komme ich wiederum auf einen Begriff zu sprechen, der semiotisch wie theologisch gleichermaßen von zentraler Bedeutung und besonders dazu geeignet ist, die Frage nach der Wirkung der Zeichen zu vertiefen:

3.1. Was ist eine konkrete Botschaft? Oder: Wie wird man einer Botschaft gerecht?

Selbst konservative Theologen sind sich zumindest in *einem* Punkte mit den Semiotikern einig: Die "Botschaft" stellt eine Herausforderung dar. Doch man lasse sich nicht täuschen. Jene Übereinstimmung resultiert zum großen Teil aus unterschiedlichen Prämissen darüber, was unter einer Botschaft zu verstehen bzw. wie ihrer Herausforderung zu begegnen sei. Fragen wir also zuerst: Was ist eine konkrete Botschaft?

Semiotisch gesehen ist jede Botschaft gewissermaßen ein Resultat, das - schematisch und stark vereinfachend formuliert - dadurch zustandekommt, daß ein "Sender" aus einer "Quelle" mit Hilfe eines "Codes" bestimmte Informationen auswählt und sie, indem er sie in eine bestimmte Struktur bringt, zu einer Nachricht zusammenfügt. Sobald aber diese Nachricht übermittelt wird, fungiert sie wiederum als Quelle der Lektüre, des Hörens, des Betrachtens.

Eines der markantesten Beispiele hierfür - bezogen auf die Erzeugung von Botschaften im Rahmen der Theologie - ist wohl die Auslegung von Texten der Heiligen Schrift. Beschränken wir uns einmal auf die "Botschaft des Neuen Testaments", so käme als Quelle an erster Stelle das geschichtliche Auftreten, Reden und Handeln Jesu in Betracht, und zwar *vor* allen religiösen, historisch-kritischen, soziologischen u.a. Interpretationen. Menschen aus der Umwelt Jesu begannen damit, diese Quelle zu bändigen, indem sie aus der Flut von Informationen Bestimmtes auswählten, Geschichten erzählten, Gesehenes und Gehörtes deuteten und niederschrieben. Im Verlauf dieses Prozesses der Bändigung des Auftretens, Redens und Handelns Jesu ist die (Gute) Nachricht entstanden, im engeren Sinn: vier Bücher mit spezifischem Gepräge, mit unverwechselbarem Charakter und eigenen Strukturen im Gesamtentwurf und im Detail. Aus dieser Botschaft ist es wiederum ein bestimmter, nach allen Regeln der Literarkritik eruierter Text, dessen Elemente (nach Abwägen der Gewichtigkeit eventueller Abweichungen in anderen Vorlagen) in eine möglichst ursprüngliche Ordnung gebracht wurden, und der - z.B. als Predigttext - als "Botschaft des Sonntags" fungiert.

Nichtsdestoweniger bedient sich der Prediger dieses Textes seinerseits wiederum als einer Quelle, scheidet für ihn Relevantes von weniger Belangvollem, wählt Informationen, signifikantes Material aus, ordnet ihm Bedeutung zu und entwirft dabei sein Manuskript. Die Hörer werden sich der gehaltenen Rede wiederum als einer Quelle bedienen.

Damit ist etwas skizziert, was in den Debatten um die Bedeutung einer (bzw. *der*) Botschaft allzuleicht übersehen wird: daß nämlich die Frage nach ihrer Konkretion in erster Linie als Frage nach der konkreten *Repräsentation* der Botschaft zu stellen ist. Eine Botschaft ist zunächst insofern konkret, als sie nicht ebensogut ganz anders gebaut sein könnte. Sie enthält bestimmte Elemente, die in einer bestimmten (nicht beliebigen) Struktur angeordnet sind. Dementsprechend sind es der Mangel an konzeptioneller Stringenz, der fehlende "point de vue unique"[51], Indifferenz im Gebrauch sprachlicher und anderer Ausdrucksmittel, Inkonsequenz in der Verwendung bestimmter Codes - kurz, die Vernachlässigung der Gestalt(ung), die die Botschaft ihrer Konkretion berauben.

Einer Botschaft "gerecht zu werden" hat demnach wesentlich damit zu tun, die individuelle Struktur ihrer Signifikanten ernst zu nehmen, indem man ihre Herausforderung, etwas so zu sagen, wie kein Text sonst es sagt, annimmt und interpretatorisch über sie herzieht. So gewiß die Botschaft nicht beliebig ist, wird sie durch eine signifikante Struktur repräsentiert, deren Elemente der signifizierenden Ergänzung, der zeichenbildenden Zuarbeit des Rezipienten bedürfen. Einer Botschaft wird man also gerade nicht dadurch gerecht, daß man imstande ist, sie zu reproduzieren, sondern dadurch, daß man sich darauf versteht, mit ihr etwas anzufangen, sie einzusetzen, sich mit ihr neue Verstehensmöglichkeiten und damit Lebenswirklichkeit zu erschließen. Man wird einer Botschaft gerecht, wenn man sie in ihrer zeichengenerierenden Funktion akzeptiert und sich von keinem Dogma und keiner Ideologie dazu überreden läßt, den Prozeß der Semiose abzuschließen. Damit stellt sich die Frage nach der prinzipiellen Beschaffenheit des Werkes der Theologie.

3.2. Das Werk der Theologie oder: Theologie in anderen Umständen

Wer sich dazu entschließt, semiotisch Theologie zu treiben, also die Phänomenologie und den Prozeß der Zeichen bewußt in die Gestaltung und Handhabung theologischer Praxis- und Denkmodellen einzubeziehen, steht vor der Aufgabe, sich auf den verschiedenen Handlungsfeldern der Theologie um interpretationsbedürftige und -fähige Werke zu bemühen.

Unter "Werken" verstehe ich in diesem Zusammenhang alles das, was - aus welchem signifikanten Material auch immer - mit einer Struktur durchzogen wird, um eine signifizierende oder/und kommunikative Funktion zu erfüllen: Gottesbilder und Gottesdienstabläufe, sakramentale Handlungsvollzüge

---

[51] Algirdas J. Greimas, *Sémantique structurale*, Paris 1966, 21.

und Kanzelreden, Vier-Augen-Gespräche und Meditationen u.s.w. Genauer gesagt: Es geht um Werke, die in ihrer Offenheit geradezu daraufhin angelegt sind, daß sie nur so durch den Hörenden, Lesenden oder ganz einfach Mitdenkenden realisiert werden können, wenn dabei gleichzeitig der Prozeß der Zeichen neu in Gang gesetzt wird. Das von Umberto Eco entwickelte Modell vom "offenen Kunstwerk", zu dessen Konzeption es gehört, daß es - es mag noch so vollkommen sein - erst durch die interpretierende Rezeption vollendet wird,[52] könnte bei der Gestaltung dieser Werke in allen theologischen Fachbereichen und Disziplinen Pate stehen.

Für die Homiletik formuliert hieße das beispielsweise, die Bedingungen einer Predigt zu benennen, durch die der Hörer *mehr* wahrnehmen kann als das, was im Manuskript steht. Dies impliziert ebenso den bewußten und entschlossenen Verzicht auf die Anstrengung, alles zu sagen, wie den gewissenhaften Versuch, das Werk/die Predigt so einzurichten, daß es/sie im Hören fortgeführt, ergänzt werden kann.[53] Denn "den Stoff sieht jedermann vor sich. Den Gehalt findet nur der, der etwas dazuzutun hat"[54].

Für die Dogmatik formuliert: Der Grundsatz der Semiotik, daß etwas zu Verstehen Gegebenes nur als Zeichen verstanden werden kann, hat Konsequenzen für die Argumentationsstruktur systematisch-theologischer Modelle. Man könnte sie zunächst in der Forderung zusammenfassen, den theologischen Rahmen, in dem sie entworfen wurden, auf seinen hermeneutischen Ansatz hin zu befragen. Wenngleich Semiotik und Hermeneutik deutlich voneinander zu trennen sind[55], hat die Semiotik Auswirkungen auf den Charakter der Hermeneutik und regt dazu an, "von der reproduktiven zur operativen", "von der ontologisierenden zur semiosischen" und "von den sender-orientierten zur werkorientierten Hermeneutik" zu gelangen.[56]

Damit werden die großen Werke und Kompositionen theologischer Begriffe und Systeme auf ihre semantischen Valenzen hin angesprochen: Sind sie von den Autoren dieser Werke sozusagen gekappt worden, wie man - um sich oder

---

52 Umberto Eco, *Das offene Kunstwerk*, Frankfurt/M. 1977, bes. 28-30, 54-57.

53 Wilfried Engemann versucht in seinem Beitrag - in einer gewissen Kontinuität zum Argumentationsprinzip der Dialektischen Theologie - das *Kommunikationsgeschehen Predigt als semiosischen Prozeß mit der ihm eigenen Dialektik* vor Augen zu führen. Der dabei aufgezeigte Rahmen legt sich um die Predigt als ein ergänzungsbedürftiges Werk, dessen Interpretationsfähigkeit nicht nur nicht bestritten, sondern proklamiert wird, um den Hörer schließlich zu einer Auseinandersetzung mit diesem Werk anzuleiten.

54 Johann Wolfgang Goethe, *Maximen und Reflexionen*, Berlin 1982, 56f.

55 Vgl. Ecos Charakteristik der Hermeneutik als "beständige und leidenschaftliche *Befragung* der Zeichen", bei der von Zeichen*theorie* nichts übrigbleibe (in: ders., *Zeichen*. a.a.O. (Anm. 15), 114; Kursivierung W.E.).

56 Vgl. Wilfried Engemann, "Vom Nutzen eines semiotischen Ritardando im Konzert hermeneutischer Plädoyers. Zur Bedeutung der Semiotik für eine Praktisch-theologische Hermeneutik", in: *Praktisch-Theologische Hermeneutik*. Ansätze - Anregungen - Aufgaben, hg. v. Dietrich Zilleßen, Rheinbach-Merzbach 1991, 161-179.

etwas zu verbergen - die Spuren verwischt, die zu dem Ort führen, an dem man sich aufhält, und die zeigen, wie man dahin gekommen ist?[57] Oder sind sie in dem Sinne "brauchbar", daß der, der sich ihrer bedient, auch über sie hinaus - also zu Erkenntnissen und Einsichten kommt, von denen der Autor des Modells nichts ahnte? Und vor allem: Ist die Theologie bereit dazu - im Interesse des Entstehens weiterer operationaler Modelle - es als ihre Pflicht anzusehen, immer wieder darauf hinzuweisen, daß solche Modelle auch nicht *mehr* als Modelle sind?

Demgegenüber betont beispielsweise Inge Lønning, daß die "explizite trinitarische Aussagestruktur" für die Sprache des christlichen Glaubens unentbehrlich sei, daß sich also "nur in einer trinitarisch ausgerichteten Sprache zum Ausdruck bringen" ließe, daß das Christusbekenntnis [...] als die theologisch sachgemäße Antwort auf die Grundforderung des ersten Gebotes" zu verstehen" sei. "Dem Ausschließlichkeitsanspruch des Gottes, der im ersten Gebot redet, entsprechen in der Sprache des christlichen Glaubens das Anrufen und der Lobpreis Gottes als Vater, Sohn und Heiliger Geist."[58] - Diese systematisch-theologische korrekte Montage erweckt den Eindruck, als müßten Christen deswegen trinitarisch über Gott nachdenken, weil er sich sozusagen trinitarisch zu sich selbst verhielte - womöglich eine im ontologischen Sinn trinitarische Struktur *habe*. Dabei wird jedoch übersehen, daß das trinitarische Modell mit der Vater-Sohn-Struktur interpretatorisch etwas aus der soziokulturellen Erfahrungswelt, aus dem Sozialgefüge Familie zitiert und operativ verwendet. Angesichts dieses Zitatcharakters der "christlichen Sprache" darf man sich aber die Frage nicht ersparen, ob nicht - vor dem Hintergrund heutiger Erfahrungen des /Vaters/, damit verbundener Wandlungen des Vatersbildes, ganz zu schweigen des sich sozialgeschichtlich stark gewandelt habenden Verhältnisses von Vätern und Söhnen - ganz andere Sachverhalte als die theologisch intendierten zitiert werden, wo immer trinitarisch ausgerichtete Sprache zum Zuge kommt.

Damit ist schließlich ein Faktor angesprochen worden, der in kaum merklicher Weise dafür sorgt, daß einmal komponierte Werke, entworfen zur Interpretation Gottes und der Welt, ohnehin nicht unversehrt, d.h. mit den ursprünglich vielleicht intendierten Signifikaten, im Dekodierungssystem eines Rezipienten untergebracht werden können. Der Kontext, verstanden als der Signifikations- bzw. Kommunikationsumstand, in dem ein Werk verstanden bzw. mitgeteilt wird, ist am Zustandekommen der semantischen Welt dieses Werkes beteiligt. So gewiß der Theologe mit seinem Werk, dargeboten auf der Kanzel, im Unterricht, in einem Lehrbuch, ein bestimmtes Kommunikationsziel intendie-

---

57 Vgl. dazu Ecos Bild vom "Netz oder eine[r] Leiter", die sich "unser Geist" "zusammenbastelt, um irgendwo hinaufzugelangen. Aber wenn er dann hinaufgelangt ist, muß er sie wegwerfen, denn es zeigt sich, daß sie zwar nützlich, aber unsinnig war" (ders., *Der Name der Rose*, München ²1986, 625).

58 Inge Lønning, Artikel "Gott. Neuzeit/Systematisch-theologisch", in: *TRE*, Bd. 13, Berlin 1984, 693f.

ren kann, kann dieses Werk - unvorhergesehenerweise - in Umstände geraten, die die Realisierung, die Kommunizierbarkeit jener Intention in Frage stellen bzw. sie relativieren.[59]

Anschauliches Beispiel hierfür ist die unterschiedliche Lektüre von biblischen Texten in unterschiedlichen soziokulturellen Horizonten. Man stelle nur einmal die abendländische und die lateinamerikanische Interpretation des /Werkes Jesu Christi/ und des /Reiches Gottes/ einander gegenüber: Hier eine Fülle von Interpretanten, die die im Evangelium bezeugte Befreierrolle Jesu Christi und seine Proklamation des Reiches Gottes zu einer "Theologie der Befreiung" verdichten und in unmittelbaren Zusammenhang mit sozialen und politischen Veränderungen bringen; dort die Tradition, /Befreiung/ und /Erlösung/ primär als "Vergebung der Sünden" und das /Reich Gottes/ als eine eher futurische und zu einer anderen Welt gehörende Wirklichkeit zu interpretieren. Will man - um im Beispiel zu bleiben - die "Befreiungstheologie" und die "traditionelle abendländische Theologie (z.B. in der Prägung Martin Luthers) nicht gegeneinander ausspielen, muß man Theologie als interkulturelles Ereignis begreifen, deren Ausgang offen ist; mehr noch - man muß den Eintrag der "Befreiungstheologie" als Erweiterung des religiösen /Wissens von Gott/ akzeptieren.

Der die Theologie revolutionierende Aspekt der Umstände (vgl. Anm. 59), in denen sich Verstehen und Verständigung ereignet, zeigt sich aber nicht nur an der breiten Wirkungsgeschichte einer ausgesprochenen Theologie der Befreiung, sondern auch an weniger auffälligen Strukturumbildungen bzw. -erweiterungen: nämlich überall dort, wo die von bestimmten Zeichen geprägten theologischen Interpretationsmodelle durch die Praxis der Semiose[60] verändert und erweitert werden. So erweist sich die permanente Pro-Vokation des soziokulturellen Kontextes als latentes Korrektiv jedweder (nicht nur theologischer) Praxis- und Denkmodelle.

Dieses Korrektiv zu ignorieren und einmal entworfene Modelle und Zeichensysteme vor möglichen Revisionen abzuschirmen, heißt in Kauf zu nehmen, daß sie ihre signifizierende Kraft verlieren und irgendwann einfach nicht mehr stimmen[61]. Von daher kann der Stellenwert einer Theologie im sozio-

---

[59] Von daher muß man sich fragen, ob man den Gehalt einer Botschaft nicht auch dadurch gestalten kann, "daß man auf die Umstände einwirkt, in denen sie empfangen wird, statt die Botschaft [immer wieder] umzugestalten oder ihre Erzeugung zu überwachen. Das ist ein revolutionärer Aspekt des semiotischen Bewußtseins" (Umberto Eco, *Trattato di semiotica generale*, a.a.O. (Anm. 16, 199). Vgl. auch Wilfried Engemann zur "anderen Praxis" in: *Semiotische Homiletik,* a.a.O. (Anm. 13), III, 3. Dort wird die theologische Relevanz des Kommunikationsumstandes unter den Aspekten Intention - Intervention - Innovation erörtert.

[60] Vgl. hierzu auch den Beitrag von Koloman N. Micskey, der den Roman *Der Name der Rose* als "Kryptogramm" über die abendländische Geschichte interpretiert und zu dem Fazit kommt, daß im Westen der Anbruch der Neuzeit noch ausstehe und ohne den "Aufbruch zur offenen Semiose" nicht herbeizuführen sei.

[61] Vgl. dazu in Magaß' Beitrag das Plädoyer für den "Gang in die Fremde", der mit dem

kulturellen Kontext, einer interkontextuellen und schließlich ökumenisch instruierten Theologie kaum hoch genug eingeschätzt werden. Welchen Begriff auch immer man für eine solche Theologie bevorzugen mag: Sie ist das beste Sanierungskonzept für eine jahrhundertealte Wissenschaft, die nach gewissen Etappen innovativer semantischer Prozesse immer wieder dazu neigt, sich selbst zu reproduzieren, statt produktive Erkenntnis- und Kommunikationsprozesse auszulösen und freizugeben.

Es sollte in stärkerem Maße Anliegen der Theologie werden, sowohl mit ihren Argumenten wie mit ihren Werken dazu beizutragen, jene Prozesse voranzubringen. Semiotik könnte dabei von großem Nutzen sein.

---

notwendigen "Abschied [...] von den alten Zeichen" verbunden ist und "resistent" macht "gegen den Schrecken der Fremde".

I. Voraussetzungen

Hermann Deuser

Christliche Religion - Zeichen unter Zeichen?

1. Die theologische Rückseite des Nominalismus 2. Zeichendimension und Wirklichkeit 3. Zeichenprozeß und dynamisches Objekt 4. Christliche Religion und der offene Kreis der Semiose 5. Religion zwischen Fallibilismus und Realismus

"The exile from Eden is, semiotically, the banishment of the self-conscious self from its own world of signs." (Walker Percy)

1. Die theologische Rückseite des Nominalismus

William von Baskerville, der "Zeichendeuter und Spurensucher", ist ein passionierter Nominalist. Als seinem frommen Schüler und Gefährten Adson von Melk eines Nachts Kurioses träumte ("Bisher hatte ich stets geglaubt, Träume seien entweder göttliche Botschaften oder sinnlose Stammeleien des schlafenden Geistes...")[1], ahnt auch er die Abgründigkeit der puren Zeichensysteme: "Nun ging mir auf, daß man auch Bücher träumen kann. Also kann man vielleicht auch Träume träumen ..."[2]; worauf William schließlich ebenso tiefsinnig respondiert: "Träume sind Schriften, und viele Schriften sind nichts als Träume".[3]

Sinn dieses Romans - und seines Titels - ist die fiktive und darin lebendige Veranschaulichung der Grundthese des Nominalismus, wie sie sich kompakt formuliert erst im allerletzten Satz des Textes findet: "Stat rosa pristina nomine, nomina nuda tenemus".[4] Solche Namen sind Zeichen[5], genauer: Zeichen von Zeichen von Dingen[6]; wobei hier der Zugang zu den Dingen selbst als

---

1 Umberto Eco, *Der Name der Rose*, München/Wien 1982, 557.

2 Ebd., 557.

3 Ebd., 558.

4 Ebd., 635. Vgl. Ecos eigene Erklärung zur Herkunft des Satzes aus dem 12.Jh. bzw. seinen Hinweis auf Abaelard, in: Umberto Eco, *Nachschrift zum 'Namen der Rose'*, München/Wien 1984, 9.

5 Umberto Eco, *Der Name der Rose*, a.a.O. (Anm. 1), 625.

6 Ebd., 506.

erkenntnistheoretisches Problem ebenso offen bleibt[7], wie die kriminalistische Suche nach dem planvollen Mörder letztlich ins Leere, d.h. in den puren Zufall führt.[8] Darauf läßt sich offensichtlich keine Ordnung der Welt und ihrer Ursache-Wirkungsketten mehr gründen, und es ist dieses kosmologische Resultat des siebenten Tages, das unmittelbar Konsequenzen für den Gottesbegriff nach sich zieht. Die selbstverständliche erste Ursache aller Ordnung wird plötzlich selbst zum offenen Problem: "Wie kann ein notwendiges Wesen existieren, das ganz aus Möglichkeiten besteht?" [9] Die Nicht-Existenz Gottes und damit die kosmologische und rationale Ungesichertheit aller Wirklichkeit erscheint als problematische Errungenschaft der neuen Vorstellungsräume, zu denen das planvolle Wissen-Wollen der Wahrheit als Wissenschaft von den Zeichen die Türen aufgestoßen hat.

Damit tritt ein zweiter thematischer Strang des Romans in den Vordergrund, und zwar offenbar als die praktische Wendung des theoretischen Problems: in der rationalen Unableitbarkeit der Dinge nun gerade die moralische Verantwortung für die Einrichtung der menschlichen Lebensverhältnisse bewußt und vorbehaltlos übernehmen zu können und zu müssen. Gegenbild dieser neu zu erwerbenden Verantwortlichkeit und Humanität ist die geheimnisumwitterte und zum Labyrinth des Bösen stilisierte Klosterbibliothek, und in ihr der teuflische, widermenschliche und widernatürliche (apokalyptische) Versuch, das Wissen zu unterdrücken. Weil der Sündenfall des Wissens sich nicht mehr wiederholen soll und in der kirchlich verwalteten Offenbarung *alles* in diesem Sinne einmalig geordnet und gesagt ist[10], nimmt sich der religiöse Fanatiker (Jorge von Burgos - der blinde Seher!) das Recht zum Terror. Ideologiekritisch[11] und mit immer gegenwärtiger Ironie, die bis in die drastischen Züge von Travestie und Sarkasmus reicht, zeigt Eco, daß gerade solcher Wahrheitsfanatismus im eigentlichen Sinne teuflisch ist: Was einem "göttlichen Plan" zugeschrieben wird, muß in Wahrheit Mord genannt werden.[12] Dagegen steht das nominalistische Wissenschaftspathos der Aufklärung durch Wissen und Forschung[13]; methodisch geleitete Hypothesenbildung[14] steht gegen Autori-

---

7 Ebd., 406.

8 Ebd., 625.

9 Ebd., 626.

10 Ebd., 601ff.

11 Vgl. als Beispiele nur die Enttarnung der kirchlichen Machtstrukturen (Umberto Eco, *Der Name der Rose*, a.a.O. (Anm. 1), 574f.) oder Williams Verteidigung der Volkssouveränität (ebd., 452f.).

12 Umberto Eco, *Der Name der Rose*, a.a.O. (Anm. 1), 599.

13 Ebd., 505.

14 So ist die Gattung des Kriminalromans die genaue Illustration für "das Wagnis der Aufstellung von Hypothesen", eben eine "*Konjektur*-Geschichte", vgl. Umberto Eco, *Nachschrift*, a.a.O. (Anm. 4), 63. - Beide Begriffe, Hypothese wie Konjektur, sind bekanntlich Wechselbegriffe für Peirces Logik des abduktiven Schlusses; und Peirce war es auch, der

tät aus bloßer Tradition[15]; und innerhalb des Romangeschehens steht deshalb die Verteidigung des Lachens, die Humanität der Narretei, gegen den tödlichen Wahrheitsbesitz, der sich nur im Fanatismus der Heiligen und Häretiker auszudrücken vermag.[16]

Nominalistische Theorie und humanistisches Pathos haben ihren Berührungspunkt dort, wo Angst und Freiheit in einem existentiellen Sinn kollidieren. Der hintergründige Mordgeselle, Heilige und Antichrist bringt das auf die Formel: "Das Gesetz verschafft sich Geltung mit Hilfe der Angst, deren wahrer Name Gottesfurcht ist".[17] Wird die "gefesselte Freiheit" (Kierkegaard[18]) derart religiös-ideologisch betoniert, muß jede Angstüberwindung als schlechthin "destruktiv"[19] erscheinen. Freiheitsspielräume sind eng zu begrenzen und zu überwachen[20], und die reaktionäre Utopie des Gewaltstaates gründet sich auf die kirchlich-religiöse Ideologie der institutionellen Gewissenskontrolle, die Angst erzeugt und durch Autoritätszwänge auch aufrechterhält. Wird dem widersprochen - und aufgeklärte Wissenschaft tut dies seit Jahrhunderten, und das nicht mehr nur gestützt auf Aristoteles! - scheint allerdings die Alternative auf den ersten Blick tatsächlich von destabilisierender Wirkung zu sein: Die nominalistische Wahrheits- und Wissensutopie stützt sich allein auf fallibilistisches Argumentieren. Mit hintersinnigem Humor belehrt uns darüber der folgende Dialog zwischen altgläubigem Schüler und nominalistischem Lehrer:

> "Demnach habt Ihr nicht eine einzige Antwort auf alle Fragen?"
> "Lieber Adson, wenn ich eine hätte, würde ich in Paris Theologie lehren."
> "Und in Paris haben sie immer die richtige Antwort?"
> "Nie", sagte er fröhlich, "aber sie glauben sehr fest an ihre Irrtümer."
> "Und Ihr", bohrte ich weiter mit kindischer Impertinenz, "Ihr begeht nie Irrtümer?"
> "Oft", strahlte er mich an, "aber statt immer nur ein und denselben zu konzipieren, stelle ich mir lieber viele vor und werde so der Sklave von keinem"[21].

---

die moderne Wissenschaftsauffassung u.a. der "Methode der Autorität" gegenübergestellt hat, vgl. seine Schrift aus dem Jahr 1877: "The Fixation of Belief", in: *Writings of Ch. S. Peirce*, vol. 3., Bloomington 1986, 242-257; hier bes. 250ff. (dt.: "Die Festlegung einer Überzeugung", in: *Ch. S. Peirce, Schriften zum Pragmatismus und Pragmatizismus*, hg. v. Karl-Otto Apel, Frankfurt/M. 1976, 149-172; bes.161ff.)

15 Umberto Eco, *Der Name der Rose*, a.a.O. (Anm. 1), 571.

16 Ebd., 606ff., 624.

17 Ebd., 604.

18 Vgl. Sören Kierkegaard, *Der Begriff Angst*. Ges. Werke, 11./12. Abtlg., Düsseldorf/Köln 1965, 48.

19 Umberto Eco, *Der Name der Rose*, a.a.O. (Anm. 1), 604.

20 Ebd., 605.

21 Ebd., 391f.

Die Konsequenz daraus scheint sein zu müssen, daß dieser Weg ins induktiv Zufällige und bloß Mögliche zugleich ins Gottlose führt; jedenfalls dann, wenn *Gott* mit der Ordnungstheologie der traditionellen Metaphysik als *ens necessarium* gedacht werden soll. Diese theologische Rückseite des Nominalismus macht den Willen Gottes undurchdringlich wie ein mystisches Nichts.[22] Die "Freiheit Gottes" ist "unsere Verdammnis"[23]; an die Stelle von Offenbarung wird "Erfahrung" gesetzt[24], deren Zugänglichkeit und Wahrheit der ferne Gott nicht mehr garantiert; und so kommt es zu dem wiederum schülerhaft trefflich formulierten Fazit: Ihr macht etwas "und wißt, warum Ihr es macht; aber Ihr wißt nicht, warum Ihr wißt, daß Ihr wißt, was Ihr macht?"[25]

2. Zeichendimension und Wirklichkeit

Was treibt einen Zeichentheoretiker dazu, einen Roman zu schreiben? Abgesehen von allen biographischen Dispositionen des Autors gibt es dafür eine rein sachliche, nämlich eine semiotische Erklärung: Zeichen können sich offenbar unbegrenzt immer wieder aufeinander beziehen. Was dem einen Zeichen sein Objektbezug ist, stellt als solcher wiederum ein Zeichen für etwas anderes dar usw. Aber nicht nur in dieser zweistelligen Verkettung liegen die Zeichen beständig nacheinander, sie liegen - nach Peirces Beobachtung und Einführung des *Interpretantenbezugs* - sozusagen immer schon dreistellig ineinander verschränkt vor, genauer: menschliches Wahrnehmen, Erkennen und Denken ist selbst dergestalt strukturiert, nimmt anderes und sich selbst in dieser Weise wahr, so daß offenbar auch die wahrgenommenen Abläufe als solche und in ihrer Prozessualität in derselben Struktur vorgestellt werden müssen. Dies einmal vorausgesetzt, ist eine *ästhetische* Folgerung unmittelbar einleuchtend: Zeichenzusammenhänge sind wie ein Spiel, in dem alles mit allem kombiniert und also *frei* gestaltet werden kann. Sicherlich ergeben sich dann ebenso unmittelbar ganz bestimmte Regeln und Abhängigkeiten, doch diese sind dem Kunstwerk, seinem Material, seiner Gattung usw. immanent, tangieren gerade nicht die Autonomie des prinzipiell freien Spiels möglicher Verknüpfungen. Das also hat den Zeichentheoretiker und Autor von "Stat rosa pristina nomine" gereizt: die Realität der Möglichkeiten von Zeichenverweisungen einmal *wie in Wirklichkeit* durchzuspielen; und eine passen-

---

22 Ebd., 634.
23 Ebd., 626.
24 Ebd., 404.
25 Ebd., 264.

de Definition des Zeichenbegriffs liefert dafür selbstverständlich Peirce, etwa diese: Ein Zeichen ist:

> "Alles, was etwas anderes (seinen *Interpretanten)* bestimmt, sich auf ein Objekt zu beziehen, auf das es sich selbst (als sein *Objekt)* auf die gleiche Weise bezieht, wodurch der Interpretant seinerseits zu einem Zeichen wird, und so weiter *ad infinitum*."[26]

Wäre dies alles, was über Zeichen zu sagen wäre, bliebe die Ästhetik nicht nur für sich gesehen autonom, sondern die Wirklichkeit selbst wäre *ästhetisch* und darin gänzlich autark, d.h. ein freies Spiel von Möglichkeiten, neben dem es nichts anderes gäbe. Daß dem nicht so ist, muß nicht bewiesen werden; und nur Ästheten, denen Ästhetik nicht eine Kunstlehre, sondern eine - und die alleinige - Lebensform ist, werden hier Zweifel anmelden. Peirce gehört jedenfalls nicht zu ihnen; auch nicht Kierkegaard, obwohl er als Autor eines Pseudonyms, das wiederum die "Papiere von A" gefunden und ediert hat, zeitweilig so tut, als gäbe es nur diese Ästhetik, *in der man zu leben verstehen muß*.[27] Doch wie steht es mit Eco? Was garantiert die Realität der Dinge - einmal nicht-ästhetisch betrachtet -, wenn wir immer nur Zeichen von Zeichen von Dingen haben, die letztlich auf Zufallskonstellationen zurückgehen? Von der Wirklichkeit Gottes kann romanintern im Ernst nicht mehr gesprochen werden. Wo nur die Hypothesen der zeichendeutenden Menschen Realität haben, ist neben allem anderen auch die Religion - und in aufklärerisch-humanistischem Pathos gerade diese - nur ein Zeichensystem unter diesen anderen; reformbedürftig nicht nur, sondern möglicherweise entbehrlich, ersetzbar, bloß relativ. - Und dies ist nicht nur gegenüber christlicher, sondern gegenüber jeder Religion ein gravierender Einwand: Sie wäre dann für denkende Menschen nur noch ein Objekt sozialpsychologisch-historischer Beobachtung, repräsentierte von der gesellschaftlich oder kosmologisch konstituierten Wirklichkeit her gesehen nur eine abgeleitete, eben relative und austauschbare Funktion - und gleiches muß dann selbstverständlich für jede Art von Verbindlichkeiten bzw. Realitätsauffassungen (die Religion ist dafür nur das hochrangigste Beispiel) gelten: Begründungen, Normen, Wertorientierungen verflüchtigen sich in ihren eigenen Zeichendimensionen. Kurz: Der ästhetische Vorzug von Zeichensystemen ad infinitum ist lebensweltlich gesehen ein Nach-

---

[26] Peirce hat diese Definition 1901/02 in *Baldwin's Dictionary of Psychology and Philosophy* gegeben, vgl. dt. in: *Ch. S. Peirce. Semiotische Schriften*, Bd. 1, hg. v. Chr. Kloesel / Helmut Pape, Frankfurt/M. 1986, 375.

[27] Vgl. Sören Kierkegaard, *Entweder/Oder*. Ein Lebensfragment, hg. v. Viktor Eremita. I. Teil, enthaltend die Papiere von A. (Kopenhagen 1843). Ges. Werke, 1. Abtlg., Düsseldorf/Köln 1964. - Vgl. im *Namen der Rose* das Vorwort des Autors/Herausgebers, das schon ironisch auf solch literarisches Versteckspiel Bezug nimmt: "Natürlich, eine alte Handschrift"!

teil. So leben wir nicht; und was im "Namen der Rose" als *moralische Verantwortung* proklamiert wird, braucht offenbar noch einen anderen Modus, um das zu sein, was die fiktive Ebene des Romans immer nur vorgeben, nur vorspielen kann.

3. Zeichenprozeß und dynamisches Objekt

Woran liegt es, daß die Theorie der Zeichen nicht dasselbe sein kann wie die Praxis einer wirklichen Semiose?[28] Der Grund ist nicht nur der Zeichenbenutzer, der ja selbst der Produzent der Zeichentheorie ist, sondern noch allgemeiner gesagt die Tatsache, daß im dreistelligen Zeichenmodell der Akt - oder prozeßhaft gedacht: der Vorgang - einer Semiose immer nur eine Bestimmtheit sein kann, die Ausgangs-, Orientierungs- und Zielpunkte kennt. Zwar läßt sich von jedem konkreten Geschehen dieser Art die Zeichenstruktur abstrahieren, dann aber ist sie eben abstrakt gegenüber dem wirklichen Fall ihres Vorkommens.

Peirce hat diese Konkretion der Zeichenrelationen in doppelter Weise sichergestellt: Einmal dadurch, daß es sich in der Objekt-Relation nicht nur um das vom Zeichen her sozusagen angezielte und zeicheninterne Objekt handelt, das Peirce das "*unmittelbare*" nennt, sondern immer auch um das im Prozeß der Wahrheitsfindung entscheidende "*dynamische Objekt*" der Gegenstandswelt, auf die verwiesen wird bzw. von der das Zeichen überhaupt herkommt.[29] Zum andern dadurch, daß in der Interpretanten-Relation zwischen dem "unmittelbaren", "dynamischen" und "*finalen Interpretanten*" unterschieden wird[30], worin sich die pragmatizistische Pointe von Peirces Semiotik erst richtig zur Geltung bringen läßt. Die Wirkung des Zeichen-Objekts im Interpretanten ist also nicht allein wiederum zeichen- und objektbezogen (und das ad infinitum), sondern sie ist wesentlich verhaltensbildend und handlungsbezogen. In *Wirklichkeit* also sind Zeichenrelationen nicht allein freie Möglich-

---

[28] *Semiosis* wird mit Peirce definiert als "an action, or influence, which is, or involves, a cooperation of *three* subjects, such as a sign, its object, and its interpretant, this tri-relative influence not being in any way resolvable into action between pairs." - Vgl. *Collected Papers of Ch. S. Peirce*, hg. v. Charles Hartshorne / Paul Weiss, vol. I-VI. Cambridge: Harvard 1931-35, vol. V, p. 332 (in der üblichen Dezimalnotierung von Bd.- und Abschnittsziffer: CP 5.484) in dem Text: "A Survey of Pragmaticism" aus dem Jahr 1907 (MS 318 nach der Manuskriptzählung von R.S. Robin, *Annotated Catalogue of the Papers of Ch. S. Peirce*, Amherst 1967).

[29] Vgl. dazu z.B. die Darstellung von Helmut Pape, *Erfahrung und Wirklichkeit als Zeichenprozeß*. Ch. S. Peirces Entwurf einer Spekulativen Grammatik des Seins, Frankfurt/M. 1989, Kap. 7.

[30] Vgl. ebd., Kap. 8.

keitsverknüpfungen, sondern sie sind zugleich gegenstandsrelevant und verhaltensprägend. Das zeigt am besten wiederum das Beispiel Religion: Zwar genügt zur Begründung für das Faktum, daß es Religion überhaupt gibt, der in spezifischer Weise notwendige Umgang mit ursprünglicher Möglichkeit als solcher - jetzt nicht gedacht als ästhetisch produziertes Spiel, sondern als Aufnehmen und charakteristisch eigenes und angemessenes Umgehen mit den kreatürlichen und immer vorgegebenen Ermöglichungen[31], wie sie die religiöse Sprache im Rahmen von Schöpfungsvorstellungen, den Ritualen und Liturgien des Dankes, der Verehrung usw. zum Ausdruck bringt. Hinzu tritt dann mit geschichtlicher Notwendigkeit die existentielle und gegenständliche Darstellung der jeweils so bestimmten Religion, deren geschichtlicher Bezug für sie konstitutiv und nicht beliebig ist, und dessen Vergegenwärtigung erst die Lebendigkeit des jeweiligen religiösen Selbstverständnisses und Lebenszusammenhanges ausmacht.

Im Falle der *christlichen Religion* handelt es sich unter diesen beiden Aspekten um die christologische Verankerung des trinitarischen Gottesglaubens in der Geschichte und den Geschichten des Mannes aus Nazareth, die wiederum in der Gegenwart des Geistes verhaltens- und handlungsorientierend wirksam werden. Semiotisch und mit Peirces Terminologie ausgedrückt: im "dynamischem Objekt" artikuliert sich die unaufgebbare geschichtliche Existenzbeziehung und im "finalen Interpretanten" die pragmatizistische Wendung und lebensweltliche Konkretisierung auf jeweils mein Leben in seinem Gegenwartskontext von Verhalten und Handeln.[32]

---

31 So gesehen (und dann anders als im Roman selbst verstanden) sind Williams und Adsons Bemerkungen zur Gottesvorstellung am Ende des *Namens der Rose* weder nominalistisch noch destruktiv gegenüber einer Onto-Theologie, sofern diese nicht mehr den Denkzwängen der antik-mittelalterlichen Substanzmetaphysik unterliegt. - Zum Anschluß von Peirces Gottesargument an die neuzeitliche Problemgeschichte der sogenannten Gottesbeweise vgl. Hermann Deuser, "Gott - Realität und Erfahrung", in: *NZSTh* 25 (1983), 290-312.

32 Das ist in Ecos späterer Peirce-Rezeption, wie er sie im 2. Kap. des Bandes: *Lector in fabula*. Die Mitarbeit der Interpretation in erzählenden Texten, München 1987, vorstellt, sehr schön zum Ausdruck gebracht: "Somit hat Peirce durch seinen eigenen Pragmatizismus mit dem ihm ebenfalls eigenen scotistischen Realismus abgerechnet: die Handlung, die Aktion ist der Ort, wo die Haecceitas dem Spiel der Semiose ein Ende setzt" (ebd., 55), wobei "scotistischer Realismus" von Eco an dieser Stelle offenbar als eine Form von "Idealismus" (ebd., 54) verstanden wird. - Zur Entwicklung und kritischen Lektüre von Ecos Peirce-Rezeption vgl. V. M. Colapietro, *Peirce's Approach to the Self*. A Semiotic Perspective on Human Subjectivity, New York 1989, 28-38.

4. Christliche Religion und der offene Kreis der Semiose

Für die christliche Religion ist diese Zeichentheorie geradezu mustergültig im Gespräch zwischen Jesus und Nikodemos (Joh 3) abgebildet und angewandt.[33] Die göttlichen "Zeichen" Jesu (V 2) verweisen letztlich auf ihn selbst als den "Menschensohn" (V 13), was aber den fundamental religiösen Interpretationszusammenhang voraussetzt, sich selbst von Gott her verstehen zu können, und dies wiederum ist Wirkung des neuen "Geistes", der weht, wo er will (V 7f.). Diese Geisterfahrung bleibt unableitbar, sie setzt sich in ihrem Auftreten immer selbst voraus, ist ein Erstes[34]; dessen spezifische Gegenständlichkeit und Aneignungsform können dann in einem zweiten und dritten Schritt aber durchaus angegeben werden: "Wasser und Geist" als Zeichen für die Taufe (V 5) sind sozusagen die objektiven Gegebenheiten, unter denen sich das vollzieht, was im christlichen Interpretanten "Sohn Gottes" heißt (V 16ff.), und dieser Zusammenhang läßt sich wie folgt erläutern: Das ursprüngliche und unableitbare Wirksamwerden des Geistes hat seine Existenzbeziehung in Jesus als dem Sohn Gottes, und diese charakteristische christologische Doppelung von Mensch und Gott ist in dieser Hinsicht konsequent und führt notwendig in die auf dieser Ebene offen gehaltene Frage (V 9) nach der Einheit des Verschiedenen, nach dem Modus des "Zusammen" von historischer Menschlichkeit und nicht historisch zu begrenzender Göttlichkeit in einer Person. Dieser Konflikt bzw. die in dieser Hinsicht der personalen Existenz unauflösbare Paradoxie von Himmelsaufstieg und Erniedrigung (V 13), von Liebe und Opfer (V 16) löst sich erst an dritter Stelle, wenn der Glaube (V 18) als Modus des "Zusammen" eingeführt ist. In ihm trifft sich in glücklicher Weise, was die ursprüngliche Geisterfahrung ermöglichte und die geschichtliche, christologische Vergegenständlichung bis in die äußersten Konsequenzen von Tod und Leben

---

33 Zur semiotisch-exegetischen Analyse und Interpretation des Johannes-Evangeliums vgl. die Arbeit von Trond Skard Dokka, *Å gjenkjenne den ukjente*. Om menneskers mulighet for å kjenne Gud - en studie basert på Johannes-evangeliets tegnstoff. Diss. Teol. Universität Oslo 1989; dazu Hermann Deuser, "Følelsen af førsthed", in: *Norsk Teologisk Tidsskrift* 91 (1990), 141-147.

34 Peirce schreibt 1909 kommentierend zu seinem Gottesargument (aus dem Jahr 1908, vgl. CP 6.452-485): "Der Beweis für das Sein Gottes, der die meiste Kraft besitzt, ist der folgende: Wer ernsthaft danach fragt (und wer dies tut, muß zuerst vom Nominalismus befreit worden sein, damit nicht länger die Geltendmachung von Gottes Realität mit der Existenzaussage, daß Gott existiert, verwechselt wird; denn dies - weil es sich um einen Widerspruch *in terminis* handelt - wird niemanden, der bei klarem Verstand ist, auch nur für fünf Minuten zum Nachdenken veranlassen), wer also wirklich über Gottes Realität nachdenkt und sie als reine Hypothese betrachtet - und wer dies nicht getan hat, ist nicht geeignet, sein Urteil abzugeben -, der wird tatsächlich an sich entdecken, daß er gänzlich unfähig geworden ist, die Hypothese in Zweifel zu ziehen; und das ist für ihn mehr als ein *Beweis* - das ist *Rationaler Zwang.*" (Übersetzt aus MS 641, 19f., H.D.)

darstellte - und bis heute erzählen läßt; was folglich in der Symbolik von "Licht" und "Finsternis" (V 19ff.) nicht einfach gleichgewichtig gegeneinandersteht, sondern in christlicher Geist- und Lebenserfahrung die spezifische Differenz von "Reich Gottes" (V 3) und Welt ausmacht: Die herrschende Finsternis bestimmt nicht über die Wahrheit, sondern in jener und gegen sie das Licht.

Können solche Zeichenzusammenhänge beliebig ausgetauscht oder ersetzt werden? Das unableitbare Zeichen Gottes (1), d.h. die ursprüngliche Ermöglichung der Geisterfahrung, verhält sich zu ihrer (christologischen) Gegenständlichkeit (2) und tut dies wiederum im Interpretantenbezug des Glaubens (3). Auf der Diskussionsebene des Religionsvergleichs, wiederum einer Abstraktionsebene also, ist die Formalisierung dieses Zusammenhanges bis zu einem gewissen Grade nicht nur möglich, sondern sogar nötig. Diese Operationen geschehen aber nicht auf der Ebene des jeweils gelebten Lebens, wo bestimmte Verhaltens- und Handlungsbezüge (im historischen Kontext) bereits entschieden oder zu entscheiden sind. Insofern müssen in dieser Hinsicht und quer zu allen anderen linguistisch motivierten Zeichensystematisierungen offensichtlich zwei Dinge auseinandergehalten werden - und Ecos Peirce-Interpretation hat das inzwischen auch getan und damit die rein ästhetische Zeichenauffassung jedenfalls relativiert:

> "In einer solchen Betrachtungsweise schließt sich der Kreis der Semiose in jedem Augenblick und schließt sich dennoch nie. Das System der semiotischen Systeme, das als ein - auf idealisierte Weise von der Realität abgetrenntes - kulturelles Universum erscheinen könnte, führt in Wirklichkeit dazu, in der Welt zu handeln und sie zu verändern; doch verwandelt sich jede dieser verändernden Aktionen ihrerseits in ein Zeichen und eröffnet damit einen neuen Prozeß der Semiose."[35]

5. Religion zwischen Fallibilismus und Realismus

Es bleibt hier natürlich noch unklar, worin die Kontinuität zwischen "jedem Augenblick" des praktischen Lebens und der prinzipiellen theoretischen Offenheit von Zeichensystemen als Systemen bestehen soll. So sehr dies Resultat in Ecos Peirce-Interpretation der pragmatischen Handlungssituation als Ort der Semiose gerecht zu werden sucht, der allgemeine "Prozeß der Semiose" scheint doch immer auch über den Konkretionen zu schweben. Peirces Selbstinterpretationen seiner Philosophie in den Jahren nach 1900, verbunden mit den Stichworten: Pragmatizismus, Synechismus und Kontinuum, gelten genau dieser Fragestellung: Worin ist die Zuordnung zu denken zwischen der prak-

---

[35] Umberto Eco, *Lector in fabula*, a.a.O. (Anm. 32), 56.

tisch auf Objekte bezogenen und auf bestimmbares Verstehen und Handeln angewiesenen Lebenssituation einerseits und der gerade auch dadurch nicht für abgeschlossen zu erklärenden semiotischen Prozessualität andererseits? Ließe sich diese Frage nicht beantworten, müßten also diese beiden Hinsichten der Lebenspraxis und der semiotischen Theoriesysteme unverbunden für sich bestehen bleiben, würde sich - jetzt nur auf höherer Ebene - der Nominalismus-Einwand wiederholen. Nicht das ästhetische Spiel der Zeichen mit Zeichen wäre jetzt einzuwenden, sondern der Unernst der nur vorgeblich verbindlichen (ethischen) Lebensentscheidungen, weil sie ja doch dem Kreislauf oder der unendlichen Reihe der ewigen Wiederkehr von Zeichen für Zeichen unterlägen. Die semiotischen Systeme würden zum Schein in bestimmten Situationen ernst genommen, auf bestimmte Objekte bezogen und auf bestimmte Handlungen und erkannte Regeln angewendet, bei genauerem Hinsehen erstünde aber doch das Bild, Konkretes verschwinde letztlich immer wieder im Saugeffekt semiotischer Transpositionen und Steigerungen durch weitergehende Interpretanten für Zeichen von Objekten, wobei dann vor allem letztere und ihre Interpreten sozusagen auf der Stelle mit verschwänden.

Wiederum ist die Religion und die Religiosität einzelner Menschen bestes Beispiel, was diese Zeichenlehre bedeuten müßte. Denn Geisterfahrung, die christologische Bindung an bestimmte Geschichtszusammenhänge und die Gegenwärtigkeit des darin sich ereignenden Glaubens und Handelns wären dann zwar semiotisch wohl zu analysieren und in begrenztem Rahmen auch zu begründen, sie wären gegenüber dem angewandten semiotischen Theorie-Instrumentarium zugleich aber ein prinzipiell unterlegenes Anwendungsmodell, so wie das Leben überhaupt (und alle seine denkbaren Verbindlichkeiten) zum bloßen Material für Illustrationen herabgewürdigt würden. Glauben, Leben und Handeln als illustre Widerspiegelungen ihrer selbst?

Peirce hat an dieser Stelle die unumgänglichen *kosmologischen* und *ontologischen* Konsequenzen gezogen, die sich aus dem beschriebenen Patt ergeben, daß praktische Lebenssituation und semiotische Theorie zum Schaden beider isoliert zueinander stehen.

a) Sollen Zeichenmodell und die pragmatische Situationsbestimmtheit des Interpretanten zugleich gelten (ohne daß sie gegeneinander strukturalistisch oder existentialistisch ausgespielt werden), so muß die Wirklichkeit selbst als *Prozeß der Wahrheitsbildung* - evolutionistisch - gedacht weren[36]; und in die-

---

[36] Diese Wendung kommt im folgenden Zitat aus Peirces Aufsatz von 1905: "Kernfragen des Pragmatizismus" sehr schön zum Ausdruck: "Es erscheint seltsam, wenn man einmal darüber nachdenkt, daß es ein Zeichen dem Interpreten überlassen sollte, ihm einen Teil seiner Bedeutung zu geben. Doch die Erklärung des Phänomens liegt in der Tatsache, daß das gesamte Universum - nicht bloß das Teil-Universum des Existenten, sondern das ganze weitere Universum, das das Universum des Existenten als einen Teil umfaßt, das

sem Prozeß sind menschliches Denken und Handeln mit beteiligt; aber eben nur ein Teil, nicht und an keiner Stelle das Ganze. Die hier nötige Perspektive sub specie aeternitatis kommt Menschen gerade nicht zu, zugleich wird aber deutlich, welchen Rang sie einnimmt: Weil die Ganzheit eines Prozesses sich aus prinzipiellen Gründen nicht denken und erfahren lassen kann, wird eben dies als Problem klar und drängt sich auf.

b) Der Ort, an dem in diesem Sinne weitergedacht und spezifischen Erfahrungen dieser Art nachgegangen wird, ist die *Religion*. Auf den Prozeß als Prozeß einzugehen, ist der Religion deshalb möglich, weil sie - in ihrer genuinen Leistung betrachtet - gar nicht objektivistisch verfahren und sich an existierenden Fakten messen kann, sondern, von der Unbestimmtheit des Gefühls und ursprünglicher Geisterfahrung herkommend, diese mit dann geschichtlich bestimmbaren Symbolen und ihnen angemessenen Verhaltensweisen und Handlungsimpulsen weiter ausarbeitet und tradiert. So gesehen hat die Religion etwas Verwandtes mit der Kunst, nur daß die religiösen Symbole nicht künstlerisch und materialbezogen "gemacht" sind (also nicht eine Re-Produktion dessen sind, was eigentlich ursprünglich ist), sondern - im originalen Fall - immer der Versuch, das kreativ Ursprüngliche selbst zum Ausdruck zu bringen.[37]

c) Die Frage ist nun erst recht, wie die so bestimmte Religion bzw. der so semiotisch, ontologisch und kosmologisch verstandene Prozeß der Evolution den Gedanken und die Wirklichkeit der *Kontinuität* festhalten kann. Dabei geht es um den realen und konkreten Zusammenhang zwischen ursprünglicher Fülle der Möglichkeiten, existenter Gegenständlichkeit und den Gesetzmäßigkeiten, in denen sich Natur und Geist geschichtlich darstellen. Peirces *Synechismus*

Universum nämlich, auf das wir uns alle üblicherweise als 'die Wahrheit' beziehen - daß dieses ganze Universum von Zeichen durchzogen [perfused] ist, wenn nicht sogar ausschließlich aus Zeichen besteht." - Vgl. CP 5.448, a.a.O (Anm. 28), 302; hier zit. nach Helmut Pape, Einleitung zu: *Semiotische Schriften*, Bd. 1, a.a.O. (Anm. 29), 63; die Stelle findet sich ebenfalls in: Peirce, *Schriften zum Pragmatismus...*, hg. v. Karl-Otto Apel, a.a.O. (Anm. 14), 482.

37 Peirces Definition der Religion lautet dementsprechend: "Sie ist eine Art Gefühlsregung in jedem einzelnen Menschen, oder auch: eine verborgene Wahrnehmung, eine tiefe Erkenntnis von etwas im uns umgebenden All; und wenn wir versuchen, diesem Gefühl Ausdruck zu geben, so wird es sich in mehr oder weniger extravaganten Formen verkleiden und mehr oder weniger zufällig erscheinen, immer aber wird es sich bekennen zu einem Ersten und Letzten, dem A und Ω, und in derselben Weise bezogen sein auf dies Absolute, dem das individuelle Selbst eines Menschen als relatives Sein gegenübersteht." - Übersetzt aus CP 6.429, d.h. aus Peirces Artikel "Die Vermählung von Religion und Wissenschaft", 1893 für die Zeitschrift *The Open Court. Journal for Religion and Science* geschrieben.

vertritt die Lehre, daß Kontinuität in Zeit und Raum real sind und menschliches Bewußtsein daran partizipiert.[38] Zugleich ist damit eine faktisch unausschöpfbare Unendlichkeit mitzudenken, die dazu berechtigt, erste vage, hypothetische Bestimmungsversuche als ebenso real zuzulassen, wie dies bezüglich Existenzbestimmungen und Gesetzesaussagen gilt. Die Hypothese *Gott* hat damit ihren legitimen Ort auch von der Logik des Erkennens her, die Gefühl und ursprüngliche Geisterfahrung aus ganz prinzipiellen Erwägungen der kosmologischen Evolution nicht ausschließen kann - will sie nicht einen Fehler begehen; und die Symbolleistungen der Religion sind nichts als der Ausdruck für die so erfaßte Realität des Universums.

d) Diese Verabschiedung des Nominalismus bedeutet also keineswegs den Rückfall in supranaturale Gegenständlichkeiten, auf deren unbegründbare Behauptung Metaphysik und christliche Religion rückständigerweise angewiesen wären, sondern die synechistische Realitätsauffassung beruht auf der wissenschaftlichen Einstellung, Hypothesen zu prüfen und Gesetze zu formulieren. Peirces Semiotik ist also zugleich *realistisch* und *fallibilistisch*, ohne dadurch beliebig zu werden oder zwischen praktischer Semiose in der Lebenssituation und theoretisch unendlichen (und abstrakten) Zeichensystemen nicht mehr vermitteln zu können. Wenn die Lehre des *Fallibilismus* für alle moderne Wissenschaft gilt[39], so scheint dadurch traditioneller Moralität und Religion, soweit sie überhaupt mit Wissenschaft in Verbindung bleiben wollen, der Boden entzogen zu werden. Demgegenüber hilft es wenig, für den Standpunkt der Kirchen einen Sonderfall von Infallibilität geltend zu machen; und solchen "dogmatischen" Behauptungen gegenüber ist der nominalistische Einwand - semiotisch ausgedrückt: die bloß offene Reihe von Zeichenverweisungen - zunächst immer im Recht. Die Vereinbarkeit von *Fallibilismus* (als der wissenschaftlich unumgänglichen Wahrheitsauffassung aufgrund probabilistischer Induktion) und *Realismus* (der die Vagheit religiöser Hypothesen und die anthropomorphe Symbolik der religiösen Sprache ebenso einschließt wie die zur kritischen Überprüfung anstehenden Existenzaussagen) liegt für Peirce gerade darin, daß in "Wahrheit real ist ..., was uns früher oder später dazu zwingt, es anzuerkennen."[40] Daraus folgt zweierlei: Erstens die Maxime, den weiteren Fortgang der Forschung und Wahrheitsfindung nicht zu blockieren (also bei-

---

[38] Vgl. zu einer ersten Übersicht zu Peirces Philosophie des Kontinuums den Artikel von M. G. Murphey, in: *The Encyclopedia of Philosophy*, 1972, vol. 6, 70-78; bes. 76ff.

[39] Peirce schreibt 1892 im MS 955 (in CP 1.141-175 mit Auslassungen übernommen): "Alles in allem heißt das, wir können auf keine Weise Gewißheit oder Exaktheit erreichen. Wir haben niemals ein Recht, absolut sicher zu sein oder einen Satz für vollkommen richtig zu halten" (a.a.O. Anm. 28, 8).

[40] So formuliert in MS 860, 6, aus dem Jahr 1894.

spielsweise tolerant zu sein!)[41], und zweitens die Anerkennung von *Erfahrung* als nicht hintergehbares Ausgangsfeld all unseres Wahrnehmens, Wissens und Denkens. Diese zweite Folgerung bewahrt den Fallibilismus vor lebensfremder Skepsis ebenso wie vor der dogmatistischen Konstatierung angeblich unerkennbarer Faktizitäten. "Erfahrung" ist demgegenüber "der geistige Vorgang in seiner Gesamtheit"[42], weshalb *Gott* nicht Produkt eines theoretischen Schlusses auf etwas sein kann, sondern gerade integraler Bestandteil dieses Begriffes von Erfahrung: "Was Gott betrifft, öffne Deine Augen - und Dein Herz, das ebenso ein Organ der Wahrnehmung ist -, und Du siehst ihn."[43]

e) In Peirces Philosophie des Synechismus kommen also Theorie- und Lebensformen in einer Weise zusammen, die für unsere Fragestellung vielleicht am besten als *kategoriale Semiotik* zu bezeichnen ist. Die drei universalen Kategorien der Erfahrung stellen dabei die ontologische Fassung der semiotischen Struktur dar, jener Dreigliedrigkeit, die theologisch in der *trinitarischen Rede von Gott* als Selbstausdruck dieser Erfahrung wiederkehrt.[44] Insofern ist die christliche Religion wohl Zeichen unter Zeichen, dies aber in ausgesprochen prinzipieller und unentbehrlicher Weise - eine Sicht der Dinge, der sich auch Adson von Melk letztlich nicht verschließen würde, lebte sein Lehrer und Meister im 19./20. Jahrhundert.

---

[41] Vgl. ebd., 10ff.

[42] Ebd., 15.

[43] Ebd., 16. Dieser Textteil ist abgedruckt in CP 6.493.

[44] Vgl. dazu Hermann Deuser, "Kategoriale Semiotik und trinitarische Struktur im Anschluß an Peirces Gottesargument", in: *EvTh* 50 (1990), 242-254. - Die sachlich zwingende Verknüpfung zwischen Kategorienlehre, Forschungslogik, Semiotik und Religionsphilosophie findet sich präzise dargestellt bei L. Schulz, "Die Religionsphilosophie von Ch. S. Peirce", in: *Testimonianza religiosa e forme espressive*, vol. II, Perugia 1990, 273-334.

Walter A. Koch

Gott und die Welt
Theogenese als Semiogenese der Kultur?

1. Semiotik - genetisch gesehen 2. Protosemiotische Randbedingungen 3. Semiotische Momente der Rückbindung des Menschen 4. Religion unter den Bedingungen eines tertium mediationis

Umberto Eco hat wie kaum ein anderer die vielfältigen Formen des menschlichen Zeichenverhaltens zu ergründen gesucht. Seine umfassende Theorie[1] schien nichts, was der alltäglichen Intuition auffällt, auszusparen. In seinen belletristischen und essayistischen Opera wird es vollends klar, daß Zeichenhaftes überall zu finden ist: in der Apokalypse, in den Klöstern, bei Thomas von Aquin, in der modernen und antiken Kunst, in der Mode, im Sport, im Computer, auf und in der Büchse der Coca Cola. Eco theoretisiert im wörtlichen Sinne über "Gott und die Welt".[2] Diese großzügige Lizenz gegenüber vorhandenen oder imaginären Grenzen zwischen ontischen und mentalen Arealen - die der Semiotik im allgemeinen und Umberto Eco im besonderen eigen ist - inspiriert zu einem weiteren Versuch innerhalb der bereits unübersichtlich zahlreichen Ansätze, über Gott und die mannigfachen Dinge der Welt gleichzeitig zu reden. Der folgende Essay mag in doppelter Weise gewagt erscheinen: Er ist dort aphoristisch verknappt, wo ganze Bände nötig scheinen, um die Voraussetzungen zu konkretisieren, und er setzt mehr voraus als eben nur eine "semiotische" Revision angesichts vermeintlich bekannter Tatsachen.

1. Semiotik - genetisch gesehen

Ein Grund dafür, daß stets - durch Jahrhunderte und Jahrtausende - eine wie immer geartete Theologie eine wie immer geartete Semiotik attraktiv fand, war der triviale Umstand, daß beide ein Minimum von zwei (wenn nicht drei) simultanen Strata von Strukturen voraussetzten:

---

[1] Umberto Eco, *A Theory of Semiotics*, Bloomington 1976.

[2] Ders., *Über Gott und die Welt*. Essays und Glossen, München 1985.

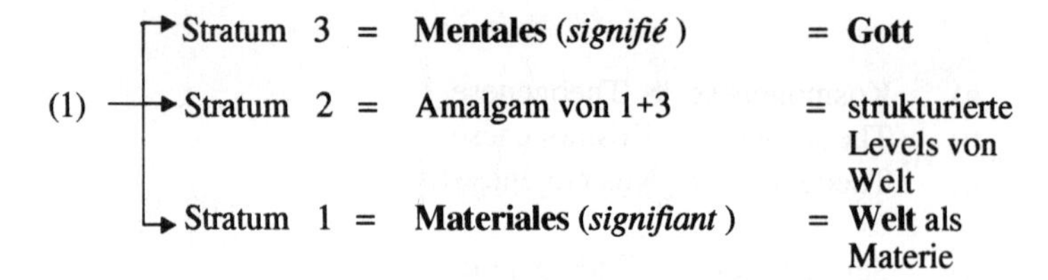

Die Bedeutungsrelation eines Wortes oder eines beliebigen Zeichens und die gegenseitige Relation von Gott und Welt schienen daher immer zwangsläufig isomorph.

Die lange Geschichte der gegenseitigen Beeinflussung von Theologie und Semiotik[3] kann hier nicht besprochen werden. Zur jetzigen gegenseitigen Relation nur so viel: Semiotik soll in unserem Kontext *genetisch*[4] gesehen werden. Es gibt kein ewig festes und fertiges Zeichensystem. Es gibt allenfalls zu analysierende lange Reihen evoluierender, *verwandter* Zeichensysteme. Die Semiogenese brauchte ca. zwei Millionen Jahre, um die heutige unendliche Vielfalt hervorzubringen. Eine entsprechende Theogenese brauchte eventuell ebenfalls ca. zwei Millionen Jahre für eine entsprechende Vielfalt von "göttlichen Prinzipien". Wir stellen daher die Frage nach der Theogenese als einer möglichen Begleiterscheinung von Semiogenese.

Genesen müssen evolutiv geordnet werden.[5] Elementare Ordnungen, welche in Mythen, Riten, Religionen vorausgesetzt werden, sind folgende (> bedeute dabei "geht zeitlich/evolutiv voraus"):

(2) a) Kosmogenese > Semiogenese > Theogenese
b) Theogenese > Semiogenese > Kosmognese

Faktisch gibt es in Mythen, Riten usw. Annäherungen sowohl an (2a) als auch an (2b). (2b) könnte dabei überwiegen.[6] - Unmittelbar interessanter in unserem Zusammenhang sind die Teilordnungen:

---

3 Verkürzt soll hier nur auf folgendes verwiesen werden: Daniel Patte, "Religion and Semiotics", in: *Semiotics in the Individual Sciences*, Teil I, hg. v. Walter A. Koch, Bochum 1990, 1-24.

4 Zu Vorschlägen hinsichtlich einer "Genetisierung" von Semiotik vgl. u.a. Walter A. Koch, *Evolutionäre Kultursemiotik*, Bochum 1986; ders., *Genes vs Memes*, Bochum 1989; ders., "Culture: Its Stratification, Planification and Dynamics", in: *The Wells of Tears*. A Bio-Semiotic Essay on the Roots of Horror. Comic and Pathos, hg. v. Walter A. Koch, Bochum 1989.

5 Vgl. die späteren, genaueren Vorschläge in Fig. 1.

6 Eine vage Annäherung an (2a) ist dabei Hesiods Theogonie, eine solche an (2b) die Genesis des Alten Testaments.

(3) a) Kosmogenese > Theogenese
b) Theogenese > Kosmogenese
c) Theogenese = Kosmogenese

(4) a) Semiogenese > Theogenese
b) Theogenese > Semiogenese
c) Theogenese = Semiogenese

Dabei sieht es zunächst so aus, als ob für die "Schöpfung" der Version (3a) und für das Verhältnis "Zeichen vs Gott" der Version (4a) die größeren Realitätschancen eingeräumt werden müßten.

(4a) ist dann besonders probat, wenn Gott prototypisch so konkretisiert ist, daß eine Reihe von Randbedingungen für die Interaktion zwischen Gott bzw. Gottähnlichem und Menschen der prototypischen Theogenese wahrscheinlich evolutionär vorausgehen müssen. Nennen wir diese Phänomene vorläufig *proto-psychophysiologische und protosemiotische Randbedingungen.* Daniel Patte[7] zählt zu solchen Randbedingungen den "Diskursakt" des Glaubens:

(5) Believing =
a) Being sure of the existence or truth of anything.
b) Accepting as true on testimony or authority; crediting (a person) with veracity; accepting the word of.
c) Being convinced of, as the result of study or reasoning: thinking, supposing.

Eine besondere Art von Semiotik würde, ähnlich der Konversationsanalyse oder Sprechaktanalyse, die pragmatische Qualität (Mischung der obigen Modalitäten des Sprech-/Denk-Aktes "Glauben") als Voraussetzung für eine nähere Diskursanalyse (Text- oder Zeichen-Analyse) zu erstellen versuchen.

2. Protosemiotische Randbedingungen

Die Frage nach der strukturierten oder *prototypischen* Gesamtheit solcher Randbedingungen wird jedoch kaum direkt von irgendeiner Semiotik zu beantworten sein. Die Prototypen werden eher von der Paläo-Anthropologie[8],

---

[7] Daniel Patte, "Religion and Semiotics", a.a.O. (Anm. 3), 7.

[8] Z.B. James G. Frazer, *The Golden Bough.* A Study in Magic and Religion, London 1990.

einer besonderen Art von Kultursemiotik[9] oder einer komparativen Religionswissenschaft angesprochen.[10]

Zu solchen Randbedingungen, welche semiotisch bisher in nur sporadischer Weise behandelt wurden und genauerer Analyse bedürfen, gehören die *Verifikation* und die *induzierte physiologische Homöostase*. Zu den urigen Problemen eines sich entwickelnden Verifikationskonzepts gehören z.B. die Bedingungen für die Rechtfertigung der zahlreichen (antiinduktiven) Fehlversuche z.B. bei Magie oder bei der Interpretation eines planvollen Handelns Gottes. Nennen wir dieses Problem kurz die Bedingung der *Theodizee*. Die vielen elaborierten Riten des Regenzaubers[11] z.B. werden wahrscheinlich mehr durch Fehlversuche denn durch unmittelbare Bestätigungen ausgezeichnet gewesen sein. Um die Validität des Zaubers aufrechtzuerhalten, wird ein komplexes Korpus von "entschuldigenden" Prinzipien ("Theodizee") konstruiert. Wo ein religiöser Wille ist, da ist auch immer ein Weg, die unmittelbare *Anomie* des Übernatürlichen durch eine komplexer werdende (mittelbare) *Nomie* zu erklären.[12]

Ein bisher wenig systematisch studiertes Verifikationskonzept der Paläologik ist das Reißverschlußprinzip (*fit* oder *zipper*). Eine Rekurrenzstruktur sowohl im *signifiant*-Bereich als auch im *signifié*-Bereich eines Zeichens wird als Anti-Zufälls-Prinzip gewertet. *Koinzidenz* zweier *auffälliger* Strukturen in beiden Modalitäten einer binären Struktur wird somit als *Verifikation* gewertet: Das *signifiant* bestätigt auf diese Weise die Richtigkeit des *signifié* (und vice versa):[13]

(6) *nomen est omen*
(7) *traduttore traditore*

---

9 Hier besonders die russischen Kultursemiotiker: die Moskauer Gruppe um Ivanov und Toporov.

10 Hans Joachim Schoeps (*Religionen*. Wesen und Geschichte, Garden City 1966) gibt z.B. im Inhaltsverzeichnis seines Buchs typische Randbedingungsthemen an: Holiness, Mana, Taboo, Sacred Kingship, Magical Thinking, Shamanism, Totemism, Offering, Prayer ...

11 James G. Frazer, *The Golden Bough*, a.a.O (Anm. 8), 65.

12 Vgl. Peter L. Berger (*The Sacred Canopy*, New York 1969) zur zentralen Randbedingung der *theodicy* (53ff.).

13 Zu "fit", "zipper" etc. vgl. *Semiogenesis*, hg. v. Walter A. Koch, Bern 1982 (s. Index).

Dieser Prototyp *einfacher literarischer Formen*[14] beruht auf einem Vermittlungsprinzip der Paläologik. Diese Paläologik sieht - im Gegensatz zu unserer klassischen Logik - ein *tertium datur* vor:

(8)

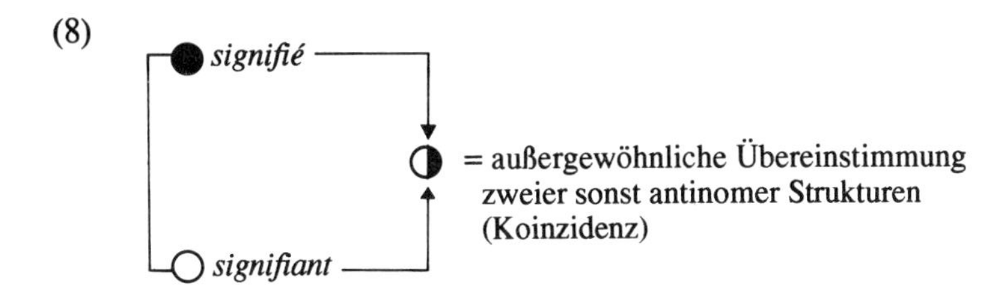

Auf einem solchem *tertium* beruhen letztlich auch Strukturen der *induzierten physiologischen Homöostase*: Entgegen der Lehrmeinung selbst moderner Formen von Medizin besteht eben doch eine Kommunikationsbrücke ( ) zwischen dem zentralen Nervensystem (CNS) und dem autonomen (vegetativen) Nervensystem (ANS)[15]. Diese Brücke zwischen z.T. antinomen Systemen kann dazu führen, daß ein Überfluß an kortikalen Impulsen an einen Unterfluß an Schaltungen im Vegetativum *Strukturen* angibt, daß im Sinne eines angepaßten Verhaltens der Verstand dem Herzen (im wörtlichen Sinne, vgl. sogenanntes "autogenes Training") motorische Impulse verleiht. Vereinfacht: Was das Gehirn *denkt*, *tut* der eigene Körper und *per extensionem* auch der fremde Körper. Dies ist das Prinzip der *Magie*. Das Prinzip des *Ritus* ist ähnlich. Eine bestimmte kollektive Motorik (gemeinsames Singen, Tanzen etc.) führt dazu, daß durch rhythmisches Agieren induzierte "ergotropische Energie" allmählich in "trophotropische Energie" überführt wird; anders ausgedrückt: Der Sympathikus des ANS induziert trotz Überregung (z.B. kollektive Erregung angesichts des Todes eines Gruppenmitglieds) durch die kollektive Gleichgeschaltetheit und geordnete Wiederholung der Bewegungen ein allmählich gleichstarkes Quantum an Aktivität im Parasympathikus des ANS (= menschlicher Körper):[16]

---

[14] Vgl. Walter A. Koch, *Biology of Literature*, Bochum 1991 (Essay 7); sowie ders., *Genes vs Memes*, a.a.O. (Anm. 4); ders., *Poetry and Science*, Tübingen 1983; vgl. Peter Grzybek, "Semiotische Studien zum Sprichwort. Simple Forms Reconsidered I", in: "Special Issue of Kodikas Code", *Ars semiotica*, 3/4 (1984), hg. v. Walter A. Koch / W. Eismann.

[15] Natürlich sind die Beispiel hier sehr vereinfacht. Was die technischen Notationen der Analyse (genetische Pfeile , metagenetische Pfeile etc. angeht, vgl. u.a. Walter A. Koch, *The Wells of Tears*, a.a.O (Anm. 4)).

[16] Vgl. Eugene G. d'Aquili / Charles D. Jr. Laughlin / John McManus (Hg.), *The Spectrum of Ritual*. A Biogenetic Structural Analysis, New York 1979.

(9)

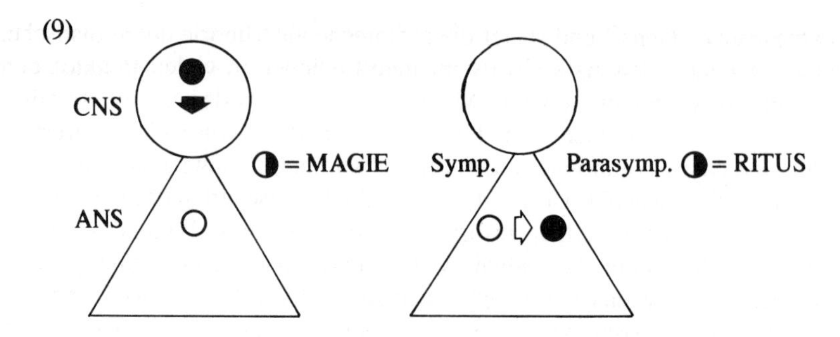

Diese sowohl sympathetische als auch parasympathetische "Erregung" führt zu einem *tertium*, das den besten Trost angesichts der Situation bietet: eine exaltierte Gelassenheit.

Zu den Randbedingungen der Paläologik gehören die urigen (rituellen) Sprachfunktionen der Partizipation[17] und der Magie[18]. Während Roman Jakobsons[19] klassische Theorie sechs Funktionen vorsieht: *expressive*, *phatic*, *conative*, *referential*, *metalingual*, *poetic functions*, erhalten wir nunmehr mindestens zwei weitere selbständige semiotische *frames*: *participatory* ist die Einstellung im Ritus: alles hängt mit allem zusammen (Vorherrschen des Peirceschen *index*-Prinzips)[20]; *magical* kann ein besonderes Ingrediens des Ritus sein: der Eingeweihte, Eingestimmte kann mit allem und jedem (Präsentem und Nicht-Präsentem) imperativisch kommunizieren. Diese Funktionen sind sehr fundamental, wahrscheinlich jedoch an das Aufkommen der Theogenese geknüpft, d.h. nicht so alt wie das Expressive oder Konative.

Im Bereich des Religiösen begegnen uns immer neue Formen von Quasi-Paradoxa. Eines solcher "Paradoxa" ist das Prinzip des Religiösen als *Egoistisches Universale*. Der Soziologe Richard Dawkins entwickelte die Theorie

---

17 Vgl. Lucien Lévy-Bruhl, *La mentalité primitive*, Paris 1922; vgl. ferner Roy A. Rappaport, *Ecology, Meaning and Religion*, Berkeley 1979, 91.

18 Von Alfred Bertholet auch *dynamism* genannt. "Dynamism" bezieht sich möglicherweise auch auf Phänomene der Partizipation, vgl. die prä-animistischen Phänomene des *mana*, *orenda*, *wakonda* (vgl. William F. Albright, *From the Stone Age to Christianity*, Garden City 1957, 169).

19 Zu Jakobsons Theorie vgl. Walter A. Koch, *Poetry and Science*, a.a.O. (Anm. 14). Das mutmaßliche sukzessive Entstehen solcher Funktionen wird auf Fig. 5 (Reihe H) dieses Essays notiert.

20 Zu der Theorie des Indexikalischen nach Charles S. Peirce vgl. Umberto Eco, *A Theory of Semiotics*, a.a.O. (Anm. 1).

des egoistischen Gens[21] und später die entsprechende Theorie des egoistischen Mems[22]. Meme sollen als kollektiv-mentale Einheiten in vielen Punkten dem Gen evolutionär ähneln - obwohl Mem und Gen Antipoden des Weltmodells sind[23]. Fast alle Religionen enthalten - als Super-Mem-Konstrukte - ihrerseits wieder eine Quasi-Antinomie (die in Maßen bereits Gene und Meme auszeichnet): Das höchste Regulativ (hier: Gott) soll die Eigenschaften des Universalen (Gott als Kosmogenese, allgegenwärtig: für alle und alles da!) und des Speziellen/Individuellen (Gott wesentlich, wenn nicht ausschließlich für ego oder einen spezifischen Menschen-Stamm verfügbar)[24] haben. Religionen tendieren dahin, gleichzeitig kosmopolitisch ("missionierend") und ethnozentrisch ("esoterisch") zu sein:

(10)

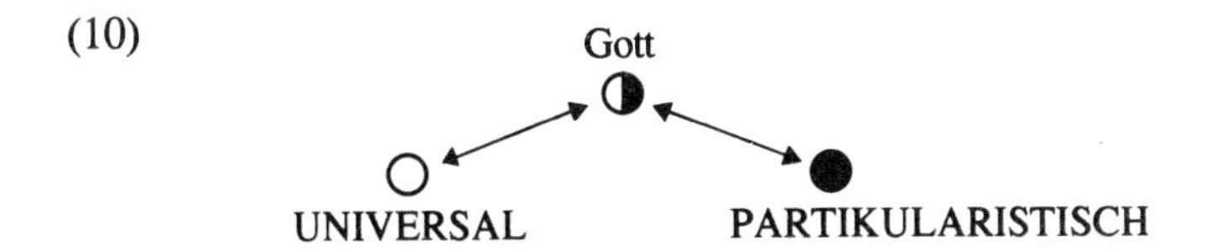

3. Semiotische Momente der Rückbindung des Menschen

Die bisher diskutierten protosemiotischen Randbedingungen reichen freilich nicht aus, irgendeinen Prototypus von Gott oder auch nur einen Katatypus[25] im Kern zu erfassen. Der Kern wird dadurch bestimmt, daß dem Menschen ein Unikat (Einzigartiges)[26] gegenübersteht. Dieses Unikat hat Eigenschaften, welche der Mensch nicht besitzt, welche er jedoch gerne besäße. Die Kenn-

---

[21] Richard Dawkin, *The Selfish Gene*, Oxford 1976.

[22] Ders., *The Extended Phenotype*, Oxford 1982. Vgl. auch Juan D. Delius, "Of Mind Memes and Brain Bugs. A Natural History of Culture", in: *The Nature of Culture*, hg. v. Walter A. Koch, Bochum 1989, 26-79; ferner Walter A. Koch, *Genes vs Memes*, a.a.O. (Anm. 14).

[23] Vgl. die Orte "Gene" vs. "Meme" in Fig. 1 des vorliegenden Essays.

[24] Die frühen Hebräer hatten den "dynamistischen Glauben", daß es zwischen einer bestimmten Familie oder einer Großfamilie/Klan und Gott eine reale Blutsverwandtschaft gäbe (also Religion nicht nur als Mem-Phänomen, sondern als Gen-Phänomen; vgl. William F. Albright, *From the Stone Age to Christianity*, a.a.O. (Anm. 18), 249).

[25] Katatypus geht dem Prototypus voraus, z.B. - im Bereich der Glottogenese - die Tierkommunikation der Sprache. Vgl. Walter A. Koch, *Evolutionäre Kultursemiotik*, a.a.O. (Anm. 4).

[26] Wichtig ist, daß *ego* (der einzelne Mensch) als sein Gegenüber nicht ein spezielles Exemplar einer bestimmten Art der Natur sieht, sondern etwas, was keine Duplikate hat.

zeichnung der Opposition geht natürlich noch weiter - etwa so wie sie Hans-Joachim Schoeps[27] ausführt:

(11)

"If we examine the essential content common to all the developed religions we know, we might perhaps cautiously suggest that everywhere we find the striving for a lost unity. Religion always proceeds from an existential dichotomy between man and the world, between man and God or the gods. Man longs for unity, longs to overcome the dichotomy; wholeness rather than division seems to him necessary for living. But - and this ist the crucial element - he can never achieve in reality the unity he seeks. Thus the essence of religion may be seen as springing from contradiction, at the focus and source of which stands the dichotomy of life itself."

Schon wieder einer der zahlreichen "Widersprüche" oder eine der "Paradoxien", die uns in der Theogenese begegnen. Im großen und ganzen bin ich mit der Intuition, die Schoeps vom Göttlichen entwickelt, einverstanden. Gleichwohl bedarf sie m.E. einiger Prononcierung und Präzisierung. Die (ich sage später: "metagenetische") *Rückbindung* (*religare*) des Menschen an das genetische Primum (Manifestanten der mächtigen, weil anscheinend *ewigen* Natur) vollzieht sich nicht etwa wegen einer emotional-kognitiven Veranlagung des Menschen zur Einheit (*unity*) schlechthin, sondern vielmehr aus einfachen Überlebensstrategien heraus. Jedes Lebewesen ist - wenn auch "unbewußt" - in all seinen komplexen Strategien letztlich durch den Überlebensdrang bestimmt, durch den Drang nach einem Überleben um einen Tag, eine Stunde, eine Sekunde. Beim Menschen kommt mit wachsendem Bewußtsein eine auf lange Zeit vorweggenommene (nicht unmittelbar motivierte) Todesangst hinzu sowie der noch weitsichtigere Wunsch, *lange* zu überleben, ja, wenn möglich, für *immer und ewig* zu überleben, so wie seiner Meinung nach der Felsen, das Meer, die Sonne und auch die Blume und der Bär (die ja nicht individuell in ihrem Lebenszyklus gesehen werden, sondern zunächst eher in ihrer artgebundenen steten Weiterexistenz erlebt werden), wie die Erde und die Wolken ewig existieren. Es bildet sich in wechselnden Schaltungen des menschlichen Limbus und Cortex eine Antinomie (mit ihren entscheidenden semantischen *Merkmalen* - in Kästchen):

(12)

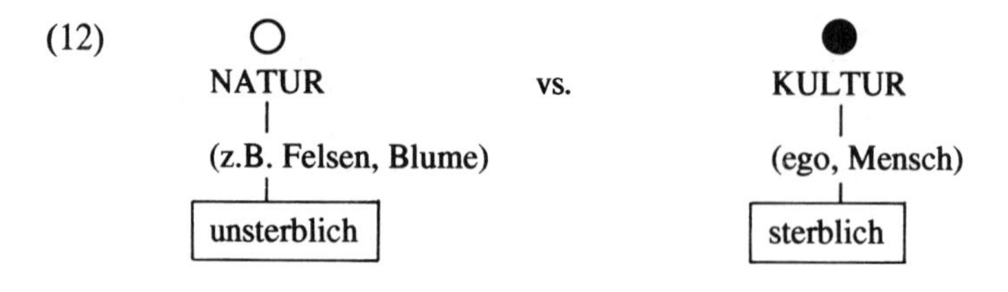

[27] Hans-Joachim Schoeps, *Religionen*. Wesen und Geschichte, a.a.O. (Anm. 10), 9.

Ich glaube nun nicht, daß man grundsätzlich sagen kann - wie dies Schoeps offenbar zu tun wünscht -, daß in Wirklichkeit (welcher "Wirklichkeit"?) die besagte Einheit niemals erreicht wird. Ich glaube, man muß sagen: Sie *wird* erreicht. Im Prinzip jedenfalls. Gleichwohl muß sie immer wieder dem Gehirn durch allerlei Bemühungen (induzierte psycho-physiologische Homöostase, "Theodizee" etc.) probat gemacht werden. Zunächst indes gilt, daß der Mensch Mittel und Wege sucht (und offenbar auch findet), die Einheit herzustellen. Die Rückbindung vollzieht sich dabei vermutlich in frühen Stadien der Religiosität (z.B. vor 60 000 Jahren) durch die einfachste Form der Paläologik, durch die einfachste Erstellung eines *tertium datur*, durch die Konstruktion einer indexalen Beziehung zwischen *Natur* und *Kultur*. Dazu bedarf es einer *konkreten* Struktur, die jeder sehen und fassen kann. Während in späteren, subtileren Formen von Religiosität ein Kurzschluß von der Kultur ("ich bin sterblich") zur Natur ("die Blume ist unsterblich") dadurch zustande kommen kann, daß einfach die *Identität* von ego auf die Blume ("ich *bin* die Blume") projiziert wird (so etwa wie in einem Teil des Religiösen in Hermann Hesses "Siddhartha"), bedarf es hier immerhin einer protosemiotischen, d.h. indexalen, Konstellation: Dadurch daß ego und Blume unzertrennlich zusammengehören ("ego trägt Blume", oder "gestorbenes ego wird von Blumen bedeckt"[28]), wird ein *tertium mediationis*[29] geschaffen, eine Konstellation oder "Einheit", die ein Minimum an *Realität* beanspruchen kann und somit für den protoreligiösen Menschen auf dem gleichen Wirklichkeitsniveau steht wie der Mensch allein oder die Blume allein:

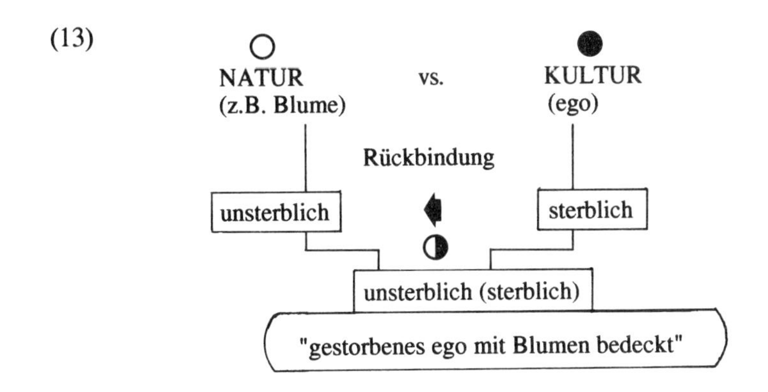

[28] So die in Shanidar ausgegrabenen Überreste eines Begräbnisses von Neandertal-Menschen (vor 60 000 Jahren): vgl. Rupert Riedl, *Biologie der Erkenntnis*, Berlin 1979. Vgl. meine Einleitung zu *The Nature of Culture*, hg. v. Walter A. Koch, a.a.O. (Anm. 22).

[29] Vgl. das *tertium mediationis* als Kernstruktur des Metaphysischen in Lyrik und Religion sowie die damit zusammenhängende Analyse/Notation: Walter A. Koch, *Poetry and Science*, a.a.O. (Anm. 14).

Das durch Kontaktmagie entstandene *tertium* wird dabei offensichtlich so verstanden, daß das konkret präsente Unsterbliche die sterbliche Rest-Realität insignifikant werden läßt. Der Mensch wird durch die proleptische Sorge um seine eigene Ewigkeit und durch die Suche nach geeigneten Konkreta (für tertiale Transformationen) geradezu neurotisiert. Diese dauernde Kulturneurose führt den Menschen nach und nach zu den erstaunlichsten Erfindungen (Projektionen, Introjektionen zwischen Ego und Realität etc.) im mentalen Bereich. Der Mensch schafft sich eine (nach Popper und Eccles[30]) *dritte Welt* ("*Welt 3*"). Sie ist voll von konkreten Artefakten, Symbolen, *tertia mediationis*. Die fruchtbare Neurose droht zur Psychose zu werden, sobald die Opposition/Dichotomie in ihren semantischen Merkmalen komplizierter wird:

(14)

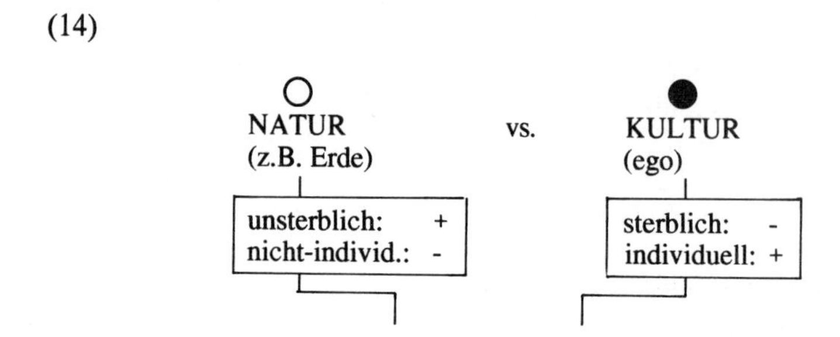

4. Religion unter den Bedingungen eines tertium mediationis

Mit wachsendem Bewußtsein hinsichtlich der Kostbarkeit nicht nur des (soziobiologischen) Gruppenegos (Überleben z.B. der *Homo neanderthalensis*-Horde: ca. 25 Menschen), sondern des individuellen, irreduziblen Ichs, stellt der Mensch fest, daß er selbst etwas hat, was die sonst mit Neid betrachtete Natur nicht hat: Individualität. Also ist es mit einer einfachen Identitätsverlagerung

---

[30] Karl R. Popper / John C. Eccles, *The Self and Its Brain*, Berlin 1977. Vgl. John C. Eccles, *The Human Mystery*, Berlin 1979. Die drei Welten bestehen vereinfacht aus: Welt 1 = materielle Welt, Welt 2 = Bewußtsein von Welt, Welt 3 = Artefakte des menschlichen Geistes. Vgl. Fig. 1 und Fig. 2 dieses Essays.

in die Natur oder mit einer indexikalischen Teilhabe am Natürlichen nicht mehr getan. Beide, Natur und Kultur, haben sowohl Negatives als auch Positives. Beide sind sowohl attraktiv als auch abstoßend! Ein echtes Dilemma! Damit ein solches *double doublebind* (vgl. Gregory Batesons Theorie der Schizophrenie als *double bind*) nicht tatsächlich zu immobilisierenden Psychosen führt, ist Rückbindung in neuer Form angesagt. Die neue Form ist gleichwohl weiterhin ein *tertium mediationis*. Ego sehnt sich also nach *konkreten* Stücken von Welt, welche die seltenen, aber dringend gesuchten Eigenschaften haben, daß sie nur Positives (++) enthalten: Die tertiale Verlängerung von (14) findet sich also in (15):

(15)

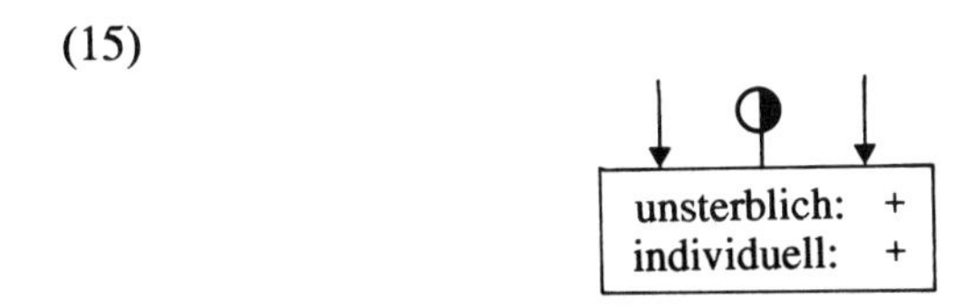

Wie sehen solche komplexen *tertia* konkret aus? Sie müssen die gesuchten positiven Eigenschaften haben und gleichzeitig realitätsnah sein. Eine *tertium mediationis* wird auch materiell etwas Zusammengesetztes, eine Mediation, ein Kompromiß sein. Der Zauberer von Trois-Frères (siehe zweite Gestalt oben rechts auf Fig. 2) war als Höhlengemälde vor ca. 15 000 Jahren eine solche komposite Erfindung: eine Vermittlung zwischen Mensch und Tier. - Jedes einzelne lyrische Gedicht sucht als individuelle Religion *en miniature* nach einer spezifischen Lösung, einem spezifischen *tertium mediationis* für ein fast immer vorliegendes *metaphysisches* Problem. In Shakespeares "Shall I compare thee to a summer's day ..." bietet der Dichter die Unsterblichkeit seines eigenen Gedichts dem Tod/Ewigkeits-Problem seiner Geliebten an. Er kann dies tun in dem Bewußtsein, daß sein Poem tatsächlich ein *tertium quid* sein will: eine Kombination aus - wir würden heute sagen: "vermeintlicher" - Unsterblichkeit des Menschheits*mems* "Shakespeare-Sonett No. 18" + Individualität der Geliebten ("thee") - wie im Sonett geschildert. Also wieder: zweimal ein "+"! - Die metaphysischen Lösungsvorschläge - in unzähligen Gedichten und Mythen vorgebracht - sind für die heutigen Menschen natürlich von unterschiedlicher Überzeugungskraft. Manche typische Lösung mutet archaisch an, manch andere "modern". So (er)fand Rupert Brooke in den Schützengräben in Frankreich 1915 angesichts seines für ihn wahrscheinlichen Soldatentodes ein *tertium*, einen metaphysischen Trost, der u.U. von universalerer Kraft ist als der zitierte Vorschlag Shakespeares. Es seien hier nur die ersten acht Zeilen seines Sonetts zitiert:[31]

(16)

"If I should die, think only this of me:
   That there's some corner of a foreign field
That is for ever England. There shall be
   In that rich earth a richer dust concealed;
A dust whom England bore, shaped, made aware,
   Gave, once, her flowers to love, her ways to roam,
a body of England's, breathing English air,
   Washed by the rivers, blest by suns of home."

In Brookes Gedicht manifestiert z.B. "foreign field" (= Frankreichs Erde) den Pol der Natur, "A dust whom England made aware" (= Rupert Brooke) den Pol der Kultur, während das gesuchte *tertium* in "... corner of a foreign field that is forever England" (◑) erscheint. Die Lösung, Brookes spezifischer Trost angesichts der tödlichen Ausweglosigkeit seiner Situation, hat offenkundig die Eigenschaften (unsterblich +, individuell +): Dort, wo sein "Leichenschatten" noch in tausenden von Jahren eine tellurische Enklave, ein Teil der Erde des heutigen Frankreichs sein wird: In niedrig-molekularen und atomaren Bestandteilen, die nur "langsam" (nach naiven Vorstellungen: "gar nicht") zerfallen, wird gleichzeitig etwas sein, dessen (indexikalischer) Rest - nämlich die spezifische, *persönliche atomare Zusammensetzung* eines ehemals psychophysischen Individuums - genausowenig zerfallen wird wie die umgebende "andere" Erde. Die unsterbliche Erde in Frankreich enthält einen Teil der so unsterblichen Erde *und Individualität* Brookes und Englands.

Selbst einfach erscheinende Beispiele von Paläologik wie die vorangehenden sind nur schwer auf die zugrundeliegenden mentalen Prozesse zurückzuführen. Eine Analyse ist bei Brooke und Shakespeare also allenfalls sehr oberflächlich gelungen. Umso schwerer ist es, eine entsprechende Analyse für komplexe Religionen zu versuchen. Nur wenn wir einmal sehr grob vereinfachen, können wir auch den christlichen Glauben skizzieren:

---

[31] Zur Analyse dieses Gedichts im Gott-Welt-Modell-Kontext vgl. die Einführung zu *The Nature of Culture*, hg. v. Walter A. Koch, a.a.O. (Anm. 28), xiv.

(17)

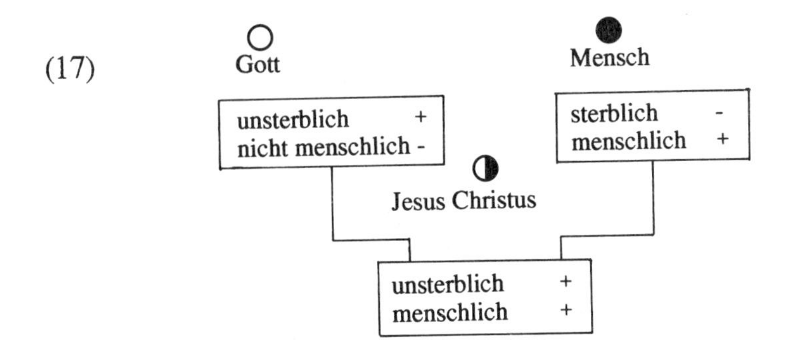

Die Individualität - die Eigenschaft, die der Mensch angesichts der Natur aufrechterhalten wissen will - wird hier zwar nicht aufgegeben, sie wird aber mehr oder weniger integriert in eine umfassendere Eigenschaft, nämlich die der "Menschlichkeit", d.h. der Leidensfähigkeit. "Passionsfähigkeit" ist die spezifische Eigenschaft, Positives wie Negatives zu erleben und zu durchleben. Was immer der Mensch von dieser Leidensfähigkeit denkt (wenn er gerade Negatives erlebt), er will offenbar dann nicht auf sie verzichten, wenn es klar wird, daß man das positive Erleben (das eigentliche individuelle Leben) nur dann haben kann, wenn man auch die negative Kehrseite akzeptiert. Kurzum, in der Interpretation (17) ist Jesus Christus ein echtes *tertium mediationis*: Er vereinigt die so positive Eigenschaft Gottes ("Unsterblichkeit" = Fähigkeit zur Wiederauferstehung) mit der positiven Eigenschaft der Leidensfähigkeit des Menschen. Die Überzeugungsargumentation läuft darauf hinaus, daß, wenn der Mensch - ikonisch/magisch -, so weit er es vermag, sich in bezug auf die "Menschlichkeit/Leidensfähigkeit" so verhält wie es der "Sohn Gottes" (und "der Menschen") übersteigert und exemplarisch tut, dem Menschen die Unsterblichkeit (eigene Wiederauferstehung) gewissermaßen als Belohnung (indexikalisch) *geschenkt* werde.

Die Termini "Rückbindung", "religio", "Wiederherstellung eines Harmonie-Verlusts" (Schoeps: "loss" s. 11) scheinen vorauszusetzen, daß im Laufe der Evolution ursprünglich für den Menschen keine zu vermittelnde Opposition bestanden habe. Das mag so sein, daher es ist dann mehr als zwei Millionen Jahre her, und in der Ontogenese (vgl. Sigmund Freud) betraf es allenfalls die ersten paar Monate. Diese frühen spezifischen Zustände individueller emotional-kognitiver Erlebnisfähigkeit wollen wir doch keineswegs durch welche Art von Metaphysik oder Religion auch immer wiederherstellen. Anders gesagt: Man kann evolutionär weniger von einer Wiederherstellung eines verlorenen Zustandes reden, als von dem wachsenden *Gewinn* der Einsicht in kontra-agierende-Kräfte im Bewußtsein des Menschen. Erst die in den letzten zwei Millionen Jahren einsetzende Entwicklung hinsichtlich der Vermittlung und Integrierung immer komplexer werdender Nerven- und Interaktions-Schaltungen macht das qualitativ *menschliche* Er-Leben aus. So wie - sehr vereinfacht gesprochen -

aus der materiellen *Welt 1* die Bewußtseinslevels der *Welt 2* (z.B. die den Level der menschlichen Kultur (= Semiogenese) bestimmende Opposition "Natur vs Kultur"[32]) entstehen, so entsteht aus *Welt 2* in zunehmendem Maß eine *Welt 3*,[33] welche in symbolischen Systemen, Artefakten, Ideologien, Religionen usw. die Oppositionen der Welt 2 immer neu vermittelt. Sehr vereinfacht gesprochen sind Welt 1,2,3 grobe Phasen eines mental-materiellen Integrierungsprozesses - den trivialen Hegelschen Phasen der "These, Antithese, Synthese" nicht unähnlich. Eine sehr allgemeine Version des *tertium mediationis* - welches, auf Definitionen von Schoeps (11) basierend, der *nervus rerum* dieses Abschnitts war - wäre in grober Anlehnung an Karl Popper die folgende:

(18)

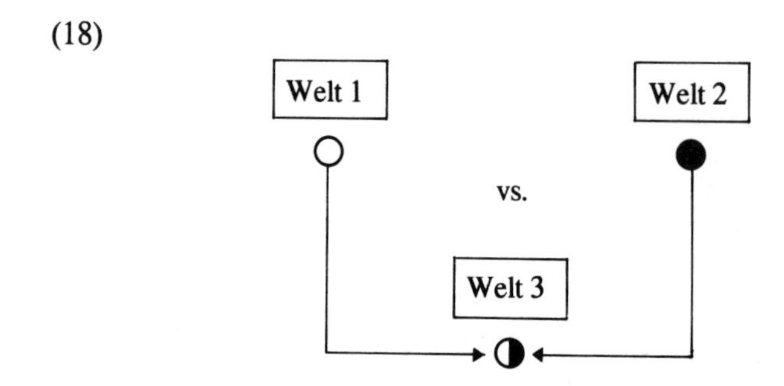

---

[32] Zur "Natur vs Kultur" als unzählige konkrete Mythenstrukturen garantierende Basisopposition vgl. Claude Lévi-Strauss, *Mythologiques*. Le Cru et le Cuit, Paris 1964. Entscheidend ist der Gedanke, daß nichts weniger als *Oppositionen*, Gegensätze, Probleme, Neurosen, Antinomien, "Paradoxien", etc. die Grundlagen von Kultur, Religionen, mentalen Komplexen sein können.

[33] Karl R. Popper / John C. Eccles, *The Self and Its Brains*, a.a.O. (Anm. 30) dienen hier nur als grober Anknüpfungspunkt. Die Philosophie einer "Evolutionären Kultursemiotik" unterscheidet sich von der von Popper vorgeschlagenen in einigen konkreten Punkten; vgl. Walter A. Koch, *Evolutionäre Kultursemiotik*, a.a.O. (Anm. 4).

Fig. 1: Kultur (C-Emergenz) zwischen Metagenese und Genese (nach Walter A. Koch, *Evolutionäre Kultursemiotik*, a.a.O. (Anm. 4), 13.)

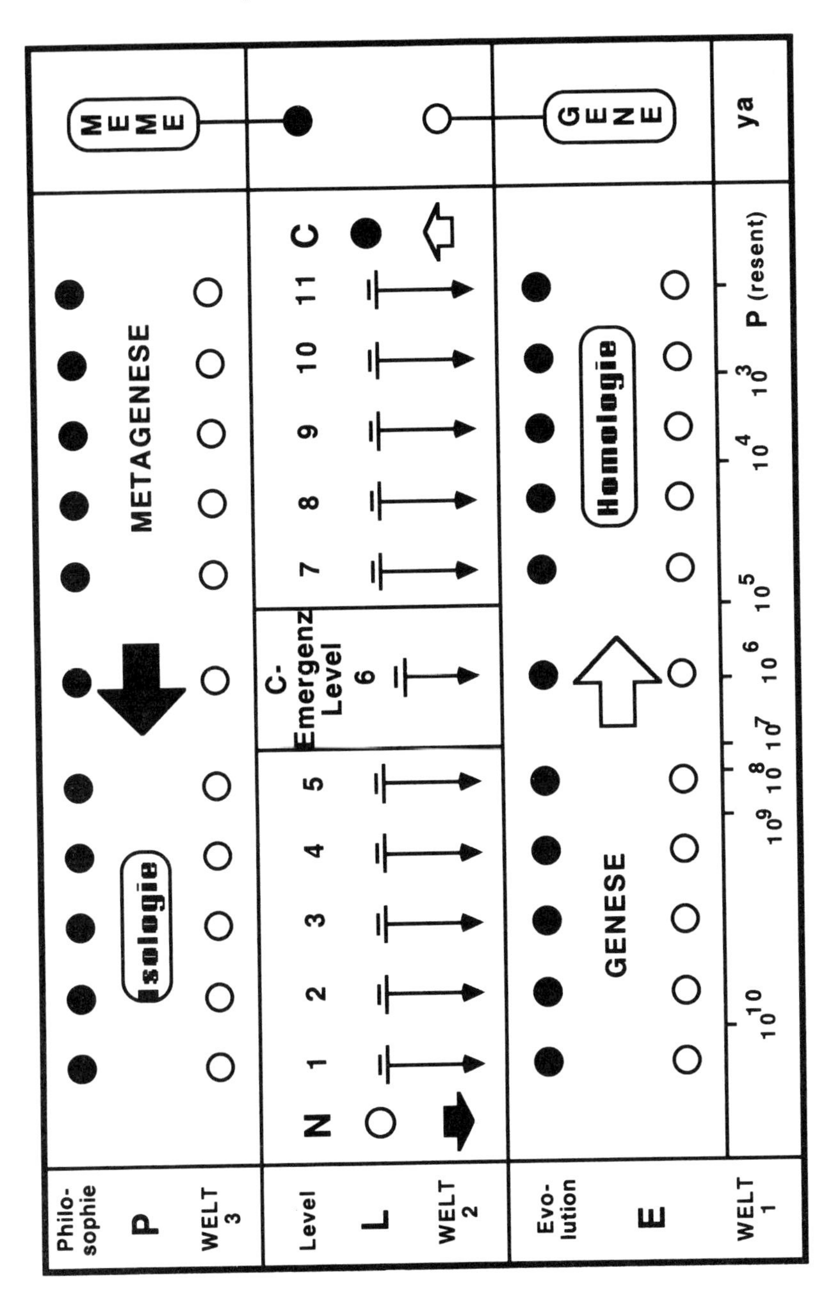

Fig.2: Natur und Kultur zwischen Metagenese und Genese (*Genes vs Memes*, hg. v. Walter A. Koch, a.a.O. (Anm. 4), xiii)

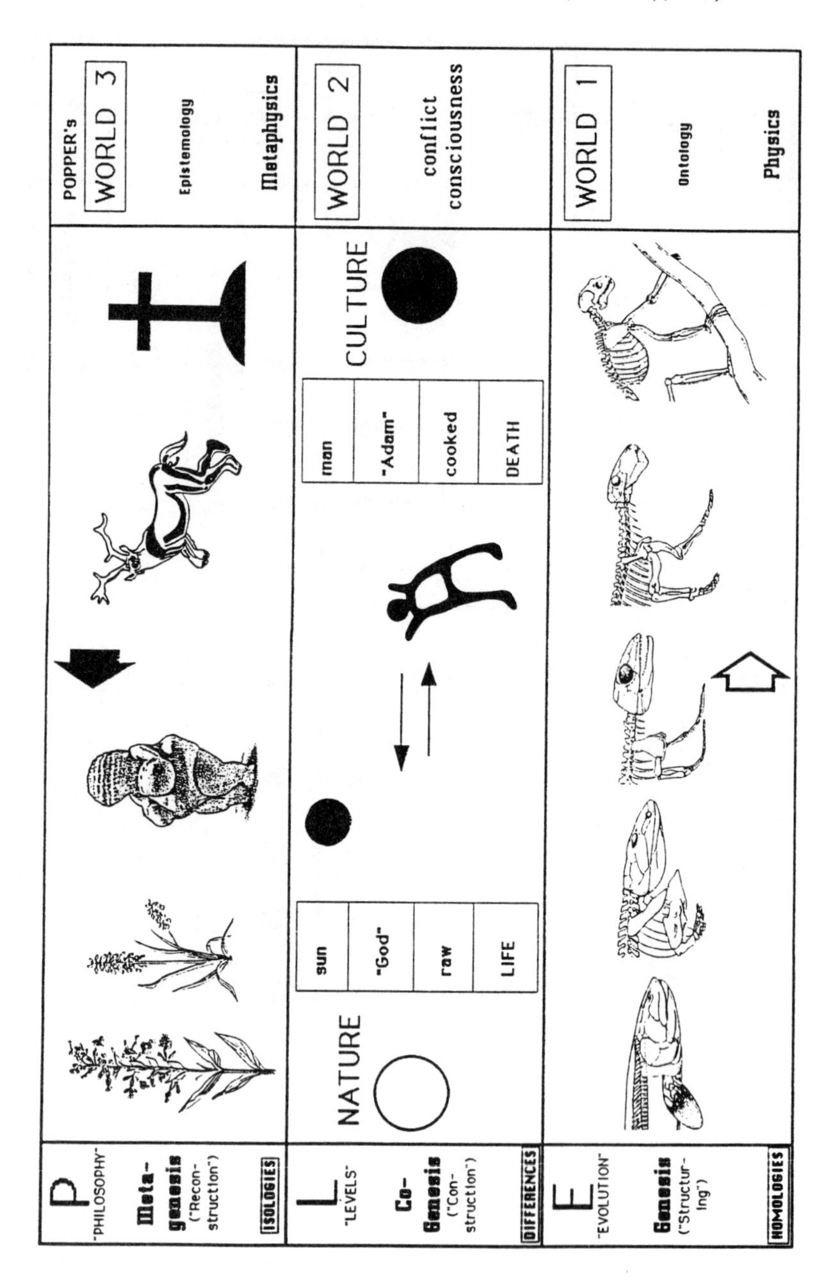

II. Analysen

Karl-Heinrich Bieritz

Umberto Eco: Umrisse einer atheistischen Theologie

1. Eine Welt ohne Ordnung 2. Wort und Wirklichkeit 3. Theologie der unbegrenzten Semiose 4. Semiotische Subversion 5. Auslegung als Regelspiel 6. Theologie als semiotische Zähmung Gottes?

1. Eine Welt ohne Ordnung

> "Ich habe nie an der Wahrheit der Zeichen gezweifelt, Adson, sie sind das einzige, was der Mensch hat, um sich in der Welt zurechtzufinden",

teilt Bruder William seinem Adepten mit.[1] Ja, William: Wir haben nie an der Wahrheit der Zeichen gezweifelt, sind sie doch das einzige, was in dieser Weltzeit den Glauben - und das glaubende Denken - mit seinem Ursprung und Ziel verbindet: Der Sohn als das fleischgewordene Lebens- und Liebeszeichen Gottes. Predigtamt, Evangelium und Sakramente als Zeichen und Zeugnisse göttlichen Willens gegen uns, unseren Glauben dadurch zu erwecken und zu stärken.[2] Vielleicht gar - darüber streiten wir uns noch - die Eine heilige christliche Kirche[3] als Zeichen einer neuen Wirklichkeit, einer neuen Schöpfung ... Gewiß: All dies ubi et quando visum est Deo, wo und wann Gott es will.[4] Aber mußt du darum gleich alles so radikal in Frage stellen, William - die allem Denken und Glauben vorausliegende, gottverbürgte Ordnung, die den Dingen und Ereignissen Bedeutung verleiht, der Welt Sinn zuschreibt, die Wahrheit der Zeichen garantiert? "Ich bin wie ein Besessener hinter einem Anschein von Ordnung hergelaufen", bekennst du, "während ich doch hätte wissen müssen, daß es in der Welt keine Ordnung gibt"[5]. Wie geht das zusammen: Keine Ordnung in der Welt - und die Wahrheit der Zeichen? Sind wir es selber, die in immer neuen Anläufen versuchen, einer chaotischen Welt - und, so legst du uns nahe, einem chaotischen Gott - Ordnung und Sinn ab-

---

1 Umberto Eco, *Der Name der Rose*, Berlin 1985, 597.
2 CA V u. XIII.
3 CA VII.
4 CA V.
5 Umberto Eco, *Der Name der Rose*, a.a.O. (Anm. 1), 597.

zuringen, indem wir das, was uns begegnet, mit Bedeutung ausstatten, es als Zeichen lesen?

> "Die Ordnung, die unser Geist sich vorstellt, ist wie ein Netz oder eine Leiter, die er sich zusammenbastelt, um irgendwo hinaufzugelangen. Aber wenn er dann hinaufgelangt ist, muß er sie wegwerfen, denn es zeigt sich, daß sie zwar nützlich, aber unsinnig war..."[6]

Irgendwo hinauf: Warum? Zu Wem?

Ausdrücklich bekennt sich der Autor und Erfinder des William von Baskerville hier und in anderem Zusammenhang zur Theologie: zur "atheistischen Theologie der unbegrenzten Semiose"[7]. Gottlosigkeit, die so theologisch daherkommt, verdient es, daß Theologen sich mit ihr auseinandersetzen. Doch dazu muß man von ihr Kenntnis nehmen: Im folgenden wird dazu angeregt, Eco zu lesen. Ihn theologisch in Gebrauch zu nehmen, auch mit dem Risiko, ihn fehlzuverstehen.[8] Denn zu solch riskantem Lesen hat er selbst immer wieder ermutigt.

2. Wort und Wirklichkeit

Einem Mißverständnis, womöglich durch das Leiter-Gleichnis induziert, ist gleich vorzubeugen: Eco vertritt kein "idealistisches" Konzept. Objektwirklichkeit - die "materielle Realität" physikalischer und biologischer Faktoren, ökonomischer Ereignisse usw. - wird nicht angezweifelt.[9] Im Gegenteil: Es ist gerade "der Komplex der materiellen, ökonomischen, biologischen und physikalischen Konditionierungen, in dessen Rahmen wir kommunizieren"[10], der dazu zwingt, das semantische Universum - und damit unsere Deute- und Zeichensysteme - immer wieder umzustrukturieren, die Leiter - im Gleichnis gesprochen - wegzuwerfen und durch eine neue, passendere zu ersetzen. Weil sich die Umstände der Kommunikation wandeln, können auch die kulturell errichteten und geordneten Gebäude bedeutsamer Inhalte wie die ihnen korrespondierenden Ausdruckssysteme (verbaler und nichtverbaler Art) nur in permanenter Revision ihre Funktion erfüllen.

Verworfen werden damit freilich alle Auffassungen, die Bedeutungen - sprachlich-kulturell codiert und segmentiert - als adäquate Abbilder der Wirklichkeit an sich begreifen wollen; verworfen werden Philosophien, die "Sprache als Stimme des Seins" definieren, "die in einer tiefen Verwandtschafts-

---

6 Ebd., 597f.

7 Umberto Eco, *Semiotik und Philosophie der Sprache,* München 1985, 241.

8 Ders., *Streit der Interpretationen*, München 1987, 43.

9 Vgl. Ders., *Semiotik. Entwurf einer Theorie der Zeichen*, München 1987, 200, Anm. 27.

10 Ders., *Einführung in die Semiotik*, München 1972, 136.

beziehung zum innersten Wesen der Dinge steht"[11]; verworfen werden auch jene Zeichentheorien, die das "Mißverständnis vom Referens"[12] implizieren: Ecos Semiotik kommt erklärtermaßen "ohne die Bezugnahme auf einen Referenten" aus[13], das heißt, ohne die Bezugnahme auf "mögliche Sachverhalte, die angeblich dem Inhalt einer Zeichenfunktion korrespondieren".[14] Das klassische semiotische Dreieck, dessen Eckpunkte zum Beispiel bei Augustin als significans (der sinnlich wahrnehmbare Ausdruck), significatus (der durch den significans bedeutete Inhalt) und res (das bezeichnete und bedeutete Objekt) erscheinen[15], wird damit modifiziert und durch den von Charles Sanders Peirce[16] übernommenen Begriff des Interpretanten korrigiert: Alle Inhalte (Signifikate), die durch die mit ihnen in einer Zeichenfunktion verbundenen Ausdrücke (Signifikanten) im Designationsprozeß repräsentiert werden, können ihrerseits wieder zu Ausdrücken (Signifikanten) für weitere Inhalte (Signifikate) werden, die dann ihre Interpretanten darstellen ... Also: Verweist das Wortzeichen /Taufe/ als Ausdruck auf die sakramentale Taufhandlung als seinen Inhalt, so kann dieser Inhalt wiederum zum Ausdruck für die theologische Aussage "Bad der Wiedergeburt" werden, und so fort - wobei die theologische Aussage als Interpretant der Taufhandlung, die Taufhandlung als Interpretant des Wortzeichens fungiert ... "Ein Zeichen steht niemals für einen Gegenstand oder Referenten", schreibt Eco.

> "Die Bezugnahme auf einen Referenten erhellt nie das Signifikat des Zeichens ... Das Signifikat eines Zeichens läßt sich nur klären durch den Verweis auf einen Interpretanten, der wieder auf einen weiteren Interpretanten verweist, und so fort bis ins Unendliche, was einen Prozeß unbegrenzter Semiose in Gang setzt, in dessen Verlauf der Empfänger das ursprüngliche Zeichen so weit decodifiziert, wie er das für die Zwecke der betreffenden Kommunikation und die Bezugnahmen, bei denen er es anwenden möchte, braucht".[17]

---

[11] Umberto Eco, *Zeichen. Einführung in einen Begriff und seine Geschichte*, Frankfurt/M. 1977, 114.

[12] Ders., *Einführung in die Semiotik*, a.a.O. (Anm.10), 69.

[13] Ders., *Zeichen*, a.a.O. (Anm. 11), 173.

[14] Ders., *Semiotik*, a.a.O. (Anm. 9), 88.

[15] Vgl. Augustinus, *De magistro* (= CCSL 29, 159-203) und *De doctrina christiana* (= CCSL 32, 1-1676); dazu C.P Maywer, *Die Zeichen in der geistigen Entwicklung und in der Theologie Augustinus*, Würzburg 1974; R. Simone, "Die Semiotik Augustinus", in: Rainer Volp (Hg.), *Zeichen*. Semiotik in Theologie und Gottesdienst, München/Mainz 1982, 79-113. Zum "semiotischen Dreieck" allgemein vgl. Umberto Eco, *Zeichen*, a.a.O. (Anm. 11), 27-31.

[16] Zur Beschäftigung Ecos mit Peirce vgl. auch: Umberto Eco, "Hörner, Hufe, Sohlen. Einige Hypothesen zu drei Abduktionstypen", in: Umberto Eco / Th.A. Sebeok (Hg.). *Der Zirkel oder Im Zeichen der Drei*. Dupin, Holmes, Peirce. München 1985, 288-320.

[17] Umberto Eco, *Zeichen*, a.a.O. (Anm. 11), 172f.

3. Theologie der unbegrenzten Semiose

Wie begegnen hier - im Begriff der unbegrenzten Semiose, der durch die prinzipiell unendliche, nur faktisch begrenzte Kette der Interpretanten konstituiert wird - dem Kern von Ecos atheistischer Theologie: Gott - wortgeworden, an Zeichen verhaftet, eingebunden in den Prozeß unbegrenzter Semiose, durch immer neue ausdrucksfähige Signifikate interpretiert - muß schließlich zu einer Wesenheit verblassen, die "ganz aus Möglichkeiten besteht"[18]; denn wer wird hier ernsthaft je den Abbruch des Interpretationsprozesses in Erwägung ziehen wollen: Das war's? Wird der Prozeß aber tatsächlich ins Unendliche prolongiert, kann /Gott/ alles und nichts (und damit das Chaos selber) bedeuten ...

Freilich: Gewinnt das Chaos der Interpretationen auch nicht unter der ordnenden Hand eines Gottes Gestalt, so wird ihm doch durch die Kultur, die ihrerseits ein Kommunikationsphänomen[19] und damit ein Zeichensystem[20] darstellt, Richtung und Kontur vermittelt; sie segmentiert nämlich das einer Gesellschaft zuhandene Wissen über Gott und die Welt in "kulturelle Einheiten"[21], kulturell definierte semantische Entitäten, Bedeutungseinheiten, die in ihrer Gesamtheit, ihrem wechselseitigen interpretatorischen Zusammenhang das semantische Universum der jeweiligen Kultur (Eco: ihre "Enzyklopädie"[22]) ausmachen:

> "Kultur ist die Art und Weise, wie unter bestimmten historisch-anthropologischen Bedingungen auf allen Ebenen, von der Aufteilung in elementare Wahrnehmungseinheiten bis zu den ideologischen Systemen, der Inhalt segmentiert (und die Erkenntnis damit objektiviert) wird"[23].

So verweisen die in einer Kultur kommunizierten (und kommunizierbaren) Signifikanten eben nicht auf kultur- und kommunikationsunabhängige Referente, sondern auf das, was jeweils "kulturell als Entität definiert und unterschieden wird"[24]. Bemerkenswerterweise sind es wiederum theologische Beispiele, die Eco wählt, um diese These zu verdeutlichen. Warum konnte - so fragt er -

---

18 Ders., *Der Name der Rose*, a.a.O. (Anm. 1), 598.

19 Ders., *Einführung in die Semiotik*, a.a.O. (Anm.10), 33.

20 Ders., *Zeichen*, a.a.O. (Anm.11), 185; ders., *Semiotik*, a.a.O. (Anm. 9), 21ff.

21 Ders., *Einführung in die Semiotik*, a.a.O. (Anm.10), 74; ders., *Zeichen*, a.a.O. (Anm. 11), 176; ders., *Semiotik*, a.a.O. (Anm. 9), 99.

22 Ders., *Semiotik*, a.a.O. (Anm. 9), 143ff.; ders., *Semiotik und Philosophie der Sprache*, a.a.O. (Anm. 7), 77ff.

23 Ders., *Zeichen*, a.a.O. (Anm. 11), 186.

24 Umberto Eco, *Semiotik*, a.a.O. (Anm. 9), 99, nach D. Schneider, *American Kinship*. A Cultural Account, New York 1968, 2.

die altkirchliche Zweinaturenlehre zum Ansatzpunkt jahrhundertelanger Auseinandersetzungen, ja erbitterter Kämpfe werden? Die Antwort:

> "Ganz offenbar lag das daran, daß der Ausdruck präzise Inhalte übermittelte, die innerhalb einer Kultur als kulturelle Einheiten existierten. Und diese wurden, weil sie existierten, zu Trägern konnotativer Entwicklungen und eröffneten einen großen Bereich semantischer Reaktionen eines Typs, der sich unmittelbar auf das Verhalten auswirkte"[25].

Und ein anderes Beispiel:

> "Um die Geschichte der christlichen Theologie zu verstehen, muß man nicht wissen, ob dem Wort /Transsubstantiation/ ein spezifisches faktisches Phänomen entspricht (auch wenn für viele Menschen dieser Glaube von vitaler Bedeutung war). Aber man muß wissen, welche kulturelle Einheit (welche intensional analysierbare Gesamtheit kultureller Merkmale) dem Inhalt dieses Wortes korrespondierte ... Die Tatsache, daß /Transsubstantiation/ für viele Menschen einem Ereignis oder Ding entsprach, läßt sich semiotisch dadurch erfassen, daß man sagt, dieses Ereignis oder Ding sei durch kulturelle Einheiten erklärbar gewesen. Sonst hätte es nämlich nie so etwas wie eine theologische Diskussion geben können, und die Gläubigen hätten weiter die Heilige Kommunion empfangen, ohne über die Menschen nachzudenken, die nicht daran glaubten. Vielmehr war es nötig, eine Welt zu konzipieren, die so aufgebaut war, daß eine kulturelle Einheit, die dieser /Transsubstantiation/ korrespondierte, einen Platz in ihr finden, das heißt ein präzise segmentiertes Stück des Inhalts eines bestimmten kulturellen Hintergrundes sein konnte."[26]

Einleuchtend und bedrohlich zugleich: Was bleibt vom kunstvollen Gebäude theologischer Lehre übrig, wenn eine Aussage nach der anderen in den Prozeß der unbegrenzten Semiose eingespeist und damit dem Wandel der Kulturen und Konventionen ausgeliefert wird? Gewiß: Auch Eco bestreitet in keiner Weise die hervorragende Bedeutung, die solche Aussagen zu ihrer Zeit für die Identität des Glaubenden, für die Identität und Integrität ganzer Glaubensgemeinschaften besessen haben und noch besitzen; und noch kein Theologe wird die Notwendigkeit bestreiten, solche Aussagen je und je neu zu interpretieren ... Doch wenn die theologischen Referente sich in die Relativität "kultureller Einheiten" verflüchtigen - wie kann dann noch am Begriff der Offenbarung als einem transkulturellen, damit auch metasemiotischen Ereignis festgehalten werden?

---

[25] Umberto Eco, *Semiotik*, a.a.O., (Anm. 9) 101; vgl. ders., *Einführung in die Semiotik*, a.a.O. (Anm. 10), 75f.

[26] Ders., *Semiotik*, a.a.O. (Anm. 9), 93.

4. Semiotische Subversion

Nun wird der Prozeß der unbegrenzten Semiose nicht nur - und vielleicht nicht einmal vorrangig - durch den Druck der Kommunikationsumstände in Gang gehalten. Es ist vielmehr die kommunizierende Kultur selber, die zu ständiger Revision und Erweiterung der in ihr überlieferten Lesarten von Gott und Welt einlädt und nötigt. Eco hat diesen Gedanken zuerst in einem noch vorsemiotischen Theorierahmen am Modell des "offenen Kunstwerks"[27] erörtert: Es ist vor allem - so seine These - "die ästhetische Verwendung der Sprache", die einen Prozeß der Code-Änderung auszulösen und damit eine "neue Art von Weltsicht" hervorzubringen vermag.[28] Verkürzt dargestellt, beginnt solcher Prozeß ästhetischer, Weltsicht und Welterfahrung verändernder Kommunikation damit, daß die Ausdrucksebene auf ihren tieferen, noch nicht segmentierten und codierten Niveaus (die gleichsam die Steinbrüche darstellen, aus denen das Material für die Signifikanten geschlagen wird) eine besondere Bearbeitung erfährt, die sie "semiotisch interessant" macht[29]. Dadurch entsteht "ein Überschuß an Ausdruck", der auf einen möglichen "Überschuß an Inhalt" verweist[30] und so den Text (Eco denkt hier keineswegs nur an verbalsprachliche Gebilde!) für eine "Vielzahl von Interpretationen" öffnet[31]. Auf diesem semiotischen Mechanismus beruht die "fundamentale Mehrdeutigkeit"[32] ästhetischer Botschaften, ihre "Offenheit im Sinne einer fundamentalen Ambiguität"[33], die den Rezipienten dazu verführt, auch ungewohnte semantische Pfade einzuschlagen, neue Lesarten zu erproben und sozusagen "die Enzyklopädie in Höchstform arbeiten" zu lassen.[34] Aber gerade auf solche Weise vermag die ästhetische Erfahrung "neues Wissen" zu erzeugen. Sie weckt "den Argwohn, daß die Korrespondenz zwischen der gegenwärtigen Organisation des Inhalts und den 'wirklichen' Sachverhalten weder die beste noch die endgültige ist"[35].

Insofern stellt die ästhetische Kommunikation nur einen besonders ausgezeichneten Fall jener unbegrenzten Semiose dar, von der alle Kommunikation - und mit ihr alle Kultur - lebt: Indem sie den Inhalt neu segmentiert, das Gebäude "kultureller Einheiten" partiell zum Einsturz bringt und neu errichtet,

---

[27] Umberto Eco, *Das offene Kunstwerk*, Frankfurt/M. 1977.

[28] Ders., *Semiotik*, a.a.O. (Anm. 9), 347.

[29] Ebd., 354.

[30] Ebd., 359.

[31] Ebd., 360.

[32] Umberto Eco, *Apokalyptiker und Integrierte*. Zur kritischen Kritik der Massenkultur. Frankfurt/M. 1986, 78.

[33] Ders., *Das offene Kunstwerk*, a.a.O. (Anm. 27), 11.

[34] Ders., *Semiotik und Philosophie der Sprache*, a.a.O. (Anm. 7), 240.

[35] Ders., *Semiotik*, a.a.O. (Anm. 9), 240.

verändert sie unser Weltbild.[36] "Semantische Systeme zu verändern, bedeutet aber, die Art zu ändern, in der die Kultur die Welt 'sieht'"[37]. Nimmt man das ernst, wird ästhetische Kommunikation geradezu durch ihre Subversivität definiert: Sie setzt jene "semiotische Guerilla" ins Werk, von der Eco an anderer Stelle (und in anderem Zusammenhang) wiederholt spricht.[38]

5. Auslegung als Regelspiel

Ecos Modell des "offenen Kunstwerks" ist bereits vor einiger Zeit theologisch rezipiert und auf homiletische Prozesse angewandt worden. Die Predigt, als "offenes Kunstwerk" verstanden und gestaltet[39], scheint biblischer Hermeneutik wie ihrer homiletischen Realisierung ein neues, hilfreiches Paradigma zu liefern: Die die ästhetische Kommunikation regierende "Dialektik zwischen Werktreue und inventiver Freiheit", "zwischen Treue und Initiative"[40] vermag Predigern wie Hörern einen erheblichen Interpretations- und Rezeptionsspielraum im Vorgang der Kommunikation des Evangeliums zu eröffnen, ohne daß darum dessen Eigen-Sinn und Verbindlichkeitsanspruch aufgegeben werden mußten. Offenheit bzw. Mehrdeutigkeit des Kunstwerks intendieren ja keineswegs eine beliebige, gänzlich unbestimmte Interpretation: Sie schaffen vielmehr eine Art "Möglichkeitsfeld"[41], ein "Feld von Relationen"[42], ein "Suggestivitätsfeld"[43], das Richtung und Regeln seiner Interpretation in sich enthält und somit Interpretationsrichtungen vorschlägt, aber auch begrenzt.

In späteren Publikationen Ecos wird das Feld-Gleichnis durch die Vorstellung vom "Modell-Leser"[44] präzisiert: "Der Leser, der immer ganz nahe, der immer dem Text auf den Leib gerückt oder ihm auf den Fersen war, ist nunmehr im Text selber untergebracht."[45] Anders als in klassischen hermeneuti-

---

36 Ebd., 366.

37 Ebd., 365.

38 Umberto Eco, *Apokalyptiker und Integrierte*, a.a.O. (Anm. 32), 13 u.ö.

39 Vgl. Gerhard Marcel Martin, "Predigt als 'offenes Kunstwerk'? Zum Dialog zwischen Homiletik und Rezeptionsästhetik", in: *EvTh* 44 (1984), 46-58; Henning Schröer, "Umberto Eco als Predigthelfer", in: *EvTh* 44 (1984), 59ff.; Albrecht Grözinger, *Praktische Theologie und Ästhetik*. Ein Beitrag zur Grundlegung der Praktischen Theologie, München 1987, 131 u.ö.

40 Umberto Eco, *Semiotik*, a.a.O. (Anm. 9), 367.

41 Ders., *Das offene Kunstwerk*, a.a.O. (Anm. 27), 48 (nach Pousseur).

42 Ebd., 54.

43 Ebd., 72.

44 Umberto Eco, *Lector in fabula*. Die Mitarbeit der Interpretation in erzählenden Texten. München/Wien 1987, 61ff.

45 Ebd., 14.

schen Modellen, die natürlich auch darum wußten, daß Texte stets auf einen möglichen Empfänger (und sei es das Ich des Senders) hin entworfen werden, ist der im Text hausende "Modell-Leser" ein aktiver Partner des Autors, den er sich seinerseits als "Modell-Autor"[46] - keineswegs identisch mit dem empirischen Autor! - entwirft; er setzt dessen Strategie seine eigene entgegen, beantwortet die Spielzüge des Autors mit Gegenzügen[47] (Wittgenstein läßt grüßen!) und wird so fähig, "all das zu entdecken, was der Text - unabhängig von der Intention des Autors - tatsächlich sagt"[48]. Was der Text tatsächlich sagt: Der Theologe, dem die ebenso langweilige wie unsinnige Festlegung auf einen vorgeblichen Autorsinn historisch-kritisch eingeprügelt wurde (ein Verfahren, bei dem der Text selber zu kurz kommen mußte!), beginnt zu ahnen, welche Bedeutungen biblische Texte neu zu gewinnen, neu zu vermitteln vermöchten, würde ihre Interpretation im Eco'schen Sinne als Spiel betrieben - als geistvoll-strenges Spiel nach festen Regeln, das die "dialektische Verbindung zwischen der intentio operis und intentio lectoris"[49] immer neu gewinnt, indem sie beide auf's Spiel setzt ...

6. Theologie als semiotische Zähmung Gottes?

In einem seiner jüngsten Bücher handelt Eco ausdrücklich über die "symbolische Interpretation der Heiligen Schrift"[50], die ihm als Exempel für den symbolischen Modus überhaupt dient:

> "In dem Moment, in dem die neugeborene christliche Theologie von Gott zu sprechen wagt, erkannten die Kirchenväter, daß sie sich beim Sprechen über Ihn nur auf das verlassen konnten, was Er ihnen erzählt hatte: auf die Heiligen Schriften."[51]

Diese Schriften erscheinen jedoch - auf dem Hintergrund altkirchlicher, insbesondere origenistischer Hermeneutik - als ein vielschichtiges, höchst mehrdeutiges "semiotisches Gewebe"[52], dessen theologischer Gegenstand von unerschöpflicher Tiefe ist und sich als "der Nebel aller möglichen Archetypen"[53] darbietet. Ein Gott, über den sich solchermaßen alles - und damit nichts -

---

46 Ebd., 76.
47 Ebd., 65f.
48 Ebd., 79.
49 Umberto Eco, *Streit der Interpretationen*, a.a.O. (Anm. 8), 45.
50 Ders., *Semiotik und Philosophie der Sprache*, a.a.O. (Anm. 7), 218f.
51 Ebd., 218.
52 Ebd., 219.
53 Ebd., 220.

sagen läßt, kann jedoch kaum vermittelt werden, kirchliche Theologie tritt darum an, solch ausufernde Symbolik zu zähmen, die unendliche Bedeutungsfülle der Schriften zu reduzieren und die Schriftauslegung an feste Codes zu binden.[54]

Löst man dieses Exempel aus seinem historischen Zusammenhang, vermag es exemplarische Bedeutung auch für das Dilemma gegenwärtiger Theologie - insbesondere da, wo sie praktisch wird - zu gewinnen: Die überlieferten theologischen Codes, die die Rede von Gott auf feste Bedeutungen fixierten, sie auf verläßlich gebahnten Pfaden in das semantische Universum europäischer Kulturen einbrachten, scheinen für viele heute ihre kommunikative Kraft verloren zu haben. "Stat rosa pristina nomine, nomina nuda tenemus", klagte schon Adson[55] - die Begriffe, die Dogmen, die Systeme sind uns geblieben, aber sie geben nichts mehr zu schmecken, nichts mehr zu fühlen, nichts mehr zu riechen ... Gott hat sich aus ihnen entfernt. Gegenläufig hierzu tauchen jedoch allenthalben neue Gottesnamen auf, wird Gott unter neuen Bildern neu gefunden. "Erfunden", würde der atheistische Theologe Eco sagen und auf das verweisen, was er über die Erfindung neuer Inhalte[56] und neuer Codes[57] geschrieben hat: "Inhalts-Nebelflecke", die in dem Maße Gestalt gewinnen und kommunizierbar werden, wie in einer "die Regeln verändernden Kreativität"[58] neue Ausdrücke für sie geschaffen werden (und umgekehrt!).

Die theologische Semiose scheint neu in Gang zu kommen. William ... Können wir ein Stück gemeinsam gehen, auch wenn du nicht wissen willst, wohin dich dein Aufstieg (ist es einer?) noch führt: Sprosse um Sprosse, Leiter um Leiter ...?

---

54 Ebd., 224f.

55 Umberto Eco, *Der Name der Rose*, a.a.O. (Anm 1), 606.

56 Ders., *Semiotik*, a.a.O. (Anm. 9), 251f.; ders., *Semiotik und Philosophie der Sprache*, a.a.O. (Anm. 7), 238f.

57 Umberto Eco, *Semiotik*, a.a.O. (Anm. 9), 333ff.

58 Ebd., 252. Zum aufklärerischen Impetus Ecoscher "Theologie" vgl. auch: Umberto Eco, *Das Irrationale gestern und heute* (Rede zur Eröffnung der 39. Frankfurter Buchmesse am 6. 10. 1987), Frankfurt/M. 1987. Als eine Art "Nachschrift zum *Namen der Rose*" (München/Wien 1984) präsentiert sich auch: Umberto Eco, *Die Bibliothek*, München/Wien 1987.

Frank Hiddemann

Geheimnis und Rätsel
Studie zum Gebrauch zweier Begriffe in Theologie und Ästhetik

Umberto Ecos letzter Roman, "Das Foucaultsche Pendel"[1], handelt von einem *Geheimnis* und den Folgen seines Verstehens. Das Geheimnis erweist sich als leer, aber die Versuche, es aufzudecken, haben sehr reale Folgen. Die Intellektuellen, die das Geheimnis wie ein Rätsel behandeln, kommen in den ungeplanten Handlungsketten, die ihre Lösungsversuche auslösen, um.

Umberto Ecos früherer Roman, "Der Name der Rose"[2], handelt von einem *Rätsel.* Sein Schauplatz ist das Mittelalter, das Genre der Kriminalroman. Aber das Rätsel geht nicht genreüblich glatt auf. Die Geschichte, in der Spuren gelesen und Indizien scharfsinnig verfolgt werden, endet nicht mit einem Triumph der zeichenkundigen Vernunft. Das "Abenteuer der Mutmaßungen", das Spiel um die "Aufstellung von Hypothesen ... angesichts eines mysteriösen Befundcs"[3] ist eine Hommage an die entstehende neuzeitliche Vernunft. Der Erfolg wird ihr aber versagt.

Für beide Romane könnte man Ecos Vortrag "Das Irrationale gestern und heute"[4] als eine Art Gebrauchsanweisung lesen. Zwei Modelle der Rationalität werden in diesem Text entworfen und auf ihre griechischen Wurzeln zurückgeführt. Die an der Kausalität orientierte griechisch-*lateinische* "ratio" und das "hermetische Denken". Eco läßt keine Zweifel an seiner Sympathie für das griechisch-lateinische Modell aufkommen, zeichnet aber die zweite Linie über ihre Emigration in Mystik, Alchemie und Dichtung bis in die Gegenwart durch und macht auf zwei aktuelle Syndrome des "hermetischen Denkens" aufmerksam: das des "Geheimnisses" und das des "Komplotts".[5] Unschwer läßt sich

---

[1] Umberto Eco, *Das Foucaultsche Pendel,* München 1989.

[2] Ders., *Der Name der Rose,* München 1982.

[3] Ders., *Nachschrift zum 'Namen der Rose'*, München 1984, 63.

[4] Ders., "Das Irrationale gestern und heute", in: ders., *Im Labyrinth der Vernunft.* Texte über Kunst und Zeichen, Leipzig 1989, 376-390.

[5] Ebd., 388ff.

darin die Idee eines Romans entdecken. "Das Foucaultsche Pendel" und "Der Name der Rose" als Portraits oder Physiognomien von Rationalitätstypen zu lesen, wäre also ein naheliegendes Unternehmen. Ich will diese Anregung Ecos etwas indirekter aufnehmen und der Frage nachgehen, wie sich das Feld, das die Ecoschen Romane erzählerisch um Rätsel und Geheimnis, Rationalität und Metaphysik aufbauen, in meinem Denk- und Erfahrungsbereich: dem Verhältnis von Theologie und Ästhetik, abbildet. Mit dem beiden Metaphern "Rätsel" und "Geheimnis" werden Umgangsformen mit dem Unverständlichen, mit den Gegenständen, die sich dem unvermittelten Verstehen entziehen, beschrieben. Mit welchen Folgen fällt der Entschluß für den einen oder anderen Begriff, mit welchen Gründen differiert er (das sei vorweggenommen) in den Denkfeldern "Theologie" und "Ästhetik"?

1. Rätsel und Geheimnis. Erste Andeutung

Das *Geheimnis* ist ein alter theologischer Begriff. Zuhause im Mittelalter, bekämpft in der Aufklärung ("Christianity not mysterious"[6]), immer weiter tradiert bis in die zeitgenössische katholische Theologie, dort mit neuen Ambitionen aufgenommen.[7] Im Protestantismus schätzt ihn vor allem die der hermeneutischen Tradition nahestehende Theologie. Ich erinnere an Eberhard Jüngels programmatisches Buch "Gott als Geheimnis der Welt",[8] aber auch für Gerhard Ebeling hat der Begriff - anders situiert - zentrale Bedeutung.[9] - Das *Rätsel* ist in der Theologie nicht ebenso gut etabliert. Zwar fällt das Wort, wenn immer das Geheimnis betrachtet wird, dient aber eher als Negativfolie: Ebeling nennt es "eine bloße Rechenaufgabe"[10], Jüngel meint, es sei mit seiner Lösung erledigt, während das Geheimnis nicht aufgelöst werden könne.[11]

Größeres Gewicht hat das Wort "Rätsel" in der Ästhetik und in der Erkenntnistheorie. Als Metapher für "Wissenschaft" hat es eine eigene Tradition.

---

[6] Titel einer Schrift von John Toland (1696). Zit. nach: Gerhard Ebeling, "Profanität und Geheimnis", in: *ZThK* 65 (1966), 82.

[7] Vgl. Karl Rahner, Artikel "Geheimnis", in: *Sacramentum Mundi.* Theologisches Lexikon für die Praxis, Bd. II, Freiburg/Basel/Wien 1968, 190-197.

[8] Eberhard Jüngel, *Gott als Geheimnis der Welt.* Zur Begründung der Theologie des Gekreuzigten im Streit zwischen Theismus und Atheismus, Tübingen [5]1986.

[9] Nämlich als apologetischer Begriff in der Auseinandersetzung mit der "Profanität der Welt". Gerhard Ebeling, "Profanität und Geheimnis", a.a.O. (Anm.6), 70.

[10] Ebd., 85.

[11] Eberhard Jüngel, *Gott als Geheimnis der Welt*, a.a.O.(Anm. 8), 341.

Man denke an Ernst Haeckels weitverbreitetes Buch "Die Welträtsel"[12], das in popularisierender Form den Ruf der Wissenschaft als überlegene Form der Weltdeutung mitgefestigt hat. In neuerer Zeit wird gerade diese Funktion von Wissenschaft mit dem Rätselbegriff problematisiert: Thomas S. Kuhn behauptet, "normale Wissenschaft" sei das "Lösen von Rätseln"[13], während sein Gegenbegriff "Paradigma" eher die *Form* des Wissens gegen ihre ontologische Überhöhung betont. Und Ludwig Wittgenstein argumentiert von der anderen Seite, wenn er in seinem "Tractatus" dekretiert: "*Das Rätsel* gibt es nicht."[14] Der hervorgehobene Gebrauch des Begriffs in der Wissenschaftsdiskussion ist nicht weiter verwunderlich, denn das "Rätsel" bezeichnet eine Gestalt, die dem unmittelbaren Erkennen entzogen ist, gleichzeitig aber auf das Erkennen angelegt ist. Das Wort beschreibt also die Grundsituation von Wissenschaft, die Absicht, durch Umwege ("Methoden") etwas zunächst Unverständliches aufzuschließen.

In der Ästhetik bietet sich das "Rätsel" ebenfalls an, besonders seit von der "Unverständlichkeit der modernen Kunst" gesprochen wird. Wenn man diese Unverständlichkeit, etwa mit Georg Picht, als positives Phänomen versteht,[15] kann man Kunst schätzen, gerade *weil* sie die Geläufigkeit unseres Zurechtkommens mit der Welt unterbricht und uns auf Phänomene aufmerksam macht, die sich vor uns verstecken, indem sie uns nur ihre vertraute Oberfläche zeigen.[16] Diese Denkfigur findet sich als geschehende "Lichtung und Verbergung" der Wahrheit gegen das Vergessen im Gewöhnlichen bei Martin Heidegger[17]. Im Anhang zu seinem Aufsatz "Der Ursprung des Kunstwerks" nennt er den Modus des Erscheinens und der Verborgenheit der Wahrheit im Kunstwerk "Rätsel"[18]. Im gleichen Themenzusammenhang: Metaphysik - Wahrheit - Kunst, hat Theodor W. Adorno den Begriff aufgenommen.[19] Bei ihm wird das Rätsel allerdings sperriger: Von einer Öffnung des Seins, einem

---

12 Ernst Haeckel, *Die Welträtsel*. Gemeinverständliche Studien über monistische Philosophie (1899), Nachdruck der 11.verb. Aufl. Leipzig 1919, Stuttgart 1984. Die Gesamtauflage des Buches soll c.a. 1,3 Mill. Exemplare betragen.

13 Thomas S. Kuhn, *Die Struktur wissenschaftlicher Revolutionen*, Frankfurt ^{2}1976, 49ff.

14 Ludwig Wittgenstein, *Tractatus logico-philosophicus*. Logisch-philosophische Abhandlung, Frankfurt 1963, 114. Die Stelle befindet sich kurz vor den berühmten Sätzen 6.522 "Es gibt allerdings Unaussprechliches. Dies *zeigt* sich, es ist das Mystische" (115) und "7 Wovon man nicht sprechen kann, darüber muß man schweigen." (ebd.)

15 Georg Picht, *Kunst und Mythos*, Stuttgart 1987, 17.

16 Vgl. Frank Hiddemann, "Wider den Hang zur Gesamtdeutung. Paul Tillich und das Verhältnis von Theologie und moderner Kunst", in: *Anstöße* 35 (1988), H.3, 91.

17 Martin Heidegger, "Der Ursprung des Kunstwerkes", in: ders., *Holzwege*, Frankfurt/M. 1980, 58.

18 Ebd., 65.

19 Theodor W. Adorno, "Rätselcharakter, Wahrheitsgehalt, Metaphysik", in: ders., *Ästhetische Theorie*, Frankfurt 1973, 179-205.

Rhythmus von Entbergung und Verhüllung, kann nicht mehr die Rede sein. Das Rätsel verschweigt seine Antwort. Gleichzeitig ist es intelligibler, eine "genaue Figur", die Verwechselung mit dem amorphen Geheimnis wird ausgeschlossen.[20] Der so formulierte Doppelcharakter des Rätsels wird in der aktuellen Ästhetik neu aufgenommen. Gerade die unkommunikative Sachhaltigkeit des Rätsels (und nicht die Betonung seiner "Lösbarkeit") dient dazu, eine Kunstauffassung zu kritisieren, die Kunstwerke zu sehr in Kommunikationsprozesse integriert und dabei das "Gegenwendige"[21] der Kunst nicht systematisch berücksichtigt.[22]

2. Rätsel und Kommunikation

Adorno beginnt sein Rätselkapitel mit einem weitausholenden Satz:

> "Alle Kunstwerke, und Kunst insgesamt, sind Rätsel; das hat von altersher die Theorie der Kunst irritiert. Daß Kunstwerke etwas sagen und mit dem gleichen Atemzug es verbergen, nennt den Rätselcharakter unter dem Aspekt der Sprache."[23]

Einer, der diese "Irritation von altersher" auch bemerkt hat und ihr zum ersten Mal theoretisch nachging, war Friedrich Nietzsche. Sein Werk "Die Geburt der Tragödie aus dem Geist der Musik"[24] dürfte der philosophische Ort sein, von dem Adorno seinen Rätselbegriff bezieht und gegen den er seinen ästhetischen Gebrauch des Begriffs absetzt. Für Nietzsche ist die Tilgung des Geheimnisses aus der griechischen Tragödie und das Eindringen "verwegener Verständigkeit" mit deren Zerstörung gleichzusetzen. Das geschehe mit Euripides, dessen "ästhetischen Sokratismus" nach der Devise "Alles muß verständig sein um schön zu sein", die antike Tragödie rationalistisch ausdünne.[25] Für Nietzsche ist "der gute strenge Wille des älteren Hellenen zum Pessimismus, zum tragischen Mythus, zum ... Rätselhaften, Vernichtenden, Ver-

---

[20] Ebd., 188.

[21] Ein Begriff Heideggers, "Der Ursprung des Kunstwerkes", a.a.O. (Anm. 17), 40.

[22] Vgl. Andreas Kuhlmann, "Das stumme Antlitz der Kunst. Sprachkritische Aspekte der Ästhetik Adornos", in: *Literaturmagazin* 24. Renaissance der Theorie?, hg. v. M. Lüdke/ D. Schmidt, Reinbek bei Hamburg 1989, 61-74. Zur Wiedereinführung des Begriffs "Rätsel" in der neueren ästhetischen Debatte vgl. Karl Heinz Bohrer, "Erwartungsangst und Erscheinungsschrecken. Die griechische Tragödie als Antizipation der modernen Epiphanie", in: *Merkur* 45 (1991), 374.

[23] Theodor W. Adorno, *Ästhetische Theorie*, a.a.O. (Anm. 19), 182.

[24] Friedrich Nietzsche, "Die Geburt der Tragödie aus dem Geist der Musik", in: ders., *Werke in drei Bänden*, hg. v. Karl Schlechta, Bd.1., München [9]1982, 7-134.

[25] Ebd., 72f.

hängnisvollen auf dem Grunde des Daseins", die Bedingung "großer" Kunst. Nach "Logik und Logisierung der Welt brünstiger" zu werden ist ein Zeichen von "Schwäche und Auflösung".[26] Adorno übernimmt den hier aufgemachten Gegensatz von Rationalität und Geheimnis nicht. Was bei Nietzsche bald "Rätsel" und bald "Geheimnis" heißt und manchmal im Trieb des "Dionysischen" eingeschlossen bleibt, wird bei Adorno zum "Rätsel" präzisiert:

> "Bedingung des Rätselcharakters der Werke ist weniger ihre Irrationalität als ihre Rationalität; je planvoller sie beherrscht werden, desto mehr gewinnt er Relief."[27]

Das Rätselhafte ist nicht ein Moment des Irrationalen. Nichts wäre rätselhaft an den Kunstwerken, betont Adorno, "käme nicht ihre immanente Logizität dem diskursiven Denken entgegen"[28]. Die Rätselstruktur ist die Herausforderung des Denkens, das sich in der Konfrontation mit dem Kunstwerk als unzureichend erweist. "Durch Form werden sie sprachähnlich", fährt Adorno fort, "scheinen in jedem ihrer Momente nur eines und dieses zu bekunden, und es entwischt."[29] Dies Entwischen meint den Augenblick gelungener ästhetischer Erfahrung, ist also eine Kategorie des Verstehens, nicht eine des abgebrochenen Zugangs. Mit dem Begriff des Rätsels gelangen Momente der "Attraktivität" von Kunst in die "Ästhetische Theorie", die sich sonst der kommunikativen Funktion von Kunstwerken nur polemisch annähert. Der "Rätselcharakter ... äfft clownshaft": Ist man in den Kunstwerken, macht er sich unsichtbar, tritt man heraus, "kehrt er wieder wie ein spirit".[30] Man kann hier an Umberto Eco denken, der den Unterhaltungscharakter seines Rosenromans unter der Überschrift "Metaphysik des Kriminalromans" beschreibt. Nicht Blut und Mord, nicht Faszination des Sieges von Ordnung über die Unordnung machen die Attraktivität des Kriminalromans aus, sondern sein Status als "*Konjektur*-Geschichte", das Abenteuer der Mutmaßungen, das Wagnis der Aufstellung von Hypothesen.[31] - Vom Unterhaltungswert der Kunst zu sprechen, käme Adorno zwar vor wie ein Ikonoklasmus, aber im Rätselkapitel findet sich der (selten zitierte) Satz: "... die Konstellation Tier/Narr/Clown ist eine von den Grundschichten der Kunst."[32] Adornos Ächtung des "Kunstgenusses" ist nicht von ihrer kulturkritischen Absicht abzulösen. Die unkommunikative Sprödigkeit des Kunstwerks ist gegen den "fun der Kulturindustrie" gesetzt. Deshalb tauchen die Dimensionen des Vergnügens in der "Ästhetischen Theorie" nur

---

[26] Ebd., 12f.
[27] Theodor W. Adorno, *Ästhetische Theorie*, a.a.O. (Anm. 19), 181.
[28] Ebd., 205.
[29] Ebd., 182.
[30] Ebd., 183.
[31] Umberto Eco, *Nachschrift zum 'Namen der Rose'*, a.a.O. (Anm. 3), 63.
[32] Theodor W. Adorno, *Ästhetische Theorie*, a.a.O. (Anm. 19), 182.

verzerrt auf. Als das "Alberne" ist es gegen das "Reich der selbsterhaltenden Praxis" gerichtet. Eine Eigenschaft, die die Kunst nach Adorno mit dem Glück und der Sexualität teilt.[33] - Hier lohnt ein Seitenblick auf Heidegger. Sein Ursprungs-Aufsatz enthält wie die "Ästhetische Theorie" manchen Seitenhieb auf das "Kunsterlebnis"[34]. Allerdings eingebacken in eine Philosophie, die vom "Hohen getönt"[35] ist. Der autoritäre Gestus der "großen, ewigen" Kunst macht sich hier Luft gegen eine "uneigentliche" Kunstbetrachtung, die im "Gewöhnlichen" verbleibt. So nahe sich Adorno und Heidegger bei der Beschreibung des Rätselcharakters der Kunst sind,[36] ist hier ein Unterschied ums Ganze festzuhalten. Kunst kann sich in kritischer oder elitärer Manier von der Gesellschaft absondern. Was sich bei Heidegger hinter dessen Rücken durchsetzt, ist bei Adorno stets im Focus seiner Aufmerksamkeit. Trotzdem gleicht mancher Gestus der "Ästhetischen Theorie" einer elitären Kunstbetrachtung und ist leicht zu denunzieren. Die kritische Distanznahme von den Praktiken gesellschaftlicher Kunstaneignung bleibt zweideutig.[37]

Dieses Problem markiert eine Frage, die auch für die theologische, besonders praktisch-theologische Kunstrezeption von Bedeutung ist: Inwieweit blokkiert eine hermetische Konzeption von Kunst ihre praktische Erfahrbarkeit (auch im kirchlichen Raum)? Kommt mit der theoretischen Erschwerung einer angemessenen Rezeption die praktische Verwendung nur noch als "banausisch" in den Blick? Setzen wir also neu ein mit der Diskussion über die Kommunikabilität von Kunst.

> "Kunstwerke sind nicht von der Ästhetik als hermeneutische Objekte zu begreifen; zu begreifen wäre, auf dem gegenwärtigen Stand, ihre Unbegreiflichkeit."[38]

---

[33] Ebd., 181.

[34] Martin Heidegger, "Der Ursprung des Kunstwerkes", a.a.O. (Anm. 17), 54, 65 u.ö.

[35] Theodor W. Adorno, *Negative Dialektik.* in: *Gesammelte Schriften* Bd.6, hg. v. Rolf Tiedemann, Frankfurt/M. 1973, 360.

[36] Das polemische Verhältnis, das zwischen Heidegger und Adorno bestand, hat lange Zeit auch die Rezeption ihres Denkens beherrscht. In letzter Zeit werden große Nähen in der Auswahl von Problemfeldern und der Konfiguration ihrer Fragen und Antworten deutlicher. Die Zuordnung von Kunst und Wahrheit, die Hochschätzung der materialen Dimension des Kunstwerks ("Dinghaftigkeit"), die Beschreibung der Struktur des Kunstwerk im Rätselbegriff sind - auf unser Thema bezogen - solche Nähen. Ich habe allerdings den Eindruck, daß eine genauere Untersuchung, besonders unter dem Aspekt der Verortung im intellektuell-politischen Kräftefeld, "je immer größere Unähnlichkeit inmitten noch so großer Ähnlichkeit" feststellen würde.

[37] Vgl.: "Das Alberne an der Kunst, das die Amusischen besser gewahren, als wer naiv in ihr lebt, und die Torheit der verabsolutierten Rationalität verklagen sich gegenseitig; ..." (Theodor W. Adorno, *Ästhetische Theorie,* a.a.O. (Anm. 19), 181).

[38] So der Eröffnungssatz des Kapitels. Theodor W. Adorno, *Ästhetische Theorie*, a.a.O. (Anm. 19), 179.

Das ist das bekannte Verdikt Adornos. Das Kunstwerk als "hermeneutisches Objekt" zu benutzen hieße, in der ästhetischen Erfahrung an einem Kunstwerk sein Selbst- und Weltverstehen zu erweitern. Kunst wäre damit in der Sphäre der Kommunikation über uns und die Welt angesiedelt. Micha Brumlik formuliert, Kunstwerke seien "symbolische Selbstvergewisserungen oder Infragestellungen menschlicher Lebenspraxis", ihre Funktion sei, "kulturelle Selbstverständigungsdiskurse anzuregen". Gegen Adorno behauptet Brumlik, das "Anregungspotential eines Textes" resultiere nicht aus seiner "Rätselhaftigkeit": "Kunstwerke sind im Prinzip öffentlich und verständlich - oder sie sind keine Kunstwerke."[39] Dieses Verständnis von Kunst liegt Predigthilfen und religionspädagogischen Anleitungen über den "Umgang mit Bildern"[40] zugrunde, aber auch in der Reflexion über Ästhetik im Raume des Protestantismus spielt es eine große Rolle. In diesem Sinne verortet der Neutestamentler Klaus Berger die "ästhetische Dimension" in der "Frage nach der kommunikativen Wirkung eines Zeichens" und behauptet:

> "Schönheit ist nichts Oberflächliches, sondern eine Weise, in der sich jemand oder etwas uns erschließt. Daher kann z.B. Liturgie 'schön' sein, wenn sie etwas von der Botschaft wirkungsvoll sagen kann."[41]

Und Werner Schneider hat geradezu definiert: "Schönheit ist eine Kategorie der kommunikativen Attraktivität".[42] Es ist deutlich, welche Vorteile es für die kirchliche Praxis hat, die Ästhetik ins Kommunikationsparadigma einzuordnen. Kunst kann als hermeneutische Helferin für besondere Fälle beansprucht werden. Sie dient als Verschönerung, und das heißt hier *Wirkungssteigerung* der christlichen Botschaft. Gegen genau dieses Verständnis richtet sich die Rede vom "Rätselcharakter der Kunst". Ob diese Rede - wie als Vorwurf oben skizziert - elitäre Praxisverachtung oder ästhetischen Purismus verrät oder ob

---

39 Micha Brumlik, "Kulturpolitik als Ermöglichung von Bildung". Zit. nach: Andreas Kuhlmann, "Das stumme Antlitz der Kunst", a.a.O. (Anm. 22), 62. Ich nenne hier Brumlik stellvertretend für eine Auseinandersetzung, die Kuhlmann mit mehreren gleichgerichteten ästhetischen Konzeptionen führt (u.a. der Rezeptionsästhetik). Hier findet sich auch eine eingehendere Begründung des Rätselcharakters unter Bezug auf Adornos Theorie des Naturschönen und des vorsprachlichen Ausdrucks.

40 So der Titel eine Artikels von Günter Lange, dessen Arbeiten allerdings nicht als Negativbeispiele seines Genres genannt werden sollen! Günter Lange, "Umgang mit Bildern", in: *Handbuch der religionspädagogischen Grundbegriffe*, hg. v. H. Langer, München 1987, 530-533.

41 Klaus Berger, "Hermeneutik und Ästhetik", in: *Lobet Gott*. Beiträge zur theologischen Ästhetik. Festschrift Rudolf Bohren zum 70. Geb., hg. von J. Seim / L. Steiger, München 1990, 49.

42 Werner Schneider, "Sprache und Kultur in Karl Barths 'Kirchlicher Dogmatik'. Zur kommunikativen Vielfalt der Theologie Barths", in: *Anstöße* 34 (1987), H.1, 27.

es gute Gründe gibt, Kunst vor allzuviel Verständnis zu schützen, können wir als Rückfrage an Adorno stellen. Bei ihm hat "Verstehen" nicht den freundlichen Klang der kommunikationsorientierten Positionen. "Verstehen" ist bei Adorno gewaltdurchsetzt, es schmiegt sich nicht mimetisch den Dingen an - das wäre Adornos Gegenentwurf - sondern beherrscht die Gegenstände seiner Erkenntnis, modelt sie zu seinen Zwecken. Auch das gesellschaftliche Gefüge, in dem Kommunikation stattfindet, ist kein neutraler Ort für unsere Begegnung mit der Welt, sondern ein vom Tauschwert und Zwecklogik bestimmter Zusammenhang. Ein "Unheilszusammenhang" also, dem zu *entrinnen* wäre. "Ästhetische Erfahrung" beginnt nicht an einem Nullpunkt, sondern wird tendenziell vereitelt durch soziologisch und ökonomisch näher bestimmbare gesellschaftliche Vorgaben. Kunst entzieht sich in ihrem Rätselcharakter den Verständnisattacken, die sie in den Herrschaftszusammenhang integrieren wollen.

> "Denn Kommunikation ist die Anpassung des Geistes an das Nützliche, durch welche er sich unter die Waren einreiht, und was heute Sinn heißt, partizipiert an diesem Unwesen."[43]

Der Selbstentzug des Kunstwerks aus der Sphäre des Verstehens, der sich im Rätselcharakter ausdrückt, impliziert keine elitäre Distanz. Im Gegenteil: Die Kunst in eine "ästhetische Zone"[44] abzuschieben, in der sie etwa als das "Gute, Schöne, Wahre"[45] oberhalb der gesellschaftlichen Zustände zu ruhen käme, ist eine Strategie gesellschaftlicher Vereinnahmung. Dann wäre sie nur den Eingeweihten verständlich, eine Sache der Kenner und Liebhaber. Diese Abschiebung wird bei Adorno durch den Geschichtsbezug der Kunstwerke sachlich verhindert. Weil das Verständnis des Kunstwerks innerhalb der Kultursphäre nicht gelingt, sind sie gerade rätselhaft im ersten, das Verstehen unterbrechenden, Sinne. "Der Rätselcharakter bleibt verwachsen mit Geschichte..."[46], ist Adornos Formulierung. Dieses "Verwachsensein der Kunstwerke mit der Geschichte" macht sie unablösbar von den konkreten gesellschaftlichen Bedingungen und umgekehrt der metaphysischen Vereinnahmung gegenüber spröde. Kunst als Ort der Anwesenheit von Transzendenz, als geschichtsenthobene Spur des Göttlichen, ist genau wegen ihres Rätselcharakters, diesmal seiner sach- und welthaltigen Seite, gewaltsam, also Reflex religiös-apologeti-

---

[43] Theodor W. Adorno, *Ästhetische Theorie*, a.a.O (Anm. 19), 115.

[44] Ebd., 182.

[45] So die Inschrift über der Alten Oper in Frankfurt.

[46] Theodor W. Adorno, *Ästhetische Theorie*, a.a.O. (Anm. 19), 182.

scher Weltbemächtigung.[47] Indem Adorno sowohl das Aufgehen der Kunstwerke im gesellschaftlichen Zusammenhang als auch ihre metaphysische Beerbbarkeit negiert, hält er an ihrer utopischen Funktion fest. Sie sind gegen das schlechte Bestehende wie gegen voreilige Versöhnung gerichtet und zielen so über beides hinaus.

> "Das Rätselhafte der Kunstwerke ist ihr Abgebrochensein. Wäre Transzendenz in ihnen zugegen, sie wären Mysterien, keine Rätsel; das sind sie, weil sie als Abgebrochene dementieren, was sie doch sein wollen. ... Retrospektiv ähneln alle Kunstwerke jenen armseligen Allegorien auf Friedhöfen, den abgebrochenen Lebenssäulen."[48]

Solche Sätze von Adorno interpretiert man gerne auf dem Hintergrund seiner jüdischen Herkunft. Das Bilderverbot wirke säkularisiert als Verbot der Ausmalung der Utopie. In unserem Zusammenhang erinnert es an eine bestimmte Form protestantischer Strenge, mit der alle Anknüpfung an die Erfahrung der Welt abgelehnt wird. Diese Strenge ist nie aufrecht zu erhalten, wenn man die Praxis der Kirche, ihre Predigt sowie ihre "Gestalt in der Welt" bedenken muß. Gleichzeitig bietet diese Strenge ein gewisses Korrektiv gegen das Einheimischwerden des Protestantismus in den Prozessen der Kommunikation. Eine Skizze dieser Gefährdung liefert der Religionsdidaktiker Heinz Schmidt. Er kritisiert neuere Tendenzen in der Religionspädagogik als "postmoderne Synthesen" und zielt damit auf einige Spielarten der "Symboldidaktik", eine im Wortsinn bildreiche Form der Religionspädagogik.[49] Er schreibt:

> "Bestimmten erfahrungsabhängigen Phänomenen wie der individuellen Beziehungsbedürftigkeit, dem Grundvertrauen, dem Gewissen oder der Selbsttranszendenz der Vernunft wird eine (verborgene) Ausrichtung auf das nun schon identifizierte Geheimnis der Transzendenz vorweg unterstellt. Die religiösen Überlieferungen vergegenwärtigen dieses Geheimnis, bezogen auf Erfahrung und Lebensgeschichte in symbolischen Formen. Mögliche Unterschiede zwischen überlieferter kollektiver Symbolik und individueller beziehungsbedingter Symbolik bleiben unbeachtet."[50]

---

47 In der katholischen Diskussion um Theologie und Ästhetik spielt der Begriff der "Transzendenz" eine große Rolle. Vgl. Günter Rombold, "Transzendenz in der modernen Kunst", in: *Zeichen des Glaubens - Geist der Avantgarde.* Religiöse Tendenzen in der Kunst des 20. Jahrhunderts, hg. v. Wieland Schmied, Stuttgart 1980, 14-27. Auch große Ausstellungen bedienen sich des Konzepts. Zuletzt: *GegenwartEwigkeit.* Spuren des Transzendenten in der Kunst unserer Zeit. Katalog der Ausstellung im Martin-Gropius-Bau 7. April-24. Juni 1990.

48 Theodor W. Adorno, *Ästhetische Theorie*, a.a.O (Anm. 19), 191.

49 Heinz Schmidt, "Vertrauen und Verlernen. Glaubensdidaktik angesichts der Krise der Moderne", in: *EvTh* 50 (1990), 96.

50 Ebd., 97.

Schmidts Vorbehalte gegen die flüssige kirchliche Anknüpfung an Erfahrung gelten analog für einen reflektierten Umgang mit Kunstwerken im Raum der Kirche. Dieser Umgang dürfte den Rätselcharakter der Kunstwerke nicht von vornherein mit dem Hinweis auf Praktikabilität preisgeben. Er dürfte aber auch kein Bilderverbot für die Praxis aussprechen. Solche Konzepte gibt es bereits. Andreas Mertin plädiert für einen Umgang mit Bildern, der als "legitimer Ikonoklasmus" zu verstehen wäre.[51] Im Kontext der Kirche, so argumentiert dieser Ansatz, kann es legitime Unterbrechungen der Unendlichkeit ästhetischer Verstehensversuche geben, wenn die Autonomie des Kunstwerks gewahrt bleibt und die religiöse Rezeption sich ihrer Partikularität bewußt bleibt. Mein Versuch, Theologie und Ästhetik über den Begriff des Rätsels in Beziehung zu setzten, stützt solche Konzepte. - Über die Beschreibung einer gewissen Fehlform religiöser Wirklichkeitsinterpretation hinaus, liefern uns die Sätze Heinz Schmidts ein Stichwort, das nicht zufällig in diesem Zusammenhang auftaucht: das "Geheimnis der Transzendenz". Betrachten wir also den anderen Begriff, der Unverständlichkeit und damit Kommunikationsentzug thematisiert: das Geheimnis.

3. Geheimnis und Kontingenz

Die Theologie des Geheimnisses scheint der Geschichte den Rücken zuzukehren. Sie ist an einem ahistorischen Phänomen interessiert. Das "mysterium stricte dictum"[52] ist unserem geschichtlichen Erkennen wesenhaft entzogen, die Zahl der christlichen "Mysterien" bleibt historisch konstant, ein Geheimnis kann nicht religionsphilosophisch oder -geschichtlich hergeleitet oder gar abgeleitet werden.[53] Andererseits erfolgt die Thematisierung des Geheimnisses in der neueren Theologie mit ausdrücklichem Zeitbezug. Das Geheimnis wird offensiv als der Begriff eingeführt, der für die "Daseinserfahrung des moder-

---

[51] Andreas Mertin, "Der allgemeine und der besondere Ikonoklasmus. Bilderstreit als Paradigma christlicher Kunsterfahrung", in: *Kirche und moderne Kunst*. Eine aktuelle Dokumentation, hg. v. Andreas Mertin / Schwebel, Horst, Frankfurt/M. 1988, 146-168. Vgl. auch: Reinhard Hoeps, "Bild und Ikonoklasmus. Zur theologisch-kunsttheoretischen Bedeutung des Bilderverbots", in: *...kein Bildnis machen*. Kunst und Theologie im Gespräch, hg. v. Chr. Dohmen / Th. Sternberg, Würzburg 1987, 185-203.

[52] Eine kompendienartige Darstellung der katholischen Mysterien-Theologie bietet: Johannes Brinktrine, *Offenbarung und Kirche*. Fundamental-Theologie, Bd.1 (1938): *Theorie der Offenbarung*, Paderborn ^{2}1947, §§12-14.

[53] Vgl. Karl Rahner, "Über den Begriff des Geheimnisses in der katholischen Theologie", in: *Der beständige Aufbruch*. Festschrift für Erich Przywara. hg. v. S. Behn, Nürnberg 1959, 181-216, 205, 207 u.ö.

nen Menschen" entscheidende theologische Deutungsmöglichkeiten bereitstellt.[54]

Es ist nicht paradox, von der "Aktualität" eines zeitunabhängigen Begriffs zu sprechen. Auch sagt der Gebrauch eines Begriffs mehr über seine theologischen Konsequenzen als die Analyse seines semantischen Bedeutungshofes. Deshalb lohnt es sich, einen genaueren Blick auf die argumentationsstrategische Verwendung des Geheimnis-Begriffs in der neueren Theologie zu werfen.

Die Problemlage, der Karl Rahner durch ein intensives Bedenken einer Theologie des Geheimnisses begegnen will, ist "der Kampf gegen den heutigen Atheismus".[55] Diesen versteht er ausdrücklich *auch* als "Destruktion falscher und primitiver Gottesbilder"[56]. Aus diesem kathartischen Element des Atheismus für die christliche Theologie folgt jedoch keine theologische Bejahung der säkularen Gesellschaft. Die Skizze der modernen Welt, die Rahner als Hintergrund für eine Theologie des Geheimnisses zeichnet, bleibt düster: "Der Mensch von heute erlebt eine dichte, gewissermaßen gegen Gott abgedichtete Welt, eine unübersehbar große und vielfältige Welt voller Undurchdringlichkeit und massiver Eigengesetzlichkeit."[57] Die innerweltlichen Bestimmungen scheinen unausweichlich, werden jedoch nicht als "numinos" erlebt sondern eher als "kontingent und abänderbar". Das Handeln Gottes läßt sich nicht länger in "Analogie zu dem Tun eines innerweltlich personalen Wesens" denken. Gott wird "transzendenter". Sein Name wird der Name für das "unergründliche Geheimnis hinter aller angebbaren und abgrenzbaren Wirklichkeit".[58] In dieser Situation wird die Sicherheit und die Konkretheit, mit der die katholische Schultheologie bisher die Geheimnisse Gottes lehrte, kontraproduktiv. Dem heutigen Menschen scheint diese Dogmatik zu wissend, die "konkret-verfaßte Religion" erscheint ihm nicht mehr als "die Konkretheit des verpflichtenden Willen Gottes und die notwendige Verfaßtheit seines Heils".[59] Rahner begegnet dieser veränderten Lage mit einer Reformulierung der Geheimnistheologie. Mit Heideggerscher Begrifflichkeit in vorsichtiger Auseinandersetzung mit der von ihm so genannten Schultheologie integriert er die

---

[54] Darin sind sich Gerhard Ebeling und Karl Rahner in schöner ökumenischer Koinzidenz einig: Karl Rahner, Artikel "Geheimnis", a.a.O. (Anm. 7), Sp.195. Gerhard Ebeling, "Profanität und Geheimnis", a.a.O (Anm. 6), 81f.

[55] Karl Rahner, Artikel "Geheimnis", a.a.O. (Anm. 7), Sp.190.

[56] "Wenn der Kampf gegen den heutigen Atheismus nur dann richtig geführt werden kann, wenn er *auch* verstanden wird als Destruktion falscher und primitiver Gottesbilder (Vatikanum II: 'Gaudium et spes' n.19), dann ist heute eine Theologie des Geheimnisses eine dringende Aufgabe, die in einer theologischen 'Hermeneutik' innerhalb der protestantischen Theologie (z.B. bei Ebeling) geführt wird, aber auch auf katholischer Seite intensiver als bisher bedacht werden müßte." Karl Rahner, Art. "Geheimnis", a.a.O. (Anm. 7), Sp.190f.

[57] Karl Rahner, "Über den Begriff des Geheimnisses", a.a.O. (Anm. 53), 181.

[58] Ebd.

[59] Ebd., 182.

Pluralität der Geheimnisse der Tradition in ein grundlegendes "heiliges Geheimnis". Die "ratio" selbst sei das "Vermögen des Anwesenlassens des Geheimnisses schlechthin"[60], sie stehe nicht länger vor der dilemmatischen Alternative, ihr widersprechende Offenbarungswahrheiten anzunehmen oder sich protestierend selbst zu verbrennen[61], sondern finde sich immer schon in der Umschlossenheit durch das Geheimnis wieder. Die Helle des Bewußtseins wird durch die abwesende Verschlossenheit des Geheimnisses erst konstituiert[62]: "das Geheimnis ist in seiner Unumgreiflichkeit das Selbstverständliche"[63]. Diese Fassung der Geheimnistheologie gewinnt "kerygmatische Wichtigkeit". So verbindet sich die "Grunderfahrung des Menschen von seiner Ausgesetztheit in das Geheimnis, das sein Dasein durchwaltet, mit dem Inhalt der christlichen Botschaft, weil sie deutlich macht, daß diese Botschaft die eine Antwort auf diese Erfahrung dieser Ausgesetztheit ist."[64]

Es ist deutlich, wie diese Theologie des Geheimnisses den Kampf mit ihrem Gegner "Atheismus" aufnimmt. Das Geheimnis entzieht der modernen Religionskritik den Boden. Die gemeinsame Welterfahrung, bisher Ort der Auseinandersetzung christlicher und säkularer Weltdeutung, wird aufgekündigt. Was Religionskritik hier ausrichtete, wird als Zerstörung falscher und primitiver Gottesbilder theologisch integriert, die autonome Vernunft wird in ein Geheimnis gebettet, dessen natürlicher Interpret die christliche Theologie ist. Gleichzeitig gewinnt die christliche Theologie ein Anschlußfeld, auf dem sie moderne Welterfahrung aufnehmen kann. Erfahrungen von Grenzen der Ausrechenbarkeit der Welt, von Zufälligkeiten und Unbeherrschbarkeiten der individuellen Existenz können als Erfahrungen des innerweltlichen Geheimnisses beansprucht werden.

Steht Theologie sonst im Verdacht, gesellschaftliche Entwicklungen erst zu registrieren, wenn sie eingespielte religiöse Denk- und Handlungsformen stark bedrohen oder verunmöglicht haben, ist Rahners Programm eine erstaunliche Vorwegnahme. Die gegenwärtige Religionssoziologie ist stark von funktionalistisch-systemtheoretischen Ansätzen bestimmt. Die Plausibilität ihrer Situationsbeschreibung und der sich daraus ableitenden Funktionszuschreibung für das gesellschaftliche Subsystem "Religion" wird von anderen Ansätzen nur schwer erreicht. Die von Rahner beschriebene Situation der Religion und seine Skizze der theologischen Antwortmöglichkeiten stimmen überraschend weitgehend mit der soziologischen Diagnose überein. Gemeinsamer Ausgangspunkt der funktionalistischen Religionstheorien ist die Beschreibung einer funktional ausdifferenzierten Gesellschaft, in der Religion bestimmte Funktionen über-

---

[60] Ebd., 185.
[61] Ebd., 189.
[62] Ebd., 198.
[63] Ebd., 201.
[64] Karl Rahner, Artikel "Geheimnis", a.a.O. (Anm. 7), Sp.195.

nimmt, die durch andere gesellschaftliche Subsysteme (Recht, Wirtschaft, Wissenschaft) nicht oder nicht so erfolgreich erfüllt werden können. Diese Funktion wird bei Niklas Luhmann "Überführung unbestimmbarer in bestimmbare Kontingenz"[65] genannt, bei Hermann Lübbe "Bewältigung handlungssinntranszendenter Kontingenz"[66]. Diese Beschreibung deckt sich mit dem von Rahner entworfenen Bild einer Gesellschaft, in der die Eigengesetzlichkeiten gerade in ihrer Kontingenz zur Bedrohung der Denkbarkeit Gottes werden. Daß alles auch anders sein könnte, verabschiedet den Gedanken eines von Gott garantierten Sinns. Die Vorstellung seines Eingreifens ist angesichts sich steigernder Komplexität und durchschaubarer werdender Bedingungszusammenhänge immer schwerer zu realisieren. Will man auf diese gesellschaftlichen Vorgaben eingehen, tut man gut daran, auf die Grenzen der Planbarkeit gesellschaftlicher und biographischer Zusammenhänge zu verweisen, also auf ihre Kontingenz. Die Erfahrung der Kontingenz wird zur Erfahrung des Geheimnisses umstilisiert; auf diese Weise erscheint die gesellschaftliche Erfahrung immer schon auf die christliche Deutung der Wirklichkeit hingeordnet. Der übereinstimmenden Diagnose des Eingriffsortes religiöser Sinnvergewisserung entspricht die Voraussage der Zukunftschancen der Religion. Religion als "Kontingenzbewältigungspraxis" ist nach Lübbe "aufklärungs- und säkularisierungsresistent". Ihr Wegfall im "Dasein sprach- und handlungsfähiger Subjekte" sei nicht einmal denkbar.[67] Bei Luhmann heißt es, "Pauschalkonfrontationen von Religion und Wissenschaft" gehörten zu den "Überbleibseln einer Entwicklungsphase der Gesellschaft, in der um die Differenzierung von Religionssystem und Wissenschaftssystem noch gekämpft werden mußte." Die funktionalistische Soziologie habe die Phase der "bloßen Kritik der Religion von Gegenpositionen aus" überwunden.[68] Die Übereinstimmung des Rahnerschen Programms mit der Problemformulierung der funktionalistischen Religionstheorie und die Tragfähigkeit seiner von dieser so nicht vorausgesehenen Lösung des Problems[69] ließen sich bis ins Detail verfolgen. Beispielsweise

---

65 Niklas Luhmann, "Transformationen der Kontingenz im Sozialsystem der Religion", in: ders., *Funktion der Religion*, Frankfurt 1982, 189.

66 Hermann Lübbe, "Religion nach der Aufklärung", in: *Philosophische Arbeitsbücher*, hg. v. W. Oelmüller / R. Dölle, Bd.3: *Diskurs: Religion*, Paderborn/München/Wien/Zürich 1979, 329 u.ö.

67 Ebd., 324.

68 Niklas Luhmann, "Die gesellschaftliche Funktion der Religion", in: ders., *Funktion der Religion*, a.a.O. (Anm. 65), 71.

69 Niklas Luhmann reflektiert in seiner Religionstheorie überraschend ausführlich, mit welcher "Kontingenzformel" die christliche Religion am erfolgreichsten, gesellschaftlichen Bedarf an Sinnvergewisserung decken kann. Das schließt den Entwurf einer Christologie ein, die bezeichnenderweise auf das Motiv der Auferstehung verzichtet. Wahrscheinlich erschiene ihm die Lösung "Theologie des Geheimnisses" überzeugender, vielleicht sogar eleganter als seine eigene.

findet Rahners Befreiung der katholischen Geheimnis-Theologie von konkretistischer Konzentration auf einzelne Geheimnisse ihre Entsprechung in Luhmanns Analyse:

> "In ihrer Funktion, unbestimmbare Kontingenzen in bestimmbare zu überführen, ist Religion von zunehmender sozialstruktureller Differenzierung sehr unmittelbar betroffen. Sie gerät wegen der zentralen Bedeutung ihrer Funktion als erste unter Abstraktionsdruck; sie fängt den Abstraktionsdruck gleichsam für die Gesellschaft auf und kanalisiert ihn auf das eigene, religionsspezifische Symbolsystem."[70]

Ähnliche Parallelen zwischen Systemtheorie und Geheimnistheologie lassen sich bei Gerhard Ebeling, der im protestantischen Raum die Rede auf das Geheimnis gebracht hat, aufzeigen. Ebeling kann sich auf keine schultheologisch etablierte Theologie des Geheimnisses berufen, was er bedauert.[71] Das Gedankenfeld, auf dem seine Theologie des Geheimnisses Kontur gewinnt, ist die Säkularisierungsdebatte.[72] Wie kann dem "Menschen in der Profanität" die christliche Botschaft neu ausgerichtet werden? Das ist seine Leitfrage. Wie bei Rahner geht es um die stimmige Anknüpfung an die zeitgenössische Welterfahrung. Wie bei Rahner dient dazu der Begriff des Geheimnisses. Spezifisch protestantisch ist dagegen der Ausgang vom reformatorisch zentralen Begriffspaar "Gesetz und Evangelium". Das "Geheimnis" erweist sich als zeitgenössische Neuformulierung des "Evangeliums":

> "Dem entspricht es, wenn wir - geleitet vom Wissen um das Evangelium - die Situation des Menschen in der Profanität auf die Unterscheidung von Tätersein und Empfängersein hin bedachten. Wann immer der Mensch darauf angegangen ist, Empfangender zu sein, vom Geschenk, von der Gnade zu leben, vom Geheimnis umgeben zu sein, da ist dies ein Verstehenshinweis, ein Wink, was es heißt, von Gott angegangen zu sein."[73]

Auch hier zeigt ein kurzer Seitenblick auf die Religionstheorie Luhmanns überraschende Übereinstimmung. Luhmann bleibt nicht bei der Feststellung stehen, die Religion habe als Kontingenzbewältigerin eine bleibende gesell-

---

[70] Niklas Luhmann, "Transformation der Kontingenz", a.a.O. (Anm. 65), 189.

[71] Gerhard Ebeling, "Profanität und Geheimnis", a.a.O. (Anm. 6), 82.

[72] Das jüngste theologische Resümee dieser Debatte (mit Literaturangaben) findet sich bei Michael Weinrich, "Die Weltlichkeit der Kirche. Systematische Zugänge zu einem Grundproblem der Ekklesiologie", in: *EvTh* 50 (1990), 206-222. Vgl. auch Alois Müller, "Religion, Kultur und Ethik unter Säkularisierungsbedingungen", in: *Diskurs und Dezision.* Hermann Lübbe in der Diskussion, hg. v. G. Kohler / H. Kleger, Graz/Wien 1990, 285-313.

[73] Gerhard Ebeling, "Profanität und Geheimnis", a.a.O. (Anm. 6), 91.

schaftliche Funktion[74], sondern macht sich auch Gedanken, auf welche Weise Religion ein "ausgewogenes Arrangement" bereitstellen könne, die ihre Aufgaben optimal löst. In Luhmanns Terminologie ist das die Suche nach der geeigneten "Kontingenzformel". Diese findet Luhmann in der "Vorstellung des Gebens"[75], die er ohne Verweis auf Ebeling, nur in der Konsequenz der Bestimmung gesellschaftlicher Funktionalität von Religion, gleichsam kongenial entwickelt. Die "Reflexivität des göttlichen Gebens" mit den "differenzierten Unvollkommenheitserfahrungen des Empfängers" zu vermitteln,[76] ist das Programm einer Theologie, die er der "Situationsauffassung der professionellen Praxis"[77] empfiehlt.

Wie diese Übereinstimmung Rahners und Ebelings mit einer funktionalen Theorie der Religion zu bewerten ist, ist eine theologische Frage. Es sei in Erinnerung gerufen, daß eine funktionalistisch-systemtheoretische Beschreibung der Gesellschaft die Funktion der Religion, ihrer Eigenlogik folgend, als Frage nach der Selbsterhaltung der Gesellschaft stellt. Die gesellschaftliche Integrationsleistung der Religion ist der Aspekt, unter dem die "Leistungen der Religion" analysiert werden. Wird dieses Kriterium angelegt, sind die referierten Geheimnis-Theologien effiziente Modelle der Selbstreflexion christlicher Religion unter den Bedingungen hochkomplexer Gesellschaften. Anders gesagt: Beispiele gelungener Apologetik. Solche Apologetik muß sich fragen lassen, wie sie die Botschaft, die sie neu ausrichten will, im Prozeß ihrer Neuformulierung verändert. Welchen Themen der Tradition, welchem Verständnis des Evangeliums gibt sie Kontur, was läßt sie in den Hintergrund treten? Vor dieser Frage verwundert es, daß heutigen Erfahrungen Gottes solche des "Ergriffenseins vom Unbegreiflichen", der "Ehrfurcht ... gegenüber dem seiner [des Menschen, F.H.] Verfügung Entzogenen" sein sollen.[78] Übernimmt man das "agenda setting" des konziliaren Prozesses -"Frieden, Gerechtigkeit, Bewahrung der Schöpfung" -, läge es näher, die Bedürftigkeit des leidenden Nächsten, die Erfahrung gesellschaftlicher Ungerechtigkeit und die Indifferenz des gesellschaftlichen Systems gegenüber der Zerstörung der Lebensgrundlagen als religiöse Erfahrungen anzusprechen. Dies widerspräche jedoch der Dissoziation von Welterfahrung und religiöser Erfahrung, wie sie im Geheimnis-Begriff angelegt ist. Die Welterfahrung im Lichte des Geheimnis-Gedankens hat keine theologische Relevanz, sie ist lediglich ein "Ausstiegsloch", um aus der Sphäre der kontingenten Eigengesetzlichkeiten der Welt in die religiöse Deutung der Wirklichkeit zu gelangen. Ebenso abstrakt

---

74 "Echtes Geheimnis ist bleibendes Geheimnis." (Gerhard Ebeling, "Profanität und Geheimnis", a.a.O. (Anm. 6), 85).

75 Niklas Luhmann, "Transformationen der Kontingenz", a.a.O. (Anm. 65), 208ff.

76 Ebd., 217.

77 Ebd., 208.

78 Gerhard Ebeling, "Profanität und Geheimnis", a.a.O. (Anm. 6), 91.

wie es der Anknüpfungspunkt der "Ausgesetzheit in das Geheimnis" vorgibt, müßte eine christliche Ethik den Verhältnissen, aus denen sie sich herausreflektiert hat, gegenübergesetzt werden. Eine Theologie, die hohe Anpassungsleistungen an die von ihr erwartete gesellschaftliche Funktion erbringt, zahlt den Preis "kritischer Autonomie".[79]

4. Geheimnis und Rätsel. Zwischenergebnis mit Beispiel

Das voraufgegangene Kapitel hat die spezifische Gefährdung einer Theologie, die mit dem Geheimnis-Begriff operiert, beschrieben. Diese Gefährdung ist eng mit den Bedeutungsdimensionen des Begriffs verbunden. Das "Geheimnis" hat keine Gestalt, in den es seinen Entzug von Kommunikation einschreibt. Seine beiden Modi sind Verschlossenheit und Offenheit. Das Geheimnis ist entweder verborgen, dann kann man seine Existenz erfahren ohne weitere Verweise auf seine Struktur, oder es ist erschlossen, dann ist es ein offenes Geheimnis und damit kein Geheimnis mehr. Deshalb ist das "Geheimnis" in der Ästhetik keine Kategorie, die anders benutzt wird denn als Polemik gegen metaphysische Interpretation. Die Konkretheit und Materialität des Kunstwerkes erfordert einen Begriff, der die Blockierung von Verstehen als einer Gestalt verhaftet begreifen kann. Deshalb taucht bei Adorno und bei Heidegger im Zusammenhang ihrer Gedanken zum Rätsel die "Dinghaftigkeit" des Kunstwerks auf, ihre Materialität. Die "dinghaften Schichten der Kunstwerke" sind konstitutiv für "das, was mehr als dinglich ist an ihnen"[80]. Im Begriff des "Geheimnisses" ist wegen seines Mangels an Gestalt die Flucht aus der Welterfahrung angelegt. Es gerät folglich leicht in den Gegensatz zur Rationalität, wie die sich - schon vor der Überprüfung des Eindrucks an Texten - aufdrängende Gedankenverbindung zum Irrationalen belegt. Die Ausschaltung der Rationalität wird leicht autoritär kompensiert. Das nicht direkt (an einer Gestalt) zugängliche Geheimnis braucht eine Interpretationsinstanz. Die katholische Theologie hat diese Lücke immer behende ausgefüllt. Im schon erwähnten "Kompendium der Schultheologie" verhalten sich Dogma und Mysterium wie Form und Inhalt, so daß der, der die dogmatische Formel glaubt, "mittels

---

[79] Eine kritische Religionstheorie (u.a. in Auseinandersetzung mit u.a. funktionalistisch-systemtheoretischen Religionstheorien) entwickelt: Hans-Eckehard Bahr, "Ohne Gewalt, ohne Tränen? Religion 1, Religion 2. Integrierende und emanzipierende Funktion religiöser Sinnvergewisserung in der Gesellschaft", in: *Religionsgespräche.* Zur gesellschaftlichen Rolle der Religion, Darmstadt/Neuwied 1975, 31-64, hier: 54.

[80] Theodor W. Adorno, *Ästhetische Theorie,* a.a.O. (Anm. 19), 152. Hier verweist Adorno positiv auf Heideggers Aufsatz.

der Formel das Mysterium selbst" glaubt.[81] Hier ist das Geheimnis nur über die katholische Interpretation zugänglich. In diesem Punkt reformuliert auch Rahner ohne substantielle Abweichung die Pointe der traditionellen Geheimnis-Theologie.[82] In diesem Motiv der Interpretationsbedürftigkeit steckt jedoch eine mögliche kritische Wendung des Geheimnis-Begriffs. Sein fundamentaler Modus der Verborgenheit läßt sich auch kritisch gegen dogmatische Formeln, gegen gesellschaftliche und kirchliche Interpretationsvorgaben wenden. Dann muß er sich auf die Phänomene beziehen, die zur Formulierung des Geheimnisses geführt haben und erhält wieder eine konkret-erfahrungsbezogene Dimension.

Ein Beispiel einer solchen kritischen Wendung des Geheimnis-Begriffs ist die "Systematische Theologie im Kontext biblischer Geschichte und Eschatologie" von Hans-Joachim Kraus.[83] Die Verwendung des Begriffs "Geheimnis" in diesem Entwurf ist überraschend, denn eine Theologie, die sich stets vom "biblischen Kerygma" her bestimmen lassen will, stößt nicht ohne weiters auf das "Geheimnis", das in der biblischen Überlieferung zwar dem Wort und der Sache nach, nicht aber systematisch bedacht vorhanden ist. Genau diese Herleitung aus dem biblischen Kerygma initiiert jedoch die Verwendung des Begriffs. Denn Kraus' Theologie will dem "Bann fremder Prinzipien" entrinnen, und geschichtliche Gottesbilder produzieren diesen Bann: Sowohl der "Gott der Philosophen" als auch der "Gott als Freund" einer Liebe-Gottes-Theologie verstellen die Gestalt des biblisch bezeugten Gottes. Gegen diese Identifizierungen stellt Kraus den Satz: "Gott existiert im Geheimnis."[84] Hier ist das Geheimnis im Horizont der Eschatologie gedacht: der *kommende* Gott läßt sich nicht an einem Punkt der Geschichte identifizieren. Der *kommende* Gott ist verschieden von dem, der "im Geheimnis west". Er kommt nicht ohne Konkretion aus, diese gibt Kraus mit der Aufnahme exegetischer Begriffe. Das "Messiasgeheimnis" wird als "Gegenwart des Reiches Gottes in der Person Jesu Christi" verstanden. Und diese Gegenwart ist "in einer höchst alltäglichen Verborgenheit" zugänglich[85]:

> "Wo Christus redet und handelt, da ereignet sich eine geheimnisvolle Vorwegnahme des Kommenden: andringende Nähe und verhüllte Gegenwart des zukünftigen Reiches Gottes."[86]

---

81 Johannes Brinktrine, *Offenbarung und Kirche*, a.a.O. (Anm. 52), 54, 66.

82 Vgl. Karl Rahner, "Über den Begriff des Geheimnisses", a.a.O. (Anm. 53) 205.

83 Hans-Joachim Kraus, *Systematische Theologie im Kontext biblischer Geschichte und Eschatologie*, Neukirchen-Vluyn 1983.

84 Ebd., 12f. Vgl. Karl Barth, *Die kirchliche Dogmatik*, Bd.II: Die Lehre von Gott. Halbbd. 1. Zollikon/Zürich 1948, 44.

85 Hans-Joachim Kraus, *Systematische Theologie*, a.a.O. (Anm. 83), 20.

86 Ebd., 21.

Es ist in unserem Zusammenhang interessant, daß Kraus in diesem Zitat, in dem er die Dimension des Geheimnisses näher beschreibt, in eine Rätsel-Metaphorik gerät, wie wir sie in ästhetischen Theorien verwendet fanden ("verhüllte Gegenwart"). Diese Beobachtung stützt unsere Vermutung, daß der kritische Gehalt des Geheimnis-Begriffs im "Rätsel" aufgehoben ist. Gehen wir der Interferenz der Begriffe weiter nach, indem wir den eindruckvollsten und wohl auch einflußreichsten Entwurf einer "Theologie des Geheimnisses" betrachten: Das Buch "Gott als Geheimnis der Welt" von Eberhard Jüngel.

5. Rätsel und Gleichnis

Dieser Entwurf läßt sich in den Verdacht des Autoritären gegenüber den Geheimnis-Theologien nicht ohne weiteres einbeziehen. Jüngel plädiert für einen neutestamentlich erhobenen, paradoxen Begriff vom "offenen Geheimnis".[87] Unsere Rede vom "Geheimnis" entspricht nach Jüngel dem *unbegreiflichen* Gott, diese Rede ist jedoch durch die unserer Welterfahrung immer schon vorausgehenden Offenbarung Gottes erst ermöglicht. Konkretisiert wird diese Dialektik von Unbegreiflichkeit und Sagbarkeit Gottes durch die neutestamentliche Sprachstruktur des "Gleichnisses". Erst aus der "Analyse schon geschehener Rede von Gott"[88] wird diese Sprechmöglichkeit, die Jüngel "Das Evangelium als analoge Rede von Gott" nennt,[89] gewonnen. Diese Anknüpfung der Geheimnis-Theologie an die Gestalt biblischer Rede schützt den Entwurf vor einem Abstraktionsgefälle, welches nur lehramtlich wieder aufgefangen werden könnte. Jüngels Theologie des Geheimnisses mündet in eine Theorie der Erzählung, die an gleichnishafter Rede entwickelt wird und metaphern-theoretisch fundiert ist. Deshalb versuche ich gegen Jüngel metapher-intern zu argumentieren, indem ich die Frage stelle, ob das "Rätsel" nicht die bessere Metapher für die ausgesagte "vorgängig erschlossene Verborgenheit" des Geheimnisses ist.

Jüngel verwirft das Rätsel, weil es "dadurch, daß man es begreift, aufhört, rätselhaft zu sein".[90] Das gilt aber auch für das Gleichnis, wenn man es wie Jüngel als ereignishaft und anredend versteht.[91] Jüngel schreibt:

> "Als analoge Rede von Gott erzeugen sie [die Gleichnisse und Metaphern, F.H.] Situationen, in denen das Wovon der Rede gemeinverständlich wird, weil die Ange-

---

[87] Eberhard Jüngel, *Gott als Geheimnis der Welt*, a.a.O. (Anm. 8), 341.

[88] Ebd., 391.

[89] Ebd., §18 "Das Evangelium als analoge Rede von Gott", 383-408.

[90] Ebd., 341.

[91] Ebd., 396.

sprochenen ihrerseits zu Entdeckenden werden, denen sich gemeinsam dasselbe erschließt."[92]

Die in der Sprachhandlung "Gleichnis" vollzogene ereignishafte Rede von Gott präsentiert sich jedesmal als aufgelöstes Rätsel und wird als Rätsel, das Auflösung beansprucht, formuliert. Das "Bleibende" des Geheimnisses ist in diesen Sprechakten gerade nicht intendiert. Diese Differenz ist auf den ersten Blick nur eine der Benennung; auch Adorno stößt auf die Schwierigkeit der Lösbarkeit des Rätsels, das sich mit seiner Theorie des Rätselcharakters nicht ohne weiteres vereinigen läßt. Deshalb setzt er das Kunstwerk vom Phänomen des Rätsels ab:

"Jedes Kunstwerk ist ein Vexierbild, nur derart, daß es beim Vexieren bleibt."[93]

Ein unlösbares Rätsel, das das Spiel um seine Lösung durch seine Unlösbarkeit nicht zerstört, ist eine ebenso paradoxe Vorstellung wie das offene Geheimnis. Die Begriffe entwirren sich erst, wenn man die zeitliche und räumliche Begrenzung der Vorstellungsbilder mitbedenkt. Auf die Sprachform des "Gleichnisses" angewendet hieße das, so schlagartig einleuchtend in der Sprechsituation das Gleichnis sein mag, so unmöglich ist es, die *eine* "Lösung" des Gleichnisses feststellen zu wollen. In neuen Auslegungssituationen nimmt die Übertragung eine neue Bedeutung an. Auf die gesamte Auslegungsgeschichte bezogen scheint also die Betonung der prinzipiellen Unlösbarkeit, die sich im Begriff des Geheimnisses ausdrückt, angebrachter zu sein. Als Beschreibung des einzelnen Sprach- und Deutungsvorgangs ist dagegen der schlagartige Aufschluß, den die Lösung des Rätsels gewährt, angemessener. Die zeitliche Dimension enthüllt also die Begriffe als friedliche Komplemente, die je den anderen Teil der ganzen Wahrheit ausdrücken. Das Bild verändert sich jedoch, wenn wir die "räumliche" Dimension hinzunehmen. Das Gleichnis benutzt ein ausschnitthaftes - konkretes - Stück Weltwirklichkeit, um einen theologischen -z.B. eschatologischen - Zusammenhang auszudrücken. Weder *ein* Gleichnis noch eine Kombination von Begriffen vermag die Wirklichkeit z.B. des Reiches Gottes einzufangen. Die "Gleichnisse des Himmelreichs" stehen im Plural, wenn sie die mögliche Rede von Gott thematisieren. Zugleich ist jedes einzelne Gleichnis nur als *einzelne* aufdeckende Verschlüsselung denkbar. In der Begrenztheit und Materialität eines Bildes, in strenger Partikularität entsteht die Redemöglickeit, die in generalisierender Sprechweise nicht oder nur unvollständig erreicht werden kann. In dieser Hinsicht erscheinen die Gleichnisse als *kleine Welt-Rätsel* gut beschrieben, weil das Geheimnis - wie beschrieben - ein problematisches Verhältnis zur Weltwirklichkeit hat.

---

[92] Ebd., 397f.

Das Geheimnis betont das Jenseitige der erfahrbaren und wahrnehmbaren Wirklichkeit. Die Angewiesenheit der religiösen Rede auf ein konkretes und materiales Stück Wirklichkeit ist schwer mit der Transzendenzausrichtung des Begriffs in Einklang zu bringen. Aus diesem Grund scheint mir das Geheimnis den theologischen Gedanken auf eine falsche Spur zu setzen. Seine Fähigkeit, die Unauflöslichkeit gleichnishafter Rede von Gott auszusprechen, hat den Nachteil, dies als negative Begrenzung zu tun. Aber gerade die Unerledigtheit des Gleichnisses nach dem Aufschluß, den es uns gegeben hat, ist eine seiner positiven Qualitäten. Jüngels Begriffsprägung aufnehmend könnte man vom "offenen Rätsel" sprechen, um einerseits den Verstehensappell und andererseits den verhinderten vollständigen Verstehenszugriff zu bezeichnen.

Nicht zufällig bin ich mit diesem Begriff wieder in ein ästhetisches Konzept geraten. Das "offene Kunstwerk" der Rezeptionstheorie Umberto Ecos[94] steht hinter dieser Begriffsbildung. Ecos Theorie ist ein Versuch, die Variabilität von Verstehenszugängen, also die wechselnden Lesarten unterschiedlicher Rezipienten, mit der signifikanten Struktur des jeweils Wahrgenommenen in Zusammenhang zu bringen. Auch ihm gilt das Kunstwerk als zentrales Paradigma für die Analyse des Verstehens. Seine Romane, die sich mit den Begriffen "Rätsel" und "Geheimnis" so gut beschreiben lassen, sind erzählerische Variationen dieses Themas.

6. Rätsel und Geheimnis. Zusammenfassung

Rekapitulieren wir zum Schluß die Bedeutungsdimensionen der Begriffe "Rätsel" und "Geheimnis". Wir hatten gesehen, daß die Thematisierung einer Erfahrungsgestalt als "Geheimnis" von der Materialität dieser Erfahrung abstrahiert. Nicht die *Formgebundenheit* des unmittelbaren Mißverstehens, sondern seine bloße Tatsache wird ins Bewußtsein gehoben. Durch diesen Akt der Thematisierung als "Geheimnis" entsteht ein Abstraktionsgefälle, das Folgen für das Verhältnis des "Geheimnisses" zur Rationalität hat. Diese wird nach ihren grundsätzlichen Leistungen befragt und erweist sich als defizient. Das entstehende Interpretationsvakuum wird tendenziell durch kirchliche oder gesellschaftliche Institutionen ausgefüllt. Der "Hang zum Autoritären", den wir bei den untersuchten Geheimnis-Theologien diagnostizierten, ist in der Verwendung des Begriffes angelegt. - Sein anzutreffender kritischer Gebrauch - als Infragestellung fixierter Interpretamente - bezog sich auf die *Gestalt* des "Geheimnisses" zurück. So bestimmte Kraus die "verhüllte Gegenwart des zukünftigen Reiches Gottes" (mit Bornkamm) als "höchst alltägliche Verbor-

---

[93] Theodor W. Adorno, *Ästhetische Theorie*, a.a.O. (Anm. 19), 184.
[94] Umberto Eco, *Das offene Kunstwerk*, Frankfurt/M. 1977.

genheit", und Jüngel verwies auf die "schon geschehene Rede von Gott", die auf die neutestamentliche Sprachform des Gleichnisses zurückweise. Diese kritische Dimension des Geheimnis-Begriffes finde ich in der Metapher des "Rätsels" klarer und unverwechselbarer ausgedrückt. Die Analyse des Begriffs in der philosophischen Ästhetik machte drei Eigenschaften des "Rätsels" deutlich, die sich kurz als "Intelligibilität", "Materialität" und "Attraktivität" zusammenfassen lassen. "Intelligibilität" meint, daß die Unterbrechung des Verstehens sich in einer Gestalt ausdrückt, die selbst wieder intelligibel ist. Rationalität wird also nicht dispensiert, sondern gerade in ihrer sachhaltigen, formbewußten Spielart herausgefordert. "Materialität" verweist auf eben diese Gestalt, der das ausgelöste Nicht-Verstehen eingeschrieben ist, so daß die Abstraktion das Problemfeld verlassen würde. "Attraktivität" meint den eigentümlichen Reiz, mit dem die Rätselgestalt Aufmerksamkeit weckt und an sich bindet. Anders gesagt: den Wahrnehmungs- und Verstehensappel, der von einer (ästhetischen) Form ausgeht, dessen sprachähnliche Aussage dem Rezipienten immer wieder "entwischt" (Adorno).

Unsere Studie war an *Begriffen* und den Folgen ihres Gebrauchs interessiert. Es sei dahingestellt, warum der Begriff "Rätsel" auf Theologen bisher wenig Reiz ausgeübt hat. Beschränkt man sich nicht auf den Begriff und achtet auf das Bündel von Eigenschaften, das im "Rätsel" repräsentiert wird, wird man auch in der Theologie fündig. Bezeichnenderweise dort, wo sich Theologie auf ästhetische Phänomene bezieht. Christian Link unterstreicht in seinem Buch "Die Welt als Gleichnis", daß "Erkenntnis von Offenbarung" an den "Vollzug wirklicher Wahrnehmung" gebunden ist und formuliert pointiert, darin unterscheide sie sich "in nichts von der Perzeption künstlerischer Phänomene".[95] Albrecht Grözinger entwickelt in seiner Habilitation "Praktische Theologie und Ästhetik" eine "Ästhetik des Bilderverbots", die er in Analysen biblischer Offenbarungssituationen eindrucksvoll konkretisiert. Er kommt zu dem Schluß, daß "die Phänomene der Offenbarung immer in einer bestimmten Konstellation zur Wahrnehmung des Menschen stehen: eben jener Dialektik von Präsentation und Entzug, die sich in bunter Variation darstellen ließe".[96] Wilfried Engemann entwirft in seiner "Kritik der Homiletik aus semiotischer Sicht" eine "Theorie der ambiguitären Predigt", die Predigt als Kunstwerk zu

---

[95] Christian Link, *Die Welt als Gleichnis.* Studien zum Problem der natürlichen Theologie, München ^{2}1982, 83.

[96] Albrecht Grözinger, *Praktische Theologie und Ästhetik.* Ein Beitrag zur Grundlegung der Praktischen Theologie, München 1987, 132. Grözinger bezieht sich auf die ästhetischen Entwürfe von Adorno und Heidegger, nimmt den Begriff "Rätsel", den er im Zusammenhang der Heideggerschen Kunstphilosophie referiert, jedoch nur der Verlaufsform nach (die Bewegung von Verbergung und Entbergung), nicht begrifflich auf.

verstehen sucht, als "ein Werk, das aufgrund seiner spezifischen Struktur zur Interpretationsarbeit herausfordert".[97]

Dieser kurze Seitenblick auf die Aufnahme ästhetischer Motive in der Theologie schärft noch einmal unsere Aufmerksamkeit für die Vorentscheidungen, die mit der Bestimmung des Verhältnisses von Theologie und Kunst getroffen werden. Der Theologie entgleitet ein wesentlicher Anspruch der Kunst, wenn diese vorschnell und unbedacht ins Kommunikationsparadigma eingeordnet wird. "Schönheit" als Wirksamkeit der liturgischen Gestaltung zu begreifen oder Kunstwerke als Gegenstände der kommunikativen Verständigung zu betrachten sind solche standortspezifischen Verkürzungen ästhetischer Erfahrung. Mein Plädoyer für die Aufnahme ästhetischer Erfahrung mit dem Paradigma des "Rätsels", versteht sich demgegenüber als "Geste der Zurückhaltung", die Kommunikation allenfalls als Folge, nicht als Zweck theologischer Kunst-Annäherung verstehen möchte.

---

[97] Engemann verweist in diesem Zusammenhang auf Adornos Rätselbegriff. Wilfried Engemann, *Kritik der Homiletik aus semiotischer Sicht.* Ein Beitrag zur Grundlegung der Predigtlehre, Habil. Univ. Greifswald 1989, 218. (Die Arbeit erscheint in Kürze im Francke-Verlag, Tübingen.)

Rudolf Roosen

Simplicissimus und Don Quixote
Mosaiksteine aus der Geschichte der religiösen Zeichendeutung

1. Die Welt - ein Buch 2. Relationales Denken in der mittelalterlichen Hermeneutik 3. Relationales Denken in Alchimie, Pharmazie, Medizin und Astrologie 4. Don Quixote 5. Die veränderte Beurteilung des Zeichens 6. Die veränderte Beurteilung der Sprache 7. Die veränderte Beurteilung der Natur 8. Schlußbetrachtung

1. Die Welt - ein Buch

Im "Simplicissimus" des Hans Jacob Grimmelshausen (1669) findet man sehr anschauliche Belege dafür, wie das mittelalterliche Denken die ganze Welt als "Garten Gottes" ansehen konnte. Nach zahllosen Abenteuern und Schicksalsschlägen beendet Simplicissimus sein Leben als Einsiedler auf einer kleinen Insel:

> "O wie oft wünschte ich mir, wann ich meinen Leib abgemattet hatte und demselben seine Ruhe geben mußte, geistliche Bücher, mich selbst darin zu trösten, zu ergötzen und aufzubauen, aber ich hatte solche drum nit; demnach ich aber vor diesem von einem heiligen Mann gelesen, daß er gesagt, die ganze weite Welt sei ihm ein großes Buch, darinnen er die Wunderwerke Gottes erkennen, und zu dessen Lob angefrischt werden möchte, als gedachte ich derselbigen nachzufolgen, wiewohl ich, sozusagen, nit mehr in der Welt war; die kleine Insel mußte mir die ganze Welt sein, und in derselbigen ein jedes Ding, ja ein jeder Baum ein Antrieb zur Gottseligkeit, und eine Erinnerung zu denen Gedanken, die ein rechter Christ haben soll; also! sahe ich ein stachelecht Gewächs, so erinnerte ich mich an der Dörnenkron Christi, sahe ich einen Apfel oder Granat, so gedachte ich an den Fall unserer ersten Eltern und bejammerte denselbigen; gewanne ich ein Palmwein aus einem Stamm, so bildete ich mir vor, wie mildiglich mein Erlöser am Stammen des hl. Kreuzes sein Blut vor mich vergossen; sahe ich Meer oder Berg, so erinnerte ich mich des einen oder anderen Wunderzeichens und Geschichten, so unser Heiland an dergleichen Orten begangen; fande ich einen oder mehr Stein so zum Werfen bequem waren, so stellte ich mir vor Augen, wie die Juden Christum steinigen wollten ... Mit solchen und dergleichen Gedanken hantierete ich täglich; ich aß nie, daß ich nicht an das letzte Abendmahl Christi gedachte; und kochte mir niemals keine Speis, daß mich das gegenwärtige Feuer nicht an die ewige Pein der Höllen erinnert hätte."[1]

---

[1] Hans Jacob Christoph von Grimmelshausen, *Der abenteuerliche Simplicissimus*, Stuttgart 1979, 690f.

Die Zeichen haben im Weltbild des Simplicissimus geradezu eine Schlüsselposition inne. Seine gesamte Lebensumwelt begreift Simplicissimus als ein System von Zeichen. Da er auf seiner Insel keine Bücher hat, liest er die Welt, die ihn umgibt, so als sei sie ein Buch.[2] In ihr gibt es nichts, was sich nicht als ikonisches oder indexalisches Zeichen[3] deuten und auf Gott oder die biblischen Erzählungen beziehen ließe. Diesen "Pansymbolismus" hält Johan Huizinga für eines der wesentlichen Kennzeichen des mittelalterlichen Denkens. In seinem Buch "Herbst des Mittelalters" hat er geschrieben:

> "Der Symbolismus schuf ein Weltbild von ungleich strengerer Einheit und innigerem Zusammenhang, als das kausal-naturwissenschaftliche Denken es zu geben vermag ... Denn jedes Ding kann mit seinen verschiedenen Eigenschaften gleichzeitig Symbol für vielerlei sein, es kann auch mit ein und derselben Eigenschaft Verschiedenes bezeichnen; die höchsten Dinge haben tausenderlei Symbole. Kein Ding ist zu niedrig, als das es nicht das Höchste bedeuten und zu seiner Verherrlichung dienen könnte. Die Walnuß [etwa] bedeutet Christus: der süße Kern ist die göttliche Natur, die fleischliche äußere Schale die menschliche, und die holzige Schale dazwischen ist das Kreuz. Alle Dinge bieten dem Emporsteigen des Gedankens zum Ewigen Stütze und Halt; alle heben einander von Stufe zu Stufe empor"[4].

Simplicissimus, der in seiner Einsiedelei dieses relationale Denken einübte, demonstriert exemplarisch die Spielregeln und die Reichweite des mittelalterlichen semiotischen Wirklichkeitsverständnisses.

2. Relationales Denken in der mittelalterlichen Hermeneutik

Die Erfordernisse der Schriftauslegung scheinen eine der Antriebsquellen gewesen zu sein, die die Erhaltung und Entwicklung der zeichenorientierten, relationalen Wirklichkeitskonzepte des Mittelalters entscheidend gefördert

---

[2] Die Metapher "Buch der Natur" war von der Antike bis in die Neuzeit hinein geläufig (vgl. Erich Rothacker, *Das Buch der Natur*, hg. v. Wilhelm Perpeet, Bonn 1979).

[3] Vgl. Umberto Eco, *Semiotik*. Entwurf einer Theorie der Zeichen, München 1987; ders., *Zeichen*. Eine Einführung in einen Begriff und seine Geschichte, Frankfurt/M. 1977. Für eine kurze Einführung in die Semiotik und Begriffsklärung vgl. auch Rudolf Roosen, *Taufe lebendig*. Taufsymbolik neu verstehen, Hannover 1990.

[4] Johan Huizinga, *Herbst des Mittelalters*, hg. v. Kurt Köster, Stuttgart [11]1975, 291. Zur Frage nach der Semantik der mittelalterlichen Sprache vgl. bes. Henning Brinkmann, "Die Zeichenhaftigkeit der Sprache, des Schrifttums und der Welt im Mittelalter", in: *Zeitschrift für Philologie*, 93 (1974), 1-11; Friedrich Ohly, "Vom geistigen Sinn des Wortes im Mittelalter", in: *Zeitschrift für deutsches Altertum und deutsche Literatur*, 89 (1958/59), 1-23; ders., "Probleme der mittelalterlichen Bedeutungsforschung", in: *Frühmittelalterliche Studien*, 2 (1968), 162-201.

haben. Grundlegend ist dabei die schon in der Alten Kirche verbreitete Überzeugung, daß die Bibel als "Heilige Schrift" vom Heiligen Geist selbst inspiriert worden ist.[5] Alle ihre Aussagen sind Wegweiser und Führer zur Erkenntnis Gottes und seines in Jesus Christus realisierten Heilsplanes mit der Menschheit. Alle ihre Aussagen gelten als unbedingt wahr. Zwar kann die Bibel dunkle Stellen und unklare Passagen enthalten, Widersprüche und Ungereimtheiten aber nicht. Schriftauslegung hatte deshalb die Aufgabe, die dunklen Stellen von den klaren her zu deuten und mit den allezeit gültigen christlichen Grundwahrheiten in Einklang zu bringen.

Zu diesem Zweck verwendete man die allegorische Methode der Textinterpretation. Gertrud Chappuzeau, die die Methode an Hand der Exegese des Hohen Liedes bei Hippolyt, Origenes, Ambrosius, Beda und Bernhard von Clairvaux untersucht hat, schreibt, daß in der Allegorese keineswegs willkürlich verfahren wurde, sondern "daß die Auslegungen auf Grund von Verhältnisähnlichkeiten, d.h. mit Hilfe von Analogien gefunden wurden"[6].

Sachgemäße Exegese konnte folglich nur betrieben werden, wenn der Ausleger die Ähnlichkeiten zwischen den Texten richtig bestimmte und darüber hinaus auch die Eigenschaften und Verwendungsweisen der Dinge kannte, die in den Texten erwähnt wurden. Augustin hat diese Forderung in "De doctrina christiana" II 16,24 und 39,59 explizit erhoben. Er schreibt dort, daß die Unkenntnis der Dinge und ihrer Eigenschaften (semantischen Merkmale) oft ein richtiges Verständnis der Schrift verhindert und verstellt hat. Der Ausleger muß einfach wissen, was der Ölbaum bedeutet oder der Ysop, die Schlange, der Karfunkel oder der Beryll, wenn diese Dinge in einem biblischen Text erwähnt werden. Um die Bedeutungen der Dinge einheitlich zu klären und damit der Allegorese ein gesichertes Fundament zu verschaffen, forderte er die Erstellung kurzer Sachbücher, in denen die Eigenschaften der Dinge, aber auch die der Namen oder der Zahlen katalogisiert und für den Exegeten abrufbar sind. In "De Genesi ad litteram" IV 4,9 heißt es:

> "Wer Maß, Zahl und Gewicht nur sichtbar kennt, der kennt sie sklavisch ... Trotzdem ist es aber nötig zu wissen, welche Art von Ähnlichkeit zwischen Niederem und Höherem besteht. Denn nicht anders strebt die Vernunft in rechter Weise von hier dorthin."

---

[5] Vgl. Hippolyt, *Danielkommentar*, I 7,2; Origenes, *De principiis* IV 2,4.9; Augustin, *De doctrina christiana*, II 2,3. Zur Entwicklung der philosophisch-relationalen Interpretation vgl. Klaus Oehler, "Die Anfänge der Relationenlogik und der Zeichenschluß bei Aristoteles", in: *Zeitschrift für Semiotik*, 4 (1982), 259-266, sowie Rudolf Haller, "Untersuchungen zum Bedeutungsproblem in der antiken und mittelalterlichen Philosophie", in: *Archiv für Begriffsgeschichte*, 7 (1962), 57-119.

[6] Gertrud Chappuzeau, "Die Exegese des Hohen Liedes bei den Kirchenvätern von Hippolyt bis Bernhard", in: *JAC*, 18 (1975), 91.

Die Untersuchung der Namen, Maße, Zahlen, Tiere, Pflanzen, Steine usw. erfolgte also keineswegs aus einem rein naturwissenschaftlichen Interesse heraus, sie diente vielmehr der Feststellung von semantischen Merkmalen, die für die Hermeneutik der Texte und damit für die Erkenntnis Gottes und seines Heilswirkens fruchtbar gemacht werden konnten.

Christliche Exegeten haben nachweislich für ihre Sachexegese auch antike Lehrbücher zu Rate gezogen. Hieronymus verwendete die "Naturgeschichte" des Plinius und Augustin, daneben auch die "Collectanea rerum memorabilium" des Solinus. Auch die Standardwerke der Rhetorik von Donatus, Charisius und Diomedes oder die Schriften des Josephus wurden benutzt. Im Mittelalter schwoll die Zahl der naturkundlichen Werke stark an. Nach einer Zusammenstellung von Pitra[7] erschienen in der Zeit vom 5. bis 17. Jahrhundert 150 allegorische Wörterbücher, 20 Traktate "De natura rerum", 20 Vogelbücher, 22 Pflanzenbücher und 25 Steinbücher. Darunter waren gewaltige Werke wie "De universo" von Hrabanus Maurus oder das "Speculum maius" des Vinzenz von Beauvais, Enzyklopädien des gesamten mittelalterlichen Wissens. Alle diese Bücher verzeichneten die Eigenschaften der Dinge und ihre möglichen allegorischen Bedeutungen.

Der Symbolwert eines Dings bestimmte sich nicht allein aus seinem natürlichen Vorkommen und seinen Gebrauchseigenschaften, er wurde auch indexalisch aus sprachlichen Bildern oder biblischen Erzählungen erhoben. Es gab keinen prinzipiellen Unterschied zwischen den Aussagen der Heiligen Schrift und den Eigenschaften von Dingen aus dem Bereich der Objektwelt. Beide Ebenen verschmolzen in der Auslegungspraxis zu einem einzigen Text, dessen Bestandteile sich wechselseitig interpretieren konnten. Berühmte Beispiele für dieses exegetische Vorgehen waren im Mittelalter Hugo von St. Victors "De arca Noe morali" oder der "Stiftshüttenkommentar" des Adamus Scotus. Beide Kommentare versuchen mit Hilfe der allegorischen Methode zu zeigen, daß die Arche bzw. die Stiftshütte den gesamten Kosmos repräsentiert.

Sehr instruktiv ist in diesem Zusammenhang auch die Gliederung des "Schlangenbuchs" von Ulisse Aldrovandi (1522-1605). Denn das Buch enthält neben Kapiteln über die "Anatomie", die "Gewohnheiten" oder "Zeugung und Fortpflanzung", die man auch heute noch erwartet, eine ganze Reihe von unerwarteten Kapiteln: "Antipathie und Sympathie", "Wunder und Vorzeichen", "Mythologie", "Lehrfabeln", "Sprichwörter", "Münzen", um nur einige zu nennen.[8] Schon in der Gliederung zeigt sich also das für das zeichenorientierte, relationale Denken so charakteristische Zusammentreten von Geschichte und Geschichten, von Natur und Text zu einem übergreifenden

---

7 Zit. nach Friedrich Ohly, "Vom geistigen Sinn des Wortes im Mittelalter", a.a.O. (Anm. 4), 22.

8 Nach Michel Foucault, *Die Ordnung der Dinge*, Frankfurt/M. ²1978.

Bedeutungskontinuum.

Ein reich entwickeltes Wortfeld stand zur Verfügung, um ikonische oder indexalische Zeichen zu benennen. Es umfaßte neben den Begriffen "similitudo", "analogia", "Sympathie" oder "Typologie" eine Vielzahl von weiteren Ausdrücken.[9] Der Begriff "symbolum" spielte nur eine untergeordnete Rolle, "signum" war dagegen ein Grundbegriff des sprachorientierten triviums der artes liberales und seit Augustin auch hermeneutischer Schlüsselbegriff der Sakramentenlehre.[10] Auch in der Lehre von der analogia entis war er fest verankert.

3. Relationales Denken in Alchimie, Pharmazie, Medizin und Astrologie

Relationales Denken findet man nicht allein in der Religion und Theologie des Mittelalters. Vielmehr gab es eine ganze Reihe von Wissenschaften, die den Zeichencharakter aller Dinge heuristisch voraussetzten. Die Welt, verstanden als ein großes Buch, diente nicht allein dazu, die ewigen christlichen Wahrheiten der Heiligen Schrift zu bestätigen und die Gotteserkenntnis zu fördern. Dem semiotisch geschulten Blick vermittelte sie auch den Gebrauchs- und Heilwert der Dinge oder die im Verborgenen wirksamen Korrespondenzen. Ein reges Erkenntnisinteresse bemühte sich darum, sie zu entschlüsseln. Auch dieser Sektor kann hier nur kurz angesprochen werden. Er darf jedoch nicht übergangen werden, denn die Entstehung des neuzeitlichen Unbehagens gegenüber den vielfältigen Formen der Symbolik und des relationalen Denkens ist vermutlich gerade durch die Abkehr von den wissenschafts- und erkenntnistheoretischen Prämissen der Vertreter dieser Disziplinen besonders nachhaltig gefördert worden.

Die Welt und das sie umgebende Universum galt ihnen als ein einziges Meer von Zeichen, zusammengehalten durch ein alles umfassendes Spiel von Kräften und Ähnlichkeiten. Dem forschenden Zugriff können die Zusammenhänge nicht verborgen bleiben. Denn die Natur selbst ist so eingerichtet, daß sie dem Betrachter ihre verborgenen Relationen preisgibt. Sie spricht durch Zeichen, und wer die Zeichen zu entschlüsseln versteht, der erkennt auch die Heilkräfte, die in ihr stecken. Er kann die Korrespondenzen und die Sympathien ermitteln, die in ihr wirksam sind. Theophrast von Hohenheim (1493-1541), der als Paracelsus bekannt gewordene Zeitgenosse

---

9 Repraesentatio, amicitia, figura, vestigium, umbra, mysterium aenigma, allegoria, aequalitas, consonantia, coniunctio, convenientia, aemulatio; vgl. die Darstellung von Michel Foucault, *Die Ordnung der Dinge*, a.a.O. (Anm. 8), 46-56.

10 Vgl. Cornelius P. Mayer, "Philosophische Voraussetzungen und Implikationen in Augustins Lehre von den Sacramenta", in: *Augustiniana* 22 (1972).

Martin Luthers, hat das jahrtausendealte Credo dieses Natur- und Wirklichkeitsverständnisses so zusammengefaßt:

> "Die Natur zeichnet ein jegliches Gewächs, das von ihr ausgeht, zu dem, dazu es gut ist. Darum, wenn man erfahren will, was die Natur gezeichnet hat, so muß man es an dem Zeichen erkennen, was Tugenden in ihm sind ... Es soll sich des niemand verwundern, daß ich die Zeichen von den Dingen vortrage, denn nichts ist ohne ein Zeichen; das ist, die Natur läßt nichts von ihr gehen, ohne daß sie das nit bezeichnet, das in ihm ist ... und es ist nichts so Geheimes im Menschen, das nit ein auswendig Zeichen an sich hätte."[11]

Die mittelalterliche Alchimie hat das ikonische Prinzip des Sympathiedenkens zu hochkomplexen Korrespondenzsystemen weiterentwickelt. Alfons Kirchgässner schreibt: "Tiere haben ihre kosmischen Entsprechungen: Dem Adler korrespondiert die Sonne, der Mittag, das Feuer, die rote Farbe; der Stier, das wichtigste Opfertier, korrespondiert der Sonne ... der Unterwelt, dem Wasser, der Erde, dem Tod, dem Leben (Wodan, Poseidon, Michael [Markus] haben ihn als Tier). So entsteht ein ganzes System von Übereinstimmungen zwischen Tieren, Jahreszeiten, Stunden, Elementen, Farben, Himmelsgegenden."[12] Umgekehrt läßt sich ein einzelnes Objekt, bedingt durch die Vielzahl semantischer Merkmale, in die es zerlegt werden kann, auch in sehr unterschiedlichen Gestalten repräsentieren:

> "Die Sonne ist gegenwärtig nicht nur in ihren Strahlen und in ihrer Wärme, sondern auch im Blitz, im Feuer, im Gold, im Kristall, im Spiegel, im Auge, im Kreis, im Rad."[13]

Der relational denkende Wissenschaftler fand überall Hinweise und Anzeichen auf verborgene Relationen. Er sah nicht das Ding an sich, sondern er suchte Sinn und Zusammenhänge zwischen den Dingen. Die ganze Welt war für ihn sprechende Materie.

Interessanterweise hat der französische Kulturanthropologe Claude Lévi-Strauss ein ähnliches Weltbild auch in völlig anderen Kulturkreisen aufgefunden. Er belegt in seinem Buch "Das wilde Denken" sehr detailliert, wie mit Hilfe relationaler Denkformen "die Welt in Form eines aus sukzessiven Gegensätzen bestehenden Kontinuums dargestellt wird"[14].

---

[11] Von den natürlichen Dingen; zit. nach Erich Rothacker, *Das Buch der Natur*, a.a.O. (Anm. 2), 128. Vgl. Wolfgang Schneider, "Über die Signaturenlehre in Medizin und Chemie", in: *Die Pharmazie*, 5 (1959), 355-359.

[12] Alfons Kirchgässner, *Die mächtigen Zeichen*. Ursprünge, Formen und Gesetze des Kults, Freiburg 1959, 181.

[13] Ebd., 192.

[14] Claude Lévi-Strauss, *Das wilde Denken*, Frankfurt/M. 1979, 69.

"Die Gesellschaften, die wir primitiv nennen, können sich nicht vorstellen, daß zwischen den verschiedenen Klassifizierungsbereichen eine Kluft bestehen könnte; für sie sind es Etappen oder Momente eines kontinuierlichen Übergangs."[15]

Lévi-Strauss hat selbst auch gesehen, daß zwischen dem "wilden Denken" und dem Denken des Mittelalters Parallelen bestehen.[16] Er hat sie allerdings nicht weiter verfolgt. In der Tat sind die Übereinstimmungen in vielen Fällen so frappant, daß es auf den ersten Blick berechtigt erscheint, von kulturübergreifenden Grundformen des relationalen Denkens zu sprechen, die sich stets der gleichen semiotischen Mechanismen der Zeichenanalyse und Zeichendeutung bedienen. Leider fehlt es auf diesem Gebiet aber an vergleichenden Untersuchungen.

4. Don Quixote

In den Jahren 1605 und 1615 erschienen der erste und zweite Teil des Romans "Der scharfsinnige Ritter Don Quixote von der Mancha" von Miguel de Cervantes Saavedra. In diesem Roman, der wie Grimmelshausens "Simplicissimus" ebenfalls der Barockzeit angehört, wird eine völlig andere Einstellung gegenüber den Zeichen und dem relationalen Denken sichtbar. Eine kurze Episode aus dem Roman soll dies verdeutlichen:

"Da nun in unseres Abenteurers Kopf alles, was er sah und hörte, dichtete und dachte, sogleich die Farbe all dessen annahm, was er in seinen Ritterbüchern gelesen hatte, so erschien ihm auch die Schenke auf den ersten Blick als ein Schloß mit vier Türmen und silberstrahlenden Zinnen, dem auch die Zugbrücke und die tiefen Gräben und all das Zubehör nicht fehlten, mit dem man dergleichen Burgen immer darstellt. Er ritt auf die Schenke, oder besser: das vermeindliche Kastell zu; wenige Schritte vor dem Tore zog er die Zügel seines Rosinante an, denn er hoffte, es werde zwischen den Zinnen ein Zwerg erscheinen und mit der Trompete das Zeichen geben, daß ein Ritter Einlaß begehre. Da es ihm aber zu lange währte und sein Rosinante mit allen Kräften nach dem Stalle drängte, so näherte er sich endlich der Tür und erblickte die beiden Dirnen, die ihm als schöne Damen und anmutige Edelfräulein erschienen; er glaubte, sie hätten sich vor das Schloßtor begeben, um die frische Luft zu genießen. In diesem Augenblick geschah es nun, daß ein Schweinehirt, der auf dem nahen Stoppelfeld eine Herde Schweine - es hilft kein Erbarmen, sie heißen nun einmal so - hütete, in sein Horn bließ, um sie durch dieses Zeichen heimzutreiben. Flugs also hatte Don Quixote, was er wollte, denn für ihn war dies das Signal des

---

15 Ebd., 162.

16 Ebd., 55.

> Zwergen, der seine Ankunft meldete; und nun ritt er mit unsäglicher Befriedigung unter das Tor und auf die beiden Dirnen zu"[17].

Wie Simplicissimus, so lebt auch Don Quixote in einer Welt von ikonischen und indexalischen Zeichen. Auch er entschlüsselt sie nach den Gesetzmäßigkeiten des relationalen Denkens. Die Schenke erscheint ihm als Schloß, die Dirnen als Edelfräulein und das Hornsignal des Schweinehirten als Trompetensignal. Auch für ihn gibt es keine Differenz zwischen der Wirklichkeit der Bücher, aus denen er sein Wissen und Denken gewonnen hat, und der Wahrheit der Welt, in der er sich bewegt. Wie Simplicissimus in jedem Baum und jedem Strauch die Geschichten und Glaubenswahrheiten der Bibel entdeckte, so sieht Don Quixote die Welt als Kulisse des Rittermilieus. Unentwegt überträgt er die Inhalte seiner Bücher auf seine Umwelt, um seine Umwelt von ihnen her zu interpretieren und zu erleben. So ist er durchaus dem Simplicissimus vergleichbar, der beim Anblick eines Apfelbäumchens auf die Knie fällt, um den Sündenfall der ersten Eltern zu beweinen.

Dennoch besteht zwischen beiden ein tiefgreifender Unterschied. Die Einschätzung des Realitätscharakters der Symbolik, mit der beide Figuren konfrontiert sind, hat sich vollkommen verändert. Simplicissimus lebt in einer Welt, in der sich alles, was überhaupt existiert, in einer umfassenden Ordnung befindet. Die Zeichen verweisen auf Beziehungen, die den Dingen selbst als Qualitäten zukommen. In dieser Welt gibt es zwar Verwirrungen, Dunkelheiten und Schicksalsschläge, die der einzelne nicht immer verstehen kann, Simplicissimus durchlebt sie wie ein Spielball auf den Wellen, aber hinter all dem vordergründigen Chaos steht eben doch die alles umgreifende Ordnung Gottes. In dieser Ordnung hat jeder und alles seinen Platz. Sie macht das Schicksal sinnvoll und läßt den einzelnen zur Ruhe kommen, wenn er diesen Platz erst einmal gefunden hat:

> "Zuletzt als ich mit herzlicher Reu meinen ganzen geführten Lebenslauf betrachtete, und meine Bubenstück, die ich von Jugend auf begangen, mir selbsten vor Augen stellte, und zu Gemüt führete, daß gleichwohl der barmherzige Gott, unangesehen aller solchen groben Sünden, mich bisher nit allein vor der ewigen Verdammnis bewahrt, sonder Zeit und Gelegenheit geben hatt mich zu bessern, zu bekehren, ihn um Verzeihung zu bitten, und um seine Guttaten zu danken, beschriebe ich alles was mir noch eingefallen in dieses Buch".[18]

Während Simplicissimus die Bestimmung seines Lebens als Einsiedler in einer als Zeichensystem verstandenen Welt findet, gelingt dies Don Quixote nicht. Er lebt in einer Welt der Bücher, reitet durch eine Welt der Ähnlichkeiten und

---

17 Miguel de Cervantes Saavedra, *Der scharfsinnige Ritter Don Quichote von der Mancha*, Bd. I, Frankfurt/M. 1979, 69.

18 Hans Jacob Grimmelshausen, *Der abenteuerliche Simplicissimus*, a.a.O. (Anm. 1), 691.

wird immer wieder von seiner Umwelt mit dem Objektcharakter der Wirklichkeit konfrontiert. Bei Cervantes verknüpfen die Ähnlichkeiten die Welt nicht mehr zu einem übergreifenden Bedeutungskontinuum, das den Kategorienwechsel problemlos gestattet. Die Relationen, die einstmals die Welt der Bücher, der Natur und der Geschichte zusammenhielten, sind zerstört. An ihre Stelle ist das Bewußtsein für Identität und Differenz getreten. Somit ist der Schweinehirt nichts anderes als ein Schweinehirt, die Huren sind Huren, die Schenke ist eine Schenke, und jeder, der etwas anderes behauptet, gilt als verrückt. Zurecht erntet er das Gelächter, die Verachtung und die Aggression seiner Mitmenschen. Dies ist das Schicksal des Don Quixote, der so unbeirrbar an dem Denken in Ähnlichkeiten und Relationen festhält. Er muß sehr schmerzhaft am eigenen Leibe erfahren, daß für ihn und sein Denken in dieser Welt kein Platz mehr ist. Auf dem Sterbebett "bekehrt" er sich und setzt Sancho Pansa zu seinem Erben ein:

> "Jetzt erkenne ich meine Torheit und die Gefahr, in die mich das Lesen dieser Bücher gestürzt hat, die ich nun aufrichtig verabscheue, da ich durch Gottes Barmherzigkeit wieder zum rechten Gebrauch meines Verstandes gekommen bin."[19]

Wie wurde aus dem frommen Einsiedler der Dummkopf auf dem Klepper? Jahrhundertelang waren die exakte Naturbeobachtung und die synthetische Hermeneutik Hand in Hand gegangen. Man hatte sich nicht mit analytisch gewonnenem Detailwissen begnügt. Bloßes Wissen an sich galt gar nichts. Vielmehr war man davon überzeugt, daß der eigentliche Sinn erst hinter den Dingen zu finden sei. Es ging also stets darum, das gewonnene Wissen wie eine Leiter zu nutzen, um daran emporzusteigen zur Erkenntnis Gottes und seiner in der Welt wirkenden Kräfte.

Dieser zweite Schritt ist weggefallen, als es vom 16. bis 18. Jahrhundert zu einer wissenschaftstheoretischen Neubesinnung kam. Fortan begnügte man sich mit der exakten Naturbeobachtung. Analyse, Maß und Klassifikation waren gefragt. Die relationale Hermeneutik aber wurde scharf kritisiert und radikal verworfen. Im einzelnen vollzog sich die Abwendung von dem relationalen Wirklichkeitskonzept in einem sehr langsamen, keineswegs stetigen und überaus differenzierten Prozeß. Michel Foucault hat in seinem Buch "Die Ordnung der Dinge" diesen Prozeß exemplarisch an den Paradigmen Sprache, Natur und Ökonomie nachgezeichnet. Er macht darin deutlich, daß die Ausbildung der streng rational argumentierenden Einzelwissenschaften einherging mit einer Fundamentalkritik des Zeichencharakters der Wirklichkeit und der Grundformen des relationalen Denkens. Es ist das neu erwachte wissenschaftliche Selbstbewußtsein, "das die Ähnlichkeit als fundamentale Erfahrung und erste Form des Wissens ausschließt und in ihr eine konfuse Mischung denun-

---

[19] Ebd., 1350.

ziert, die man in Termini der Identität und des Unterschiedes, des Maßes und der Ordnung analysieren muß"[20].

Ganz in diesem Sinne kritisierte René Descartes (1596-1650) die Grundlagen des Symbolverstehens, wenn er schrieb: "Es ist eine menschliche Angewohnheit, sooft man zwischen zwei Dingen irgendeine Ähnlichkeit bemerkt, über jedes von beiden auszusagen, was man nur über eines von ihnen wahr gefunden hat, selbst da, wo beide verschieden sind."[21] Francis Bacon (1561-1626) entwickelte seine generelle Philosophiekritik aus einer Kritik des Denkens:

> "Unseres Dafürhaltens sind nämlich alle bisher erfundenen philosophischen Systeme samt und sonders Fabeln und Spiele einer erdichteten Theaterwelt ... Der menschliche Geist setzt gern eigenthümlich bei den Dingen eine größere Ordnung und Gleichheit voraus, als darin wirklich zu finden ist; und obgleich in der Natur manches einzeln dasteht und untereinander verschieden ist, dichtet er gern Parallelen und correspondierende Verhältnisse, die nicht vorhanden sind."[22]

Mit der Kritik am Ähnlichkeitsdenken stellt sich konsequenterweise auch die Kritik an den erkenntnistheoretischen Grundannahmen des mittelalterlichen Wissenschaftsbetriebs ein. In der "Logik von Port Royal" (1622) wird jede Form der zeichenorientierten Wissenschaft als "leere Spitzfindigkeit" bezeichnet. Die Wahrheit liegt nicht hinter den Dingen, wo sie als Bezeichnetes erkennbar wird, sondern erschließt sich dem erkennenden Subjekt unmittelbar. Die Dinge selbst sind wahr, insofern sie erkannt, klassifiziert, definiert und berechnet werden können:

> "Denn das, was diese Akademiker sagen: es sei unmöglich, die Wahrheit zu finden, wenn man nicht von ihr irgendwelche Zeichen hat ... ist nur eine leere Spitzfindigkeit. Wie man keiner anderen Merkmale bedarf, um das Licht von der Finsternis zu unterscheiden als das Licht selbst, das sich den Sinnen zur Genüge kundgibt, so braucht man auch keine anderen Zeichen, um die Wahrheit zu erkennen, als die Klarheit selbst, die die Wahrheit umgibt und sich den Geist unterwirft."[23]

Im 17. Jahrhundert ist also an allen Faktoren, die zur Begründung relationaler Wirklichkeitskonzeptionen führten, massive Kritik geübt worden. Descartes hat den ikonischen Zeichen die Gewißheit genommen, indem er dem Prinzip der Ähnlichkeit das Prinzip der Differenz entgegenstellte. Bacon hielt das

---

[20] Vgl. Michel Foucault, *Die Ordnung der Dinge*, a.a.O. (Anm. 8), 85.

[21] René Descartes, *Regeln zur Ausrichtung der Erkenntniskraft*, hg. v. Heinrich Springmeyer u.a., Hamburg 1973.

[22] Francis Bacon, *Neues Organon der Wissenschaften*, hg. v. Anton Theobald Brück, Darmstadt 1981, Nr. 44f., 33f.

[23] Antoine Arnauld, *Die Logik oder die Kunst des Denkens*, Darmstadt 1972, 7.

relationale Denken für Träumerei. Und die Logiker von Port Royal nannten die zeichenorientierte Form der Welterkenntnis eine "leere Spitzfindigkeit". Parallel zu dieser kritischen Absetzbewegung vollzogen sich in vielen Teilbereichen des Wissens einschneidende Veränderungen, die zu einer neuen Beurteilung der Wirklichkeit und einem betont rationalen Selbstverständnis des erkennenden Subjekts führten. Dieser Prozeß soll an drei Begriffen noch etwas näher erläutert werden, die ihrerseits für das Verständnis der religiösen Symbolik bedeutsam sind: der Einstellung zum Zeichen, der Einstellung zur Sprache und der Einstellung zur Natur.

5. Die veränderte Beurteilung des Zeichens

In der Zeichentheorie der Logiker von Port Royal wird die Vorstellung, das Zeichen sei eine Signatur, die den Dingen selbst anhaftet, energisch verworfen. Vielmehr wird, so meinen sie, das Zeichen erst durch ein erkennendes Subjekt konstituiert, das ein Ding wahrgenommen hat und der Wahrnehmung Zeichenhaftigkeit zuerkennt. Ohne diese kognitive Operation gibt es keine Zeichen: "Das Zeichen enthält genau genommen in sich zwei Ideen, die des Dings, das darstellt, und die des dargestellten Dings; seine Natur besteht darin, die zweite Idee durch die erste anzuregen."[24]

Die Logiker unterschieden zwischen "sicheren" Zeichen und "wahrscheinlichen" Zeichen. Ein sicheres Zeichen ist beispielsweise die Atmung eines Menschen. Sie zeigt an, daß er lebt. Die weitaus meisten Zeichen sind demgegenüber bloß wahrscheinliche Zeichen (= "semeia"). Vor ihnen muß der Denker sich hüten, denn "der größte Teil der unbesonnenen Urteile kommt aus einer Verwechslung dieser zwei Arten von Zeichen"[25].

Die Unterscheidung von sicheren und wahrscheinlichen Zeichen geht auf Aristoteles zurück, der in seiner "Analytica priora" 70a,10 festgestellt hat, daß Erkenntnisse, die mit Hilfe von "semeia" gewonnen werden, weder sicher noch notwendig sind. Sie dürfen nicht als wissenschaftliche Erkenntnisse ausgegeben werden. Bedeutsam sind sie deshalb auch nicht für die Wissenschaft, sondern für die Rhetorik. Hier stellt das Beweisverfahren "dia semeia" ein anerkanntes rhetorisches Mittel dar. Indem die Logiker von Port Royal sich auf diese Konzeption bezogen, machten sie deutlich, wie zerbrechlich die Wahrheit der Zeichen ist und wie gefährlich es ist, sich unbedacht auf sie zu berufen.

Eine weitere Unterscheidung gilt der Differenz von solchen Zeichen, die

---

[24] Ebd., 41.
[25] Ebd.

mit den bezeichneten Dingen in einer unmittelbaren Verbindung stehen, das Symptom einer Krankheit etwa, und solchen Zeichen, die keine Verbindung zu den bezeichneten Dingen haben wie etwa "die Opferungen des alten Gesetzes, Zeichen des getöteten Christus"[26]. In der Opfertypologie oder der Eucharistiesymbolik sehen sie also nichts anderes als Zeichen, denen eine Beziehung zum Bezeichneten fehlt. Ikonischen Zeichen wird jede innere Plausibilität abgesprochen, das Zeichen ist ja als doppelte Idee definiert und nicht mehr, wie etwa bei Augustin, als Einheit von Wahrnehmung und weiterführender Bedeutung.[27] Eine genaue Analyse der Objekteigenschaften, die von der mittelalterlichen Exegese ja als Grundvoraussetzung für eine korrekte Zeichendeutung angesehen wurde, ist nicht mehr erforderlich. Voraussetzung ist vielmehr, daß jemand ein bestimmtes semantisches Wissen mitbringt. Dieses Wissen stellt sicher, daß ein Zeichen richtig gedeutet wird.

Am Beispiel der Abendmahlssymbolik wird die These erläutert: Es ist "nicht von Bedeutung, ob das Brot des Abendmahls als einzelgegebenes Wirkliches beharrt, vorausgesetzt, daß in unseren Sinnen stets das Bild vom Brot aufkommt, das uns zum Vorstellen der Art und Weise dient, in der der Leib Christi die Nahrung unserer Seelen ist"[28]. Mit anderen Worten, der Signifikant ist tendenziell überflüssig. Die richtige "Idee" ist ausschlaggebend.

Damit aber wird die spezifische Differenz von ikonischem und arbiträrem Zeichen eingeebnet, denn die Verstehbarkeit eines Zeichens wird einzig auf das Vorhandensein einer allgemein verbreiteten Assoziation zurückgeführt. Das Ding selbst ist für das Zeichen ohne Belang, an die Stelle der Beobachtung tritt die Assoziation. Zugleich gilt aber auch, daß ein Zeichen nicht abstirbt, wenn es seiner Ikonizität verlustig geht. Es überlebt vielmehr so lange, "wie jene doppelte Idee veranlaßt wird, selbst dann noch, wenn das der Idee des darstellenden Dinges zugrundeliegende Ding in seinem Eigendasein zerstört ist"[29].

Folgt man dieser Zeichenkonzeption, so ist es nicht bedeutsam, ob beim Abendmahl Brot, trockene Oblaten oder vielleicht sogar Kuchen gereicht wird. Wichtig ist allein, daß sich die Idee des Brotes einstellt und mit der richtigen Assoziation verbindet. In der Zeichenkonzeption der Logiker ist das Bewußtsein für die sinnlich erfahrbare Seite der religiösen Symbolik abgestorben. Das ikonische Zeichen wird als arbiträres Zeichen begriffen.

---

26 Antoine Arnauld, *Die Logik oder die Kunst des Denkens*, a.a.O. (Anm. 23), 42.

27 Augustin definiert das Zeichen als "ein Ding, das außer dem Erscheinungsbild, das sich den Sinnen aufdrängt, noch etwas anderes mit zur Vorstellung gelangen läßt" (*De doctrina christiana*, II 1,1).

28 Antoine Arnauld, *Die Logik oder die Kunst des Denkens*, a.a.O. (Anm. 23), 43.

29 Ebd., 43.

6. Die veränderte Beurteilung der Sprache

In seiner Schrift "Neues Organon der Wissenschaften" (1620) bezweifelte Francis Bacon, daß die Methode der Etymologie zu gesicherten Erkenntnissen über die Natur der Dinge führen kann:

> "Die Menschen glauben nämlich, ihre Vernunft führe die Herrschaft über die Worte; allein, nicht selten beherrschen gegentheils die Worte den Sinn so, daß dadurch die Philosophie und die Wissenschaften zu unnützer Sophisterei herabgesunken sind ... Die Vorurtheile, womit die Worte den Verstand erfüllen, sind zweifacher Art: entweder sind es Bezeichnungen von Dingen, die gar nicht existieren (denn ebenso wie unbemerkte Dinge keinen Namen haben, so gibt es auch Namen für Phantasiegebilde, denen keine Realität zugrunde liegt), oder es sind Bezeichnungen wirklicher Dinge, aber verworren und unbestimmt, flüchtig und unregelmäßig von den Dingen abstrahiert."[30]

Konnte noch die mittelalterliche Schriftauslegung die Wahrheit der Welt aus dem Wortlaut der Heiligen Schrift erheben, so verschwand nun das Vertrauen in die Abbildungskraft der Sprache völlig. Sprache erschien in der vorliegenden Form als ein höchst unzureichendes Mittel der Weltbeschreibung, mehr Falle und Hindernis für den kritischen Geist als Hilfe und Möglichkeit. Sie sollte deshalb unter streng wissenschaftlichen Gesichtspunkten revidiert werden, um überhaupt einen gesicherten Erkenntnisgewinn zu ermöglichen:

> "Will nun ein geschärfter Verstand, eine tiefere Beobachtung, jene Grenzen [die der Begriffe, R.R.] versetzen, um sie der Natur anpassender zu machen: so empören sich die Worte dagegen. Das ist die Ursache, warum große und feierliche Disputationen der Gelehrten oft auf einen Streit über Worte und Namen hinauslaufen; da es doch rathsamer wäre, nach der verständigen Sitte der Mathematiker, damit anzufangen und sie durch Definitionen zu ordnen. Aber auch Definitionen können bei materiellen Naturgegenständen nichts fruchten, weil sie selbst aus Worten bestehen und Worte nur Worte erzeugen. Daher hier nichts anderes übrig bleibt, als zu den einzelnen Instanzen und ihren Reihen und Ordnungen zurückzukehren, worüber wir unten handeln werden, wenn wir unsere Methode angeben, Begriffe und Axiome festzustellen."[31]

Das Vertrauen in die Abbildungskraft der bestehenden Sprachen war erloschen. Man war überzeugt, daß es nur durch eine an der Mathematik orientierte Revision des Wissens (und daraus resultierend dann auch des ganzen Wortschatzes) wiederhergestellt werden konnte. Den gleichen Gedanken findet man auch bei Gottfried Wilhelm Leibniz (1646-1716). Ihm ging es um die Entwicklung einer "characteristica universalis", einer Kunstsprache, die es erlaubt, die "Zeichen [= characteres] so zu bilden und anzuordnen, daß sie

---

[30] Francis Bacon, *Neues Organon der Wissenschaften*, a.a.O. (Anm. 21), Nr. 59f., 39f.

[31] Ebd., Nr. 59, 40.

untereinander in derselben Beziehung stehen wie die Denkinhalte".[32] Erst diese Kunstsprache würde es dem Benutzer ermöglichen, die zahlreichen Mißbräuche der Sprache wie etwa unklare Begrifflichkeit, übertragene Redewendungen, Namen für Phantasiegebilde usw. zu vermeiden und zu wahren Aussagen über die Objektwelt zu gelangen. Noch Ludwig Wittgenstein verfolgte in seinem "Tractatus logico philosophicus" ein ähnliches Programm, als er schrieb:

> "Die richtige Methode der Philosophie wäre eigentlich die: Nichts zu sagen, als was sich sagen läßt, also Sätze der Naturwissenschaft - also etwas, was mit Philosophie nichts zu tun hat -, und dann immer, wenn ein anderer etwas Metaphysisches sagen wollte, ihm nachzuweisen, daß er gewissen Zeichen in seinen Sätzen keine Bedeutung gegeben hat."[33]

7. Die veränderte Beurteilung der Natur

An der veränderten Einstellung zur Natur läßt sich besonders deutlich der Prozeß der Ablösung eines relationalen durch ein rationales Wissenschaftsverständnis ablesen. Etwa 100 Jahre lang liefen verschiedene Versuche, die Naturwissenschaft relational im System einer "Astronomia magna"; oder "Magia naturalis" wissenschaftlich zu begründen, parallel zu Bemühungen, sie rational nach den Prinzipien der Geometrie und Mechanik zu erklären. Erst dann verschwand das relationale Denken aus dem Bereich der wissenschaftlichen Naturerklärung. Paracelsus hat 1536 den relationalen Ansatz der Wissenschaftsmagie folgendermaßen definiert:

> "Diese Kunst zwingt den Himmel in seinen Kräften herab in die Steine und Kräuter, Wörter und dergleichen, lernt auch eine in ein anderes verwandeln, lernt auch die außerweltlichen Gestirne, Kometen und dergleichen zu erkennen, ihnen Bedeutung zu geben und sie zu erklären."[34]

In der "magia naturalis" sollte das relationale Wissen der gesamten antiken und mittelalterlichen Naturforschung zu einem kohärenten System der Welterklärung weiterentwickelt und für die Medizin, die Pharmazie und andere Disziplinen fruchtbar gemacht werden.

Dagegen setzte das rationale Naturverständnis bei mathematischen und

---

[32] Zitiert nach Hans Poser, "Signum, notio und idea. Elemente der Leibnizschen Zeichentheorie", in: *Zeitschrift für Semiotik* 1 (1979), 310.

[33] Ludwig Wittgenstein, *Tractatus logico-philosophicus*, Frankfurt/M. ^{9}1973, 115 (6.53).

[34] Zitiert nach Kurt Goldammer, "Magie bei Paracelsus", in: *Magia naturalis und die Entstehung der modernen Naturwissenschaften*, hg. v. Kurt Müller, Wiesbaden 1978, 35.

physikalischen Prinzipen an. Galileo Galilei (1564-1642) vertrat die Auffassung, das "Buch der Natur" sei in geometrischen Buchstaben geschrieben, die man deshalb auch mathematisch erfassen muß:

"Das Buch der Philosophie ist das Buch der Natur, das vor unseren Augen beständig daliegt, das jedoch nur wenige zu entziffern und zu lesen vermögen, da es in Buchstaben, die von denen unseres Alphabets verschieden sind, in Dreiecken und Quadraten, in Kreisen und Kugeln, in Kegeln und Pyramiden verfaßt und geschrieben ist."[35]

Auch bei Johannes Kepler (1571-1630) findet man diese Idee:

"Also daß es einer aus meinen Gedanken ist, ob nicht die ganze Natur und alle himmlische Zierligkeit in der Geometria symbolisiert sei."[36]

Hinter derartigen Überlegungen stand die Annahme, Gott müsse als ein Protogeometer und Protomechaniker die Welt nach konstanten Regeln und Gesetzen entworfen haben. Diese Gesetze sind in sich stimmig und lassen weder Brüche noch Sprünge zu. Durch die konsequente Anwendung von Geometrie und Mechanik werden sie erforscht:

"Die Alten verwandten gelegentlich die Geometrie und die Mechanik als Hilfsmittel der Physik, jedoch nicht immer. Wir jedoch verwenden sie nun ständig."[37]

Natur und Mensch wurden als Maschinen berechenbar. Auch die Einheit von Natur und Buch löste sich auf. Michel Foucault hat dafür exemplarisch die "Historia naturalis de quadripedibus" des Jan Jonston (Amsterdam 1657) genannt. In diesem Tierbuch sind, anders als noch bei Aldrovandi, die sprachbezogenen und symbolhaften Kategorien gestrichen. Die Semantik der Tierwelt geriet in Vergessenheit. Zurück blieben allein rein biologische Kategorien: Name, anatomische Teile, Ort des Vorkommens, Alter, Vermehrung usw. Der Natur wurde jeglicher Zeichencharakter und damit auch jeglicher hermeneutischer Impuls abgesprochen. Sie war fortan nichts weiter als Materie, die zerlegt und vermessen werden kann. Ganz in diesem Sinne äußerte sich René Descartes in seinem Traktat "Le monde ou Traité de la lumière" (1646):

---

[35] Galileo Galilei an Fortunio Liceti; zitiert nach Erich Rothacker, *Das Buch der Natur*, a.a.O. (Anm. 2), 45.

[36] Johannes Kepler, *Weltharmonik* (1619), zitiert nach Karin Pfanner, *Die Signaturenlehre Jakob Böhmes*, Diss. Phil., Graz 1948.

[37] Vico Giambattista, *De nostri temporis studiorum ratione* (1709), zitiert nach Heribert Nobis, "Die Umwandlung der mittelalterlichen Naturvorstellung", in: *Archiv für Begriffsgeschichte* 13 (1969), 46, Vgl. auch ders., "Frühneuzeitliche Verständnisweisen der Natur und ihr Wandel bis zum 18. Jahrhundert", in: *Archiv für Begriffsgeschichte* 11 (1979), 37-58.

"Ihr sollt zu allererst wissen, daß ich in der Natur keine Göttin oder irgendeine andere Art von imaginärer Kraft sehe, sondern daß ich mich dieses Wortes bediene, um die Materie selbst zu bezeichnen, die ich mit allen den Eigenschaften ansehe, die ich ihr zuerkennen muß."[38]

Es lag in der Konsequenz dieses Ansatzes, daß es fortan für den "architectus divinus" innerhalb des Weltzusammenhangs keine weiteren Aufgaben mehr gab. Nachdem er alles einsichtig und klar geordnet hatte, bedurfte es seiner nicht mehr. Die Einheit von Gott und Welt zerbrach unter dem Ansturm des rationalen Weltverständnisses. Hans Blumenberg, der diese Entwicklung exemplarisch am Denken des Nikolaus von Kues und des Giordano Bruno dargestellt hat, resümiert:

"Das nachkopernikanische Universum hält keinen designierten Ort und kein ausgezeichnetes Substrat für die göttliche Heilstat mehr bereit. An dieses Universum hat sich die Gottheit bereits in der Schöpfung voll ausgegeben. Da sie gegenüber der Unendlichkeit der Welten nichts zurückhielt und zurückhalten konnte, bleibt ihr gegenüber keinem Wesen dieser Welt etwas nachzuholen."[39]

An dieser Stelle soll die kurze Skizze einiger für die Bewertung religiöser Zeichen wichtiger geistesgeschichtlicher Entwicklungen am Beginn der Neuzeit beendet werden. Das Thema wäre einer wesentlich eingehenderen Betrachtung würdig. Leider kann das hier nicht geleistet werden. Jedoch muß betont werden, daß die Mosaiksteine, die ich herausgegriffen habe, keineswegs eine gradlinig verlaufene Entwicklung widerspiegeln. Die Art der Darstellung innerhalb des knapp bemessenen Raumes könnte diesen falschen Eindruck erwecken. Weltanschauungen zerfallen und entstehen nicht über Nacht. Das Mittelalter konnte rund 400 Jahre lang, vom 13. bis 17. Jahrhundert, die in der Scholastik oder im Humanismus entwickelten wissenschaftstheoretischen und sprachkritischen Potentiale, die schließlich dann das neue rationale Wissenschafts- und Weltverständnis entscheidend mitbegründeten, integrieren. Wesentlich länger noch war es möglich gewesen, die aus der Logik der Zeichenrezeption selbst entspringenden inneren Widersprüchlichkeiten relationaler Wirklichkeitskonzepte einfach zu ignorieren.

---

[38] René Descartes, *Le monde ou Traité de la lumière* (1677); zitiert nach Heribert Nobis, "Die Umwandlung der mittelalterlichen Naturvorstellung", a.a.O. (Anm. 37), 34; vgl. dazu auch Karl Eduard Rothschuh, "René Descartes und die Theorie der Lebenserscheinungen", in: *Sudhoffs Archiv* 50 (1966), 25-42.

[39] Hans Blumenberg, *Aspekte der Epochenschwelle.* Cusaner und Nolaner, Frankfurt/M. 1976, 111.

8. Schlußbetrachtung

1. Die massive Kritik am Zeichen und am relationalen Denken hat zu Beginn der Neuzeit die zentralen hermeneutischen Überzeugungen der mittelalterlichen Zeichendeutung zerstört. Ein neues Wissenschafts- und Weltverständnis bildete sich heraus, das zutiefst geprägt war von einem elementaren Mißtrauen gegenüber dem "Panier des Symbols [des Zeichens, R.R.] mit seinem luftigen, vielfach lichtscheuen Gefolge"[40]. Geschichte, Natur, Schrift und Gotteserkenntnis traten auseinander und wurden fortan als eigenständige Kategorien abgehandelt. Die Natur wurde ihres Zeichencharakters entkleidet und zersplitterte in eine Vielzahl isolierter Objekte.

2. Mit der Ablehnung der Zeichen einher ging die Unterstellung mangelnder Reife gegenüber denen, die am zeichenorientierten Denken festhielten. Relationales Denken galt nun als unvernünftig, kindisch oder verrückt. Schon in der "Logik von Port Royal" trifft man auf das Postulat, daß erst eine Reifung des Geistes den Fortschritt hin zu einem streng rationalen Weltverständnis ermöglicht habe. Ein neu entstandenes Selbstbewußtsein formuliert die Überzeugung, daß das relationale Denken in eine Zeit gehört, "da wir ... eher Kinder als Männer gewesen sind"[41]. Zugleich entsteht das Vorurteil, relationales und rationales Denken seien zwei Stufen in der Geschichte der geistigen Entwicklung der Menschheit.[42]

3. Geradezu revolutionäre Konsequenzen hatte die Neubewertung der Zeichen für das menschliche Selbstverständnis. Denn der Mensch begreift sich selbst nun als ein erkennendes Subjekt, welches das Spiel der Signaturen der Kompetenz seines Zeichen deutenden Geistes unterwirft. Er ist nicht mehr das winzige Element innerhalb der vorgegebenen göttlichen Weltordnung, dessen Aufgabe es ist, den vorherbestimmten Ort seiner Bestimmung zu finden. Vielmehr steht er jetzt vor der Aufgabe, all die vielen Objekte, die ihn umgeben, zu vermessen, zu klassifizieren und neu zu bestimmen. Johann Wolfgang von Goethe hat die veränderte anthropologische Situation sehr einfühlsam erfaßt:

---

40 Max Schlesinger, "Die Geschichte des Symbolbegriffs in der Philosophie", in: *Archiv für die Geschichte der Philosophie*, 22. Jg. = N.F. 15 (1909), 52.

41 Antoine Arnauld, *Die Logik oder die Kunst des Denkens*. a.a.O. (Anm. 23), 62.

42 Diese Ansicht hat sich schnell verbreitet und nicht allein zur Abwertung des Mittelalters als einer Zeit geistiger Finsternis geführt. Sie ist auch in den Völkervergleich eingegangen und hat dort ein verheerendes Unverständnis für die Kulturen und das Denken der fremden Völker hervorgerufen. Vgl. Claude Lévi-Strauss, *Das wilde Denken*, a.a.O. (Anm. 14), 13-20.

"Das Erhabene, durch Kenntnis nach und nach vereinzelt, tritt vor unserem Geist nicht leicht wieder zusammen, und so werden wir stufenweise um das Höchste gebracht, das uns gegönnt war, um die Einheit, die uns in vollem Maße zur Mitempfindung des Unendlichen erhebt, dagegen wir bei vermehrter Kenntnis immer kleiner werden. Da wir vorher mit dem Ganzen als Riesen standen, sehen wir uns nun als Zwerge gegen die Teile."[43]

[43] Johann Wolfgang von Goethe, *Maximen und Reflexionen*, Berlin 1982, 46.

Hans Erich Thomé

Am Bildschirm: Die Botschaften der Christus-Reproduktion

1. Der Ausgangspunkt 2. "Ein Fest für Augen und Ohren" 3. Es bleibt ein Torso 4. "Vektorieller Index für das Ereignis selbst" 5. Live-Sendung - Show oder Dokumentation? 6. Medienspezifische Verkündigung?

1. Der Ausgangspunkt

Die häufig gestellte Frage, ob denn der Bildschirm geeignet sei, die christliche Botschaft in angemessener Weise zu reproduzieren, ist im Grunde längst überholt. Sie ist zwar nicht schlüssig beantwortet, solange mit dem Bildschirm sowohl kulturfördernde als auch kulturvernichtende Wirkungen in Zusammenhang gebracht werden können. Aber die Frage ist überflüssig geworden, weil die Gesellschaft ihren kommunikativen "Haushalt" längst den Bedingungen und Gesetzen des Bildschirms unterworfen hat und auch die Vermittlung der christlichen Botschaft an diesen kommunikativen "Haushalt" gebunden ist.

Eco hat in einem seiner frühen Aufsätze eine klare Konsequenz solcher kommunikativen Paradigmenwechsel gezogen: Jede Veränderung der kulturellen Werkzeuge in der Menschheitsgeschichte löst eine tiefreichende Krise der überkommenen und geltenden "Kulturmodelle" aus.[1] Und:

> "Meist werden die Massenmedien, ihre Mechanismen und ihre Wirkungen, an einem kulturellen Verständigungsmuster gemessen, das für den 'Renaissance-Menschen' verbindlich war, den es offenkundig nicht mehr gibt."[2]

Bei den zeitgenössischen Gefechten gegen diese Entwicklung handelt es sich entweder um geschickt in die Landschaft der Massenkultur plazierte Pamphlete gegen eben jene - mit riesigen Auflagen und Gewinnen und mit den gleichen Simplifizierungen, wie sie der Fernsehkultur vorgeworfen werden, oder um den sympathischen und dennoch hoffnungslosen Kampf, den zu allen Zeiten Don Quixotes gegen die ihnen im Wege stehenden Windmühlen geführt haben.

---

[1] Vgl. Umberto Eco, *Apokalyptiker und Integrierte.* Zur kritischen Kritik der Massenkultur, Frankfurt/M. 1984, 38.

[2] Ebd.

In wenigen Jahrzehnten werden die Menschen über solche Versuche ebenso mit einem Lächeln hinweggehen, wie wir den etwaigen Aufstand mittelalterlicher Mönche gegen die Kunst des Buchdrucks gleichermaßen verständlich und naiv finden würden.

Indem ich das sage, verkenne ich nicht die Gefahren, welche die elektronische Massenkommunikation insbesondere des Fernsehens für die Entwicklung menschlicher Individualität und Sozialität gebracht hat und bringt. Aber ich sehe auf Grund der Technologiegeschichte im allgemeinen und der Geschichte der Humankommunikation im besonderen keinerlei Anhaltspunkt dafür, daß die Kenntnis möglicher oder faktischer Gefahren eine begonnene Entwicklung aufhalten könnte.

Wenn dem so ist, müssen wir heute anders fragen. Nicht, *ob* denn der Bildschirm Chancen zur menschlichen oder gar christlichen Kommunikation bietet, sondern nüchterner: *Wie* verändert das Medium die Botschaft? Und *welche Konsequenzen* lassen sich daraus für die mediale Reproduktion der Christusbotschaft ableiten?[3]

Ich habe das am Beispiel der Gottesdienstübertragungen im Fernsehen untersucht[4], jener Sendeform, die als Reproduktion eines interpersonalen Ereignisses ebenso besondere Aufmerksamkeit verdient wie durch die Tatsache, daß es sich bei Gottesdienstübertragungen um *die* regelmäßige Verkündigungssendung zumindest im Zweiten Deutschen Fernsehen handelt.

2. "Ein Fest für Augen und Ohren"

Wenn wir die Veränderung einer Botschaft durch das Massenmedium Fernsehen beschreiben wollen, müssen wir zuerst eine nähere Charakterisierung der Botschaft im Zusammenhang des interpersonalen Ereignisses "Gottesdienst" vornehmen, und zwar im Hinblick auf dessen kommunikative Strukturen. Dabei ist die übliche Konzentration auf die schriftlichen Unterlagen der Ge-

---

[3] Daß das Medium Fernsehen nicht nur über die in ihm transportierten Inhalte wirkt, sondern als Medium selbst eine inhaltliche Dimension gewinnt, ist seit Marshall McLuhan unter der eingängigen These "the medium is the message" bekannt, wenn sich auch die Qualifizierung, mit der McLuhan diese inhaltliche Dimension versehen hat, nicht bewahrheitet hat (Entwicklung zu einer archaischen, alle zivilisatorischen Deformationen ablegenden neuen Stammeskultur; die Welt wird zum Dorf, in dem die sozialen Unterschiede zunehmend verschwinden; vgl. Marshall McLuhan, *Die magischen Kanäle*, Düsseldorf 1968, 228). Insbesondere H.-J. Benedict, H. Michel und W.-R. Schmidt haben in mehreren Veröffentlichungen auf die religiöse Komponente der Botschaft des Mediums verwiesen.

[4] Vgl. zum ganzen Hans Erich Thomé, *Gottesdienst frei Haus?* Fernsehübertragungen von Gottesdiensten, Göttingen 1991.

stalter, auf liturgische Texte und Predigt, eher hinderlich als förderlich. Denn es entsteht leicht der Eindruck, man habe mit dem Ringbuch des Pfarrers so etwas wie ein Protokoll des Gottesdienstes in Händen. Dem stehen zwei Grundeinsichten entgegen:

a) Die schriftlichen Texte bilden nur einen Teil der verbalen Botschaft eines Gottesdienstes. Hinzu kommen musikalische Elemente sowie die sprecherische Präsentation wortsprachlicher Inhalte. Und darüber hinaus: Die verbale Botschaft ist nur ein Teil der im Gottesdienst kommunizierten Botschaften. Visuelle Botschaften, wie Gestik, Mimik, Körperhaltung und -bewegung, Botschaften der Kunst und des Raumes, treten hinzu.

b) Für die Beurteilung des kommunikativen Geschehens ist weniger die Kommunikationsintention der Macher entscheidend als Wahrnehmung, Erfahrung und Verstehen, die mittels des kommunikativen Prozesses beim Rezipienten ermöglicht werden.

Es legt sich nahe, zur Analyse der interpersonalen Kommunikation wie der massenmedialen Übertragung ein System zu verwenden, welches eben diese Grundeinsichten berücksichtigt. Es ist das des Codes bei Umberto Eco.

Ich gehe dabei von der beschriebenen Vielfalt von Botschaften im akustischen und optischen Bereich gottesdienstlicher Kommunikation aus, die noch zu ergänzen ist durch Botschaften, die mit den Geruchssinnen (Weihrauch, Kerzenduft, der unverwechselbare Geruch eines Raumes), den Geschmackssinnen (Eucharistie) und den Berührungssinnen (Begrüßungen, Verabschiedungen, Sitzen oder Knien, Zeichen des Friedens) rezipiert werden.

Wir können alle diese Botschaften als unterschiedliche "Sprachen" verstehen, in denen Menschen miteinander kommunizieren. Dabei ist jede Sprache, jedes System, innerhalb dessen ein Austausch von Botschaften stattfinden kann, analog zur Wortsprache durch einen spezifischen "Wortschatz" gekennzeichnet, also der Menge der in diesem System möglichen Zeichen, durch die entsprechende "Grammatik" als die Menge aller Regeln zur Verknüpfung der Zeichen eines Systems, und nicht zuletzt durch die Regeln für die Korrelation von sprachlichem Ausdruck und sprachlicher Bedeutung. Solche Systeme von Zeichen, deren Verknüpfungs- und Deutungsregeln nennt Eco Codes.[5] Wir können also neben wortsprachlichen Codes z.B. auch von denen der Mode oder von einem Code der Kirchenbeleuchtung sprechen, insofern sich hier ein bestimmter Zeichenvorrat (Kerzen, elektrische Wandbeleuchtung, aber eben

---

[5] Vgl. dazu besonders Umberto Eco, *Semiotik und Philosophie der Sprache*, München 1985, 242ff.; aber auch ders., *Einführung in die Semiotik*, München 1972, 57ff. und ders., *Zeichen*. Einführung in einen Begriff und seine Geschichte, Frankfurt/M. 1977, 170f.

keine Neonröhren) mit bestimmten Regeln des Gebrauchs in der Korrelation zu Inhalten verbindet. Solche Codes sind keine allzeit gültigen Systeme, sondern unterliegen gesellschaftlichen Konventionen und deren Veränderungen in der Zeit.

Sie sind darüber hinaus dadurch gekennzeichnet, daß die Beziehung zwischen Ausdrucks- und Inhaltsebene nicht als Äquivalenz, sondern als Antezedenz und Konsequenz zu beschreiben ist, d.h. der Vorgang des Erschließens von Bedeutungen ist nicht umkehrbar. Der Rezipient ist zwar in der Lage, einem Signifikanten ein oder mehrere Signifikate zuzuordnen und von dort aus auf dem Weg einer endlosen Semiose, also eines im Prinzip unabgeschlossenen Prozesses von konnotativem oder assoziativem Verstehen, seinen Pfad durch die Verzweigungen eines Konnotationsraumes zu finden. Aber es ist unmöglich, von irgendeinem Ort auf diesem Pfad den Weg zurück zum Anfang des semiotischen Vorganges zu rekonstruieren.

Die besondere Leistung des Code-Begriffs nach Eco besteht - neben dem ausgeprägten Rezipientenbezug - für unseren Zusammenhang darin, daß nicht zwischen einer den kommunikativen Prozeß prägenden Verbalsprache und anderen eher marginalen, sprachbegleitenden Phänomenen unterschieden werden muß. Wir sprechen auf unterschiedliche Weise. Und auch dann, wenn wir einzelne Codes dadurch auszublenden versuchen, daß wir ihre Nutzung unterlassen, bleiben sie konstitutiv für den kommunikativen Prozeß. Auch wer demonstrativ schweigt, redet auf seine Weise. Auch wer die Wände der Kirche weiß beläßt und auf Kunstwerke verzichtet, sendet - vielleicht ungewollt - Botschaften im Code der optischen Raumgestaltung. Auch wer gestisches und mimisches Verhalten zu unterdrücken sucht, um der Botschaft nicht als Person im Wege zu sein, kommuniziert mit Hilfe gestischer und mimischer Codes[6], wobei allerdings der weitgehende Verzicht auf mimischen und gestischen Ausdruck nicht unbedingt in der von Kommunikation intendierten Richtung verstanden wird, sondern eher als Verkrampfung oder mangelnde Beteiligung des Agierenden.

Die Vielzahl der Zeichen in unterschiedlichen Codes prägt demnach das interpersonale gottesdienstliche Geschehen, und zwar unabhängig von der Frage, ob denn die jeweiligen Gestalter sich dieses Faktums bewußt sind und die sich daraus ergebenden Möglichkeiten in ihre Gestaltung einbeziehen. Und für die gottesdienstliche Kommunikation gilt zusätzlich: Die Teilnehmer am Gottesdienst sind nicht ausschließlich Empfänger von Botschaften, die andere aussenden, sondern selbst Kommunikatoren, aktiv am kommunikativen Prozeß Beteiligte. Sie singen und beten, begrüßen einander und verabschieden sich,

---

[6] Besonders einprägsam hat Paul Watzlawick in seinem 1. Kommunikationsaxiom diesen Sachverhalt beschrieben: "Man kann nicht nicht kommunizieren"; vgl. Paul Watzlawick/ Janet H. Beavin / Don D. Jackson, *Menschliche Kommunikation*. Formen, Störungen, Paradoxien, Bern/Stuttgart/Wien [7]1985.

lachen oder weinen, hören konzentriert oder gähnen, bewegen sich im Raum, kommunizieren mit Hilfe der Nähe und der Distanz, die sie zu anderen Menschen im Raum einnehmen, und durch ihre Kleidung.

3. Es bleibt ein Torso

Von dieser Vielfalt her gesehen, kommt die Fernsehübertragung von Gottesdiensten zuerst einmal unter dem Gesichtspunkt des Code-Verlustes in den Blick. Aufgrund der technischen Bedingungen des Mediums Fernsehen werden die Codes, die mit den menschlichen Nahsinnen (Berührungs-, Geschmacks- und Geruchssinn) zu erfassen sind, ausgefiltert. Aber auch solche kommunikativen Handlungen im Gottesdienst, an denen Codes der nahsinnlichen Wahrnehmung beteiligt sind, wie Raumerfahrung und Partizipation an Ritualen, verändern dadurch ihren Charakter: Zwar werden dem Rezipienten einer Fernsehsendung "Gottesdienst" gezeigte Rituale noch als Informationen über Elemente des Gottesdienstes zugänglich bleiben, aber eben nicht mehr im Sinne einer Partizipation an den Handlungen. Die im Gottesdienst bestehende Möglichkeit, in einem Ereignis gleichzeitig Produzent und Rezipient von Botschaften zu sein, ist in der Situation der medialen Übertragung zu einer klaren Festlegung der jeweiligen Rolle erstarrt. Diese Veränderung wird freilich dort am deutlichsten als Verlust erkennbar, wo die Gestalter des interpersonalen Gottesdienstes diese Möglichkeiten in die kommunikative Umsetzung ihrer Intentionen in hohem Maße mit einbeziehen. Oder grundsätzlicher formuliert: Die Differenz zwischen interpersonalem Ereignis und medialer Rezeption wird umso deutlicher, je konsequenter die Inszenierung des Gottesdienstes die gesamte Breite möglicher Codierungen von Botschaften nutzt.

Die Fernsehübertragung bringt einerseits einen Verlust von Codes, die an das personale Ereignis gebunden sind, andererseits aber auch einen Zuwachs solcher Codes, die mit dem Einsatz des Mediums Fernsehen oder der Form der Fernsehrezeption zusammenhängen: filmische Codes, deren "Vokabular" von Einstellungsgrößen, über Einstellungsperspektiven, Kamerabewegungen bis zu unterschiedlichen Montageformen reicht.[7] Insgesamt gerät die Gottesdienstübertragung in einen neuen paradigmatischen Zusammenhang, nämlich den von Fernsehsendungen und den mit ihnen verbundenen Inszenierungs- und Rezeptionsregeln.

Aber auch die häusliche Rezeption selbst bedeutet gleichzeitig Verlust und Zuwachs an Codes: Aus der Tatsache des Gottesdienstbesuches, der mit ihm

---

[7] Eine gute Übersicht über die Elemente der Filmsprache gibt Bitomsky, *Die Röte des Rots von Technicolor*. Kinorealität und Produktionswirklichkeit, Neuwied/Darmstadt 1972.

verbundenen Wahl angemessener Kleidung, des eventuell anderen zeitlichen Ablaufes häuslicher Verrichtungen, durch den Aufbruch und Weg, Begegnungen und Begrüßungen entsteht eine für Gottesdienstteilnehmer vergleichbare Situation, die sich gerade durch ihre Unterschiedenheit vom Alltag definiert. Ganz anders verhält es sich mit der Rezeption einer Gottesdienstübertragung: Weder besondere Initiativen noch eine vom alltäglichen abweichende Organisation ist nötig; die Übertragung trifft in die alltägliche Lebenswelt der Rezipienten hinein, in der sich eine Unmenge von Zeichen auf allen Kanälen personaler und medialer Kommunikation überlagern. Räume, Kleidung, Mitmenschen, Tätigkeiten, die gesamte allsonntägliche Situation, aber auch die gleichzeitig präsenten Kommunikationsangebote der Massenmedien, die mit der Fernbedienung problemlos vor Augen und zu Ohren kommen, flankieren sozusagen die verbliebenen Codes der Übertragung und betten sie in ein gänzlich anderes Umfeld ein.

Aber auch die Rezeptionsmöglichkeiten der optischen Botschaften, die das Bildmedium Fernsehen problemlos vom Ereignis ins heimische Wohnzimmer überträgt, verändern sich in erheblichem Maße: Während die Teilnehmer an einem Gottesdienst das breite Angebot an Zeichen individuell rezipieren, also z.B. während der Predigt den Pfarrer auf der Kanzel im Auge behalten, sich der Bildbotschaften der Kirchenfenster oder der gestischen Verständigungsversuche in den Konfirmandenbänken zuwenden, schafft die Übertragung immer eine Auswahl aus der Menge der im Raum rezipierbaren Signale. Es ist eine Auswahl, die einerseits die Möglichkeiten individueller Rezeption *einschränkt*: Während mir die Kamera das Chorfenster zeigt, kann ich nichts anderes sehen, weder den Altar noch den Kirchenchor, der sich gerade auf der Orgelempore aufstellt. Es ist aber andererseits eine Auswahl, welche die Möglichkeiten der Rezeption *erweitert*: Ich sehe die Details des Chorfensters, wenige Zeit später die Hände der Organistin auf dem Manual der Orgel - optische Informationen, die mir als Besucher des Gottesdienstes nicht zugänglich sind. Beides, Einschränkung wie Erweiterung der Rezeptionsmöglichkeiten, bedeutet eine Dezimierung der Möglichkeiten individueller Rezeption und eine entscheidende Vorgabe für die Ausrichtung meiner Aufmerksamkeit (Vorfokussierung durch die Übertragung).

Wie verändert das Medium die Botschaft? Es filtert die Codes nahsinnlicher Kommunikation heraus, verändert den Umgang im Raum und die Teilnahme an Ritualen zur Information über Raum und Ritual, es ergänzt die Botschaft des Ereignisses durch die medienspezifischen Codes von Einstellung und Montage und durch das besondere Umfeld häuslicher Kommunikation, es verändert schließlich die verbleibenden Codes im optischen und akustischen Bereich durch eine Vorauswahl der zu übertragenden Zeichen. Was bleibt, ist ein Torso. Seine Rezeption ist soweit entfernt von der Teilnahme am Gottesdienst wie die mediale Rezeption einer Sportveranstaltung von der Teilnahme an den Olympischen Spielen.

4. "Vektorieller Index für das Ereignis selbst"

Wie aber kann das Verhältnis der Gottesdienstübertragung zum übertragenen Gottesdienst positiv beschrieben werden? Welche innere Beziehung herrscht trotz aller Unterschiede zwischen Ereignis und Übertragung?

Bei der Untersuchung dieser Fragen gehe ich von der Zeichenklassifikation aus, wie sie Charles S. Peirce in die Diskussion eingebracht hat. Peirce hat in bezug auf das Objekt der jeweiligen Bezeichnung - und das ist für die semiotische Untersuchung der Übertragung das Ereignis des interpersonalen Gottesdienstes - drei Zeichenklassen unterschieden: Ein *Ikon* bezieht sich auf sein Objekt durch die *Identität einzelner Merkmale*[8]; ein *Index* ist ein Zeichen, welches auf sein Objekt verweist, indem es durch dasselbe *beeinflußt* ist[9]; *Symbole* stehen zu ihrem Objekt in keinem anderen Verhältnis als dem der *Konvention.*[10]

Wenn Ikonizität gekennzeichnet ist durch die Identität von Merkmalen, dann stehen Fernsehübertragungen grundsätzlich in einem ikonischen Verhältnis zu ihrem Objekt, in unserem Fall zum interpersonalen Ereignis des Gottesdienstes. Auch indexalische und symbolische Zeichen im Gottesdienst selbst werden durch die Übertragung ikonisch "abgebildet" und dadurch die Indexalität des Ereignisses, die gemeinsamen Vollzüge gottesdienstlicher Handlungen wie gemeinsamer Gesang, gemeinsames Beten, Wege im Raum, Zuwendungen, als Hinweis auf diese im Medium nicht mehr präsentierbare Wirklichkeit "aufgehoben", als Spur eines nicht übertragbaren "Mehr" des Gottesdienstes. In der Sprache der Peirceschen Zeichenklassifikation handelt es sich hier um einen vektoriellen Index auf metakommunikativer Ebene. Ist also die Indexalität des interpersonalen Gottesdienstes mittels der ikonischen Übertragung noch gebrochen erkennbar, gibt die Übertragung einen Hinweis auf die kommunika-

---

8 Eco hat den Begriff der Ähnlichkeit als Bezeichnung für das Verhältnis zwischen ikonischem Zeichen und dem denotierten Objekt zurecht problematisiert (vgl. Umberto Eco, *Einführung in die Semiotik*, a.a.O. (Anm. 5), 220-214). Wo ist z.B. die Ähnlichkeit zwischen einem von einer schwarzen Linie umschlossenen weißen Kreis mit strahlenförmig angeordneten schwarzen Linien zur Sonne, die auf diese Weise abgebildet werden soll? Also besteht nicht Ähnlichkeit, sondern Merkmalsidentität (rund und mit Strahlen versehen).

9 Eco hat die Klasse der indexalischen Zeichen weiter differenziert (vgl. Umberto Eco, *Zeichen*, a.a.O. (Anm. 5), 60ff.). Er spricht von *Vektoren*, die auf ein präsentes Objekt hinweisen (Wetterhahn oder Demonstrativpronomen) und von *Symptomen*, aus denen man kausal auf ein Objekt zurückschließen kann (Fußspur).

10 Daß ein Baum im deutschen "Baum" und im englischen "tree" heißt, hat mit dem bezeichneten Objekt nichts zu tun, sondern ist allein eine Frage der Abmachung. Zu den Symbolen gehört - außer einigen wenigen lautmalerischen Ausdrücken - die gesamte Verbalsprache.

tive Kraft des Ereignisses selbst.

Daraus schließe ich: Einer der Schlüssel einer sinnvollen Konzeption von Gottesdienstübertragungen, die auf den interpersonalen Gottesdienst verweist, ohne die Differenz zu ihm zu überspielen, bleibt die Gestaltung derjenigen kommunikativen Strukturen des Gemeindegottesdienstes, die besonderen Wert auf die indexalische und d.h. interaktionsbezogene Codierung der Botschaften legt.[11]

5. Live-Sendung - Show oder Dokumentation?

Gottesdienstübertragungen sind Live-Sendungen, charakterisiert durch die Gleichzeitigkeit von Ereignis und Übertragung. Aus der Einschränkung der Montage-Möglichkeiten durch die Abhängigkeit vom zeitgleichen Ereignis läßt sich nicht schließen, es handele sich bei einer Live-Sendung um die bloße Wiedergabe eines Ereignisses. Eco hat nachgewiesen, daß die Live-Sendung einen Erzählungstyp darstellt, der zwar die Abfolge der natürlichen Ereignisse als Ausgangsmaterial verwendet, sie aber doch eigenständig gestaltet und interpretiert.[12] Dabei verhält sich die Autonomie des Regisseurs zur Konzeptionierung und Realisierung dieser Erzählung umgekehrt proportional zur Eigendynamik des Ereignisses. Bei einem Fußballspiel etwa bleibt dem Regisseur wenig erzählerische Autonomie, solange der Ball im Spiel ist. Wenn der Ball ruht, können Kameraleute und Regie zeigen, was sie aus einem Ereignis machen, wenn ihm die Eigendynamik weitgehend fehlt.

Weil fehlende Eigendynamik des Ereignisses im Falle der Gottesdienstübertragung nicht nur gegeben ist, sondern auch in der Regel erwartet wird, kommt es für die Regie erst gar nicht zur Notwendigkeit erzählerischer Improvisation: Man ist durch ein enges zeitliches "Korsett", durch die vorherige Festlegung einzelner Kameraeinstellungen, aber auch der Standorte und Bewegungen der Akteure gut vorbereitet. Die örtlich anwesende Gemeinde kann bei dieser fernsehgemäßen Inszenierung nur eine untergeordnete Rolle spielen. Darin ähnelt die Gottesdienstübertragung jenen Live-Shows oder Quiz-Sendun-

---

[11] Daß in einer Infratest-Untersuchung von 1980 mehr evangelische Christen in der Gottesdienstübertragung einen gleichwertigen Ersatz für den Gottesdienstbesuch sahen als katholische Christen, kann darin seinen Grund haben: Katholische Gottesdienste sind in der Tendenz indexalischer gestaltet. In ihnen ist offenbar mehr Platz und mehr Möglichkeit für die Handlungen, welche die Besonderheit der interpersonalen Kommunikation ausmachen.

[12] Vgl. dazu Umberto Eco, "Zufall und Handlung. Fernseherfahrung und Ästhetik", in: *Medienforschung*, Bd 3: Analysen, Kritiken, Ästhetik, hg. v. D. Prokop, Frankfurt/M. 1986, 441-462.

gen am Samstagabend, bei denen das anwesende Publikum nur Staffage, Hintergrund und Beifallspender für das eigentliche Ereignis, für die Fernsehsendung ist. Wobei dort zumindest noch durch die Eloquenz und die kommunikative Beweglichkeit eines Quizmasters eine gewisse Eigendynamik zu beobachten ist. Im Falle der Gottesdienstübertragung *konstituiert* die Übertragung das Ereignis: Sie gibt die Länge und Zeiten vor, verändert räumliche Anordnungen, erfordert filmische Einspielungen für die Zuschauer. Ganz anders verhält es sich bei dem Typ der Live-Sendung, der durch Eigendynamik des Ereignisses gekennzeichnet und durch Sportübertragungen repräsentiert wird: Hier konstituiert das interpersonale Ereignis die Übertragung. Die Live-Sendung *dokumentiert* dieses Ereignis.

Die Forderung, im Gemeindegottesdienst die kommunikativen Strukturen zu stärken, welche die Interaktionen der Gottesdienstteilnehmer betreffen, dadurch indexalische Botschaften zu verstärken und dazu beizutragen, daß das kommunikative "Mehr" des Ereignisses zumindest noch gebrochen erkennbar wird, läßt sich jedoch nur mit Hilfe des Dokumentations-Typs der Übertragung realisieren. Leider ist es gegenwärtig so, daß der status quo mit dem Verweis auf die Unzulänglichkeiten des jeweiligen Gestaltungspartners ständig fortgeschrieben wird: Die Fernsehverantwortlichen verweisen - mit Recht - auf die kommunikative Armut der Gottesdienste, die Gottesdienstgestalter - mit ebensolchem Recht - auf die engen inszenatorischen und zeitlichen Vorgaben des Fernsehens. Dabei wird trotz des eifrigen Bemühens aller Beteiligten die Möglichkeit weitgehend vertan, in einer fruchtbaren Reibung zwischen Bedingungen des Ereignisses und des Mediums sowohl bessere Sendungen zu erreichen als auch Gottesdienste aus der Nische binnenkirchlicher Starre herauszuführen.

6. Medienspezifische Verkündigung?

Der Effekt von Gottesdienstübertragungen ist geringer als weithin angenommen. Weder erschließen sie den Kirchen in großem Maße die gesellschaftlichen Gruppen, die vom personalen Angebot der Kirchen nicht mehr erreicht werden, noch bilden sie einen vollgültigen Ersatz des Gottesdienstbesuches für die Menschen, die am Kirchgang gehindert sind. Dennoch: Gottesdienstübertragungen dokumentieren eine zentrale Äußerung christlichen Glaubens und Gemeindelebens. Sie veröffentlichen zudem christliche Stimmen als Beitrag zum Zeitgespräch. Als solche Dokumentation sind sie notwendiger Bestandteil öffentlich-rechtlicher Programme. Eine stärkere Anstrengung zur kommunikativen Gestaltung der Gottesdienste und eine damit verbundene Veränderung der Übertragungskonzeption vom Inszenierungs- zum Dokumentationstyp könnte freilich die Attraktivität und die Evidenz solcher christlichen Beiträge zum Zeitgespräch wesentlich erhöhen.

Die Tragik der Programmentwicklung der letzten Jahre besteht nun darin, daß die Vervielfachung der Gottesdienstübertragungen soviel Sendezeit bindet, daß Verkündigung im Fernsehen sich weitgehend auf Gottesdienstübertragungen beschränkt. Für alternative Formen, welche mit medienspezifischen Mitteln arbeiten, bleiben keine Sendeplätze mehr. Dabei haben u.a. Dorothee Sölle und Jörg Zink vor Jahren auf dem Gebiet der Fernsehmeditation hoffnungsvolle Experimente gestartet.[13] Und die Kreativität und Originalität mancher Werbespots demonstrieren die Chancen der kurzen Form. Ziel kirchlicher Medienpolitik muß deshalb sein, neben und statt Gottesdienstübertragungen wieder andere medienadäquate Formen von Verkündigungssendungen im Programm zu etablieren und dafür im Kontakt zwischen Theologen, Filmemachern und vielen anderen die notwendige Kompetenz zu erarbeiten.

---

[13] Vgl. dazu die Würdigung von Hans-Eckehard Bahr, "Kältestrom und Wärmestrom bei der Vermittlung des Christlichen. Exemplifiziert am Fernsehen", in: *Medium* 8 (1971), 141-157.

Koloman N. Micskey

Zeichenräume des Geistes
Ecos Rosenroman als Zeichen der kairologischen Bestimmtheit geistiger und historischer Räume und der offenen Semiose

1. Altes und Neues 2. Epochale Wenden 3. Untergang und Neugeburt 4. Anhaltendes Mittelalter 5. Die Theologie ein Kriminalroman? 6. Sinnwelten bewohnen 7. Geschlossene Semiose 8. Offene Semiose 9. Thesen

Jener Eine, auf den die großen Symbole der jüdisch-christlichen Glaubensgeschichte, Exodus und Wüstenwanderung, Exil und Heimkehr, Weihnacht und Karfreitag, Ostern und Pfingsten hinweisen - nicht nur je für sich, sondern auch in ihrem inneren Beziehungsgeflecht - kann nicht in einer geschlossenen Semiose, sondern allein in einer offenen gelobt, bezeugt, bedacht, "zur Sprache gebracht" werden. Diese offene Semiose ist freilich als Semiose eine wohlstrukturierte, keine chaotische. Ihre Strukturen sind in immer neuen Analysen in geordneten, jedoch nicht abschließbaren Schritten aufzudecken. Diese Analysen sind nun "kairologisch" bestimmt, epochenbestimmt, sie sind bestimmt durch die inneren Beziehungen zwischen geistigen und historischen Räumen, zwischen den Kompetenzstrukturen, die in diesen Räumen und in deren Beziehungen in der Erzeugung der Performanzen wirksam sind.

In den Epochen wirken als Zeichen und in Zeichen vergangene Epochen mit verschiedener Intensität weiter. Aber die kairologische Bestimmtheit wirkt in einer Epoche mit an der Geburt der sie ablösenden nächsten. Die Frage nach dem Kairos in einer Epoche ist stets die Frage nach dem Kommen der neuen Epoche und dem Verhältnis ihrer Zeichen zu den Zeichen der vergangenen Epochen.

Ecos Rosenroman und seine "Rezeptionsgeschichte", die in vollem Gange ist,[1] enthalten zentrale kairologische Signale über das Beziehungsgeflecht ver-

---

[1] Mit Staunen berichtet die Kritik über die Riesenerfolge des Romans in den verschiedenen Sprachräumen. Sie versucht ansatzweise diese Erfolge zu analysieren. Hie und da wird dieser Erfolg auch bloß "mit Verwunderung" registriert. Vgl. dazu die Aussage, daß der "... große[..] Erfolg des Buches bei breiten Schichten verwunderlich erschein[t]" - z.B. wegen der "langen Passagen über theologische Fragestellungen", (Ursula Schick, "Erzählte Semiotik oder intertextuelles Verwirrspiel?", in: *Zeichen in Umberto Ecos Roman "Der Name der Rose"*, hg. v. Burkhardt Kroeber, München 1989, 107-133).

gangener und kommender Epochen, denen Informationen über geistige und historische Räume entnommen werden können.

Folgende Ausführungen versuchen in neuen Rundgängen diese Signale, wie sie sich bei einigen Rezeptoren spiegeln, aufzuspüren. Diese Rundgänge sind also Zeichensuche, auch in ihrem Beziehungsgeflecht, das selbst nicht schon hier Text ist.

Die Grundstrukturen unserer Zeichenforschung werden in Dichotomien wie "offene und geschlossene", "kritische und autoritäre Semiose", "geistiger und historischer Raum", "Sinnwelt und Lebenswelt", "Signifikat-Signifikant", "Kompetenz-Performanz" (langue-parole) zu Tage gelegt.

Die Begriffe in diesen Dichotomien werden im allgemeinen nicht im voraus definiert. Auch sie sind Zeichengeflechte für die offene Semiose. Sie zeigen sich also z.T. in den Rundgängen.

1. Altes und Neues

Eco als Romanautor ist ein Faktor hohen Ranges der Kulturgeschichte geworden, sein Roman "Der Name der Rose" zu einem Zeichen der geistigen Situation der Gegenwart. Nicht als ob durch dieses Zeichen diese geistige Situation auf einmal hell und durchsichtig geworden, und unsere Kultur in die Lage versetzt worden wäre, über sich selbst allgemein verständliche und verbindliche sprachliche Übereinkünfte zu erzielen. Aber es könnte dazu kommen, daß von vielen eingesehen wird: Ohne das Bedenken der Signifikate, die durch dieses Zeichen erhellt werden, haben die Aufklärungsversuche der geistigen Situation der Gegenwart weitaus geringere Erfolgschancen als jene Versuche, die Ecos Zeichen bedenken. Dieses Thema wollen wir nun beleuchten.

Vilém Flusser bezeichnete das kulturelle Interesse für den Zerfall des Hergebrachten als größer denn für das Emportauchen der neuen Gesellschaftsstrukturen. Diese Aussage trifft zu, weil in den Tiefen des kollektiven Es, in der Geschichte unserer Kultur, die Dynamik der Apokalypse und der Apokalyptik mitbestimmend ist. Die Apokalyptik ist der in der Performanz oft verfremdete Ausdruck der leidenschaftlichen Freude der Kompetenz am Kommenden. Ausdruck der leidenschaftlichen Freude am Kommen Jesu Christi in der Gestalt des alles zerstörenden Entsetzens - des Entsetzens über die allgemeine Zerstörung, die dieses Kommen anzeigt. Die leidenschaftliche Freude am Neuen in den geistigen und historischen Räumen des Christentums geht einher mit einem leidenschaftlichen Interesse daran, daß das Alte vergehe. Dabei ist dieses Alte nie einfach das Betagte, sondern das bereits im Geist Abgestorbene, der Zukunft Jesu Christi gegenüber unsensibel Gewordene.

Auch Ecos Roman ist ein Zeichen, in dem diese Struktur wirkt: Das Neue kommt nach apokalyptischen Erschütterungen, Zertrümmerungen und Untergängen - und durch sie. Gewissermaßen mit ihrer Hilfe. Der "Name der Rose" wäre dann als Neuformulierung des Zeichens der jüdisch-christlichen Apokalyptik zu verstehen.

2. Epochale Wenden

Gehen wir davon aus, daß ein Signifikat der Ecoschen Zeichen in diesem Roman die jüdisch-christliche Apokalyptik ist, wird einiges an diesem Erfolg verständlicher. In den von Archetypen bewohnten Räumen des kollektiven Es unserer Kultur übt die jüdisch-christliche Apokalyptik eine entscheidende Macht aus. Zentrale Archetypen der Individuation und des öffentlichen Geschehens wirken aus ihr heraus oder mit ihr zusammen. Sie bewirken, daß unsere Geschichte und ihre Epochen durch Wenden, Grenzen, Krisen, Untergänge und Fulgurationen, fulgurative Neuentstehungen, überraschende Neustrukturierungen bestimmt sind. Manche dieser Neustrukturierungen lassen sich als neue geistige Räume verstehen, oder als neue epochale Wenden, neue Epochen, neue Paradigmata mit einer neuen Beziehungsfülle zu den vergangenen.

3. Untergang und Neugeburt

Ein Signifikat von Ecos "Rose" ist der Beginn des Unterganges des Mittelalters, jener Kette von historischen Räumen, der die nachfolgende Zeit einen eigenen Namen zu geben nicht bereit gewesen ist. Allerdings ist Ecos "Rose" ein Signifikant der Prolepse, der Antizipation. Denn die Kompetenzstrukturen der historischen Räume des Mittelalters sind noch Jahrhunderte nach dem Ecoschen Feuerbrand nicht untergegangen. - Aber daß das Mittelalter "zur Zeit der Rose" schon mit Untergang und Neugeburt schwanger gewesen ist, das ist auch historisch-kritisch feststellbar. Das Zeichen dieser Feststellung bei Eco ist der Exodus eines späteren Protestanten aus seiner Epoche in diese Zeit, seine Verwandlung in einen frühen Protestanten mit "Sarkasmus"[2]. Dieser Exodus zeigt an, daß die Christenheit zur Zeit der "Rose" aus den historischen Räumen geschlossener Semiosen auszubrechen im Begriffe war, um sich in den vielen historischen Räumen des Protestantismus in Glauben und Theologie unter den verschiedenen Aspekten der offenen Semiose - also unter zu-

---

2 Hans-Jürgen Bachorski, "Diese klägliche Allegorie der Ohnmacht. William als Vorbild?", in: *Zeichen in Umberto Ecos Roman "Der Name der Rose"*, a.a.O (Anm. 1), 242.

gegeben krisenhaften Aspekten - einzuüben. Die christliche Theologie nimmt Gestalten an, die stets tiefere Verwandtschaft zeigen mit Spurenlesen, freier Assoziation und Detektivroman[3].

4. Anhaltendes Mittelalter

Der Untergang des Mittelalters ist (im Unterschied zu den Untergängen der schriftlosen Räume in der Geschichte der Kultur) kein praeteritum perfectum, sondern ein perfectum praesens. Am Untergang des Mittelalters sind wir "alle" noch beteiligt. Er ist ein "Existential" unseres Lebens. Der "Rosenroman" und seine Rezeptionsgeschichte belegen diesen Zusammenhang.

Wir leben in geistigen Räumen, wir bewohnen geistige Räume oder wir halten uns in unserem Leben so auf, daß wir irgendwie in Zusammenhang mit ihnen geraten können. Aber es ist nicht so, daß die Orientierung in geistigen Räumen schon eine allgemeine Errungschaft unserer Kultur geworden wäre.

5. Die Theologie - ein Kriminalroman?

Der Ausdruck "geistiger Raum" gibt uns einen Wink, zu suchen und zu begreifen, daß die verschiedenen abstrakten Raumgeometrien und die verschiedenen konkreten Räume der Erde und des "Weltalls" weder das Ursprüngliche noch das Entscheidende des Räumlichen sind. Räume der Geometrie und "räumliche Räume" (z.B. der Erde) sind Zeichen, Signifikanten des wirklichen, des geistigen Raumes. Wir können zwar auch sie in ihrer Abstraktion lesen, indem wir die verschiedenen Beziehungen der bei ihnen vorkommenden Signifikanten untereinander feststellen. Aber dann lesen wir sie inkompetent. Wir können sie allerdings auch im Hinblick auf ihre Signifikate lesen, auf die ursprünglichen Räumlichkeiten des Geistes, des göttlichen und dann jenes, der wir Menschen sind, zu dem wir geworden und immer wieder noch werden. Dann forschen wir danach, ob und wie in der Entstehung und Entfaltung der geistigen Räume der Menschheitsgeschichte der spiritus creator den Menschen zum schöpferischen Geist werden läßt. Aber diese Lesart ist von unheimlicher Gefährlichkeit und Bedrohlichkeit.

---

[3] Vgl. Ulrich Wyss, "Die Urgeschichte der Intellektualität und das Gelächter", in: *Zeichen in Umberto Ecos Roman "Der Name der Rose"*, a.a.O (Anm. 1), 90, 92; vgl. auch Alfredo Giuliani: "Die Rose von Babel", ebd., 19: "Die Theologie ist ein Kriminalroman."

Alfredo Giuliani nennt den Roman Ecos einen "Theologischen Krimi"[4]. Er liest diesen Roman als ein Zeichen dafür, daß "die Theologie ein Kriminalroman ist"[5]. Theologie also als Kriminalroman, Detektivroman. Detego - ich enthülle - detegor - ich werde enthüllt - Detektiv - der nach enthüllenden Zeichen sucht und damit rechnet, daß zur Wirklichkeit der enthüllenden Zeichen auch die der verhüllenden, verwirrenden, Gaukelspiel und Verzauberung betreibenden, fallenstellenden Zeichen gehört. Der Theologe als Detektiv, der darauf hofft, daß, indem er Wirklichkeit enthüllt, zugleich seine Wahrheit enthüllt wird.

6. Sinnwelten bewohnen

Die Dichotomie geistiger und historischer Räume hat mit den Dichotomien langue und parole, Signifikat und Signifikant, Kompetenz und Performanz eine mehr als bloß strukturale Verwandtschaft. Ebenso mit Ricoeurs Unterscheidung zwischen Sinnwelten und Lebenswelten. Ricoeur zeigt, daß Sinnwelten zu Lebenswelten werden, indem sie, die Sinnwelten, von Menschen bewohnt werden. "Bewohner" einer Sinnwelt, eines geistigen Raumes wird ein Mensch, wenn seine Existenz von der Struktur dieses Raumes mitbestimmt wird. Dann und erst dann, also wenn er bewohnt wird, wird aus einem geistigen Raum ein historischer Raum. In historischen Räumen können sich Menschen aber auch bloß faktisch aufhalten, ohne daß für sie die Kompetenzstruktur dieser historischen Räume - also die Struktur des geistigen Raumes, der Sinnwelt - existenzbestimmend geworden ist.

Wenn ein historischer Raum nur noch ein faktischer "chronischer" Aufenthaltsraum der irdischen Geometrie ist, wenn er keine Bewohner mehr, sondern Sich-Aufhaltende bei sich hält, dann wird diese Lebenswelt zur Todeswelt. Wahrhafte Lebenswelt ist ein historischer Raum nur als Signifikant von geistigen Räumen, von Sinnwelten, als "bewohnter Zeichenraum" des Geistes. Wenn ein historischer Raum seine semiotischen Verbindungen mit geistigen Räumen verliert, dann wird er zum Signifikant der Apokalyptik. Die Frage, die aus diesen Zusammenhängen für die evangelische Theologie entsteht, kann auch so formuliert werden: Ist die Dichotomie von offener und geschlossener Semiose zugleich die Dichotomie von Sinnwelt und Todeswelt und die Dichotomie von theologischer Wahrheit und theologischem Gefängnis?

---

[4] Ebd., 15.

[5] Ebd., 19.

7. Geschlossene Semiose

Jorge von Burgos hat diese Frage in eindeutigem, aber entgegengesetztem Sinn beantwortet: Nach ihm lautet die richtige Struktur der Einheit beider Dichotomien: geschlossene und offene Semiose - Sinnwelt und Todeswelt - wahre und chaotische Theologie. Aber seine Gestalt ist im Roman als Widerlegung seines Bewußtseins generiert worden. Sie zeigt den tödlichen und tötenden Ausgang der historischen Räume mit geschlossener Semiose.

Jorge macht die Ankunft und die Zukunft des "frühen Protestantismus" mit "seiner ... gehörigen Portion Sarkasmus" in Gestalt des scholastischen Nominalismus unausweichlich, Frühform der offenen Semiose in der Theologie mit allen unvermeidlichen Unsicherheiten und Ängsten: Die Theologie zu Beginn ihrer Selbstidentifizierung als Detektivroman, als in offener Semiose forschend, in der ersten, erschreckenden Erfahrung von Chaos und Untergang als Möglichkeiten menschlicher Abgründigkeit angesichts des Abgrunds des Einen.

Jorge von Burgos setzt - in Vorahnung des nahen Untergangs - noch ganz auf geschlossene, autoritative Semiose. Er ist bereit, das Hereinbrechen der offenen Semiose in das Gefüge der Kirche auch mit Gewalt und Mord zu verhindern - ein Verbündeter der Inquisition. Aber er ist bereits das Opfer ungeheurer Verwechslungen. Er sieht nicht: Der offenen Semiose der biblischen Texte, ausgespannt zwischen geistigen und historischen Räumen, wird in der Kirche mit Hilfe des Aristoteles (und auch Platos und Augustins) bloß der Anschein der geschlossenen Semiose gegeben. Die herrschende autoritative geschlossene Semiose verfehlt die Spuren dessen, dessen lodernde Parteinahme für die Unterdrückten, Armen, Schwachen und Sünder seine Ehre und Heiligkeit, dessen Freiheit zu Selbstpreisgabe, Fragmentarisierung und Überraschung in einem Zeichen in unendlichen Spuren in Detektivarbeit (detegio und detegor) aufzudecken ist. Er fürchtet die Wiederentdeckung der "zweiten Poetik" des Aristoteles über die Komödie. Dabei könnte dieses Buch sich vielleicht als das Gegengift erweisen, das die Giftigkeit der verfehlten Vermischung der aristotelischen (11. und 12. Buch der Metaphysik) und der biblischen Gottesspuren in der geschlossenen Semiose der Hierarchie wieder überwindet - das die Elemente freigibt und den Weg zur offenen Semiose der Theologie freimacht. Jorge von Burgos ist ein Signifikant der völligen Verwirrung.

8. Offene Semiose

Die einzelnen Kritiker sind schnell bei der Zuordnung dieses Romans zu den geistigen und historischen Räumen der Gegenwart - aber ihre Zuordnungen stehen in Widerspruch untereinander. Sucht der Theologe nach Signifikaten dieser Zeichen, so wird er wieder erinnert, daß die Theologie "Detektivroman" ist.

"Ecos Roman ist ein zutiefst christlicher Roman"[6]; er ist ein:

> "... Schlüsselroman, eine Spiegelgeschichte, in der sich der historische Anfang umgekehrt darstellt: als säkulare Aufklärung der Welt, die durch ihr Gelingen überflüssig wird und schließlich nicht einmal mehr dazu taugt, die mit ihrer Hilfe in Gang gesetzte Vernichtungsmaschinerie zu stoppen."[7]

> "Ecos 'Humor' besteht auch darin, daß er eine enorme Maschine aus hochgelehrten theologischen Diskussionen zusammenbaut, um dann am Ende im reinsten Atheismus zu landen: Gott als Absenz."[8]

Daß dasselbe Signifikat in so gegensätzlichen Signifikanten charakterisiert wird, ist unter hermeneutischen, historisch-kritischen Aspekten nicht weiter beunruhigend, sondern bloß ein Hinweis auf die verschiedenen existentiellen Positionen der Kritiker. Dieser Hinweis impliziert zugleich, daß Semiotik nicht dazu da ist, historisch-kritische Hermeneutik abzulösen, sondern um sie differenzierter und problemgerechter zu gestalten.

Deshalb wäre es ganz verfehlt, die verschiedenen Kritiken, die wir hier zitiert haben, auszugleichen oder schiedsrichterisch unter ihnen eine Auswahl zu treffen. Es gilt vielmehr, Differenz und Gegensätzlichkeit der Signifikanten als eine neue Signifikantenebene zu entdecken, die die Komplexität des Signifikats tiefer zum Ausdruck bringt.

Eco weist selbst an einer wichtigen Stelle seines Romans auf diese Verdoppelung der Signifikantenebenen im semiotisch-hermeneutischen Deutungsprozeß hin. Einige Kritiker haben diese Stelle zitiert, ihr hermeneutisches Gewicht erkannt. Gegen Ende des Romans sagt William von Baskerville zu Adson:

> "Ich habe nie an der Wahrheit der Zeichen gezweifelt. Sie sind das einzige, was der Mensch hat, um sich in der Welt zurechtzufinden. Was ich nicht verstanden hatte, war die Wechselbeziehung zwischen den Zeichen."

Nominalisten sind keine Skeptiker. Auf der unmittelbaren, ersten Zeichenebene bewegen sie sich mit Sicherheit. Von den einzelnen Zeichen können sie mit Erfolg auf Signifikate schließen. Was aber, wenn nicht allein einzelne Zeichen da sind, sondern durch die Beziehung der Zeichen untereinander eine

---

6 Leonardo Lattarulo "Zwischen Mystizismus und Logik", in: *Zeichen in Umberto Ecos Roman "Der Name der Rose"*, a.a.O (Anm. 1), 61.

7 Dietmar Kamper, "Das Ende der Unbescheidenheit. Umberto Ecos Siebentagewerk einer Geschichte, die sich selbst erzählte", ebd., 178.

8 Philippe Renard, "Ecos große Herausforderung", ebd., 272.

zweite, nun nicht mehr eindeutig abgrenzbare Zeichenebene entsteht, deren semiotische Funktion entscheidender ist als die der ersten Ebene, wo also gesehen wird: Der semiotische Prozeß hat nicht mehr aus einer Zeichenebene her zu erfolgen, sondern aus einem Zeichen-Raum, der nicht eindeutig bestimmbar ist - oder bestimmbar zu sein scheint, wenn es nicht nur *eine* Signum-Designatum-Beziehung gibt - sondern die Beziehungen der Signa untereinander ein nicht abgrenzbares Signifikationsgeflecht ergeben. Und wenn zum Beispiel auf dieser zweiten Signifikantenebene das Designat, das Signifikat selbst wirksam zu werden beginnt, als jenes zu Suchende, das seine Spuren auch zu verwischen vermag: Gibt es dann nur die Flucht in die autoritative Semiose, die die geschlossene Semiose befiehlt und durchführt?

In eine solche Fragesituation gerät William von Baskerville, als er aus seinen protestantischen geistigen und historischen Räumen des 19. Jahrhunderts in das frühe vierzehnte Jahrhundert versetzt wird. Er müßte sich dort zurechtfinden ohne die Möglichkeit, die Kompetenzstruktur seines geistigen Raumes bewußt oder unbewußt in seine semiotische Detektivarbeit hineinzuziehen. Denn diese Kompetenzstruktur wird erst ungefähr 180 Jahre später zur historischen Wirklichkeit. Der nominalistische Franziskaner William von Baskerville, mit dem "Sarkasmus eines frühen Protestanten", wird im Roman selbst zum entscheidenden Zeichen und Symbol, weil er sich gegen die Annahme der geschlossenen, autoritativen Semiose unter dem Risiko der Apokalyptik entscheidet. Exakt an dieser Zeitstelle, wo die Zeitreise dieses frühen (und zugleich "späten") Protestanten weg vom geistigen Raum des Protestantismus hinein in das Mittelalter endet, genau an dieser Stelle entschied es sich: Es wird zur evangelischen Reformation der Christenheit kommen.

Mit erstaunlicher theologisch-detektivischer Intuition und mit der kreativen Intensität seiner theologiegeschichtlichen Konstruktionskraft errichtet Eco Zeichen und Symbole, die zeigen: Der Versuch, die Christenheit in den Strukturen einer autoritativ-geschlossenen Semiose zu halten, kann nicht gelingen. (Und die Zeitachse dieses Nicht-Gelingens ist die geheime Achse der Epochenkette, die nun folgen wird.)

William von Baskerville, Symbol des beginnenden Auseinanderdriftens der geschlossenen und der offenen Semiose in der Geschichte der Christenheit, ist zugleich ein Warnzeichen: Was jetzt kommt, ist keine Neuzeit, sondern ist eine apokalyptische Epochenkette der verschiedenen Verabschiedungen des Mittelalters und der vergeblichen Versuche, diese Verabschiedungen rückgängig zu machen oder umzudeuten. Aber das Mittelalter ist auch ohne Neuzeit unwiderbringlich dahin. Es wäre aber gut und an der Zeit, "das Ende der Unbescheidenheit"[9] zu deklarieren und erst jene Zeit eine Neuzeit zu nennen,

[9] Dietmar Kamper, "Das Ende der Unbescheidenheit", a.a.O. (Anm. 7), 176ff.

in der den Christen ihre Gemeinschaft als eine offene, unabgeschlossene Semiose widerfahren würde.

Unsere nachmittelalterlich-vorneuzeitlichen Epochenketten beleuchten durch die Vielfalt der in ihnen wirksamen Beziehungen zwischen geistigen und historischen Räumen, zwischen Sinnwelten, Lebenswelten und Todeswelten, die Wege aus dem dahingehenden Mittelalter einer Neuzeit entgegen, die noch nicht da ist. Die Apokalypse des Johannes ist nicht das Drehbuch dieses Geschehens, sondern ein Aufruf, Zeichen und Zeichenbeziehungen, Symbole und Archetypen der geschichtlichen Wandlungen auf diesem Weg zu deuten und dabei nicht zu vergessen: Es ist die Theologie, die sich dieser geschichtlichen Detektivarbeit zu unterziehen habe. Als Wissenschaft steht und fällt sie mit der offenen Semiose.

9. Thesen

1. Der Roman ist Signal einer Hauptachse der abendländischen Geschichte: des Ringens für die evangelische Umgestaltung der lateinisch-westlichen Kirche.
2. Zugleich signalisiert der Roman für uns: Die Zeit der Unbescheidenheit hat ein Ende zu finden. Die Geschichte des Westens hat den Raum der Neuzeit noch nicht betreten. Sie befindet sich im Nachmittelalter, d.h. auf dem Weg zur Neuzeit durch verschiedene Epochen des Nachmittelalters.
3. Die Neuzeit liegt *vor* uns als eine Zeit der vollbrachten evangelischen Umgestaltung der westlichen Kirche.
4. Die Neuzeit ist nicht das Ende der Zeiten.
5. Sich in der Zeit geistig zu orientieren, heißt: historische Räume als Signale der Räume des Geistes zu deuten, Lebenswelten als Signale von Sinnwelten.
6. Wenn die Deutungen mißlingen, werden historische Räume unbewohnbar, auch wenn sich viele noch in ihnen aufhalten. Sie werden zu Lebenswelten ohne Bewohner, und das heißt, sie werden zu Todeswelten.
7. Die verschiedenen Beziehungen zwischen geistigen Räumen und historischen Räumen sind als verschiedene Epochen verstehbar.
8. Der Aufbruch zur geistigen Orientierung ist der Beginn der offenen Semiose.
9. Die Neuzeit wird die Zeit der offenen Semiose in der Christenheit sein.
10. Ecos "Rosenroman" ist ein Kryptogramm über den Beginn des Aufbruchs zur offenen Semiose.

11. Wie die Wirklichkeit der Familie sich allein in offener Semiose zeigt, so auch die der Christenheit, wo sie Familie Gottes ist.
12. Nicht die offene Semiose generiert die Wirklichkeit der Familie, sondern diese die offene Semiose.

Martin Heider

Die Unendlichkeit Gottes - ein fraktales Bild

1. Der Begriff 2. Das Signifikans und die Veränderung seiner Konnotation 3. Unendlichkeit im neueren mathematischen Diskurs: Fraktale 4. Die fraktale Unendlichkeit Gottes 5. Gotteserkenntnis und Gottes Eigenschaften 6. Theodizee 7. Schöpfungslehre 8. Anthropologie 9. Ekklesiologie und Ökumene 10. Zusammenfassung

1. Der Begriff

"Tatsächlich ging das Pärchen gleich darauf weiter - er belehrt von einem Schulwissen, das ihm die Fähigkeit zum Staunen vernebelt hatte, sie träge, unerreichbar für den Schauder des Unendlichen, beide unberührt von der Schreckenserfahrung dieser ihrer Begegnung - der ersten und letzten - mit dem Einen, dem En-Sof, dem Unsagbaren."[1]

An dieser Stelle begegnet der Begriff des Unendlichen dem Leser zum ersten Mal in Ecos zweitem Roman. So scheint es zumindestens. Denn eigentlich enthält dieses Zitat den zweiten und dritten Verweis auf das Unendliche: *En-Sof*, "es gibt/hat kein Ende" ist der für den des Hebräischen Unkundigen geradezu kryptische Ausdruck, der nach meiner Zählung die erste und dritte Fundstelle markiert. Denn allzu leicht übersieht man die hebräische Abbreviatur in der ersten Zeile des dem ersten Kapitel vorangestellten Zitats: He - Aleph - Samech, *Ha-En-Sof*[2], einer der kabbalistischen Namen *Gottes*.

Doch auch in der christlichen Theologie wird Gott oft als *unendlich* bezeichnet. Unweigerlich wird diese Aussage *via negationis* gewonnen: *un*-endlich, *in*-finitus, *a*-peiron. Versucht man, den Sinngehalt dieses Attributs im Kontext seiner Verwendung in der theologischen Literatur genauer zu untersuchen[3], so ergibt sich bald, daß, so selbstverständlich die Aussage an sich den

1 Umberto Eco, *Das Foucaultsche Pendel*, München 1989, 12.

2 Sowohl die bloße Existenz einer Abbreviatur wie auch die Tatsache, daß sie den Artikel Ha- mitumfaßt, zeigt, daß es sich hier um einen feststehenden Begriff handelt.

3 Exemplarisch hat dies Ekkehard Mühlenberg, *Die Unendlichkeit Gottes bei Gregor von Nyssa*. Gregors Kritik am Gottesbegriff der klassischen Metaphysik, Göttingen 1966, vorgeführt.

Autoren zu sein scheint, nur wenige den Begriff genauer definieren.[4] Daher müssen die Folgen, die die Unendlichkeit Gottes zeitigt, auf der Grundlage einer Analyse des Signifikans /unendlich/ und seiner Verwendung in unterschiedlichen Kontexten untersucht werden. Unzweifelhaft handelt es sich hier um eine in der Sache semiotische Übung.[5]

Es soll allerdings nicht so streng verfahren werden, wie Wittgenstein für die Philosophie fordert[6], sondern nur angedacht werden, welche neuen (und alten) dogmatischen Aussagen aus der interdisziplinären Betrachtung des Begriffes "unendlich" gewonnen werden könnten. Es bliebe der Theologie die Entscheidung, ob sie diese Aussagen akzeptierte, eine genauere Definition vorlegte oder sich eben der Verwendung des Unendlichkeitsbegriffes enthielte.

2. Das Signifikans und die Veränderung seiner Konnotation

> "So bedingt die Sprache das Funktionieren des vernünftigen Denkens: Sie verschafft ihm einen Anfang im Sein, eine erste bedeutungsmäßige Identität im Antlitz dessen, der spricht, d.h. sich präsentiert, indem er unaufhörlich die Zweideutigkeit seines eigenen Bildes, seiner Sprachzeichen entwirrt."[7]

---

4 Selbst der als Mathematiker bekannte katholische Theologe Bernard Bolzano diskutiert nicht die Folgen, die seine Beschäftigung mit dem Begriff des Unendlichen auf die Gotteslehre haben könnte, obwohl er doch explizit Gott als "Unendliches ... auf dem Gebiete der Wirklichkeit" anführt; Bernard Bolzano, *Paradoxien des Unendlichen*, hg. v. F. Prihonsky, Hamburg 1955, § 25, 35f. Vielleicht empfand er wie Cantor, der zum Kontinuum bemerkte, man "empfange dabei den Eindruck, als ob es sich ... nicht um einen *mathematisch-logischen Begriff*, sondern viel eher um ein *religiöses Dogma* handle"; Georg Cantor, "Über unendliche, lineare Punktmannichfaltigkeiten", in: *Mathematische Annalen* 21 (1883), 545-591, hier: 572.

5 Allerdings wird darauf zu achten sein, Folgerungen aus dem Gebrauch des Begriffes in einem Umfeld für den Gebrauch in einem anderen nur als möglich, nicht als zwingend zu erachten, denn "im Bereich semiotischer Übungen ist es ganz leicht, die »Tempelritter« für alles verantwortlich zu machen und Umberto Eco persönlich die Schuld für den Zusammenbruch der Banco Ambrosiano anzulasten" (Michael Baigent / Richard Leigh, *Verschlußsache Jesus*. Die Qumranrollen und die Wahrheit über das frühe Christentum, München 1991, 20). Andererseits sagt Ecos Romanfigur Casaubon ganz richtig: "Zusammenhänge gibt es immer, man muß sie nur finden wollen" (Umberto Eco, *Das Foucaultsche Pendel*, a.a.O. (Anm. 1), 265).

6 Ludwig Wittgenstein, *Tractatus logico-philosophicus*, Frankfurt/M. [8]1971, 6.53, 115.

7 Emmanuel Lévinas, *Totalität und Unendlichkeit*. Versuch über die Exteriorität, Freiburg/München 1987, 294.

Semiotisch gesprochen sind Sinn, Funktion und Informationsquote einer Botschaft vom Umstand, unter dem sie Verwendung findet, abhängig.[8] Hier soll dies nur exemplarisch anhand einer Anwendung des Unendlichkeitsbegriffes der neueren Mathematik auf die Theologie gezeigt werden.

Es wird kaum unterstellt werden können, daß die Theologen und Philosophen, die schon lange bevor die Mathematik neue Wege des Umgangs mit dem Unendlichkeitsgedanken fand, diesen auf Gott übertrugen, diese neuen Bedeutungen mitgedacht hätten. Dennoch kann heute /unendlich/ in unserer Rezeption neuen Sinn tragen.[9] Neue Botschaften, neue faktische und semiotische Urteile haben den Code verändert, ohne klar werden zu lassen, ob sie ihn (was seine Verwendung in theologischer Sprache betrifft) bereichert haben oder ihn zusammenstürzen lassen.[10] Doch scheint mir hier ein einzigartiger Fall vorzuliegen: Nach Eco sind es die faktischen Urteile, die den Code bereichern, und "faktisch" meint die Verifizierbarkeit des Signifikats durch Vergleich mit einem empirischen Referens. Das läßt sich für den Bereich der Mathematik ja noch einigermaßen aufrechterhalten. Die Übertragung des mathematischen Gehalts von /unendlich/ auf Gott aber führt notwendig erst zu semiotischen Urteilen, die nur an ihrem Signifikat verifizierbar sind, da, wie wir sehen werden, ein empirisches Referens entweder nicht zur Verfügung steht oder aber keine für die Verifikation *hinreichende* Information liefert. Und daher werden die faktischen Urteile der Mathematik in der Theologie zu semiotischen, und bereichern als solche den Code. Anders gesagt: Es gibt semiotische Urteile, die etwas sagen, was der Code nicht vorsieht.[11]

Durch den Verweis auf kulturelle Einheiten, die letztlich durch die Verwendung des Signifikans /unendlich/ im Feld der Mathematik denotiert werden, wird also seine Konnotation im Feld der Theologie, wie auch im Ganzen erweitert.[12] Dieser Konnotationszuwachs wird auch *Denkweisen* als kulturelle Einheiten auf- und umfassen müssen.[13]

Theologie und Mathematik scheinen weit voneinander entfernte Disziplinen zu sein. Aber da die Theologie sich mit dem Gebrauch von /unendlich/ auf das

---

8 Umberto Eco, *Einführung in die Semiotik*, München 1972, 137.

9 "Die große Mehrheit der Lesarten bringt jedoch überraschende Sinnzusammenhänge ans Licht, an die man beim Schreiben nicht gedacht hatte ... Es zählt nicht, was ich im nachhinein sage, der Text ist da und produziert seine eigenen Sinnverbindungen." (Umberto Eco, *Nachschrift zum 'Namen der Rose'*, München 1986, 12).

10 Umberto Eco, *Einführung in die Semiotik*, München 1972, a.a.O. (Anm. 8), 434.

11 Vgl. ebd., 142.

12 Vgl. ebd., 102ff., 108.

13 Sprache geht über das rein Verbale hinaus, vgl. ebd., 110. Zu Denkweisen als Bedeutung eines Wortes s. Douglas R. Hofstadter, *Gödel, Escher, Bach.* Ein endloses Geflochtenes Band, München 1991, 65.

Terrain der Mathematik begeben hat, ist es legitim, die beiden Wissenschaften in der hier beabsichtigten Weise miteinander zu verbinden.[14]

3. Unendlichkeit im neueren mathematischen Diskurs: Fraktale

> "Je crois qu'aujourd'hui, un discours pertinent sur l'infini doit obligatoirement se référer aux progrès récents des mathématiques et de la physique. Un certain langage technique est donc inévitable, mais il n'y a rien là d'effrayant pour les non-spécialistes, dans la mesure où il est toujours possible de traduire les mots et concepts nouveaux en images intelligibles."[15]

Es geht, wie bereits angedeutet, um die Übertragung mathematischer Denkweisen auf die Theologie. Die Mathematik aber ist bisher m.E. die einzige Wissenschaft, die sich wirklich redlich bemüht, all ihren Zeichen Bedeutung zu geben, indem sie streng *definiert*. So ist sie im Wittgensteinschen Sinne wahre Philosophie, die nur sagt, was sich sagen läßt.[16]

Im folgenden werden mathematische Termini Verwendung finden, die hier nicht definiert werden können. Allerdings soll auch den Nicht-Spezialisten ermöglicht werden, im Sinne der Mathematik richtig zu denotieren. Dies kann nur durch den Gebrauch einer Begrifflichkeit - eines Codes - geschehen, der den Mathematikern nicht präzise und den Nicht-Mathematikern *technisch* erscheinen wird. Es wäre in diesem Zusammenhang allerdings interessant, einmal die semiotischen Verknüpfung mathematischer *Notation* mit einer theologischen Lesart aufzuzeigen.[17]

---

[14] Vgl. Eli Maor, *To Infinity and Beyond.* A Cultural History of the Infinite, Boston/Basel/Stuttgart 1986, VIII und 2.

[15] Jean-Pierre Luminet, "Le trou noir et l'infini", in: Umberto Eco, *Le dimensioni dell'infinito / Les dimensions de l'infini*, 50 rue de Varenne, Supplemento italo-francese di Nuovi Argomenti n. 29, Segrate (Mailand) 1989, 82.

[16] Ludwig Wittgenstein, *Tractatus logico-philosophicus*, a.a.O. (Anm. 6) 6.53, 115. Allerdings hat Kurt Gödel zehn Jahre nach der Veröffentlichung des Wittgensteinschen Traktats mit seinem berühmten Unvollständigkeitssatz m.W. zum ersten Mal in der Wissenschaftsgeschichte eine Aussage gemacht, die durchaus metaphysischer Art ist und nur bedeutungstragende, sprich: definierte Zeichen verwendet. Die ursprüngliche Form des Satzes und - um mit Luminet zu sprechen - eine "traduction en images intelligibles" finden sich bei Hofstadter, a.a.O, (Anm. 13), 19.

[17] Vgl. das frappierende Beispiel bei Hofstadter, a.a.O. (Anm. 13), 588ff, in dem verschiedene Empfänger Zeichen völlig unterschiedlichen semiotischen Systemen zuordnen und daher zwingend nicht kongruent konnotieren. Daß (theo-)logische Aussagen mathematisch notiert werden können, zeigt u.a. Heinrich Scholz, "Der Anselmische Gottesbeweis", in: ders., *Mathesis Universalis.* Abhandlungen zur Philosophie als strenger Wissenschaft,

Die Entwicklung der Unendlichkeitstheorien in Mathematik und Philosophie[18] hat, zumindestens in gewissem Maß, auch die theologische Rede vom *Unendlichen* beeinflußt. Besonders interessant für die Theologie scheinen mir aber die Denkmuster, die in neuester Zeit in der Theorie der *Fraktale* entwikkelt worden sind. Die Verwendung des Unendlichkeitsbegriffs in dieser mathematischen Disziplin weist in eine Richtung, die auf die Auflösung einiger klassischer Paradoxien des Unendlichen hinweist.

Benoît Mandelbrot, der Theorie und Begriff der Fraktale entscheidend geprägt hat[19], gibt ein einführendes Beispiel, das zugleich Ungewöhnlichkeiten wie Gewöhnlichkeit von Fraktalen zeigt. Er stellt eine scheinbar einfache Frage: Wie lang ist die Küste Britanniens?[20] Mißt man die Länge der Küste, indem man mit einem geeichten Maß die Küstenlinie abschreitet, so erwarten wir, daß diese Länge sich bei wiederholten Messungen mit kleiner werdender Eichlänge einem Grenzwert nähert. Es scheint, daß wir dies aus unserer Erfahrung aus der Infinitesimalrechnung erwarten dürfen. Doch weit gefehlt: die Küstenlänge wächst mit kleiner werdender Eichlänge ins Unendliche. Andererseits ist die von der unendlich langen Küstenlinie umschlossene Fläche gewiß endlich.

Zur Definition des Begriffs *Fraktal* greift Mandelbrot auf den Begriff der Dimension zurück. Wie bei jeder wirklich neuen Entdeckung in der Mathematik wird auch hier ein Tabu gebrochen. Mandelbrot läßt auch gebrochene, also nicht-ganzzahlige Dimensionen zu. Es zeigt sich, daß eine fraktale Kurve wie die Küste Britanniens oder der Rand einer Schneeflocke mit Hilfe einer fraktalen Dimension D sinnvoll beschrieben werden kann: Das Maß einer solchen Kurve in der Dimension D ist endlich und nicht gleich 0, wenn D richtig bestimmt ist.[21]

Eine anderer, leichter zu verstehender Dimensionsbegriff ist der der topologischen Dimension D_T. Für Linien gilt $D_T=1$, für Flächen $D_T=2$ usw. Unter Verwendung dieser beiden Dimensionsbegriffe definiert Mandelbrot nun den Begriff Fraktal: Eine Menge, deren fraktale Dimension größer ist als die topologische Dimension, ist ein Fraktal.[22]

Basel/Stuttgart 1961, 62-74.

18 Vgl. hierzu die zahlreichen Darstellungen zum Thema, z.B. Eli Maor, a.a.O. (Anm. 14).

19 Eine recht verständliche Einführung bietet das mittlerweile als klassisch anzusehende Werk von Benoît B. Mandelbrot, *Die fraktale Geometrie der Natur*, Basel 1991.

20 Ebd., 37ff.

21 Vgl. ebd., 41f. Die Dimension wird von Mandelbrot nach Felix Hausdorff benannt. Der Einfachheit halber verwende ich hier Mandelbrots abgekürzte Bezeichnung fraktale Dimension.

22 Vgl. ebd., 27. In meiner bewußt untechnischen Sprachfassung führt die Rückführung des Fraktalbegriffes auf den der fraktalen Dimension leider zu einem Schönheitsfehler, der bei Mandelbrot nicht vorliegt.

Der Anschauung näher liegt die folgende umgangssprachliche Beschreibung: Ein endliches Gebilde, das von einem unendlichen Rand umschlossen wird, ist ein Fraktal. Diese Beschreibung erfaßt leider nur geschlossene Fraktale, da ja nur bei solchen von einem Inneren gesprochen werden kann. Aber für die aufzuzeigenden Phänomene genügt diese Beschränkung vorerst. Zwei der vielen Beispiele in der Natur seien genannt: Das Gehirn ist ein endliches räumliches Gebilde mit unendlicher Oberfläche, gefiederte Blätter haben eine endliche Fläche und einen unendlichen Rand.[23]

Doch damit beginnen die Eigentümlichkeiten der Fraktale erst. Die Beobachtung, daß mit kleiner werdender Eichlänge eine Küstenlinie (ein Rand) länger wird, beruht auf der Tatsache, daß immer neue Details sichtbar werden. Das Faszinierende aber ist, daß bei der Betrachtung eines fraktalen Randes mit zunehmender "Vergrößerung" diese neuen Details zwar nicht vorhersagbar sind, aber dennoch oft an größere oder kleinere Strukturen desselben Fraktals erinnern. Viele Fraktale sind *selbstähnlich*.

Das bekannteste Beispiel für solche Selbstähnlichkeit ist das mittlerweile *Mandelbrotmenge* genannte Fraktal, das nach seiner Form auch oft *Apfelmännchen* genannt wird.[24] Obwohl seine Definition einfach ist, will ich hier nur bemerken, daß die Definition eine unendliche Iteration beinhaltet.[25] Am Rand der Mandelbrotmenge sind verkleinerte Formen des Apfelmännchens (also ihrer selbst) in allen Größen zu finden. Dennoch ist auch bei noch so großer Ähnlichkeit jede von jeder anderen in Einzelheiten unterschieden. Diese Einzelheiten scheinen keiner Regelmäßigkeit zu gehorchen und sind nicht vorhersagbar, obwohl die Menge vollständig definiert ist und somit echte Zufälligkeiten ausschließt.

Andere Fraktale - und hier verlassen wir den von der umgangssprachlichen Beschreibung (s.o.) umfaßten Bereich - sind *unzusammenhängend*. Auch bei ihnen ist nicht intuitiv vorhersagbar, welche Form sie haben[26], obwohl auch sie oft selbstähnlich sind. Man stelle sich eine Form mit ausgefranstem Rand vor, die umgeben ist von verkleinerten Kopien ihrer selbst, diese wieder von

---

[23] Weitere, nicht nur geometrische Beispiele finden sich außer bei Mandelbrot u.a. bei Bruce J. West, *Fractal Physiology and Chaos in Medicine*, Singapur 1990.

[24] Vgl. Benoît B. Mandelbrot, *Die fraktale Geometrie der Natur*, a.a.O. (Anm. 19), Tafel 200 unten.

[25] Dies ist bei allen mir bekannten, nicht zufälligen Fraktalen der Fall.

[26] Das m.E. einfachste mathematische Modell solcher fraktaler Mengen sind die sog. Julia-Mengen, deren Definition der der Mandelbrotmenge recht ähnlich ist. Zwischen beiden besteht eine enge Verbindung. Die Definition einer Julia-Menge beinhaltet einen Parameter. Die Mandelbrotmenge beinhaltet gewissermaßen alle Werte dieses Parameters, für die die betreffende Julia-Menge zusammenhängend ist. Vgl. Hartmut Jürgens / Heinz-Otto Peitgen / Dietmar Saupe, "Fraktale - eine neue Sprache für komplexe Strukturen", in: *Spektrum der Wissenschaft*, September 1989, 52-64, bes. 59f. und Bild 1, 53.

stärker verkleinerten usw., ohne daß die Kopien dem Vorbild exakt gleichen würden.

Die Definition eines Fraktals *kann* Zufallselemente enthalten. So ist z.B. die Brownsche Molekularbewegung ein zufälliges Fraktal.[27] Solche Fraktale sind zwar meist nicht selbstähnlich, aber überraschenderweise oft dennoch *skaleninvariant*, d.h. es gibt keine Möglichkeit, anhand eines vergrößerten Ausschnittes den Grad der Vergrößerung abzuschätzen. Skaleninvarianz ist ein typisches Merkmal für Fraktale.[28]

Diese wenigen, elementaren Beispiele aus der Fraktaltheorie zeigen bereits genügend neue Denkweisen über das Unendliche auf, um beispielhaft den angedeuteten Weg weiter beschreiten zu können.

4. Die fraktale Unendlichkeit Gottes

> "Eine Wahrheit mit unbestimmten Rändern erfinden: Sobald jemand sie zu definieren versucht, wird er exkommuniziert."[29]

Es soll nun gezeigt werden, was das sprachliche Modell der Unendlichkeit Gottes theologisch impliziert, wenn /unendlich/ um die Konnotationen aus dem Feld der Fraktaltheorie angereichert wird. Douglas Hofstadter berichtet von einem Freund, der angesichts eines Fraktals dieses ein "Bild Gottes" nannte.[30] Welche Fraktale im einzelnen allerdings als Bild Gottes gelten könnten und welche nicht, muß notwendig unklar bleiben.

Die für die Theologie interessantesten Konnotationen sind wohl die, die sich ergeben, wenn Gottes Unendlichkeit als die eines nicht zufälligen, unzu-

---

27 Vgl. a.a.O., (Brown) 248ff.

28 Viele der genannten Eigenschaften von Fraktalen lassen sich anhand von Abbildungen leichter nachvollziehen. Neben Mandelbrot finden sich instruktive graphische Darstellungen u.a. bei Heinz-Otto Peitgen / Peter H. Richter, *The Beauty of Fractals*. Images of Complex Dynamical Systems, Heidelberg u.a. 1986; Hartmut Jürgens / Heinz-Otto Peitgen / Dietmar Saupe, "Fraktale - eine neue Sprache für komplexe Strukturen", a.a.O. (Anm. 26).

29 Umberto Eco, Das Foucaultsche Pendel, a.a.O. (Anm. 1), 622.

30 Douglas Hofstadter, *Gödel, Escher, Bach*, a.a.O. (Anm. 13), 155. Hinweise zur Entstehung der entsprechenden Figur und eine Abbildung finden sich auf 153f. Hofstadter klassifiziert seine Figur "Gplot" nicht als Fraktal, sondern als rekursiven Graphen. Die Art der Definition weist "Gplot" aber als Fraktal aus.

sammenhängenden Fraktals aufgefaßt wird.[31] Hieraus ergäben sich Folgen für Fragen der Gotteserkenntnis, der Theodizee, der Schöpfungslehre, der Anthropologie und der Ekklesiologie (und hier auch: der Ökumene). Einige wenige dieser Folgen werden neue Gedanken sein. Viel überraschender aber ist, daß unter Hinzunahme des veränderten Verständnisses von Unendlichkeit auch bereits existierende Aussagen und Lehren zu neuen Konnotationen von /unendlich/ werden. Diese sollen nun im einzelnen diskutiert werden.

Daß unter den angeführten theologischen Positionen die von Paul Tillich eine besondere Stellung einnimmt, mag vorweg begründet werden. Es stellt sich heraus, daß Tillichs ausgiebige Verwendung von /endlich/ und /unendlich/ fast ohne Veränderungen auch auf das hier gewählte Bild zutrifft. Unter den Philosophen zeigt sich Leibniz als unerwartet beziehungsreich und aktuell.[32]

5. Gotteserkenntnis und Gottes Eigenschaften

> "L'infini c'est le contraire du fini, cela est clair ... Plus généralement: "Y a-t-il des choses qui soient les mêmes ici et là-bas qui soient les mêmes au-delà de toutes les frontières?"[33]

Der Mensch als endliches Wesen kann /unendlich/ denken.[34] Der qualitative Unterschied zwischen seiner aktuellen Endlichkeit und einer potentiellen Unendlichkeit kann im abstrakten Denken übersprungen werden. Daß der Begriff *via negationis* gewonnen ist, zeigt bereits, daß die Denkrichtung vom Endlichen ins Unendliche zeigt. Er ist "im Akt der Selbsttranszendenz des endlichen Wesens konzipiert".[35]

---

[31] Alle im folgenden gezogenen Schlüsse setzen die Wahl einer solchen fraktalen Menge voraus. Viele von ihnen wären auch für nicht-zufällige, zusammenhängende Fraktale gültig, manche sogar für alle Fraktale. Um der Klarheit willen sei dies hier vermerkt; es wird im Text nicht im einzelnen kenntlich gemacht werden.

[32] Im Sinne von Heinrich Scholz werden Fraktale sogar als *Leibnizsprache* bezeichnet werden dürfen; vgl. Scholz, "Der Anselmische Gottesbeweis", a.a.O, (Anm. 17), 134. Zu Leibniz als "Vorfahr" der mit der Theorie der Fraktale eng verwandten *Chaos-Theorie* s. Norbert Bolz, *Die Welt als Chaos und Simulation*, München 1992; dort auch weitere Verweise auf Leibniz. Für den Hinweis auf Bolz bin ich Frank Hiddemann zu Dank verpflichtet.

[33] Bernard d'Espagnat, "L'infini: perspectives en physique contemporaine", in: Umberto Eco, *Le dimensioni dell'infinito*, a.a.O. (Anm. 15), 78.

[34] Vgl. u.a. Giuliano Toraldo di Francia, "L'infinito in una scienza finita", in: Umberto Eco, *Le dimensioni dell'infinito*, a.a.O. (Anm. 15), 63; Paul Tillich, *Systematische Theologie*, Bd. I, Stuttgart [3]1956, 222f.

[35] Paul Tillich, *Systematische Theologie*, a.a.O. (Anm. 34), 223.

In der anderen Richtung aber ist nach Tillich das Unendliche in jedem Endlichen gegenwärtig, dieses partizipiert an jenem. So ist es gerade die *analogia entis*, die es ermöglicht, von Gott zu sprechen.[36] Hier wird die Konnotation der fraktalen Selbstähnlichkeit ausgedrückt. Unendlichkeit in dem hier vorgestellten Sinn beinhaltet sowohl die Transzendenz des Endlichen wie die Immanenz des Unendlichen. Dennoch muß trotz der implizierten strikten Determination Gottes der Gedanke der Kontingenz nicht notwendig aufgegeben werden; die Unvorhersagbarkeit von Fraktalen bezeichnet genau dann, wenn sie nicht zufällig ist, Kontingenz.

Gesicherte Gotteserkenntnis ist dem Endlichen aber auch in diesem Bild nicht möglich. Gott ist nicht meßbar; *infiniti ad finitum proportio non est*[37]. Dieser Satz ist auch in dem Sinne richtig, in dem hier Fraktale als Manifestationen der Unendlichkeit erachtet werden.[38]

Um der Unendlichkeit Gottes im Gegensatz zu seiner eigenen Endlichkeit gewahr zu werden, genügt es aber nicht, das Endliche in sich zu ergründen.[39] Schon die Erkenntnis der Endlichkeit setzt den "Standpunkt einer potentiellen Unendlichkeit"[40] voraus. So ist die Erkenntnis des aktuell unendlichen Gottes nur aus dem Wissen um Selbstähnlichkeit möglich.

Auch der Schlüssel zum Verständnis der Allmacht, der Allgegenwart und des Allwissens liegt letztlich in der Selbstähnlichkeit. Alle drei Eigenschaften Gottes werden im gewählten Modell relativiert und auf den von Gott umschlossenen Bereich beschränkt.[41] Das im Machtbereich Gottes liegende /alles/ wird so zum */alles, das in ihm liegt/*.

---

[36] Ebd., 278, 303.

[37] Vgl. Nikolaus von Kues, *De docta ignorantia* I,1, hg. v. E. Hoffmann u. R. Klibansky, Leipzig 1932, 5.f; hierzu auch Rudolf Haubst, *Streifzüge in die cusanische Theologie*, Münster 1991, 8, 71; Immanuel Kant, *Allgemeine Naturgeschichte und Theorie des Himmels*, Akademie-Ausgabe, Bd. 1, Berlin 1902, 309; hierzu auch Fred Gebler, *Die Gottesvorstellungen in der frühen Theologie Immanuel Kants*, Würzburg 1990, 91; Paul Tillich, *Systematische Theologie*, a.a.O. (Anm. 34), 275; vgl. die dritte Meditation von Descartes, wo es heißt: "est enim de ratione infiniti, ut a me, qui sum finitus, non comprehendatur", René Descartes, *Meditationes de prima philosophia*. Meditationen über die Grundlagen der Philosophie, Hamburg ²1977, 84.

[38] Dabei ist dann vorausgesetzt, daß sie unter Verwendung ihrer topologischen Dimension gemessen werden. Die Verwendung ihrer fraktalen, gebrochenen Dimension würde ja ein endliches Maß ergeben. Da dem Menschen in der Anschauung aber nur ganzzahlige Dimensionen zugänglich sind, darf angenommen werden, daß ein beliebiges Fraktal als unendlich angesehen würde. Dennoch wäre für die Gotteserkenntnis aus diesem Bild zu folgern, daß der Mensch, wenn er die Dimension Gottes bestimmen könnte, ihn auch messen und ins qualitativ und quantitativ Endliche transformieren könnte.

[39] Vgl. Karl Barth, "Das Wort Gottes als Aufgabe der Theologie", in: ders., *Das Wort Gottes und die Theologie*. Gesammelte Vorträge, München 1924, 160f.

[40] Paul Tillich, *Systematische Theologie*, a.a.O. (Anm. 34), 222.

[41] Zur Allmacht vgl. das zur Theodizee Gesagte.

6. Theodizee

"Um Raum zu machen für die Welt, mußte der *En-Sof* des Anfangs, der Unendliche, sich in sich selbst zusammenziehen und so außer sich die Leere, das Nichts entstehen lassen, in dem und aus dem er die Welt schaffen konnte."[42]

Die *Zimzum*-Lehre der Kabbala, die besagt, daß Gott sich einer freiwilligen Kontraktion unterzog, um Platz für seine Schöpfung zu schaffen[43], wirft eine in dem hier behandelten Zusammenhang interessante Frage auf. Gibt es ein *Außerhalb*, das nicht mit Gott zusammenhängt? Eine Unendlichkeit wie die der Begrenzung eines Fraktals ist ja nicht raumfüllend, sie schließt einen Teil des Raumes ein, den anderen aus. Hofstadter redet vom *negativen Raum* einer Form.[44] Das Nicht-Göttliche kann also via negationis definiert werden. So bietet sich eine Lösung der Theodizeefrage[45] an: Das Böse existiert als Gegenstück, als Außerhalb des dennoch unendlichen Gottes und entzieht sich seinem Zugriff, ohne daß deshalb die Immanenz oder Transzendenz Gottes negiert werden müßte. Es wird durch die Existenz Gottes definiert, ohne von da an zu seinem Machtbereich zu gehören.

Ebenfalls im gewählten fraktalen Bild enthalten ist die Aussage, daß zwischen den nicht *zusammenhängenden* Teilen Gottes das Nicht-Göttliche steht. Hinzu kommt, ob ein beliebig gewählter Punkt in der fraktalen Menge enthalten ist oder nicht - ob er eine unendliche Rekursion beinhaltet. Deswegen kann kein Teil *wissen*, ob die benachbarten Punkte zum Göttlichen oder Nicht-Göttlichen gehören, ja kann dies nicht einmal für sich selbst entscheiden.

In dieser Trennung von Gott und Nicht-Gott, Gut und Böse liegt auch die Beschränkung, daß das Endliche weder sich selbst noch das Unendliche nur aus sich heraus erkennen kann, ohne seine Endlichkeit zuvor zu transzendieren.

---

42 Hans Jonas, *Der Gottesbegriff nach Auschwitz*. Eine jüdische Stimme, Frankfurt/M. 1987, 46.

43 Hans Jonas, *Der Gottesbegriff nach Auschwitz*, a.a.O. (Anm. 42), 46.

44 Douglas R. Hofstadter, *Gödel, Escher, Bach*, a.a.O. (Anm. 13), 75.

45 Die Lösung trägt allerdings nur ontologischen Charakter und bleibt damit hinter der neueren Theodizeediskussion zurück, ja trifft nicht einmal deren Anliegen. Allerdings werden die Fragen, die Leibniz in seiner Theodizee diskutiert, hier in ähnlicher Weise angedacht.

7. Schöpfungslehre

"Was in irgend einer Weise ähnlich erscheint, wird für verwandt und auch in der Natur zusammenhängend gehalten."[46]

Davon ausgehend, daß Gott an der Schöpfung teilhat, kann widerspruchsfrei *postuliert* werden, daß die Schöpfung Teil Gottes ist. Aus der Annahme, daß Gott selbstähnlich sei[47], kann nur gefolgert werden, daß bestimmte Teile der Schöpfung dem Ganzen ähnlich sind[48]. Dies steht nicht im Widerspruch mit der Wahrnehmung der Vielfalt der Schöpfung, wie ja auch ein beliebig gewählter Ausschnitt eines Fraktals nicht notwendig Ähnlichkeiten mit irgendeinem anderen Teil aufweisen muß.[49]

Das Konzept des Fraktals erlaubt uns auch anzugeben, wie denn die Endlichkeit der Schöpfung zu denken sei und welchen Bezug sie zur Unendlichkeit habe. Ist Gott der unendliche Rand, dann ist das Innere von endlichen Ausmaßen. Das Innere wird durch den Rand definiert. Gott und die Schöpfung sind untrennbar miteinander verbunden. "Sie ist kein Ereignis im Leben Gottes, denn sie ist mit seinem Leben identisch."[50] So muß auch eine *creatio continua* vorausgesetzt werden, wenn die Schöpfung Leben beinhalten soll.

Problematisch ist am Bild des Fraktals allerdings, daß die entstehenden Schlußfolgerungen eine natürliche Theologie nahelegen. Einzuwenden wäre immerhin, daß die Selbstähnlichkeit noch nicht ermöglicht, aus dem Teil das Ganze zu rekonstruieren. Zudem muß bedacht werden, daß auch ein einzelner Teil nie vollständig erfaßt werden kann, sondern immer nur in der dem Betrachtungsmaßstab entsprechenden Schärfe wahrgenommen werden kann. Die bereits angeführte Unentscheidbarkeit der Zugehörigkeit läßt den Rand des Teils vollends verschwimmen.

---

46 Ernst Mach, *Die Principien der Wärmelehre.* Historisch-kritisch entwickelt, Leipzig ²1900, 369.

47 So übrigens schon Newton: "Es ist klar, daß der höchste Gott nothwendig existire .... Hieraus folgt auch, dass er durchaus sich selbst ähnlich ist ...". Isaac Newton, *Mathematische Principien der Naturlehre*, hg. v. J.Ph. Wolfers, Berlin 1872, 510.

48 Vgl. Gottfried Wilhelm Leibniz, "Monadologie", § 66f, in: ders., *Principes de la Nature et de la Grace fondés en Raison.* Vernunftprinzipien der Natur und der Gnade. Monadologie, Hamburg 1956, 56ff.

49 Vgl. ebd., § 57, 52f.

50 Paul Tillich, *Systematische Theologie*, a.a.O. (Anm. 34), 291.

8. Anthropologie

"Gott schuf den Menschen in seinem Bilde, im Bilde Gottes schuf er ihn."[51]

Die Gottebenbildlichkeit des Menschen, die so oft als Göttlichkeit mißverstanden wurde, erhält in dem erweiterten Unendlichkeitsbegriff ebenfalls eine neue Lesart. Die hebräische Partikel *be*, die in dem zitierten Bibelvers gewöhnlich mit "nach" oder "zu" übersetzt wird, bedeutet eigentlich "in" (s.o.) oder "an". Diese sonst allzu wörtliche Übersetzung bekäme hier neuen Sinn: *Und Gott schuf den Menschen* an *seinem Bild*, am *Bild Gottes schuf er ihn*. Zweierlei wäre damit über die Stellung des Menschen innerhalb der Schöpfung gesagt. Zum einen sind an Fraktalen die dem Ganzen ähnlichen Teilbereiche (Bilder) kleiner als das Ganze und normalerweise an der Peripherie angesiedelt, der Mensch also nicht notwendig Mittelpunkt oder Krone der Schöpfung, zum andern wäre das "an" zu überdenken: in meiner - zugegeben philologisch freien - Übersetzung müßte nicht zwingend von einer *besonderen* Ähnlichkeit zwischen Gott und Mensch ausgegangen werden. Damit wäre auch jedes anthropomorphe Gottesbild in dem Sinne hinfällig, daß ja über den Zusammenhang zwischen Gott und Mensch nur noch eine topologische, aber keine als die Form betreffend aufzufassende Aussage gemacht würde.

Im Bild der fraktalen Menge ist trotz ihrer Verschiedenheit keiner der Teile vor einem anderen ausgezeichnet.[52] Sowohl Menschen untereinander wie Mensch und Schöpfung sind also gleichberechtigt. Andererseits ist aus dem Bild heraus keine besondere Beziehung Gottes zu den Menschen abzuleiten noch in ihm anzuweisen, die doch - in der einen oder anderen Form - Grundbestandteil jeder Religion ist.

Wird der Mensch als a priori dem Bereich Gottes zugehörig angesehen, so wird auch das Böse im Menschen problematisch; hier versagt das Bild seinen Dienst als Modell. Immerhin wäre durch die Position des Menschen am Rande der Schöpfung der Kontakt mit dem Nicht-Göttlichen gegeben.

---

[51] Gen 1,27a in der Verdeutschung von Martin Buber und Franz Rosenzweig, *Die Schrift*, Bd 1: Die fünf Bücher der Weisung, Darmstadt 1988, 11.

[52] Es muß darauf hingewiesen werden, daß es ebenfalls möglich ist, den Menschen *als* (ausgezeichnetes) Bild Gottes aufzufassen, ohne das Modell fraktaler Unendlichkeit verlassen zu müssen. Die Wahl der hier gegebenen Sicht benötigt also das exegetische Zusatzargument.

9. Ekklesiologie und Ökumene

"'Our citizenship is in Heaven'; yes, but that is the model and type for your citizenship upon earth."[53]

Im fraktalen Bild wäre die Kirche wohl am ehesten ein bestimmter, aber nicht genauer definierter Teil des (Schöpfungs-)Ganzen. Dieser Teil müßte dem Ganzen ähnlich sein und doch wiederum aus kleineren, ebenfalls ähnlichen Teilen bestehen. So kompliziert das klingt, ist es doch bei fraktalen Mengen eine gewöhnliche Erscheinung. Allerdings ließen sich beliebig viele solche Teile finden, die alle dem Ganzen ähnlich sind, und keiner dieser Teile könnte für sich beanspruchen, ein höheres Maß an Ähnlichkeit zu besitzen.

Außerdem wäre der Unterschied zwischen "der Kirche" und "den Kirchen" nur durch den Betrachtungsmaßstab gegeben, denn alle Kirchen zusammengenommen könnten durchaus eine Struktur bilden, die der jeder einzelnen Kirche ähnlich ist.[54] Bei einer Maßstabsveränderung in der anderen Richtung, also zum Kleineren hin, wäre die Gemeinde ganz selbstverständlich ein Bild der Kirche im ganzen. Die altkirchliche (und orthodoxe) Theologie der Ortsgemeinde als Kirche im Vollsinn würde hier in eine neue Perspektive gestellt.

Auch die begriffliche Unterscheidung von ecclesia visibilis und ecclesia invisibilis kann veranschaulicht werden, da zu einer Gruppe von voneinander separierten Teilen der fraktalen Menge (visibilis) sowohl weitere Teile als auch singuläre Punkte (invisibilis) gehören können; die Gruppe verfügt über keine zwingende, selbstverständliche Definition ihrer selbst. Von einer solchen Definition und vom Betrachtungsmaßstab hängt aber die Wahrnehmbarkeit von Zugehörigkeit ab.

10. Zusammenfassung

"Und an diesem Punkt mußt du so weit sein, daß ich dich habe, daß du den Schauder der unendlichen Allmacht Gottes verspürst, die jede Ordnung der Welt zunichte macht."[55]

---

[53] T.S. Eliot, *Collected Poems* 1909-1962, London 1963, 167.

[54] Entsprechendes gilt für Religionen überhaupt, die ebenfalls voneinander nur durch den Maßstab unterschieden wären. Beziehungsreich ist hier Schleiermachers fünfte Rede: "Über die Religionen", in: ders., *Über die Religion.* Reden an die Gebildeten unter ihren Verächtern, Hamburg 1958, bes. 132f.

[55] Umberto Eco, *Nachschrift zum 'Namen der Rose'*, a.a.O. (Anm. 9), 59.

Auch wenn gezeigt werden konnte, daß die Rede von Gottes Unendlichkeit, um neue semiotische Urteile bereichert, ganz unerwartete Konnotationen hervorruft, muß doch betont werden, daß das Bild nicht alles umfaßt. Nur mit großer Mühe würden Begriffe wie Liebe und Gerechtigkeit, werden Christologie und Eschatologie eingepaßt werden können. Aber das hieße auch, den Begriff /unendlich/ zu sehr zu strapazieren. Durch eine Auseinandersetzung mit den Unendlichkeitsgedanken der Mathematik, die viel gründlicher sein müßte als dieser Artikel sein konnte, könnten allerdings weitere theologische Sätze neu hergeleitet werden.

Allerdings muß auch hier immer bedacht werden, daß die Unendlichkeit Gottes letztlich *postuliert* ist[56] und eine Modellvorstellung darstellt. Wenn das, was das Modell beinhaltet, verifizierbar ist, dann darf das Modell als geeignet angesehen werden. Es zeigt sich aber, daß vieles nicht verifizierbar ist, uns das Referens nicht zugänglich ist, und somit die Eignung des Modells nicht entschieden werden kann. Solange aber der theologische Unendlichkeitsbegriff nicht genauer definiert ist, kann die Theologie aber eben auch nicht ablehnen, daß das Signifikans /unendlich/ im Gebrauch um weitere Konnotationen bereichert wird, die ihr bisher fremd waren.[57]

Der Bereicherung der theologischen Denkweisen steht aber zugleich auch eine Beschränkung gegenüber. Es muß vermieden werden, sich zu sehr auf *eine* Vorstellung der Unendlichkeit Gottes festzulegen. Dies sollte auch hier nicht geschehen. Das Unfaßliche Gottes liegt auch darin, daß er nicht von einem menschlichen Bild vollständig dargestellt werden kann.[58]

Die Grundfrage, an der sich entscheidet, ob die Rede von der Unendlichkeit Gottes, die die Endlichkeit der Welt umfaßt, überhaupt angemessen ist, ist allerdings schon immer die, die Umberto Eco seiner Romanfigur William von Baskerville in den Mund legt: "Es fragt sich, ob es überhaupt Teile gibt, und es fragt sich, ob es ein Ganzes gibt."[59]

---

[56] Paul Tillich, *Systematische Theologie*, a.a.O. (Anm. 34), 223.

[57] Die Scheu vor dem Ungewohnten stünde der programmatischen Forderung im Wege, die Paul Schulz aufstellt: Theologen sind verpflichtet, "angesichts des völlig neuartigen naturwissenschaftlichen Weltbildes, Gott neu zur Sprache zu bringen." (Paul Schulz, *Ist Gott eine mathematische Formel?* Ein Pastor im Glaubensprozeß seiner Kirche, Reinbek bei Hamburg 1979, 44f.)

[58] So wäre zu prüfen, ob das sprachliche und hier eben auch mathematische Bild nicht gegen das zweite Gebot (Ex 20,4-6; Dt 5,8-10) verstieße, wenn es nicht mehr erlaubte, sich "zu verlieren im endlosen formlosen Abgrund der stillen wüsten Gottheit" (Umberto Eco, *Der Name der Rose*, München/Wien 1982, 17).

[59] Ebd., 89.

Walter Magaß

Substitutionen am Himmel
Neun semiotische Bagatellen

1. Die Depotenzierung: Gen 1, 14   2. Die Restfunktionen der Beobachtung. Ps 104, 19: tempus, templum, Kalenden   3. Tafelwechsel: Vom lesbaren Himmel zur lesbaren Scriptura   4. Der Wechsel vom Buch zum Gesicht   5. Die Diskreditierung der Kosmosargumente   6. Christus und Maria als Erben der Signifikanzen   7. Sterne als liturgisches Dienstpersonal   8. Von der Deutung zur Berechnung   9. Von der Liturgie zur Distanzierung

"Die Jahreszeiten Frühling, Sommer, Herbst und Winter lösen einander in Frieden ab."
(1. Clemensbrief 20, 9)

Einleitung

Ein langer Weg wird in der Bedeutungsgeschichte von Sonne, Mond und Sternen zurückgelegt. Vom lebendigen Wesen zum beförderten Gottkönig; vom tätigen Chormitglied bis zum irrenden Planeten, vom leuchtenden Stern zum erzählbaren Konstrukt; ... vom tätigen Helden bis zur verdampfenden Masse handeln die vielen Geschichten und Auslegungsweisen des Schulbetriebs und der Kirche, handeln die verstehenwollenden Geschichten des Lukian über die Mondfahrt, handeln die erklärenden Auslassungen Platos im "Timaios".

Wenn wir hier die biblische Auslegungsgeschichte zugrundelegen, dann ist das eine zeitliche Erstreckung von über 1200 Jahren Traditionsgeschichte; darüber hinaus können uns auch Aratos und Platon, Augustin und Ambrosius gute Begleiter für die Fragestellung der *Alterität* sein. Denn erst die vielen Profile der Andersartigkeit provozieren unsere Blickweise, unser Fragen und Forschen. Es gibt - und das mag manchem skandalös sein - viele Blickweisen auf den Himmel: den theoretisch-staunenden Blick, den fragend-deutenden Blick des Hermeneuten, die berechnende Blickweise des Zählens und Messens. Heute werden oft Instrumente in den Dienst des Beobachtens genommen.

Wir wollen hier die immense Arbeit der Ausleger aufzeigen, die mit Text und Wortbildung sich zu distanzieren suchen, die mit den Maßgrößen Sonne und Mond (auch) überschaubare Maße in die Lebenswelt setzen, mittels Bild und Konfiguration übersetzen: vom Schrecken zur Lesbarkeit! Das astrologische Deuten war ja nicht ein lebensferner Vorgang, sondern eine Verständnishilfe für Saat und Ernte, für Reisen und Kriegführung; für Deixis und

Deutung war Zeus mit seinem Tun allgegenwärtig, ruft er doch die Menschen zur Arbeit. So in der Einleitung der "Phainomena" des Arat: "... Er *zeigt* den Menschen das Rechte."[1] Hermeneutik ist ursprünglich eine magistrale Pragmatik, gegeben als *munus* reihum. Und zwar für die Feste, an denen man sich vergewissert über den gemeinsamen Weg mittels der lesbaren Zeichen am Himmel. Zu solcher Rettung der Lesbarkeit wollen die "Phainomena" des Aratos auch verstanden werden: "denn er selbst hat die Zeichen am Himmel aufgepflanzt ...". Ordnung in die Lesbarkeit zu bringen und die Lesbarkeit der Himmelsphänomene aufrechtzuerhalten durch deutende Distinktionen, das haben sich im Alten Orient Könige und königliche Beamte immer angelegen sein lassen. Dazu gehörten Muße und Schriftkenntnis, Kenntnis der Überlieferung und der technischen Instrumente.[2]

1. Die Depotenzierung: Gen. 1, 14.

Es macht den Theologen besonders nachdenklich, daß im Schöpfungsbericht Gen 1, 1-31 ohne jede Dramatik die großen Sterne *Leuchten* und *Zeichen* genannt werden. Sie werden auch nicht mit anbetungswürdigen Attributen als Schamasch oder Jareach (Mond) vorgestellt. Gerade dieser Abschnitt Gen 1, 14f. trägt alle Züge einer priesterlichen Pragmatik: Das *Woher* eines Phänomens wird genannt, die einzelnen *Segmente* und *Funktionen* der "Lichter": Tag und Nacht; die Aufgaben: Herrschen, Leuchten, Trennen.

Depotenzierung, d.h. hier eine Entmächtigung in der Hierarchie der Zeichen. Die Erzählbarkeit der Schöpfungsgeschichte in den Rahmen von sieben Tagen haben die Sonne und den Mond an die Satzstelle des vierten Tages gebracht. Im erzählenden Nacheinander haben die Himmelsphänomene ihren umschreibbaren Platz mit einer Aufgabenanweisung bekommen. Jussiv und Imperativ zeigen hier sowohl das Ordnungsbedürfnis der Herrschaft und das Muster des Hofzeremoniells: Jussiv, Auftritt, Funktion, Einpassung, Erledigung. Die Welt und ihre Ordnung sind hier schon ein aufzählbares Kontinuum und sind mit ihren referentiellen Zeichen als ganzer Text lesbar.

Naturgesetz ist wohl nicht der rechte Ausdruck, aber Sonne und Mond in einen erwartbaren Horizont zu stellen und ihre *rekurrenten* Tätigkeiten zu nennen, macht die sogenannte Schöpfung alltagsplausibel und theologieverträglich. Daß die Sterne, die Sonne und der Mond zu Zeichen werden, setzt voraus, daß sie schon lange zu Erzähl- und Argumentationsgrößen geworden sind. Sie werden zitiert als Dienstgrößen, Zeiteinteiler und als *lokale* und

---

1 Arat, *Phainomena* 5.

2 Aristoteles, *Metaphysik* I, 981 b 24.

universale Leuchten. Die Natur wird als "Hof" verstanden; der Hof wird geordnet, indem er durch Tempus, Segmente und Aufgaben imperativisch auf die Reihe gebracht wird. Indem Sonne und Mond syntaktisch gezähmt und pragmatisch *diensttüchtig* gemacht werden, wird deutlich, daß intensive Beobachtung und extensive Aufzählung in der Weisheit diese Leuchten zu Abstraktionsgrößen gemacht haben.

Götter werden Zeichen - und der Text deckt es auf feine Weise zu. Gotthelden werden vielfältig *verwendbar* als Zeichen und die priesterliche Pragmatik spielt diese Vielfalt ein. - Wie wird ein Himmelskörper zum Zeichen?

Wenn Sonne und Mond lange als Legitimationsgrößen benutzt werden, wenn sie lange genug als Beobachtungsgut und als Memorat gelernt werden, dann werden sie zur Anschluß- und Spielfigur eines kollektiven Gedächtnisses.

Erst wie ein Held laufend, dann zur Gasmasse kumuliert. Die Geschichte wird zur Blick- und Distanzgeschichte. Irritationen sind dann die Folge! Mit anderen Augen - so heißen die vielen kulturellen Phänomene. Hellmuth Plessner hat Erhellendes dazu gesagt.

2. Die Restfunktionen der Beobachtung. Ps 104, 19: tempus, templum, Kalenden

"Du hast den Mond gemacht, das Jahr danach zu teilen." (Ps 104, 19)
(frz.: "Il a fait la lune pour marquer les temps.")

Es gilt nun, der Eingangsthese der Depotenzierung noch mehr Umschreibung und Deutlichkeit zu geben. *Mond*, *Monat* und *Messung* sind auf dem Sprachfeld als Bedeutungskonstrukte benachbart.

Beobachten und Einteilen sind Vergewisserungen für den Festkalender und den Arbeitsalltag: *Wann beginnen* wir, wann *kommen wir zusammen*? Die hebräische Vokabel "Moëd" bedeutet sowohl Festversammlung, Übereinkunft, Zeiteinteilung, also marquer les temps ... Zeit ist im kulturanthropologischen Sinn eingeteilte Zeit, eingeteilt für Festrekurrenzen und für alltägliche Arbeiten, die regelmäßig anfallen, die regelmäßig erledigt werden müssen.

Tempus und templum geben schon etymologisch die Gewichtigkeit eines locus liberatur et effatus für Beobachtung und Deutung zu. Allein für die Beobachtung und Deutung müssen Räume und Zeiten freigehalten werden für Feste, Versammlungen und die Wiederholung der gemachten Beobachtungen.

Die priesterliche Schöpfungsgeschichte hat schon eine lange Überlieferungsgeschichte mit Präventivzensuren hinter sich; die Folgen sind *geordnete* Feste und Kalender, überprüfte Beobachtungen und (strittige) Deutung der Mond- und Himmelsphänomene. Die Schöpfungsgeschichte ist exemplarisch für Einteilungen: Weltsegmente, Tageszeiten, Wochentage, Licht und Finsternis usw. Das priesterliche Tun für tempus und templum ist auch Einteilen: Opferportionen, Gaben; Festtage, Arbeitstage. Die immer weitere Einteilung der Zeiten (Rationalisierung!) hat über die Himmelsleuchten auch die Lebensführung im Sinn. Mond und Mondphasen werden *beobachtet* und *markiert* auf traditionelle Maße; nach der Beobachtung werden sie verglichen und gedeutet, gedeutet im Feld von Festversammlung und Übereinkunft; d.h. wie ein Text: gelesen, verglichen, exegesiert, kritisiert.

Die Zeiteinteilung wird theologisch begründet und pragmatisch geübt, sie wird im Dienst der Leiturgien immer mehr verfeinert und semiotisch für andere Bedeutungsträger verständlich gemacht, d.h. lesbar gemacht für Differenzen, Devianzen und Symptome.

Wer lange beobachtet, legt sich zeitliche und räumliche Beschränkungen auf. Auch für Kalendermacher, für tempus und templum gilt die alte politische ekklesiale Auslegungsregel: Amtsträger sind zuständig für die Auslegung der Zeichen, Amtsträger werden so Bedeutungsträger. Priester machen sich und die Schüler tüchtig für die Lesbarkeit der Phänomene: für die Bedeutung der cursus siderum, für Devianzen und Aberrationen. Solche Lektüre bedarf der Freiheit von Alltagsbedürfnissen. Was für die Spekulation zutrifft, gilt auch für die Zeiteinteilung, sie ist *non humana, sed divina* (Thomas von Aquin).

3. Tafelwechsel: Vom lesbaren Himmel zur lesbaren Scriptura

Zeichen können *verträglich* und anschließbar gemacht werden, ebenso können Zeicheninventare als lesewürdig miteinander konkurrieren. Geben die Zeichen von Sonne und Mond zu wenig Verläßlichkeit, so bekommen die Hermeneuten Konkurrenten in den Lehrern, die Schriftbesitzer sind. Sie memorieren und zitieren die Schrift; die Geschichten der Väter sind so komprehensiv, daß sie die Himmelsgestalten in die Les- und Lernbarkeit einbeziehen.

Sonne, Mond und Sterne werden *im Text* gleichgeschaltet; sie bekommen im Psalter Aufgaben für das Gotteslob, Aufgaben für die Weltauslegung des Volkes Gottes; d.h. Sonne und Mond werden zum Argument der Schriftgelehrten. Sie werden disponibel gemacht für die Argumentation der Schriftgelehrten.

Gerhard von Rad sieht diese textliche Einbeziehung der enteigneten Himmelskörper durchaus, wenn er im Kommentar zu Gen 1, 14 die Gestirne als Kreaturen, in die Schöpfung eingefaßt, nimmt: "Der Ausdruck 'Lampen' ist gewollt prosaisch und degradierend." Gott hat mit seinem Wort ein *neues* "firmamentum auctoritatis super nos in scriptura" ausgespannt. Augustin hat in den Confessiones XIII, 16-18 auf eindrückliche Weise den *neuen* Schrifthimmel als Überbietung geschildert. Die Heilige Schrift ist von "sublimior" Autorität als der Sternenhimmel, denn das weisende Licht des Wortes Gottes strahlt belebend und erweckend bis in die Herzen der Menschen; Licht gegen Licht! Es ist eine Vorlaufphase von "la lumière!" Die Kirchenväter haben in vielen Traktaten - besonders in den Hexaëmeron - dieses Werk der *Umbesetzung* vorgenommen: Die Kirche *beerbt* den Mond, Jesus Christus die Sonne.

Die vielfältigen Entsprechungen der Lunartheologie von Wachsen, Sterben und Auferstehen sind als Christi Liebe, Sterben und Leben in Christus, christologisch und ekklesial appliziert worden.[3] Die Leistungen der Alten Kirche liegen nun darin, daß sie die kosmischen Referenzen der alten Lunarmystik und die Christusaussagen anschließbar und verständlich gemacht haben.

Diese Ersetzung dauerte 300-400 Jahre: Christus, das Licht der Welt; die Apostel, als Licht in der Welt; die Lehrer werden leuchten wie die Sterne am Himmel. So schon Dan 12, 3. Die Heilige Schrift bekommt mit ihrer Profunditas die vielen Leseleistungen der Zeichenleser zu spüren. Was für die Heilige Schrift die Hermeneutik, das wird für den Himmel die Meßbarkeit. Bessel und Argelander sprachen nun von der "Uranometria" und der "Bonner Durchmusterung" 1843.

4. Der Wechsel vom Buch zum Gesicht

Der Sternhimmel wird als Bedeutungsträger überboten durch die dichtere und sublimere Schrift, die Heilige Schrift andererseits wird überboten vom Vollendungsgesicht Gottes: "Wir werden Ihn sehen wie er ist" (1. Joh 3, 2).[4]

Dahinter steht die Frage: Wenn der sichtbare Himmel aufgerollt wird wie ein Buch, wenn die Gestalten vor unseren Augen aufscheinen und verschwinden - welche Konfiguration ist dann theoriewürdig? Die Engel können lesen und auswählen, was sie lieben. Sie betrachten nicht mehr den Sternhimmel, sondern Gottes Angesicht. "Semper legunt et numquam präeterit quod legunt." Wir werden engelgleich sein. So wie Jesus einmal das Buch geschlossen hat (Luk 4, 20), so kommt mit der Erfüllung vor Gottes Angesicht auch die Depotenzierung des Schriftbuchstabens zum Vorschein. In rhetorisierter Weise spricht Augustin vom Verschwinden der lesbaren Zeichen: transeunt … transeunt … Die Wolken verschwinden … die Prediger gehen … Himmel und Erde werden vergehen. Die erleuchtende Erfüllung strahlt von der Quelle des Angesichts Gottes: "In deinem Licht sehen wir das Licht" (Ps 36, 10).[5]

Was können wir hier lernen? Zeichen sind nicht substanzialistisch zu lesen, sondern sie sind Konkretionen einer ausgelegten Welt und stehen immer im

---

3 Hugo Rahner, "Mysterium Lunae", in: ders., *Symbole der Kirche*, Salzburg 1964, 91-175.

4 Vgl. Augustin, *Confessiones* XIII, 18.

5 Vgl. ebd., 19.

Zusammenhang einer hermeneutischen Deixis und Deutung; als eine tätige und reflexive Übereinkunft.

Zeichen sind eben zeige- und deutungsbedürftig, sie werden im Modus der Anknüpfung aus *alten* Geschichten genommen und isoliert, mit neuem Profil in die Applikation gegeben. Das Besondere von Gen 1, 14 ist schon die totale Reduktion der Phänomene auf den Deixis-Charakter: Lampen für Gottes Welt, Sonne und Mond als Lichter für Gottes Schöpfung. Was gibt nun die Seligkeit?

Die Theorie geht ursprünglich auf den Kosmos, dann auf Buchkonkretionen, schließlich auf Gottes Angesicht. Zeichen sind eben Verweisgrößen im Dienst - und nicht Genußgrößen mit Glücksversprechen. Sie sind im Uti-Kontext zu sehen, nicht im Frui-Feld.

Die große Leistung: Sind Zeichen erst einmal als disponibel begriffen, werden sie ständig übersetzt. Vom Kosmos auf die Christologie, vom Schulbetrieb der Antike auf die Kirche. Lehrer im Tauschvorgang, Lehrer im Geben und Nehmen, im *commercium spirituale*.

5. Die Diskreditierung der Kosmosargumente

Wann werden Sonne und Mond als Argumente nicht mehr vorgebracht? Die Ferne und Unerreichbarkeit machen die Himmelsgrößen fast unerheblich; frei für den spielerischen Gebrauch. Solange das Schmuckargument noch allgemein schulisch tradiert wird, die Lobtechniken des genus laudativum bekannt sind und für die Aneigunung und Weitergabe noch geübt werden, solange sind auch die biblischen Argumente für Gottes Schöpfung allgemein abrufbar: Sie werden gelernt, memoriert, repetiert und dann zu disponiblem Wissen. Im Hellenismus und in der Kaiserzeit gehören Sonne und Mond zur Ausstattung der *herrschaftlichen* Weltauslegung. Proportionen und Zahl sind Garantiequalitäten einer weise "geordneten" Welt: "Es ist alles nach Maß, Zahl und Gewicht geordnet" (Sap 11, 21). Im Laufe der ersten christlichen Jahrhunderte geht die ablesbare Ordnung vom Kosmos auf die sophia Gottes über. Die Weisheit beerbt die Proportionalitätsästhetik als auch die städtische Übersichtlichkeit der guten Taten Gottes; man kann Lohn und Prämien sapientiell überprüfen.

Wenn die Sonnenfrömmigkeit die Fremdheit in den Lebensgeschichten nicht mehr tilgt, dann mußten biblische Licht-Anschlüsse zu neuer Lesbarkeit verhelfen; Hugo Rahner zählt in "Mysterium Lunae" für die Rezeption der Patristik aus dem Psalter besonders Ps 72, 5.7; 104, 19, 121, 6 und 136, 9 auf.[6] Wenn die Lunarmythologie nicht mehr hilfreiche Aussagen für das ge-

[6] Hugo Rahner, "Mysterium Lunae", a.a.O. (Anm. 3), 95ff.

meinsame Leben erbringt, dann mußten aus den biblischen Überlieferungen für die Kirche und die Theologie neue Mondverträglichkeiten aufgebaut werden. Wenn Zeichen nur noch da sind und kaum noch neue Verständnisse aufzubauen vermögen, dann erschlagen sie die Betrachter mit ihrer Unverständlichkeit. Der Vorgang des Bedeutungsentzugs ist zehrend und dann tödlich.

Die Alte Kirche hat im Laufe von 400 Jahren die Kosmosargumente christologisch bzw. mariologisch ersetzt und christologisch rekonstruiert. Zerstören und Beseitigen von Bildern und Bedeutungen ist nur für kurze Zeit möglich; die amtlich bestellten Ausleger bringen dann bald wieder offene oder versteckte Anknüpfungstechniken ins Spiel. Die hermeneutische Devise lautet: beerben und verwandeln! Literarisch bekannt als: plündern und verdecken! Denn neue Signifikanzen werden beargwöhnt und verleumdet - und so schaffen in der Alten Kirche die Kirchenväter die neuen Verständnisse mit alten Beständen. So besonders in den "Hexaëmeron" und in den "Clavis Scripturae" des Eucherius von Lyon.

Augustin zeigt die ganze Widersinnigkeit der Neugierde auf die kosmologischen Bestände: "Das Wissen um den Lauf der Sterne kümmert mich so wenig, wie meine Seele jemals eine Antwort auf den Schatten fordert." Die Verläßlichkeit einer Weisung hört Augustin im Wort Gottes: "Du warst innen, und ich außen, und ich suchte nach dir draußen ..."[7] In der Weltfrömmigkeit treibt die Neugierde den Menschen in die concupiscentia oculorum - und dabei kommen sie sich selbst abhanden, sie verlieren sich selbst.

6. Christus und Maria als *Erben* der Signifikanzen

Ob es die Geburt der "Weihnachtssonne" ist oder die Präsenz des Auferstandenen als "Sol Justitiae" in seiner Kirche, die Kirchenväter nehmen an Weihnachten und Ostern die überkommene Sonnenfrömmigkeit auf und applizieren Aufgang und Untergang der Sonne auf Christi Menschwerdung und Tod. So Maximus von Turin:

> "Denn mit dem Aufgang des Heilands erneut sich nicht nur das Heil für das ganze Menschengeschlecht, sondern es erneut sich auch der helle Glanz der Sonne. Wenn sich die Sonne verfinstert beim Leiden Christi, dann muß sie heller als sonst leuchten bei seiner Geburt."[8]

---

[7] Augustin, *Confessiones* X, 56; X, 38.

[8] Hugo Rahner, *Griechische Mythen in christlicher Deutung*, Darmstadt 1966, 136.

Die Fülle der Solar- und Lunaranschlüsse machen die vielen missionarischen Applikationen deutlich: Die tägliche Evidenz und die Kenntnis der Geschichten als Schulstoff bringen die Christusbotschaft in das Syntagma plausibler bzw. wunderbarer Phänomene. Die Liebe und das Sterben Jesu werden ebenso mit dem Verschwinden des Mondes und seines Wachsens erklärt wie Marias Glaube und die Geburt des Kindes mit dem Gang des Bräutigams aus seiner Kammer (so aufnehmend Ps 19, 6).[9]

Was uns heute so nachdenklich macht, ist die vielfältige Anschlußdichte kosmischer und mariologischer Aussagen. Beide waren mit Signifikanten präsent im Hofzeremoniell. Aula regis aeternae war sowohl die königliche Halle als auch der Leib der virgo, der semper virgo Maria.[10]

Zeichen können als Konfigurationen auch nebeneinander in den Kultursegmenten syntaktisch "laufen"; dann beginnen aber in der Fach- und Umgangssprache Verdrängung und Tilgung, Verstellung und Funktionslosigkeit. An einigen Tieren des "Physiologus" mit Christusreferenzen (Pelikan, Storch, Adler) kann man die Symbolkonkurrenz sehen, ihre epochaltypische Konjunktur, ihre bildpublizistische Offensive, ihr Überholtwerden und Verschwinden. Seit dem Spätbarock wechselt die Christusparadigmatik alle 30 Jahre die Kleider, Texte und Textilien: vom Königsmantel zum Havanna-Look! Ehrenkönig, Bruder, Volksfreund, Reformer, Wanderer, Prolet, Besprisorny, Radikaler - meist jung und gut, meist radikal. Mit Maria ist es symbol-imperial nicht anders: Marien-Lexikon und "Sylva Allegoriarum" verzeichnen über 5000 Anschlüsse für Steine, Tiere, Pflanzen, Blumen, Farben und Referenz-Gestalten.

Die Dichtung der Völker hat sie auch durch die Parodien geschickt, sie zur "generosa generalis" gemacht, zur Attraktion in integrativer Absicht. Dabei hat sie noch biblische Präfiguren und unerkannte Berufene, Johannas und "Jennys" aus der Mondstadt Jericho. Bert Brecht wußte, daß Rahab aus Jericho eine Retterin war, eine *castra meretrix*, eine Vorfahrin der Maria und der Seeräuberin-Jenny.

7. Sterne als liturgisches Dienstpersonal

Die Winde haben ihr Standquartier, die Sterne ziehen im "Choros" über den Himmel; ohne Abweichung, ganz der Anordnung Gottes gehorchend. Selbst das unbotmäßige Meer bleibt nun limitiert und gezähmt in seinen Grenzen. "Bis hierher sollst du kommen und nicht weiter" (Hiob 38, 11). Die Ketzer-

---

9 Vgl. Hugo Rahner, "Mysterium Lunae", a.a.O. (Anm. 3), 149.

10 So seit Damasus (I, 384).

polemik der Amtsträger hat vom 1. Clemensbrief an bis ins 19. Jahrhundert immer mit dem Kosmos-Argument gearbeitet. Aufsässigkeit mit Eifersucht und Neid sind die Gründe der Unordnung. 1. Clem 20, 1-11 macht uns das sogenannte Naturverständnis der Alterität deutlich: Die sichtbare Welt ist geordnet nach einem imperialen Herrschaftsmuster. So wie Leiturgien, Choros und Eranos, das gemeinsame Leben nach Reihendiensten in der Stadt ordnen, indem die Bürger mit ihren Leistungen und munera sich in die städtische Ordnung stellen - so wird in 1. Clem 20 auch der "Choros der Sterne" als Beispiel der vorbildlichen Taxis genannt.

Der Chor ist als Band und Kette eine *Ringform* der Erziehung; Platon sagt in den "Nomoi": Ohne Chor ist man ohne *paideia*![11] *Harmonia mundi* beruht auf dem Nexus und der Sympathie der Natur. Die Dienstfähigen wissen sich im vinculum caritatis, im Geben und Nehmen so verbunden, daß so der fundierende Friede Gestalt gewinnt (Eph. 4, 3. Kol. 3, 14).
Der Chor der Sterne macht deutlich, daß selbst oben am Himmel die Himmlischen und unten auf der Erde die winzigen Tiere in "Eintracht" zusammenkommen. Die alte römische Propagandaformel *ὁμόνοια* = concordia war u.a. auch ein Herrschaftsinstrument unter den verschiedenen Völkern. Herrschaftsformeln werden zu Zeichen - und Zeichen werden herrschaftlich gebraucht.

Eintracht unter den Naturelementen ist eine metaphorische Redeweise, ist eine Argumentation gegen den ruinösen Pluralismus der sich streitenden Gemeindeglieder (auch gegen die Abschweifungen der Besonderen!). Sich einfügen, einordnen, festbleiben; sich nicht behindern, nicht abschweifen; sich ablösen, unterstützen und zusammenbleiben - all diese Verben werden aus dem sozialen in den Natur-Text übertragen. Taxis am Himmel und auf der Erde! So der Gang der Argumentation gegen die aufsässigen Neider, die ihren Dienst und die *munera* nicht begriffen haben.

8. Von der Deutung zur Berechnung

Erst ist die erzählte Geschichte da. Dann werden in der Geschichte erklärungsbedürftige Bestände und Worte isoliert und besonders kommentiert. Sie werden mit anderen Worten, Kontexten, verglichen und erklärt. Träume und stellare Phänomene und rätselhafte Texte sind die in den biblischen Texten am meisten verglichenen und gedeuteten Bestände. Josef deutet den Beamten in Ägypten die Träume; Daniel liest und deutet die fremde Schrift an der Wand. Die Männer sagen: "Es hat uns geträumt und es ist niemand da, der es uns auslege" (Gen 40, 8.12; Dan 5).

---

[11] Platon, *Nomoi* II, 653 D ff.

Deutung und *Auslegung* sind die üblichen Verständnishilfen der Eingeweihten für die Uneingeweihten, der Fortgeschrittenen für die Anfänger. Die Teleioi helfen den Pneumatikern, diese den Psychikern. Der alexandrinische Schulbetrieb hatte im Lauf der Jahrhunderte für den lesenden Umgang philologische Instrumente bereitgestellt. Die vier Schritte: Lektüre, Vergleich, Exegese, Krisis. Deuten ist ein Gegensteuern gegen die Übermacht des Fremden. Der Schrecken der himmlischen Phänomene verlangt nach dem deutenden Sedativ, der Terror der psychischen Figurationen ruft nach dem Gesprächspartner in Fragen und Antwort. Belsazar sieht die fremden Schriftzüge und fragt nach dem hilfreichen Übersetzer. Wenn aber auch die Begleiter und Übersetzer hilflos sind angesichts der vielen Inventare, Tafeln und Konstellationen, - dann steht der *Rechner* an der Schwelle der Zeiten.

Er hat eher die Maße der Kalkulatorik im Sinn: Er beginnt die Häufungen, die Häufigkeiten wahrzunehmen; er dreht die Fragerichtung um: Er fragt vorrangig nach den *Ursachen* und versucht durch kunstvolle Anordnungen das Ursachenfeld in Segmente immer dichter zu zerlegen. Isolierung und Analyse der Phänomene sollen mit Zahlen die Dinge aufschließen.

Francis Bacon gibt 1620 für diesen Wechsel der Fragestellung die Regeln des Arbeitens an: Arbeiten und nicht Lesen; Fabriken und nicht Bibliotheken sind die Rechen-Orte.[12] Sich selbst und sein Deuten-Wollen sollte der Untersuchende zurückstellen: de nobis ipsis silemus = Von uns selbst sollten wir schweigen! Die Zeichen sind meistens Gestalten vieler Abstraktionsgrade; die Recheninstrumente werden immer genauer und reflexiver. Denn die Rechengrößen sind im mathematischen Sinn Konstruktionen des Verstandes, wie Kant sagt.[13] Intensität und Relation werden die neuen Verständigungsgrößen. 1843 erscheint die "Uranometria nova" von Argelander. 400 000 Sterne zähle er für die Karten auf. Der Himmel wird nun gezählt und gemessen in der sogenannten "Bonner Durchmusterung".

9. Von der Liturgie zur Distanzierung

Alles Einzelne bringt der Mensch letztendlich zusammen, alles Stumme und Tote fügt er zu "Bären und "Drachen", zu bild- und lesbaren Zeichen. Selbst am nächtlichen Himmel können wir unsere fabulatorische Kraft mit den Augen sehen; wir machen Bilder und Geschichten, am tiefsten sind wir amatores fabularum, wie Aristoteles sagt.

---

12 Vgl. Francis Bacon, *Novum Organon*, Berlin 1968.

13 Immanuel Kant, *Kritik der reinen Vernunft*, Leipzig 1979, 744f.

Am Anfang sind es Bilder, am Ende Formeln. Nach dem anfänglichen Druck zur Bildreduktion mit dem Ziel der Einbeziehung vieler Leser, wächst später die von vielen Lehrern tradierte und rezipierte Formel mit dem Ziel der Ausschließung der Leser. Vom sammelnden Bild zur konstruierten Formel, die wieder neue Zeichen generiert. Drei Thesen sollen das festhalten:

1. Der Theologe ist immer einer gewesen, der stark war in der Substitution der Zeichen. Pluralismus der Lexika.

2. Nur wenige können lesen. Die Theologen bringen alle festen Bestände dialogisch in Bewegung, polylogisch - mittels vieler *Transformationen*.

3. Zu lernen ist der Abschied - von alten Zeichen. Zu lernen ist der Gang in die Fremde, das *Verschwinden* von Sonne und Mond. Wir lernen Zeichen, um *resistent* zu sein gegen den Schrecken der Fremde.

III. Konsequenzen

Wilfried Engemann

Wie beerbt man die Dialektische Theologie?
Kleine homiletische Studie.

1. Heute noch dialektische Theologie? 2. Kontinuität bei Wahrung der Differenzen 3. Zum Charakter der Ambiguität 4. Homiletische Loci in einer geänderten Dialektik

1. Heute noch dialektische Theologie?

Wenn man sich "heutzutage noch" als Homiletiker kritisch mit den Grundsätzen der Dialektischen Theologie auseinandersetzt, wird man leicht verdächtigt, die Signale der "empirischen Wende" nicht vernommen zu haben. Da der theologische "Mainstream seit 20 Jahren weg[führe] von 'Thurneysen & Co'", sei es "anachronistisch", Prämissen-Debatten aufzuwerfen, die man "auf der Theorieebene" längst bewältigt habe. Und in der "Predigtpraxis" gäbe "es erst recht viele, die sich von den ... homiletischen Konzepten dialektisch-theologischer Provenienz ... längst nicht mehr leiten lassen"[1].

Diesem weithin anzutreffenden Unmut gegenüber neu inszenierten Debatten über die *Voraussetzungen dialektisch argumentierender Theologie* muß freilich folgendes entgegengehalten werden:

a) Die Predigtpraxis betreffend:

Es mag sein, daß sich aufs Ganze gesehen der Predigtstil geändert hat. Auf der Kanzel wird (im Sinne narrativer Predigt) mehr erzählt als früher, viele Prediger befleißigen sich einer persönlicheren, "authentischeren" Kommunikation, und viele Predigten haben ein deutlich Hörer-orientiertes Gefälle. Nach meiner Erfahrung hindert dies den Prediger jedoch im Einzelfall keineswegs daran, nolens volens Predigtwerke zu erstellen, die man eigentlich nur in einer Anwandlung von großer offenbarungstheologischer Kühnheit aufführen kann: Da werden Geschichtchen statt Geschichten erzählt, unbewußte Ängste in unbearbeiteter Erfahrung gespiegelt, platte Höhr-Gefälligkeiten aneinandergereiht; und so mancher scheint von solchen Behelfskonzepten zu erwarten, sie brächten - Gott allein mag wissen wie - die Botschaft an den Hörer. Der

[1] Ich zitiere hier aus einem sehr umfangreichen und anregenden Schreiben meines verehrten Kollegen Martin Germer, verfaßt im April 1990.

Barthschen, mit dem Kommunikationsgeschehen *Predigt* unvereinbaren These von "Einbahnverkehr" des *Wortes an den Menschen* folgen also auch Predigten, die in ihrer Theorie durchaus *nicht* "barthianisch" konzipiert sind.

b) Die Predigttheorie betreffend:

Dem Umstand, daß die faktische Wirkungsgeschichte der dialektischen Theologie unterschätzt, daß deren Erbe paradoxerweise durch eine ganz und gar undialektische Predigtpraxis angetreten und sicherlich nicht im Sinne Karl Barths verwaltet wurde, korrespondiert in der Homiletik ein nur selten bis an die *systematisch-theologischen Prämissen* herangeführter Bruch mit einem dialektischen Konzeptionalismus, in dem es "Gottes Wort in menschlichen Wörtern [einerseits] und Kommunikation [andererseits]"[2] gibt. Dabei wird wenigstens implizit vorausgesetzt, Gottes Wort gebe es vor bzw. außerhalb von Kommunikation.

c) Die dialektische Argumentation betreffend:

Der mehr und mehr in die Theologiegeschichte verlagerte Diskurs über die Strategien dialektischer Theologie, also letztlich die Identifizierung dialektischer Theologie mit der (nicht nur für die Kirche[3]) gewiß notwendig gewesenen Antithese gegen den Neuprotestantismus, hat natürlich nicht gerade das Verständnis dafür gefördert, daß Theologie auch *in ganz anderer Weise dialektisch argumentieren kann*. Genuin theologische und dialektisch anspruchsvolle Urteile erstrecken sich ja nicht nur auf den hehren Bereich theologischer Prolegomena, sondern sind auch für die (vom dogmatischen Standpunkten aus vielleicht etwas peripheren) Probleme homiletischer Entwürfe von Belang.[4]

---

[2] Henning Schröer, "Umberto Eco als Predigthelfer? Fragen an Gerhard Marcel Martin", in: *EvTh* 1 (1984), 60.

[3] Vgl. Koloman N. Micskeys umsichtige Einschätzung der Methodologie der Barthschen "Kirchlichen Dogmatik", in: *Die Axiom-Syntax des evangelisch-dogmatischen Denkens*. Strukturanalysen des Denkprozesses und des Wahrheitsbegriffes in den Wissenschaftstheorien zeitgenössischer systematischer Theologen, Göttingen 1976, 71-73.

[4] Ernst Rüdiger Kiesow hat sich mit dem *Dialektischen Denken und Reden in der Predigt der Gegenwart* befaßt (Berlin 1975), um unter diesem Thema einmal die "logisch[en], theologisch[en] und homiletisch-seelsorgerlich[en]" Probleme der Verkündigung anzugehen (vgl. ebd., 10 und besonders das ausführliche Resümee auf 76-78).

2. Kontinuität bei Wahrung der Differenzen

Wenn man verschieden Lehrbücher bzw. Kompendien der Systematischen Theologie einmal hinsichtlich ihres Verständnisses von "dialektischer Theologie" miteinander vergleicht, wird man einer recht einheitlichen Lexikographie gewahr: Namen wie Karl Barth und Emil Brunner, zeitliche Angaben wie "nach dem zweiten Weltkrieg" und epochale Charakterisierungen wie "Gegenbewegung zum Neuprotestantismus"[5] rangieren dabei an erster Stelle. So ist denn häufig auch einfach von *der* dialektischen Theologie die Rede, womit stillschweigend oder expressis verbis auf "Barth und die Folgen" rekurriert wird: auf ein bestimmtes Interpretationssystem, dessen Dialektik im wesentlichen an offenbarungstheologischen Grundbegriffen exerziert und somit in erster Linie auf fundamentaltheologische Aspekte des Verhältnisses zwischen Gott und Mensch bezogen wurde.

Die oben geäußerten Feststellungen haben nichts mit einem Zweifel an der Legitimität *solcher* dialektischer Theologie zu tun. Eher bahnen sie den Versuch an, in der *Kontinuität dialektischen Denkens* erneut an die Homiletik - mehr noch: an das Predigtgeschehen - heranzutreten und kompromißlos nach den unausweichlichen, unüberwindbaren, unumgehbaren Voraussetzungen bzw. Begleitumständen zu fragen, unter denen die Botschaft schließlich zustandekommt.

Betrachtet man einmal das Nachdenken über die "offenbarungsmäßigen" Voraussetzungen[6] von Verkündigung einerseits und über deren Gestalt(ung) andererseits - etwas schematisierend - als untere und obere Ebene homiletisch angemessener dialektischer Reflexion, so zeigt sich zwischen ihnen ein weites, theologisch höchst relevantes Feld: Die Bedingungen nämlich, unter denen zum einen dogmatische Prämissen jedweder Art im Predigtmanuskript zur Geltung kommen sollen, und die Wirkungen, die man zum anderen mit dem Entwurf einer Predigt verbinden mag, sind immer durch einen multisegmentären semiotischen Prozeß vermittelt, stehen also *per communicationem* miteinander in Beziehung. Mit anderen Worten: Ohne die theologische (und vor allem sozioreligiöse!) Relevanz einer im Barthschen Sinne dialektischen *Grundlegung der Predigt* bestreiten zu wollen oder die Frage nach dialektischem Denken und Reden im Predigtvortrag selbst (vgl. *Kiesow,* Anm. 4) zu vernachlässigen, geht es mir in diesem Beitrag um Aspekte, die die *Predigt als Kommunikationsgeschehen mit der ihm eigenen Dialektik* vergegenwärtigen.

Daß ein solchermaßen dialektisches Argumentieren etwas ganz anderes ist als der platte Versuch einer "Widerlegung der dialektischen Theologie", zeich-

---

[5] Vgl. Horst Georg Pöhlmann, *Abriß der Dogmatik,* Gütersloh 1973, 15.

[6] Vgl. Karl Barth, *Homiletik,* Zürich 1966, 32.

nete sich besonders deutlich auf einer Tagung ab, die vom 15.-17. März 1991 von der Evangelischen Akademie Hofgeismar unter dem Thema "Predigt als Kunstwerk - Kunstwerke in der Predigt" veranstaltet wurde. In einem Gesprächsbeitrag äußerte Henning Schröer dort den Eindruck, daß die semiotische Dialektik der ästhetischen Kommunikation als homiletisches Prinzip im Grunde (nur) eine Wiederaufnahme dialektisch-theologischer Denkschemata sei. Wenngleich die in dieser Schlußfolgerung angelegte Identifizierung der Dialektik der ästhetischen Kommunikation mit *der* dialektisch-theologischen Denkweise m.E. nicht sachgerecht ist, zeigt sie immerhin, daß der oben formulierte Gedanke bezüglich einer *gewissen Kontinuität* von *der* Dialektischen Theologie zur Dialektik der ästhetischen Kommunikation als homiletischem Prinzip keineswegs absurd ist.

Potentielle "Gegner" einer "Semiotischen Homiletik"[7] sind daher nicht zuerst die Vertreter *der* Dialektischen Theologie schlechthin, sondern die Praktikanten einer ganz und gar undialektischen Predigt schlechtweg, die die Interpretations*bedürftigkeit* ihres Werkes bestreiten, nachdem sie es seiner Interpretations*fähigkeit* beraubt haben. Wenn sich also die vorliegende Untersuchung wieder und wieder an den Prämissen der Dialektischen Theologie reibt, dann nicht zuletzt deshalb, weil sich die *theoretische* Lapidarität einiger klassischer dialektischer Argumentationsstrukturen hervorragend dafür eignet, eine homiletische *Praxis* zu reflektieren, die sich keineswegs immer von Barth motiviert glaubt, aber nichtsdestoweniger zu einer ungehemmten, faktischen Rezeption barthianischer Verhältnisbestimmungen - etwa bezüglich Text und Prediger - geführt hat.

Andererseits können und sollen die oppositiven Elemente der anderen, sich angesichts der Unaufhebbarkeit der Kommunikation durch Zeichen nahelegenden dialektischen Theologie, nicht verdeckt werden. Sie ergeben sich nicht nur aus der berechtigten Kritik an der in mancherlei Hinsicht unangemessen ignoranten Interpretationsstruktur für das Verkündigungsgeschehen als *revelatio immediata*[8], sondern zeigen sich vor allem an methodologischen und theologischen Konsequenzen, die das Plädoyer für einen "inkarnatorischen Predigtansatz"[9] ergänzen. Dabei handelt es sich um Konsequenzen ambiguierender Faktoren menschlicher Kommunikation: Ein Gott, der sich als Mensch unter Menschen aussetzt, setzt sich den Bedingungen dieses Menschseins aus. Was immer er sagt und tut, geht ein in die Prozeduren menschlicher Verständigung.

---

7 Wilfried Engemann, *Semiotische Homiletik*. Die Frage nach dem Werk. Prämissen - Analysen - Konsequenzen (erscheint im Herbst 1992 im Francke-Verlag Tübingen).

8 Ebd., I.4.

9 Wilfried Engemann, *Persönlichkeitsstruktur und Predigt*. Homiletik aus transaktionsanalytischer Sicht, Berlin 1989, 78f.

Dazu gehört notwendigerweise die Bildung von Lesarten, z.B. der Versuch, das nicht für sich selbst sprechende Reden und Tun Jesu, nicht für sich selbst sprechende Texte usw. zu interpretieren. Es ist wichtig, sich immer wieder einmal klar zu machen, daß das christliche Gottesverständnis aus einer *Lektüre* erwachsen ist, die sich auf die Geschichte und das Geschick Jesu bezieht. Deshalb kann jede Predigt - mag sie nun "über" oder "von" Gott reden[10] - bestenfalls nur an jenem deutenden Akt des Verstehens anknüpfen. Dieser kann zwar nicht anders als *im Rahmen* menschlicher Übereinkünfte in Gang kommen - "Gott läßt sich auf unsere Konventionen ein"[11] - ist aber immer auch mit einer Erweiterung gültiger Deutung verbunden: Der "Leser" wird herausgefordert, die interpretationsbedürftigen und - fähigen Zeichen Jesu bzw. eines Textes in ihrer Fülle zu bändigen und sich dabei für (eine) bestimmte Lektüre(n) zu entscheiden.

Wie und warum sollte sich eine Predigt, die sich christliche nennt, davor verschließen, die im Reden und Tun Jesu angelegte Offenheit zu wiederholen? Jene Offenheit, die sich von der Beliebigkeit dadurch unterscheidet, daß sie als "Feld von Relationen"[12] dennoch eine eigene Struktur hat?

Es wird also keineswegs behauptet, die Möglichkeiten der Interpretation, denen das Auftreten, Reden und Handeln Jesu als sein *Werk* offensteht, entstammten einem ungeregelten Chaos; sondern sie ergeben sich aus der Konfrontation des Wahrnehmenden mit ganz spezifischen, miteinander in Beziehung stehenden Signifikanten als dem Material für mögliche Signifikationen: Daß der Umgang Jesu mit Sündern und kultisch Unreinen (vgl. Mk 2, 23-28 u.ö.), die Mißachtung von Reinheitsvorschriften (vgl. Mk 7, 1-23) u.ä. zum Bestbezeugtesten im Leben Jesu gehört, steht im Zusammenhang mit der Bescheidenheit seiner Lebensweise, mit seiner Botschaft von der Liebe, seinem Gebot der Feindesliebe, mit seiner Gelehrtheit und seinen Mählern mit Reichen (vgl. Lk 19, 1-10), seine Unbefangenheit gegenüber einer Gefolgschaft von Frauen, mit seinem "Rasen" im Tempel (vgl. Joh 2, 13-25) usw. - aber in *welchem* Zusammenhang, oder - semiotisch gefragt - *nach welchem Code*?

Nicht erst die Kommentare zum Neuen Testament, sondern auch die Evangelien und Briefe selbst spiegeln eine Fülle von Lektüren der Person und des Werkes Jesu wider. Sie reichen von der Rubrik "Fresser und Säufer, der Zöllner und Sünder Gesell" (Mt 11, 19) über die Deutung "politischer Rebell" (vgl. Mk 15, 26 par), "Bandenführer"[13], Verrückter (Mk 3, 21), eschatologischer Prophet (vgl. Mk 6, 14-16; 8, 28 par) bis hin zur der Hoffnung, es mit

---

10 Karl Barth, *Homiletik*, a.a.O. (Anm. 6), 34.

11 Karl-Heinrich Bieritz, "Hierdurch teile ich mit ... Semiotik in der Predigt", in: *ZGP* 6 (1988), 22.

12 Vgl. Umberto Eco, *Das offene Kunstwerk*, Frankfurt/M. 1977, 54.

13 Jürgen Klausner, *Jesus von Nazareth*. Seine Zeit, sein Leben, seine Lehre, Jerusalem ³1952, 10-15.

dem Messias zu tun zu haben (vgl. die kritische Reaktion in Mk 8, 29-33). Die Gleichniserzählungen Jesu waren (und sind) nicht weniger interpretationsbedürftig, ebenso seine Vergleiche oder seine oft verschlüsselte Sprache, die in den Evangelien gerade nicht in Eindeutigkeit überführt wird.

Die Leser des Neuen Testaments - das sollte dieser letzte Gedankengang verdeutlichen - sind in einer vergleichbaren Lage wie die Menschen damals in der Umgebung Jesu. Es bleibt bei signifikanten Strukturen, die - so gewiß sie nicht *alles* bedeuten - auch nicht auf *eine* Deutung hinauslaufen und offenbar die Ursache dafür sind, daß viele Christen die Lektüre der Schrift als immer wieder neu und bereichernd erleben - nämlich als eine erst noch zu "vollendende" Lektüre.

3. Zum Charakter der Dialektik der Ambiguität

Hier ist jedoch nicht der Ort, eine historisch-kritische Methode der Lektüre der Lektüre der Lektüre ... zu erstellen. Das homiletisch Relevante einer Betrachtung biblischer Lektüre liegt eher im Konstatieren und Erläutern einer prinzipiellen, faktischen Offenheit auch solcher Texte, die von ihrem Verfasser quasi als "geschlossenes Werk" mit einem bestimmten Sinn intendiert waren und die Interpretation des Rezipienten in die einzig mögliche (richtige) Lesart überführen wollten.

Damit soll der christlichen Tradition wiederum nicht unterstellt werden, daß es ihr sozusagen nicht gelungen wäre, eine "gültige", theologisch legitime und kommunikable Lesart gefunden zu haben. Dies geschah aber faktisch in der Weise, daß die notwendigerweise zu bewältigende Offenheit der Person Jesu und seines Werkes zum Anlaß wurde, in einer Dialektik zwischen vorhersehbaren, erwarteten bzw. erprobten "Lösungen", und nicht voraussehbaren, unerwarteten, das Vertraute störenden, aber als wahrscheinlich annehmbaren Interpretationen, mithin in einer gewissen Freiheit der Wahl, semantische Zuordnungen zu treffen, die das Werk in anderen, womöglich neuen Relationen erfaßten als in denen, nach denen es im Sinne seines Erzeugercodes zu verstehen gegeben sein mochte. Indem sich das Werk - aufgrund des ihm eignenden Feldes auch unterwarteter Relationen - einer Lektüre mit ausschließlich vorhersehbaren Decodierungen sperrt, führt es den Rezipienten in eine Interpretationskrise, die er nur überwindet, wenn er der sich so ergebenden Wahrscheinlichkeit einer anderen Ordnung zu folgen bereit ist.

Diese Bereitschaft ist gefordert, wenn wir der "Predigt heute", bezugnehmend auf christliche Texte im weitesten Sinne, eine Chance geben wollen. Welche Möglichkeiten bestehen, diese Chance zu ergreifen?

In dem bisher Gesagten ist zunächst nur angedeutet worden, in welcher Hinsicht "Dialektik" und "Ambiguität" bei der Beantwortung der eben geäußerten

Frage ins Spiel kommen. Thetisch könnte man nun folgendermaßen formulieren: *Die Dialektik der Ambiguität ist homiletisch als die in Kraft tretende semantische Potenz einer Predigt zu definieren, ein gleichermaßen destruierendes wie instruierndes Signifikationsfeld zu erzeugen.* Es übernimmt die Funktion, das Zustandekommen der Botschaft (sowohl vom Sender wie vom Empfänger her gesehen) dadurch zu entautomatisieren, daß es als operative Struktur nur solche Relationen entstehen läßt, die sich in der (dem Prediger wie dem Hörer) zugemuteten dialektischen Interpretation zwischen *Treue* gegenüber dem Schon-Gewußten, in der Tradition Rubrizierten und Erwarteten einerseits, und *Freiheit* gegenüber dem noch nicht Registrierten, Unerwarteten, noch nicht Zeichen Gewordenen andererseits etablieren. Bei alldem wird weiterhin der Grundsatz berücksichtigt: "Anche cosi facendo, non tradisce una dialettica tra fedeltà e libertà."[14]

Will man freilich beschreiben, *wie* solche ambiguitär-semantische Potenz einer Predigt in Kraft tritt, ist es erforderlich, ihre Dialektik unter den verschiedenen Aspekten des sich dabei vollziehenden Kommunikationsprozesses zu erklären: in bezug auf den Text, in bezug auf den Prediger, seine Botschaft und den Hörer.

4. Homiletische Loci in einer geänderten Dialektik

Im folgenden soll nun umrissen werden, was es heißt, das *Kommunikationsgeschehen* Predigt *als semiosischen Prozeß mit der ihm eigenen Dialektik* ernst zu nehmen.

4.1. Der Text in der Dialektik von Konsens und Dissens - bezogen auf die ihn hervorbringende Tradition

Der geschriebene Text ist aus semiotischer Sicht u.a. ein Gebilde syntaktischer und semantischer Strukturen, die einerseits etwas so zum Ausdruck bringen, wie es den Regeln eines bestimmten konventionalisierten Produktionssystems entspricht - und wie es sich nach einem bestimmten sozialisierten Erwartungssystem "gehört". (In dieser Weise bestätigt der Text gewissermaßen die Tradition, die ihn hervorbringt, ebenso, wie die Erfahrung mit dieser Tradition.) Andererseits ist der konkrete Text eben nicht einfach ein registrierter Ausschnitt eines homogenen Kontinuums, genannt Tradition, noch weniger ist er ein von unserem Interpretationsrepertoire determiniertes Struktur-Puzzle, das quasi von selbst in den vorgestanzten Rahmen unserer Erwartungen fiele.

---

14 Umberto Eco, *Trattato di semiotica generale*, Milano ^{9}1985, 343

Sondern der konkrete Text unterhält (auch) eine eigene, spezifische, nur von ihm repräsentierte Struktur.

In dieser *Singularität, etwas so zu sagen, wie kein anderer Text sonst es sagt*, emanzipiert sich der Text wiederum von den eigens für ihn entworfenen "Zeigfeldern"[15], hat er selbst das signifikante Material bei sich, mit dem er erschließbar wird, und könnte in solchem "Eigenleben" nur beschränkt werden, wenn man den konkreten Text in einen diskursiven Kommentar bettete, der fortan mitzutradieren wäre (- und wenn man sich darauf verstünde, in späterer Zeit diesen Text mit seinem Kommentar durch einen weiteren Kommentar semantisch zu binden usw. ad infinitum; denn jede "bei-getextete" Kommentierung eines Textes geht eine Verbindung mit dem Text ein, die neue semantische Zuordnungen provoziert und in ihrer Art das Eigenleben des Textes verändert).

Dabei zeichnet sich der Konsens, der aus dem Text spricht und der das semantische Feld des Textes als der Tradition gemäß beglaubigt, in derselben Struktur ab, durch die der Text Abstand gewinnt von der Tradition. Vor dem Hintergrund der Abrufbarkeit traditioneller semantischer Strukturen gewinnt der Text erst seine eigentliche Individualität, und umgekehrt ist die Oppositionalität der spezifischen semantischen Elemente von der Wiedererkennbarkeit des im Text überlieferten semantischen Feldes abhängig. Mit anderen Worten: Je stärker der konkrete Text unter dem Aspekt der Wahrung der Tradition herangezogen wird, um so deutlicher wird sein Dissenspotential hervortreten; und je tiefer man in seine abweichlerischen Pfade eindringt, um so schwieriger wird es, sich darin fortzubewegen, ohne dabei mit der Tradition zu kollidieren.

Und dabei treibt eines das andere voran. Die Respektierung des spannungsgeladenen "Hin und Her" wird früher oder später sowohl zum Fortschreiben der Tradition wie zur Vertiefung der textlichen Individualität führen: Das dem Text im Bemühen um den Konsens "Abgetrotzte", mit der Tradition Vermittelte, wird letztlich Bestandteil dieser Tradition werden und sie somit bereichern. Das dennoch bestehende Feld der vom Text verweigerten Zuordnungen signalisiert andererseits die Unnachgiebigkeit seiner individuellen Struktur um so deutlicher und läßt sein Eigenes - und damit den charakteristischen Dissens zur Tradition - um so stärker hervortreten.

---

15 Vgl. Karl Bühler, *Sprachtheorie*. Die Darstellungsfunktion der Sprache, Stuttgart ²1965, 366-370.

4.2. Der Prediger in der Dialektik von Protektion und Protest - bezogen auf sein Verhältnis zum Text

Protektion: Der Prediger stellt sich schützend vor den Text, vorenthält ihn jedem Versuch eilfertiger exegetischer Rubrizierung und läßt sich auf die Möglichkeiten und Grenzen der vorgefundenen Strukturen ein.

Protest: Will der Prediger verstehen, "vorankommen" im Text, bleibt ihm die Prozedur der Bearbeitung des Textes nicht erspart - ein Vorgang, bei dem die semantischen Möglichkeiten des Textes beschränkt und ihm freie strukturale Valenzen genommen werden. Bei dem Versuch aber, den Text mit heutigen, über-setzenden Codes zu konfrontieren, gerät man zwangsläufig wieder in Kollision mit den ursprünglichen Codes, die sich als Ritardando jedweder Bezugnahme erweisen.

Die Beschäftigung mit dem Text kann so *in einem* ein Ringen um "interpretatorische Treue" *und* Wahrnehmung zugemuteter "Freiheit" sein[16], eine Arbeit, die in dem breiten Spielraum von der Akzentuierung von Codes bis zur Ablehnung anderer realisiert wird. Es ist die "faktische Ambiguität"[17] des Textes, die den Prediger zu solchem "Hin- und Hergehen zwischen (der) Interpretationssituation und der Welt des Werkes"[18] bzw. Textes veranlaßt.

Damit ist ausgesprochen, daß es zunächst die eigenen Bemächtigungstendenzen sind, vor denen ein Prediger den Text beschützt, wenn er sich ihm in der oben genannten Dialektik nähert. "Wie gehe ich mit dem Text um, der der Predigt zugrundeliegt? ... Daß man beim Begriff 'Umgangsformen' gleich an die Höflichkeitsregeln denkt, ist vielleicht keine schlechte Assoziation. An der 'Höflichkeit' hat mich immer fasziniert, daß sie uns lehrt, dem Fremden mit Achtung zu begegnen, den Umgang mit dem anderen nicht von der Sympathie abhängig zu machen ... In diesen Formen steckt ein Vertrauensvorschuß. ... Diesen Vorab-Respekt sollte man auch dem Text ... gewähren, indem man *Umgangsformen* beachtet, die die *Aneignung* des Textes davor bewahren, zum Raubzug zu werden."[19]

Und doch wird der Prediger "über den Text herziehen" und auch einer im Text liegenden Tendenz etwas Eigenes entgegensetzen - oder sie zumindest vom Moment der Auslegung an ignorieren. Eine neue Lesart, zu der er sich entschließt, wirkt auf die (weitere) Tradierung des Textes zurück; entschließt

---

16 Vgl. Umberto Eco, *Einführung in die Semiotik*, München 1972, 165.

17 Vgl. Wilfried Engemann, *Semiotische Homiletik.* a.a.O. (Anm. 7), III.1.1.

18 Umberto Eco, *Einführung in die Semiotik*, a.a.O. (Anm. 16), 165f.; vgl. hierzu auch die interpretatorischen Funktionen, die Otto Haendler dem "Heimat- und Fremdgefühl [des Predigers] gegenüber dem Evangelium" zuschreibt, in: Otto Haendler, *Die Predigt*, Berlin ²1949, 206-210.

19 Frank Hiddemann, *Wie schreibt man eine Predigt und was gehört in eine Examenspredigt?* Ein Arbeitspapier, Ruhr-Univ. Bochum 1990, 1.

sich der Prediger allein für die Pflege des alten Textes, wird er die Tradition lahmlegen, "wie sehr er sich auch als ihr Anwalt gebärden mag"[20].

Auch die Empfehlung Walter Jens' an die Prediger, bis in die Kanzelrede hinein die Differenz zwischen Text und Deutung offenzuhalten[21], gründet nicht nur in rhetorischen und theologischen Argumenten, sondern entspricht der bewußten Akzeptierung einer notwendigen Aus-führung des Textes, die durch die Dialektik von Protektion und Protest vorangetrieben wird und in der Botschaft (der Predigers) zu einem nur vorläufigen Resultat gelangt. Dies leitet zu dem zentralen dialektischen Verhältnis des Predigtprozesses über:

4.3. Die Botschaft in der Dialektik von Zuschnitt und Offenheit - bezogen auf ihre Bearbeitung durch den Prediger

Die Botschaft des Predigers hat einen bestimmten Zuschnitt: Im Verzicht auf eine bloße Reproduktion der Quelle (ein ohnehin unmögliches Unterfangen) werden die für den Code des Predigers relevanten Informationen ausgewählt und Grundlage einer Botschaft. Aber auch ein noch so sorgfältig ausgeführter Zuschnitt ist nicht dazu imstande, die Botschaft vor ihrem eigenen *Quellenstadium* zu bewahren - es sei denn, man verzichtete auf die "Sendung". Die Botschaft als Quelle zu sehen heißt jedoch zugleich, ihr jenes Maß an Offenheit zuzugestehen, das auch am Bezugstext herrschte, als der Prediger sich ihn erschloß.

Sofern eine Botschaft nur dadurch angeeignet wird, daß der Rezipient, ihre faktische Offenheit nutzend, zu einem Interpretationsprozeß bewogen wird, käme es im Rahmen einer "Theorie der ambiguitären Predigt"[22] darauf an, die *Offenheit der Botschaft als einen zu verwirklichenden Wert* zu akzeptieren. Es käme darauf an, daß der Prediger den notwendigerweise selbst eröffnet habenden Semioseprozeß (in den er den Text gebracht hat) bewußt offen hält, um den Hörer dazu zu veranlassen, die Rezeption der Botschaft als einen Akt ergänzenden Verstehens zu gestalten. Das aber heißt schließlich, eine in ihrer Mehrdeutigkeit (erst noch) zu bändigende Botschaft nicht nur hinzunehmen, sondern zu inszenieren, den Schritt *von der faktischen zur taktischen Ambiguität zu wagen.*

Dabei wird deutlich: Je stärker die Botschaft mit taktischer Ambiguität ausgestattet wurde, um so weniger läßt sich an ihren Signifikanten etwas ändern (ohne gleichzeitig die kontextuellen Beziehungen möglicher Signifikate mitzuverändern). Wie ein Gedicht, in dem jedes Wort bedacht ist, von einer viel größeren Offenheit und Interpretationsbedürftigkeit gekennzeichnet ist als

---

[20] Alex Stock, *Umgang mit theologischen Texten*, Zürich/Köln 1974, 68.

[21] Walter Jens, *Reden*, Leipzig/Weimar, 1989, 78.

[22] Wilfried Engemann, *Semiotische Homiletik*, a.a.O. (Anm. 7), III. Teil.

beispielsweise eine Gebrauchsanleitung, und diese - anders als das Gedicht - weitaus unempfindlicher ist gegenüber Veränderungen in der eigenen Struktur, so kommen bei der ambiguitär *inszenierten* Botschaft die Formgebundenheit der signifikanten Struktur und eine große Offenheit, aber Spezifik ihres semantischen Feldes, zusammen. So ist die ambiguitäre Botschaft dadurch gekennzeichnet, in der Spezifik ihres Zuschnitts äußerst informativ (also kaum redundant[23]) zu sein und zu zahlreichen Interpretationen anzuregen, zugleich aber Decodierungshilfen anzubieten.

Es ist wiederum das ausgesprochene, in diesem Fall als Text geschaffene Kunstwerk, in dem es zu besonders intensiven Wechselwirkungen zwischen Zuschnitt und Offenheit kommt. Die Botschaft jener Dialektik auszusetzen bedeutete, einen Zuschnitt zu erarbeiten, der die Botschaft einerseits "der Koine der Frankfurter Allgemeinen Zeitung"[24] entzieht und ihr andererseits ein Informationspotential verleiht, "das sich nicht nur durch ungewöhnliche Dichte und Ökonomie seiner komplexen Information auszeichnet, sondern auch durch die Fähigkeit, die Menge der in ihr enthaltenen Informationen zu vergrößern" - so daß der Hörer gerade die Informationen erhält, "die aufzunehmen er in der Lage ist"[25].

Darin wäre m.E. ein wesentlicher Effekt semiotisch-ästhetischer Dialektik für die Homiletik zu sehen: einerseits den Prediger aus der Onomatolatrie vermeintlicher Identifikationen und Verifikationen zu suspendiern und ihn zu einer *obstruierenden*[26] Struktur seiner Botschaft zu ermutigen, anderseits den Hörer durch eine Störung seines Erwartungssystems dazu zu bewegen, nach einer Ordnung zu suchen, in der die Botschaft und sein Interpretationsrepertoire auf einer neuen, informativen Ebene zueinanderfinden.

Damit rückt erneut die Perspektive des Hörers ins Blickfeld, die wir nun in der Dialektik von Gebrauch und Verbrauch näher bestimmen können.

4.4. Der Hörer in der Dialektik von Gebrauch und Verbrauch - bezogen auf die Rezeption der Predigt

Was dem Hörer geboten wird, muß zunächst "gebräuchlich" in dem Sinne sein, daß er es mit dem ihm zu Verfügung stehenden Interpretationsrepertoire aufnehmen kann, um - vermittels des Aufgenommenen - schließlich etwas herauszubekommen, das *nicht* mehr die Predigt ist. Solchermaßen gebraucht, erfüllt die gehaltene Predigt eine *agendarische Funktion*, sie ist die *Agende des Hörers*: Sie schlägt ihm *in einem* bestimmten Pfade der Interpretation vor und

---

23 Vgl. Max Bense, *Kleine abstrakte Ästhetik*, Stuttgart 1969, 15.

24 Vgl. Walter Jens, *Reden*, a.a.O. (Anm. 21), 245.

25 Vgl. Rudolf Růžička, "Information in natürlicher Sprache", in: ders., *Zur Bedeutung der Information für Individuum und Gesellschaft*, Berlin 1983, 253-256.

26 Wilfried Engemann, *Semiotische Homiletik*, a.a.O., (Anm. 7). II.6.3.

verweigert ihm andere. Die gebrauchsrelevanten wird er abgeschritten und hinter sich gelassen haben, wenn er zu *seinem Text* gefunden hat.

Einen wichtigen Impuls zu dieser Sicht der Dinge verdanke ich Erika Fischer-Lichte: Sie spricht vom "*dialektischen Rezeptionsvorgang*", hervorgerufen durch das (vor allem) künstlerische Werk. Es leitet den Betrachter dazu an, die "Bedingungsfaktoren des eigenen semantischen Systems" *überprüfen* zu können, mit denen des Werkes zu *vergleichen,* vertraute Signifikate "probeweise" in die Struktur des Werkes *einzusetzen,* das Resultat wiederum mit dem eigenen Interpretationssystem zu *vergleichen,* es dabei gegebenenfalls zu *korrigieren* und einige seiner Signifikate *auszusondern.*

Zu akzeptieren, daß die in einem möglicherweise mühevollen Codierungsprozeß zusammengestellten Signifikate sich nicht "unversehrt" im Decodierungssystem des Hörers etablieren lassen, sondern daß sie nur sich verbrauchendes signifikantes Material sind, mit dem der Hörer sein Erkenntnis- und Verstehensrepertoire präzisiert, die Relationen zwischen (längst) Erfahrenem und (eben) Wahrgenommenen aktualisiert, hat mit nichts Geringerem zu tun, als den "Aufstand der Praxis"[27] zuzulassen - und zu wollen, daß sich die Hörer über die Botschaft "hermachen".

Rudolf Bohren hat in seiner poetischen Art den homiletischen Part des Hörers so formuliert: "Der sogenannte Laie kommt nicht einfach als Konsument zum Gottesdienst, sondern als einer aus Beröa [vgl. Apg 17, 10f.], als ein Forschender, der fähig wird, das Gehörte *in seiner Bedeutung wiederzugeben.*"[28] Vergegenwärtigt man diese "Forschungsarbeit" im Rahmen der übrigen Äußerungen Rudolf Bohrens zum Hörer, findet sich freilich der andere Aspekt - der des "Gebrauchs" - ausführlicher beschrieben. Das geschieht m.E. überall dort, wo Bohren (aus seiner Distanz zur Rhetorik und Psychologie) auf die Predigt als etwas zu sprechen kommt, was der Mensch "im tiefsten" braucht[29], und sich gegen das richtet, was dem Hörer primär "verbraucherorientiert" in die Hände gespielt wird wie ein Bedürfnisse stillender Konsumartikel, was für Bohren nicht anders heißen kann, als die Predigt wie eine Leiche zu begraben[30].

Die die Rezeptionsarbeit des Hörers bestimmende Dialektik von Gebrauch und Verbrauch als Bestandteil der Homiletik anzuerkennen, muß in der Predigtpraxis darauf hinauslaufen, dem Hörer (ein bestimmtes) gebrauchs- und verbrauchsfähiges Werk zur Verfügung zu stellen. Dabei kommt es zum einen darauf an, ihm in einer womöglich unerwarteten Art der Repräsentation der Botschaft dennoch das zu bestätigen, was sein Interpretationsrepertoire über-

---

[27] Vgl. zuletzt Walter Jens, *Reden*, a.a.O (Anm. 21), 68-89.

[28] Vgl. *Die Predigtanalyse als Weg zur Predigt*, hg. v. Rudolf Bohren / Klaus-Peter Jörns, Tübingen 1989, 96 ([ ] und Kursivierung W.E.).

[29] Rudolf Bohren, *Predigtlehre*, München [4]1980, 447.

[30] Ebd., 546.

haupt arbeitsfähig macht: Zuordnungen und Relationen einer schon verfügbaren Struktur als unverzichtbarer Grundlage des Gebrauchs - etwa in Form des *Vergleichs* mit der anderen, jetzt zum erstenmal so wahrgenommenen Struktur. Zum anderen kommt es dabei eben zum Gebrauch einer Struktur, die im Erwartungssystem des Hörers nicht aufgeht und die Aufforderung impliziert, unter Verwendung des angebotenen Materials neue Zuordnungen zu kreieren.

Die hier erörterte Dialektik hat gewiß *auch* die Funktion, dem Hörer einen "Rest von Freiheit" zu bewahren und zu ermöglichen, "nämlich sie [die Botschaft] anders zu *lesen*"[31]. Solche Freiheit ist zugleich die Voraussetzung dafür, auch im theologischen Sinne von *Entscheidungen* sprechen zu können, *die durch die Konfrontation des Hörers mit der Botschaft ausgelöst werden* sollen -in welcher Richtung er sich auch immer entscheiden mag.

Die in diesem Beitrag skizzierte Dialektik läßt sich durch keine homiletische Strategie entschärfen, die etwa auf agitatorisches Predigen setzt oder versucht - in noch stärkerem Maße präventiv - die amtlichen Berufungs- bzw. Legitimierungsverfahren von Predigerinnen und Predigern durch die Kirche stärker zu kontrollieren. Denn die Gehalte der sich den Hörern tatsächlich eröffnenden semantischen Welten werden nicht am Ausgangspunkt des Kommunikationsgeschehens Predigt (wo immer man ihn orten mag) entschieden, sondern an deren Ende gefunden. Botschaft wird Botschaft erst im Augenblick ihrer Ankunft.

Diese Augenblicke zu begünstigen und den damit verbundenen semiosischen Prozeß - angefangen von den vorgefundenen Quellen bis hin zum Hörer - nicht zu blockieren, sondern zu begleiten und in Gang zu halten, ist Aufgabe der Homiletik.

---

[31] Umberto Eco, *Über Gott und die Welt*, München 1987, 149.

Rainer Volp

Grenzmarkierung und Grenzüberschreitung:
Der Gottesdienst als semiotische Aufgabe

1. Den in Strukturmodellen verborgenen Gott feiern? 2. Sickergrube oder Quelle enzyklopädischer Weisheit 3. Der Fokus: die Vertextung der Lebensgrenze in Taufe und Abendmahl

Die Erosion christlicher Gottesdienste ist unübersehbar. Trotz der viel-beschworenen Freude der "im Glauben Befreiten" regieren Klischees - herkömmliche Muster und gängige Moden - die Szene. Schon vor bald 2oo Jahren mußte Friedrich Schleiermacher solche Resultate der "gemeingeltenden Reflexion über die Religion" kritisieren, d.h. "vornemlich Begriffe, Meinungen, Lehrsätze", welche als Denkmodalitäten das Authentische des religiösen Festes verdrängten, nämlich die "klarsten und eigenthümlichsten Ansichten und Gefühle"[1].

Die bis heute von vielen Theologen mit Mißtrauen betrachtete Analyse Schleiermachers - der ich im folgenden nicht weiter nachgehe - nahm insofern semiotische Aufklärung vorweg, als sie das hermeneutische Programm verfolgte, "daß sich das Mißverstehen von selbst ergibt und das Verstehen auf jedem Punkt muß gewollt und gesucht werden"[2]. Sie bestand darauf, daß nicht - wie heute üblich - liturgische Rituale mit bloß "gemeingeltenden Reflexionen über die Religion" verwechselt werden, womit man die Dynamik religiöser Riten und Symbole entschärft und ihren charakteristischen Lebenswillen vergewaltigt: Man verändert an der falschen Stelle und zum falschem Zeitpunkt, indem man ihnen heterogene Systeme überstülpt, statt die Systembindung des über sie Reflektierenden zu kritisieren, indem man subjektive Ideologien für sakrosankt erklärt, statt die Subjektivität widerstreitender Ideen fruchtbar zu machen, indem man das Ritual der Predigt mythisiert, statt die Rederepertoires vieler Generationen und Charismen auszuwerten, indem man gedankenlose Wiederholungen und schlechte Gewohnheiten verwechselt mit der notwendigen

---

1 Friedrich Schleiermacher, *Reden über die Religion an die Gebildeten unter ihren Verächtern* (1799), hg. v. J. Pünjer, Braunschweig 1897, 195.

2 Friedrich Schleiermacher, *Hermeneutik*, hg. v. Manfred Frank, Frankfurt/M. 1976, 92. Gegen S. Alkier ("Der hermeneutische Ansatz F. Schleirmachers", in: D. Zillezen u.a. (Hg.), *Praktisch-theologsiche Hermeneutik*. Rheinfelden 1991, 21), der die für Schleiermachers Semiotik bezeichnenden Schriften außer Acht läßt.

Widerständigkeit der im Ritus sich selbst erschließenden Quellen. Wie sich ganz elementar an diesen christliche Religion praktisch gestaltet, dies muß analytisch klären, wer ihren Gehalt verstehen will.

Wer den christlichen Gottesdienst semiotisch bedenkt, setzt sich Vorwürfen von zwei Seiten aus. Die einen reden von "Atheismus", weil man die jedem klaren Denken eigentümliche "difference" auch auf Gott anwendet[3], die anderen wittern in jeder theologischen Vorstellung eine Apologetik des mythopoietischen göttlichen Ingenieurs, der als "das Wort selbst" und als absoluter Ursprung des eigenen Diskurses und Mythos semiotisch klare Analysen gar nicht zulasse[4]. Doch wirklich hermeneutische und semiotische Analysen unterscheiden in der Regel sehr wohl operationable Schritte von dem, was sich außersemiotisch zeigt. Denn sie nehmen gegenüber idealistischem, marxistischem, positivistischem und existentialistischem Denken den beidseitig offenen wie kulturell bestimmten Korrelationsmechanismus zwischen Inhalts- und Ausdrucksaspekten in den Blick: Ob man Glaube als begrifflichen Gegenstand oder als Brauchtumssymbol objektiviert - er wird hier der unausweichlichen Hypothesenbildung (Abduktion) im Interesse plausibler Vernünftigkeit unterworfen.[5] Jacques Derrida und Umberto Eco verdanken wir die Einsicht, daß die benannte hermeneutische Prämisse im Augenblick des praktischen Vorgangs selbst höchster spiritueller Verfassung Arbeit bedeutet - Arbeit an der Strukturierung von Glaubensaussagen, Arbeit am labyrinthischen Wurzelwerk der immer schon konventionalisierten Rituale und schließlich Arbeit angesichts der für jeden vernünftigen religiösen Kult kennzeichnenden Markierung und Bearbeitung absoluter Grenzen; insgesamt heißt dies: Gottesdiensttheorien arbeiten an dem Ereignis einer kulturell höchst komplexen Einheit, dem Fest.

1. Den in Strukturmodellen verborgenen Gott feiern?

Die Frage nach dem Gegenstand, dem Inhalt und dem Ziel des Gottesdienstes bereitet vielen große Schwierigkeiten, weil die Rede von "Gott" schwer objektivierbar ist, weil sie als umstrittene kulturelle Einheit gilt, und weil sie obendrein von allem Zweckdenken frei gehalten werden soll. Wenn wir aber die inzwischen sprachtheoretisch etablierte Diskussion über das Reden von Gott[6] im Blick auf liturgische Ereignisse kommunikationstheoretisch und ästhetisch

---

[3] Karl-Heinrich Bieritz führt dazu Umberto Ecos Redeweise von den Inhalts-Nebelflecken an, die sich vor theologische Begriffe, Dogmen und Systeme schieben. s.o.

[4] Vgl. Jacques Derrida, *Die Schrift und die Differenz*, Frankfurt/M. 1976, 431.

[5] Vgl. Umberto Eco, *Semiotik und Philosohie der Sprache*, München 1985, 66ff.

[6] Vgl. dazu etwa Ingolf U. Dalferth, *Religiöse Rede von Gott*, München 1980.

erweitern, kann die Reflexion auf die Grenzen des Denkens von Strukturen den Sinn des Signifikats "Gott" theoretisch wie praktisch sehr wohl erhellen. Bevor ich in einem nächsten Abschnitt auf die Funktion der Rituale eingehe, ist erst einmal zu fragen, wie überhaupt in Strukturmodellen Gegenstand, Inhalt und Ziel der Gottesdienste gedacht werden kann.

Geschichtlich relevanter Glaube - das Christentum setzt darauf - ist immer auf Wissen und also auf kommunikative Analyse wie Setzung angewiesen. Wer von Gott redet, interpretiert und bildet Chiffren, die sich im Reden bzw. - um mit Derrida zu argumentieren - im Spiel als gültig erweisen. Die Fallen dieses Spiels sind die jedes Denkens von Differenz: Sie ergeben sich von selbst.[7] Erst recht für einen so komplexen Gegenstand wie den eines religiösen Festes, dessen jeweiliger Ausgang - die Wirkung bei jedem Einzelnen - das Ungewisseste aller Kommunikationsereignisse ist. Darum braucht es das "Amen" und ähnliche rituelle Codierungen. Und deshalb sind Gottesdienste keine Symbolhandlungen, deren Inhalte auf genau vorherbestimmte Art und Weise gelesen werden müßten, sondern Offerten mit symbolischem Material, d.h. der Umgang mit diesem will zu je neuer Interpretation auffordern, zum offenen Zeichen werden.

Was ist dann aber die Intention von Gottesdiensten? Generell will man Zeichen konstituieren, die auf vielfältige Weise das Verhältnis der Menschen zu ihrem Gott als Gegenstand aufweisen. Das gilt für die, die ihn feiern, ebenso wie für diejenigen, die akzeptieren, daß in einem religiösen Kult so etwas wie Gottesbeziehungen intendiert werden - selbst wenn man deren Sinn in Frage stellt oder nach ganz anderen Primärmotiven, z.B. psychologischen und sozialen, sucht. In jedem Fall kann man die Vorstellung, die eine religiöse Beziehung im menschlichen Diskurs hervorruft - auch bei denen, die sie für sinnlos erklären - den Interpretanten nennen, der seinerseits weitere Interpretanten auf den Plan ruft, woraus sich die Bedeutung des Zeichens "Gottesdienst" ergibt: Innerhalb desselben wie bei deren Kritikern. Beide haben sich darüber zu verständigen, worin die Partizipierenden des religiösen Festes dessen Inhalt und dessen Ziele ansiedeln: Soll das "Amen" Zweifel niederhalten oder Selbstzweifel wecken?

---

[7] Ausführlich dargestellt in: Rainer Volp, "Die Sprache der Religion", in: ders., *Chancen der Religion*, Gütersloh 1975, 221-243. In *Einführung in die Semiotik*, München 1972, hatte zuvor Umberto Eco davor gewarnt, Modelle von Ursprungsinteressen an der letzten Grundlage von Kommunikation mit strukturalen Begriffen zu definieren; Jacques Derrida, der vom "Nicht-Zentrum" allen Denkens geschrieben hatte ("La structure, le signe et le jeu dans le discours des sciences humaines", dtsch. in: ders., *Die Schrift und die Differenz*, a.a.O. (Anm. 4), 422-442) unterschied ähnlich wie einst Ludwig Wittgenstein genau zwischen der Frage des Glaubens (mystisches Postulat) und der Nötigung semiotischer Analyse. Nicht als unverfügbare Intention, sondern als kulturelle Einheit ist das Signifikat des Göttlichen ihr Gegenstand.

Charles S. Peirce infizierte uns mit dem Bild der endlosen Reihe von Vorstellungen: "Der Interpretant ist nichts anderes als eine weitere Vorstellung, der die Fackel der Wahrheit weitergereicht wird."[8] Zugleich Pragmatiker und Idealist, der er war, interpretierte er den letzten aller Interpretanten als "Gewohnheit", die als Zeichen ihre eigene Erklärung und die aller ihrer signifikanten Teile in sich enthält.[9] Eco bemerkt dazu, hier könne man nicht mehr von einem Zeichen reden, sondern müsse ein Struktur annehmen, welche die Zeichen miteinander verbindet und einander korreliert.[10] Eine Struktur nun der unbegrenzten Semiose nötigt zur Theorie der Codes, die mit Kriterien wie Unbestimmtheit und Komplementarität das Bewußtsein der je eigenen Grenzen im Kommunikationsakt, also die permanente Mißverstehensgefährdung festhält.[11] Sie ist es, die mich dazu veranlaßt, das "Fest" als eine der "Arbeit" überlegene Kommunikationseinheit anzusehen, auch wenn die praktische und theoretische Bereitung des Festes ein hohes Maß an Arbeit erforderlich machen. Denn es sind die vom Menschen gesetzten Zwecke, die ins Rutschen geraten, wenn sich Inhalte und Rollen neu sortieren, ganz zu schweigen von der Akkumulation neuer Bedeutungen im Gefolge der permanenten Umperspektivierung. Wenn man von solch unberechenbaren Ereignissen wie denen eines Festes redet, eines religiösen zumal, in dem sich ein Gesamtkunstwerk von "Laien", eine "bricolage", d.h. Bastelei von Metaphern bildet, dann ist nicht nur die Redeweise von Struktur als einem semantischen Raum, in dem systematische und signifizierende Beziehungsebenen korrelieren, also die Vorstellung eines hypothetischen Denkmodells unausweichlich.[12] Erst recht ist hier im Sinne Ecos von einer "struttura assente" zu reden, von einer Offenheit zweiten Grades, weil die Unsicherheit gegenüber festen Bedeutungen - wie in der modernen Kunst - gerade den Sinn religiöser Bindungen ausmacht. Die "Eindeutigkeit" der zu übermittelnden Botschaft liegt ja nicht in den Definitionen der Theologen, sondern in der Sinnevidenz des geglückten Festes, die, wollte man sie beschreiben, mißglücken muß. Der theologische Rekurs auf das Bilderverbot des Alten Testaments und auf das geschundene Gottesbild im Neuen Testament machen auf das Fremde, das Abwesende, die Leere der Sprachen insgesamt als dem Schlüssel des liturgischen Signifikats aufmerksam![13]

---

[8] Charles S. Peirce, *Schriften*, hg. v. Karl-Otto Apel, Frankfurt/M. 1967-1970, hier 4.536; 5.473-492.

[9] Ebd.

[10] Umberto Eco, *Semiotik*. Entwurf einer Theorie der Zeichen, München 1987, 103.

[11] Ebd. 183 u.ö.

[12] Ebd. 178ff.

[13] Ecos Vergleich von Dante und Joyce (Umberto Eco, *Das offene Kunstwerk*, Frankfurt/M. 1973, bes. 88) verführt zu dem Mißverständnis, die theologischen Inhalte der Liturgie seien nicht im Sinne serieller Musik "mehrwertig" - sie sind es mindestens im Sinne von

Wenn die Fremdheit der Systeme ein wichtiger - ja wahrscheinlich sogar der wichtigste - Schlüssel liturgischer Sprachen ist, dann kann keine für sich existieren, jede ist auf die Interpretation und Übersetzung fremder Systeme angewiesen. In einer permanenten Hermeneutik korrelieren verbale und nonverbale Texte, korrigieren sich Kontexte von Denotationen und Horizonte von Konnotationen: Im Spiel der Interpretanten wird das Klischee gängiger Gottesbilder abgebaut. Es entstehen kombinatorische Figuren der Güte Gottes in den Spannungsfeldern von Räumen und Zeiten, von Musik und Bildern, von Riten und Reden, von Gesten und Gebärden, von Gerüchen und Geschmack, von Wegbeschreitung und Nischenkontemplation, kurz: je neue Metaphern von "Erhabenem" und "Schönem".

Hat man sich bisher Gottesdienste als Symbolkomplexe vorgestellt, welche im bloßen Gegensatz zwischen festen "Gewohnheiten" versus beliebigen "Neuigkeiten" zu werblich aufgeputzten Repetitionsübungen verkommen, so ermöglichen semiotische Gottesdienstanalysen, jedes spirituelle Element, also auch die rituellen Vorgaben, in Denkmodellen zu begreifen, welche die Vorgänge situativ als menschliche Gottesbeziehungen zwischen Absicht und Ausführung verstehbar machen: Sie fädeln sie unter dieser letztmöglichen Relation kritischer Wahrnehmung in ein zwar unzuverlässiges, aber komplexes Universum des analysierenden Denkens ein. Von Gott zu reden nötigt dann dazu, den authentischen Marker solcher Redeweise primär weder am Katheder noch in Konzilien aufzusuchen, sondern im gottesdienstlichen Fest, das sich als Universum vieler Sprachen selbst ständig etabliert und auflöst. Es ist ein "System, das sich selbst erklärt"[14], und zwar in sich gegenseitig interpretierenden Symbolen dank gleichzeitiger Codes und aufeinanderfolgender Systeme. Damit löst sich, was viele befürchten, das Letztberührende keineswegs auf. Denn die Beziehung auf den Kosmos aller strukturalen Beziehungen lebt - wie die hohe Bedeutung der Musik evident macht - von Horizonten, die Mut zu äußerst ungeschützten und doch authentischen Setzungen verleihen. Es ist die den Gottesdienst bestimmende Geste des Wagnisses, die Raum und Zeit dimensioniert. Die Aisthesis des Horizonts rückt die Einheiten des Kosmos' und die der unmittelbaren Nähe ineinander (Dimensionen der Liebe) und die Texturen des Wissens verdichten sich gegenüber dem bekannten/unbekannten Woher als Mimesis der "Anamnese" (= glaubendes Erinnern), gegenüber dem unbekannten/bekannten Wohin als Poiesis der Epiklese (= hoffende Vision). Das Ziel, den zugleich nahen und fernen, bekannten und unbekannten Gott zu

---

"ZEN" und "Form als Engagement" (ebd. 212-292). Die religiöse Botschaft intendiert die Vermehrung möglicher, d.h. noch unbekannter Bedeutungen: als Ritualsegment des Schweigens, als Kontemplation eines abstrakten Bildes (z.B. "Flèche blance" von Antoni Tapiès) oder als Gebetsruf der Epiklese. Vgl. Rainer Volp, *Liturgik*, 2 Bd., Gütersloh 1992.

[14] Umberto Eco, *Das offene Kunstwerk*, a.a.O. (Anm. 13), 115, definiert so die Sprache.

feiern, macht es, daß sich der Inhalt, die Bedeutung des Ganzen je neu konstituiert, der Wirklichkeitsgehalt jenes Theologumenon, daß sich im Gottesdienst die Kirche je neu bildet. Die ganze soziale und psychische Aktivität im Zusammenspiel des kontemplativ und kommunikativ erarbeiteten Universums der Systeme bringt einen dynamischen Austausch von Anziehung und Abstoßung konventioneller Denotationen und Konnotationen in Schwung, wie ihn weder philosophische noch theologische Hypothesen erzeugen können. Deshalb wären semiotische Gottesdienstanalysen schlecht beraten, würden sie nur bestimmte Gottesdienstformen und -muster empfehlen: Sie lehren vielmehr, mit dem, was vorhanden ist, besser umzugehen. Sie haben dann aber auch darauf zu achten, daß das Feiern Gottes weder Stimmungsmache noch Verordnungssache bleibt, sondern als "Kunst" im strengsten Sinne des Wortes, nämlich als das ständige Wagnis des Tuns über dem Abgrund der Leere - der Differenz zwischen Erfahrung und Entwurf von Welt - verstanden wird. Der Zweifel gilt daher nicht dem Lebensgeschenk, sondern den die Arbeit sichernden Systemen.

Fassen wir zunächst die Reflexion über den authentischen Umgang mit dem Signifikat des Gottesdienstes zusammen, dann ist deutlich, daß nur über die Gestalt, d.h. die Signifikanten und deren Interpretantenbedingtheit Aussagen möglich sind: Auf der einen Seite wird im Streit über die leitenden Werte solcher Signifikationen von Spuren zu reden sein, welche im religiösen Fest selbst, also zwischen den Fäden menschlicher Selbstbehauptungstriebe, von Strukturen reden lassen, die als Modell göttlicher Güte gelten können: Erfahrungen des Beschenktseins etwa. Auch die Schlußfolgerungsketten, die sich aus der Logik dieser Zeichen heraus entwickeln - seien sie exegetischer oder dogmatischer Art - sind hypothetische Regelversuche; sie helfen, falsche Bedeutungserwartungen zu unterlaufen.[15] In jedem Fall bleibt die göttliche Realität in den erkannten Strukturen verborgen - Augustin sprach vom göttlichen Modell, welches er in den "reinen" Beziehungen des "Gewebes der Zeichenelemente" zu sichten meinte[16]. Zum Andern hängt dies alles in der Luft bloßer Spekulation, wenn nicht mühsame und detaillierte Kommunikationsanalysen - auch von Kontemplationssituationen - den evidenten Sinn solchen Fragens plausibel machen. Wie sich Kirche "begründet", d.h. in jedermann evidenten Zeichenvorgängen bildet oder verbildet, verrätselt oder aber verrät, dies wird in den als "Gottesdienst" benannten Zeichen zuerst und zuletzt greifbar.

---

[15] Vgl. Rainer Volp, "Die Sprache der Religion", a.a.O. (Anm. 7), 235.

[16] Augustinus, *De Trinitate* 15, 3 und 9.

2. Sickergrube oder Quelle enzyklopädischer Weisheit?

Religionen haben - insbesondere im Sog politischer und privater Systeme - häufig die Vielfalt der Gaben Einzelner mißachtet und mißbraucht, um das "Ganze", die "Einheit" zu beschwören. Ähnlich wie viele neuere spekulative Philosophien war man bestrebt, "immer, sofort und mit absoluter Gewißheit das Identische zu finden"[17]. Der wirklich gelebte Brauch jedoch will im Interesse des unverfügbaren Glaubensuniversums - Christus oder dreieiniger Gott benannt - die Vielfalt und individuelle Dichte der Gaben evozieren, will Kommunikationsmodalitäten zur Verfügung stellen, gewöhnlich "religiöse Symbole" benannt, welche mehr oder weniger kraftvoll das Ethos einer Kultur in einer vielschichtigen Grammatik vertexten. So gesehen wird Religion zur Quelle der Symbolbildung, nicht zur Sickergrube der in den Symbolen versteckten Weisheiten. Nachdem die Kahlschlagsanierung einer mißverstandenen Aufklärung, der man Wegkreuze wie Straßenbäume (einer "zu engen Chaussee") opferte, längst das gesamte kulturelle Klima bestimmt, wächst religiösen Bräuchen vermehrt Aufmerksamkeit zu. Dies zu verkennen, ist ein unentschuldbarer Fehler der in Klischees erstickenden Kirchen und der in Repräsentation verkommenen Kulturinstitutionen. Dies aber zu erkennen heißt zunächst, die kulturellen und konfessionellen Codierungsprobleme zu sichten.

Westliche Beschwörung von Autonomie und Fortschritt hat, statt die kommunikative Qualität lebendiger Rituale zu befördern, diese musealisiert und das primäre Leben einer Kommunikation geopfert, die man mythogen ritualisierte und telegen symbolisierte. Die Art, wie man die Welt vertextete, schuf ein inneres Umweltproblem. Es hat nichts mit Kulturpessimismus zu tun, wenn man Usancen für extrem unsittlich, ja vielleicht sogar für kriminell hält, wie sie in der elektronischen Medienpolitik herrschen: Mit Strategien der "Programmstrukturen" dringen Berufsunterhalter in die privaten Räume und in die individuellen Rhythmen des alltäglichen Feierabends ein, wo sie die intimsten Freiräume mit schablonisierten Mythen besetzen. Sogenannte "Fernsehforschung" ist faktisch nur noch Marktforschung zum effektivsten Etablieren von Unterhaltungsware im Sinne optimaler Einschaltquoten.[18] Der Stoff, dessen man sich dabei bedient, suggeriert eine auf Dauer gestellte Gegenwärtigkeit der Gemeinschaft, die sich selbst zelebriert durch sich selbst verliehene Charismen von Sportlern und Politikern, Filmhelden und Fernsehmachern. Man will damit fehlende Identität ersetzen und Ewigkeitswerte setzen; das schafft den Alltag erhebende und unerbittlich prägende Rituale, weil die Selbstdarstellung das Außergewöhnliche in Selbstvollendung und Selbsterfül-

---

[17] Umberto Eco, *Einführung in die Semiotik*, a.a.O. (Anm. 7), 432.

[18] Dies ist das nur inoffiziell eingestande Ergebnis eines Hearings der Intendanten von ZDF und Südwestfunk anläßlich der Gründung eines Sonderforschunsbereichs Medien an der Universität Mainz im Juni 1991.

lung simuliert, stets begleitet von Schönheit und Harmonie der Helden.[19] Unabhängig davon, ob man die üblichen religiösen Rituale bekämpft oder generös duldet: Deren einst übelste Strategie wird unreflektiert in der heutigen Unterhaltungskultur zur Strukturierung des eigenen Handelns eingesetzt. Deshalb wirkt der auf diese Medien hin abgezweckte Bodenkuß des Papstes eher komisch als kosmisch: Er wird zum Indikator der zeremoniellen Selbstrepräsentation eines Individuums, welches die Epiphanie im Interesse des päpstlichen Systems inflationiert, eine den Zuschauer amüsierende Mischung aus Affekt, Respekt und Besitzenwollen.[20] Weder die dialogische Argumentationspflicht noch das festliche Alltagsritual in der Primärgruppe wird dadurch verbessert: Der Bruder- und Schwesternkuß, ins Bewußtsein erhoben, wäre sicher hilfreicher. Doch den haben marxistische Machthaber schon zuvor in einer TV-gelenkten Ritualisierung verbraucht und verkommen lassen.

Protestanten kommen sich als gleichsam geborene Antiritualisten zwar authentischer vor, ihr Zorn allerdings auf die Rituale der nachkonstantinischen Epochen wird durch ebenfalls undurchschauten Ritualismus anderer Art konterkariert. Das unbestrittene Hoheitsritual der Predigt, die ineffizienten Rituale von Synodaltagungen bzw. Presbytersitzungen, die Mythologeme eines längst überholten Historismus - solches und vieles andere mehr widerspricht dem elementarsten Ethos eines auf die Zusammenarbeit aller Anwesenden angewiesenen Rituals. Denn dies hat die Kooperationsverpflichtungen eines jeden Beteiligten einzuspielen, um für die elementarsten Dialoge Freiräume zu schaffen.

Am Ursprung der Kirche wie in Reformepochen galt Liturgie als Brauch, in dem ein jeder kooperativ das Ganze mitkonstituiert; Gabenbereitung, Gesänge und Gebete sortierten die mit Weisheitselementen gefüllte Textmenge. Zu jedem Anlaß bildeten sich rituelle Grammatiken neu - deshalb das schnelle Auswuchern von Bräuchen anläßlich vieler menschlicher Krisensituationen. Schon die Schriftkanonbildung über die echten Paulusbriefe hinaus[21], sodann aber auch die Festlegung sogenannter Sakramente mit ihren rituellen Kanones folgen der Berufung des Paulus auf den semantischen Gehalt des Urevangeliums (Gal 1, 6-9; 2 Kor 11, 4). Jedesmal argumentiert man im Rahmen neuer

---

[19] Vgl. die Beschreibung solcher Vorgänge - auch ohne Berücksichtigung des Fernsehens - bei Hans-Georg Soeffner: "Rituale des Antiritualismus - Materialien für Außeralltägliches", in: *Materialität der Kommunikation*, hg. v. Hans-Ulrich Gumbrecht u.a., Frankfurt/M. 1989.

[20] Vgl. ebd., 534-541.

[21] Gegen W. Schenk: "Code-Wandel und christliche Identität. Der Kanon des 'Neuen Testments' als semiotisches Problem", in: *Lingustica Biblica* 61 (1988), 87-114. Er wie auch andere Exegeten halten die historische Priorität für eine theologisch ausreichende Grundlage, während doch die Berufung des Paulus auf die semantischen Grundlagen des Evangeliums immer die Situation des nach Ostern handelnden Jesus im Auge hat, d.h. der in Erzählsituationen präsente Christus bleibt die stets mitreflektierte Argumentationsgrundlage.

Erzählsituationen, d.h. von Gebräuchen (!), die das Urchristentum hat wachsen lassen, weil ohne die Fokussierung auf wenige Texte und ohne herausragende Brennpunkte des Handelns keine Partizipation aller Beteiligten am Auferstandenen auf der intentionalen Ebene möglich gewesen wäre. Kanonbildung ist ein Modus der Bändigung enzyklopädischen Wissens, deren Regulativum immer nur vorläufig von den problematischen Systemen der selbsternannten Heroen unabhängig macht. Sich auf Schriftgemäßheit zu berufen heißt also, die die Schriften konstituierenden Rituale der Überlieferung und also die Grammatik der religiösen Systeme als die biblischen Aussagen mitkonstituierend anzusehen. Damit werden jedoch Probleme konfessioneller und fremdreligiöser Kulturen aufgeworfen.

Bekanntlich verfahren durch Rom geprägte Christen nach einem anderen Modus der Symbolisierung ihres Systems als Protestanten. Unter Bezugnahme auf Juri M. Lotman unterschied Eco zwischen grammatikorientierten und textorientierten Kulturen[22], eine Differenz, die auch auf Konfessionen und Religionen anwendbar ist. Orientiert man sich stärker an einem System von Regeln, welches sich durch die Kombination diskreter Einheiten erneuert, dann werden Texte um der zu schützenden Inhalte willen als korrekt oder nicht korrekt beurteilt. Ämter und Handbücher sind dann die überragenden Codes. Leitet dagegen - wie das Schriftreligionen am Ursprung anstreben - ein Repertoire von Texten, ein Buch der Bücher die Rituale, dann wird die Hermeneutik aller liturgischen Sprachsorten zur theologischen Aufgabe. Protestanten unterwerfen ihr auch die Schlüsselgewalt aller Ämter und Ordnungen. Ziel ist es, daß Gottes Weisheit durch die im Labyrinth der die Liturgien konstituierenden biblischen Texte zum Zuge komme. Je größer die Gemeinschaft, desto komplizierter und vielschichtiger muß dann die Vermittlung von Lesekompetenz werden, um den unendlich vielen Inhalten einen organisatorisch wirksamen Ausdruck zu gewährleisten, Anlaß einer permanenten Bildungsoffensive - es sei denn, man überläßt die Sinnkonstitution den Schriftgelehrten. Deren Kritik an der Priesterkaste steht immer in der Gefahr, ähnlich wie diese, Defensivstrategien aufzubauen. Auch wenn textbezogene Rituale subtiler erscheinen, so sind sie nicht minder effektiv. Ob sie, zunächst gekleidet und dann verwandelt in säkulare Moden, erreichen, was sie intendieren, nämlich ein Höchstmaß an Konsensbildungscodes, bleibt dahingestellt.

Die Frage, ob die christliche Liturgie primär als ein "System von Regeln" oder als ein "Repertoire von Texten" anzusehen sei[23] - der perrenierende Streit zwischen Konfessionen und Religionen - relativiert sich, wenn man einsieht, daß jede geschichtliche Epoche ein je neu zu begrenzendes Set von Texten braucht, Symbola oder Symbole genannt, welches den Wahrheitsgehalt der

---

22 Umberto Eco, *Semiotik*. a.a.O. (Anm. 10), 195.

23 Ebd.

Quelle zu gewährleisten verspricht. Denn einsehbare Argumentationen sind angewiesen auf transparente semantische Zusammenhänge, die intentional ein Höchstmaß an Konsensbildungscodes verlangen. Das liturgische Spiel aber will, indem es permanent die Systeme der Codes transformieren hilft, zur enzyklopädischen Quelle werden, d.h. ein Höchstmaß an Information leisten, welche bekanntlich vom Umfang der möglichen Wahlen abhängt[24]. Wenn Gottesdienste nun ein Optimum der Kontrolle von Inhalts- und Ausdruckseinheiten im Sinne der oben erwähnten Selbstkonstitution von Religion ermöglichen sollen, müssen sie Rituale anbieten, die Anlaß zur Metaphernbildung geben, nicht durch diese ersetzt werden (Luther versus Zwingli). Die Einengung auf einzelne Symbolsysteme, die nur die Summe subjektiver Kompetenzen zum Zuge bringen (z.B. normative Festlegungen, aber auch Themengottesdienste) statt Performanzen zwischen den Sprachsorten von verinnerlichten Ritualelementen zu ermöglichen (Gesamtkunstwerke), verhindert die Neubildung kollektiver Konventionen, Traditionen genannt. Der Gottesdienst lebt aus einer Sprache, die sich durch die virtuelle Aktivität aller Partizipanten je selbst generiert, d.h. als ein offenes Kunstwerk.

So bleibt noch die Frage nach "überzeitlichen" Grenzbestimmungen.

3. Der Fokus: Die Vertextung der Lebensgrenze in Taufe und Abendmahl

Es ist der Modus der Symbole bzw. der Texte, welcher Liturgie konstituiert: Er sorgt dafür, daß Erfahrungen als Systeme von Inhalt und Ausdruck koordiniert und kommunikabel werden, die Verbindung des Symbolsubjekts mit der Wirklichkeit. Diese erweist sich als religiös wirksam, sobald die überlieferten Symbole als Elemente komplexer Codes regelerneuernd tätig werden. Es sind dann Symbole, die sich dynamisch erweitern, indem sie sowohl schließen (und den Inhalt schützen) wie auch öffnen (und ihn Mißverständnissen aussetzen). Dieser "beständige Kampf zwischen "l'ordre et l'aventure"[25] mag im streng semiotischen bzw. methodologischen Sinn nur mit Vorbehalt andeuten, daß man die Regel aller denkbaren Regeln, die *hinter* uns und der Geschichte unserer Gesellschaft steht, Gott nennen mag, weil die Anerkennung von Codes die Anerkennung des Sachverhalts ist, daß wir keine Götter sind[26]. Zugleich kommt damit aber die existentielle Lebensgrenze als umfassende Thematik der Wissenschaft ins Spiel.

---

[24] Umberto Eco, *Semiotik*, a.a.O. (Anm. 10), 198.
[25] Ders., *Semiotik und Philosophie der Sprache*, a.a.O. (Anm. 5), 276.
[26] Ebd.

Da jede Semiotik der Codes als "ein Arbeitsinstrument im Dienste einer Semiotik der Zeichenproduktion"[27] angesehen werden kann, ist im Sinne ethischer Gestaltung die gottesdienstliche Wirksamkeit vor allem in der Modalität der Metaphernbildung als die der christlichen Liturgie gleichsam eingeborene und eingepflanzte Intention zu suchen. In erster Linie denken wir dabei an die Predigt als die Chiffre für die viva vox Evangelii und damit als ein öffentlich zu gestaltendes Kunstwerk. Über den Weg von Tropen und Geschichten - den Erzählungen Jesu entsprechend - hilft sie, mit sehr individuellen Konnotationen an den Lebensgrenzen, denen des Todes und denen der Liebe, umzugehen. Sie ist für Schriftreligionen unerläßlich. Denn sie will ja die in der Liturgie aufsteigenden labyrinthischen Rätsel an den in der konkreten Gemeinschaft erfahrenen Grenzen durch distinkte Themen mit den biblischen Textelementen verknüpfen und somit dank plausibler Einheiten diskursfähig machen. Andererseits darf aber nicht vergessen werden, daß gute Predigten nur gedeihen auf dem Ethos als Grundlage einer reichen Liturgie; denn diese ist es ja, welche als ein Netz von Interpretanten im oben beschriebenen Sinn - also ganzheitlich und jeden Partizipanten einbeziehend - Anamnese und Epiklese leistet, und somit das Universum des Lebens, genauer: die Erfahrungen der Lebensgrenzen symbolisch organisiert und abrufbar macht. Wo nichts ist, kann auch der beste Schelm nichts ausrichten.

Wenn aber die Reden, welche biblische Texte und allgemeine Topoi verknüpfen, wirksam werden wollen, wenn sie also Symbole bilden sollen, die an den Lebensgrenzen um Gottes willen nicht verschwiegen werden dürfen, dann sind sie dem Kosmos unausschöpflicher Interpretanten von Grenzsituationen zuordnen - an unüberschreitbaren und an überschreitbaren Grenzen. Nur so kann das Gesamtkunstwerk Gottesdienst authentisch und angemessen wirksam werden. Ob nun die Rede mehr aufklärenden Charakter hat oder als vergewissernde Festrede angepackt wird - im Sinne des Katechumenats ist sie von der Taufe her fokussiert, im Sinne der beim Mahl Versammelten hilft sie - als "praedicatio" - sensibel den absoluten Bruch zwischen Anamnese und Epiklese zu interpretieren. Indem in dieser doppelten Dialogik das Interpretantenreservoir der Beteiligten transformiert wird, kann der Gottesdienst das leisten, was er als religiöses Zeichen verspricht: an den letzten Grenzen des Lebens zu orientieren. An der absoluten, der unüberschreitbaren Todesgrenze werden Texte von Situationen des Gekreuzigten fortgeschrieben, indem Täufer und Täufling alle bisherigen Grenzsituationen mit Röm 6 und ähnlichen Symbolen zu lesen versuchen, fokussiert am Umgang mit Wasser als der absoluten Grenze alles organischen Lebens. An den Grenzen der Liebe kommen alle kulturellen Fragen ins Spiel: Deshalb rekonstruieren die am Abendmahl Partizipierenden Situationen, wie sie sie etwa durch die Lektüre von Joh 13 und

---

[27] Ebd., 175.

anderer biblischer Texte kennen. In jedem Fall ist es die neuerliche Vertextung von solchen Grenzsituationen, welche die Grammatik vernünftiger Gottesdienste entfalten lehrt.

Gott feiern heißt also, die enzyklopädische Weisheit vieler Zeugen angesichts der eigenen Grenzen zu authentischen Symbolen zu vertexten - im Wissen darum, daß wir immer schon durch Symbole so wurden, wie wir sind. Die mythenschaffende Kraft von religiösen Ritualen bildet sich aus dem Wissen um den absoluten Bruch in allem Wissen. Wissen ist nicht zu unterschlagen, denn es kann die Einsicht dafür freigeben, daß die absolute Grenze der Natur des Menschen und die von ihm ständig neu zu setzende der Kultur das religiöse Fest als Katharsis der Systeme und als Schlüssel der Amplifikation von Codes wahrnehmen lehrt. Das hilft Liturgien zu sichten, deren Fokussierung kreative Kooperationen auslösen, die Gaben vieler fördern und eine verkündete "höhere Vernunft" transparent machen.

Gerard Lukken

Die Bedeutung der Semiotik Greimas' und der Pariser Schule für die Liturgiewissenschaft

In den letzten Jahrzehnten ist die Liturgiewissenschaft in voller Bewegung. In den Niederlanden ist diese Bewegung vor allem durch eine Ausweitung des Objekts der Liturgiewissenschaft, wachsende Interdisziplinarität und den Gebrauch neuer Methoden gekennzeichnet.[1] In diesem Artikel möchte ich auf die Bedeutung der Semiotik für die Liturgiewissenschaft eingehen. Als neue Disziplin und neue Methode macht sie es möglich, umfassender in die Liturgie vorzudringen. Daher berührt die Einführung der Semiotik in die Liturgiewissenschaft alle drei der genannten Gebiete. Wenn ich über *die* Semiotik spreche, muß ich eine Einschränkung hinzufügen: ich rede nur von der Semiotik Greimas' und seiner Pariser Schule. Nach einer Motivierung dieser Einschränkung werde ich zur Einführung erst auf die Metasprache Greimas' und auf einzelne ihrer zentralen Begriffe eingehen, die für das Verständnis dieses Artikels unvermeidlich sind. Schließlich hoffe ich angeben zu können, welchen Beitrag die Semiotik für die Liturgiewissenschaft leisten kann.

1. Die Beschränkung auf die Greimassche Semiotik

Es ist nicht ungebräuchlich, auf dem weiten Feld der Semiotik zwei Hauptrichtungen zu unterscheiden: die sogenannte Peircesche Semiotik, die auf

---

[1] Vgl. u.a. Gerard Rouwhorst, "Recente ontwikkelingen op het terrein van de liturgiewetenschap en hun mogelijke betekenis voor de liturgische praktijk", in: *Tijdschrift voor Liturgie* 72 (1988), 382-394; Paul Post, "Wetenschappelijk grensverkeer tussen discipline-vorming en ontdisciplinering", in: *Jaarboek voor Liturgie-onderzoek* 6 (1990), 65-81; Herman Wegman, "Ontwikkelingen in de liturgiewetenschap", in: *Tijdschrift voor Liturgie* 74 (1990), 232-242.

Charles Sanders Peirce (1839-1914) zurückgeht, und die Saussuresche Semiotik, die auf Ferdinand de Saussure (1857-1913) zurückgeht. Die Semiotik Greimas' gehört der letzteren Richtung an. Über den dänischen Linguisten Hjelmslev geht er vor allem auf de Saussure zurück. Umberto Eco hat immer versucht, die beiden Traditionen dichter zusammenzubringen, aber nur wenige sind ihm darin gefolgt. Auch in der Theologie finden sich Versuche, beide Semiotiken miteinander in Kontakt zu bringen und sogar beide zu *einem* Analyse-Instrumentarium zu verschmelzen.[2] Je mehr man sich allerdings in die Semiotik von Greimas vertieft, desto schwieriger wird es, diesem Weg zu folgen. Die Kontexte, in denen die beiden Semiotiken entstanden sind, sind sehr verschieden und die ihnen zugrundeliegenden Philosophien kaum vergleichbar. Die Peircesche Semiotik kann ohne Zweifel - in ihrer eigenen Weise - ihren Beitrag für die Liturgiewissenschaft leisten. Meine Beschränkung auf die Semiotik Greimas' und seiner Pariser Schule will daher keineswegs eine Zurückweisung anderer semiotischer Herangehensweisen sein. Meine Auswahl der Greimasschen Semiotik ist gewissermaßen kontingent. Sie hängt mit der Tatsache zusammen, daß wir mit einigen Theologen (Exegeten, Liturgikern, Katecheten) der Theologischen Fakultät Tilburg 1976 beschlossen, uns der strukturellen Textanalyse zu befleißigen. Schon bald kamen wir zur Semiotik Greimas' und seiner Pariser Schule. So entstand die Forschungsgruppe *Semanet* (Semiotische Analyse door Nederlandse Theologen). Unsere Bevorzugung der Greimasschen Semiotik wurde durch regelmäßige Kontakte mit dem Centre pour l'Analyse du Discours Religieux (Cadir) noch verstärkt. Die Greimassche Semiotik schien ein sehr ausgefeiltes Instrumentarium zur Analyse theologischer Quellen zu bieten. Dabei schien es nicht nur von Interesse zu sein, den Begriffsapparat von Greimas zu verstehen, sondern ihn auch für die Analyse selbst gebrauchen zu lernen. Dies letztere setzt eine Eigenkreativität voraus, die wir vor allem im Gruppenzusammenhang - untereinander und mit "Cadir" - gelernt haben.

2. Die Metasprache Greimas'

Die Greimassche Semiotik ist sehr gut geeignet, das rein intuitive Lesen von Diskursen - sowohl linguistischen wie nicht-linguistischen - zu vermeiden. Eine solche Art zu lesen verrät oft viel mehr über die Stellungnahme des

---

[2] Ein zweifellos interessanter, aber auch kritisierbarer Versuch ist der von Ellen van Wolde, *A Semiotic Analysis of Genesis 2-3*. A Semiotic Theory and Method of Analysis Applied to the Story of Eden, Studia Semitica Neerlandica 25, Assen 1989.

Lesers als über die des Diskurses selbst. Die Semiotik Greimas' ist darauf ausgerichtet, den Diskurs selbst zum Sprechen zu bringen. Im Blick darauf konstruiert sie eine Metasprache, d.h. eine Sprache über die Sprache, die in Bedeutungsschichten des Objektes vordringen will, die nicht unmittelbar "mit bloßem Auge" wahrnehmbar sind. Diese Metasprache muß ein gewisses Maß von Komplexität, logischer Integrität und Stabilität haben. Nur dann kann sie der Anforderung entsprechen, daß sie einerseits als Repräsentation des Diskurses als Kenntnisobjekt adäquat sein und andererseits bei der Analyse von Texten eine vermittelnde Rolle spielen muß.[3] Eine solche Metasprache muß präzise sein. Aus diesem Grunde findet man in den "Dictionnaires" von Greimas allerlei semiotische Präzisierungen von Begriffen aus der Literaturwissenschaft und daneben viele Neologismen.[4] Die natürliche Sprache, die wir sprechen, ist bereits zu sehr mit Sekundärbedeutungen, Konnotationen und Assoziationen beladen, als daß sie als Analyseinstrument funktionieren könnte. Die Metasprache Greimas' ist einerseits deduktiv, indem sie von bestimmten Anfangspunkten ausgeht, andererseits ist sie induktiv, indem sie entwickelt ist und ständig aus dem Kontakt mit Analysen konkreter Diskurse gespeist und ergänzt wird[5]. Wer in den Werken Greimas' und seiner Schule blättert, stößt in der Tat auf eine sehr eigene Ausdrucksweise.[6] Greimas sieht seine Semiotik als ein "Projekt mit wissenschaftlicher Berufung", was auch der Grund dafür ist, daß er jeder Vulgarisierung aus dem Weg geht. Die Metasprache Greimas' ist widerspenstig, was die Rezeption bei Theologen nicht gerade fördert. Insbesondere wenn Theologen in der Literaturwissenschaft nicht zuhause sind, ist es nicht einfach, in diese Metasprache vorzudringen. Dennoch wird regelmäßig darauf hingewiesen, daß die Greimassche Semiotik sehr geeignet für den pastoralen Gebrauch ist, insbesondere beim Bibellesen, weil man keine historischkritischen Vorkenntnisse und allerlei Nachschlagwerke mehr braucht. Aber man muß dann doch hinzufügen, daß dies nur unter der Voraussetzung

---

3 Peter Haidu, "Text and History: The semiosis of twelfth-century lyric as sociohistorical phenomenon", in: *Semiotica* 33-1/2 (1981), 190.

4 Algirdas Julien Greimas/Joseph Courtés, *Sémiotique.* Dictionnaire raisonne de la théorie du langage, 2 Bde, Paris 1979 u. 1986.

5 Ebd. 395; Peter Haidu, a.a.O. (Anm. 3), 190f.

6 Außer den bereits genannten beiden Bänden des *Dictionnaires* s. Algirdas Julien Greimas, *Strukturale Semantik.* Methodologische Untersuchungen, Braunschweig 1971 (Wissenschaftstheorie, Wissenschaft und Philosophie, Bd. 4); ders., *Du sens.* Essais semiotiques, Paris 1970; ders. (Hg.), *Essais de sémiotique poetique*, Paris 1982; ders., *Sémiotique et sciences sociales*, Paris 1976; ders., *Maupassant.* La sémiotique du texte, Paris 1976; ders., *Du sens II.* Essais sémiotiques, Paris 1983; ders., *Des dieux et des hommes.* Etudes de mythologie lithuanienne, Paris 1985; ders., *De l'imperfection*, Perigueux 1987; ders. / Jacques Fontanille, *Sémiotique des passions.* Des états de choses aux états d'âme, Paris 1991.

funktioniert, daß man mit einem vereinfachten und der Praxis angepaßten Instrumentarium arbeitet.[7]

Um den Beitrag gut zu verstehen, den die Greimassche Semiotik für die Liturgiewissenschaft leisten kann, muß man sich mit einigen zentralen Begriffen der Greimasschen Metasprache auseinandersetzen.

Die Semiotik Greimas' geht nicht von der Ausdrucksebene aus, so wie diese sich manifestiert. Was die Sprache betrifft, geht sie also nicht von den Wörtern, Sätzen, Absätzen usw. aus, sondern richtet sich in erster Instanz auf die spezifischen inhaltlichen Strukturen. Von unseren klassischen Auffassungen über Literatur ausgehend ist es nicht einfach, sich diese grundsätzlich neue Sichtweise zu eigen zu machen. Dabei ist es zuallererst wichtig, sich bewußt zu werden, daß de Saussure im Zeichen zwei Ebenen unterscheidet: den Signifikanten (Ausdruck) und das Signifikat (Inhalt). Außerdem muß man realisieren, daß Greimas weiter geht als de Saussure. In der Nachfolge von Hjelmslev führt er innerhalb der zwei Ebenen des Zeichens eine weitere Unterteilung ein, nämlich zwischen Form und Substanz:

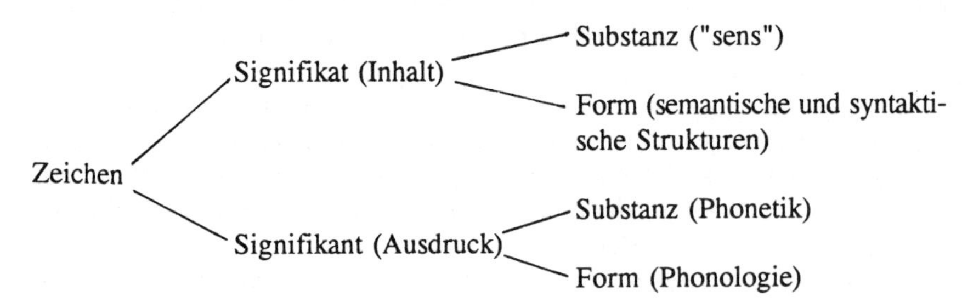

Allerdings ist der Sinn (sens) nach der Greimasschen Semiotik niemals als solcher erreichbar. Man wird immer entlang des Weges der Form gehen müssen. Es geht um die "signification", die Bedeutungsbildung. Hierbei konzentriert sich die Aufmerksamkeit in erster Instanz auf die Form des Inhalts, d.h. auf die spezifischen semantischen und syntaktischen Beziehungsstrukturen des Inhalts. Konkreter geht es um die Strukturen des Inhalts auf drei Diskursebe-

[7] Vgl. u.a. Jacques Maas/Nico Tromp (Semanet), *Constructief bijbellezen.* Zelfstandig en actief in de bijbel lezen: een semiotische methode, Hilversum 1987; s.a. die vielen Versuche von Cadir in dessen Zeitschrift, *Sémiotique et Bible.* Sogar die Metasprache wurde mit dem Ziel des Gebrauchs durch Kinder vereinfacht, s. *Sémiotique et Bible* 5 (1981), no 21. Interessant ist auch die Aufmerksamkeit, die der Greimasschen Semiotik in Korea zuteil wird, wo man diese Methode zur Einführung in die Bibel verwendet, weil - angesichts der vielen Bekehrungen - die klassischen Bibelmethoden zu arbeitsintensiv und zu schwierig sind; s. Jean Delorme, "Semiotique au pays du matin calme", in: *Sémiotique et Bible* 12 (1988), no 51, 1-7.

nen, so wie diese sich uns unmittelbar darbieten, d.h. auf der sogenannten Ebene der Manifestation: der Ebene der diskursiven Strukturen, der Ebene der Oberflächenstrukturen und der Ebene der Tiefenstrukturen mit ihrem semiotischen Viereck. So ist beispielsweise die narrative Grammatik, auf die ich im folgenden kurz eingehe, ein Element der Inhaltsform, und zwar auf der Ebene der Oberflächenstrukturen.

Die Inhaltsformen werden nun auf der Ebene der Manifestation mit dem Ausdruck verbunden. Auch beim Ausdruck geht es in der Greimasschen Semiotik nicht um die Ebene der Manifestation als solche. Es geht um Ausdrucksformen, um strukturelle Beziehungsmuster, die unter der Ebene der Manifestation liegen. Auch in der Ausdrucksform kann man mehrere Ebenen unterscheiden.

Bezüglich des Verhältnisses zwischen Inhaltsform und Ausdrucksform gibt es laut Greimas drei Möglichkeiten.

1) Es kann sein, daß einzelne Elemente der Ausdrucksform mit einzelnen Elementen der Inhaltsform korrespondieren. Dies ist in den sogenannten symbolischen Systemen der Fall: man denke an Verkehrszeichen oder an algebraische Zeichen.

2) Eine zweite Möglichkeit ist die der sogenannten semiotischen Systeme im eigentlichen Sinn. In diesen Systemen ist die Beziehung zwischen Ausdrucksform und Inhaltsform arbiträr. Dies trifft im allgemeinen auf die Sprache zu. Hieraus folgt, daß eine Analyse der Form des linguistischen Ausdrucks durchweg wenig für die Bestimmung der Form des linguistischen Inhalts austrägt.

3) Eine dritte Möglichkeit ist die der sogenannten semiotischen Systeme, in denen *Beziehungen* auf der Ebene der Ausdrucksform mit *Beziehungen* auf der Ebene der Inhaltsform korrespondieren. So entspricht auf der Ebene der Ausdrucksform die Beziehung zwischen der Bewegung des Kopfes von links nach rechts und der Bewegung des Kopfes von oben nach unten auf der Ebene der Inhaltsform der Beziehung von Negation und Affirmation. Was die Sprache angeht, findet man das semi-symbolische System in der Poesie. In diesem Fall ist es so, daß die Ausdrucksform die inhaltliche Bedeutungsbildung motiviert und verdichtet.[8] Schließlich möchte ich noch auf die sogenannte narrative Grammatik hinweisen, die man in anderer Weise in allen Diskursen antrifft, und zwar auf der Ebene der Oberflächenstrukturen. Sie kennt vier strukturelle Phasen:

---

[8] Vgl. u.a. *Essais de semiotique poetique*, hg. v. Algirdas Julien Greimas, Paris 1972. Zur Liturgie vgl. meine Analyse eines Liedes von Barnard: "Un chant liturgique neerlandais analyse comme objet syncretique", in: *Jaarboek voor Liturgie-onderzoek* 6 (1990), 135-154.

1) Die Phase der Manipulation oder Einflußnahme durch einen Destinator (Bestimmer) auf den Destinatär (den Adressaten) mit Bezug auf eine zu verrichtende Handlung. So lädt zum Beispiel bei der Eheschließung im nachvatikanischen katholischen Ritual der Priester als Destinator das Brautpaar als Destinatär ein, die Handlung zu vollziehen, das Ja-Wort auszusprechen.[9]

2) Die Phase der Kompetenz oder Ausrüstung des Destinatärs, der so zum Subjekt der Handlung(en) wird. Diese Phase kennt die Modalitäten handeln zu müssen, zu wollen, zu können und zu verstehen. So werden dem Brautpaar direkt vor dem Ja-Wort-Wechsel Fragen über seine Freiheit, seine Treue und seine Bereitschaft, Kinder anzunehmen, gestellt. In dieser Phase geht es letztendlich darum, daß das Brautpaar mit der Kompetenz ausgerüstet wird, die Handlung des Ja-Wortes vollziehen zu können.

3) Die Phase der Performanz, in der der Vollzug einer Transformation durch das Subjekt der Handlung(en) gegeben ist: bei der Eheschließung das Wechseln des Ja-Wortes, wodurch Braut und Bräutigam vom unverheirateten Zustand in den verheirateten übergehen.

4) Die Sanktion oder die Beurteilung der vollzogenen Handlung durch den Destinator oder im Namen des Destinators. Nach der Eheschließung sagt der Priester als Destinator, daß die Kirchengemeinschaft von nun an das Brautpaar als verheiratet ansehen soll.

Es ist nicht so, daß immer alle vier Phasen in einem Diskurs abgehandelt werden. So spielt im Lobgebet die Phase der Sanktion eine überwiegende Rolle und im Bittgebet die Manipulation.

Die narrative Grammatik betrifft die syntaktische Komponente. Sie ist aber eigentlich nicht mehr als eine Art syntagmatisches Skelett. In jedem Diskurs wird dieses Skelett gleichsam mit der semantischen Komponente überzogen. Bei der Transformation, die durch die Performanz vollzogen wird, wird das Subjekt faktisch mit bestimmten Werten verbunden oder von ihnen getrennt.

---

[9] *Ordo Celebrandi Matrimonium*, edition typica, Typis Polyglottis Vaticanis, Citta del Vaticano 1969, ed. altera 1990. In diesem Artikel werde ich soweit möglich die semiotische Analyse des Traurituals zur Illustration verwenden. Zu einer semiotischen Analyse des nachvatikanischen Traurituals vgl. Gerard Lukken, "De nieuwe romeinse huwelijksliturgie", in: *Semanet*. Semiotiek en christelijke uitingsvormen. De semiotiek van Algirdas Julien Greimas en de Parijse school toegepast op bijbel en liturgie, hg. v. Gerard Lukken, Hilversum 1987, 155-208.; ders., "Het binnengaan in de kerk in de nieuwe Romeinse huwelijksliturgie: een semiotische analyse", in: *Jaarboek voor Liturgie-onderzoek* 1 (1985), 69-89; ders., "De plaats von de vrouw in het huwelijksritueel van het Rituale Romanum: van ondergeschiktheid naar een zekere evenwaardigheid van man en vrouw", in: *Jaarboek voor Liturgie-onderzoek* 4 (1988), 67-89. Zum Trauritual des Rituale Romanum von 1614 s. außer dem letztgenannten Artikel auch: ders., "Semiotische analyse van de huwelijkssluiting in het post-tridentijnse Rituale Romanum", in: *Jaarboek voor Liturgie-onderzoek* 3 (1987), 41-85.

So wird das Brautpaar bei der Eheschließung im nachvatikanischen Ritual mit semantischen Werten wie /offiziell/, /öffentlich/, /definitiv/, /dauerhaft/, /ausschließlich/ und /Zwei-einheit ohne Scheidung/ verbunden.

Auf der Tiefenebene werden die semantischen Werte wie /offiziell/ usw. in ein sogenanntes semiotisches Viereck eingeordnet, wobei deutlich wird, wie sie zueinander in Opposition stehen. Anhand des semiotischen Vierecks kann man auch deutlich machen, wie die Bewegungen zwischen den Oppositionen in einem Diskurs verlaufen.

Nach dieser Auseinandersetzung über die Metasprache kann nun angegeben werden, worin der Beitrag der Greimasschen Semiotik für die Liturgiewissenschaft bestehen kann.

3. Stiftungserzählungen

Bei der Analyse von Ritualen stößt man regelmäßig auf Stiftungs- oder Einsetzungserzählungen. Diese können an allerlei Orten im Ritual vorkommen: in den Bibellesungen des Wortgottesdienstes, in der Predigt, den Gebeten, der zentralen Handlung. Letzteres geschieht beispielsweise, wenn mitten im eucharistischen Gebet die Einsetzungserzählung "Am Abend vor seinem Leiden nahm er das Brot ..." rezitiert wird mit dem damit verbundenen "Tut dies zu meinem Gedächtnis". Aber auch sonst kann die Einsetzungserzählung eine wichtige Rolle spielen. So wird im nachvatikanischen Trauritual in der Predigt *vor* der Trauung über den Willen des Brautpaares gesprochen, eine Ehe zu schließen, so wie Christus sie eingesetzt hat. Und im Trausegen wird daran erinnert, wie Gott den Menschen geschaffen hat als Mann und Frau und sie miteinander verbunden und gesegnet hat: auf dieser Grundlage wird Gott dann gebeten, nun diese Ehe zu segnen. Bei den Einsetzungserzählungen stößt man, was die Liturgie betrifft, tatsächlich auf die erste Phase des narrativen Schemas. Claude Calame hat darauf hingewiesen, daß bei einer Reihe von Ritualen Einsetzungsmythen die Manipulationsphase des Rituals bilden.[10] Die Akteure der Einsetzungsmythen spielen dabei hinsichtlich der Akteure des Rituals die aktantielle Rolle eines Destinators. Und diese Destinatoren verleihen den handelnden Subjekten des Rituals auch die Kompetenz, es zu vollziehen. In den Einleitungen der Rituale wird auch oft auf Einsetzungserzählungen verwiesen. Und sie bilden ein festes Thema in den Darstellung der Sakramententheologie. Man kann sich sogar fragen, ob man es hier nicht auch mit einer festen Struktur liturgischer Gebete zu tun hat. Wie oft kennen diese nicht die Formel

---

[10] Claude Calame, Stichwort "Mythique (discours, niveau-)", in: Algirdas Julien Greimas/ Joseph Courtés, *Sémiotique*, a.a.O., (Anm. 4), 148f.

"Gott, der...", wobei eine Heilstat aus der Vergangenheit angeführt wird, aufgrund derer auf die Formulierung einer von Gott erbeten Performanz übergegangen wird? Man stößt hier auf die Anamnese-Struktur der christlichen Liturgie. Der Destinator ist auch derjenige, der die Axiologie der durch das Subjekt zu verrichtenden Handlungen bestimmt. Allerdings wird auch der Wertezusammenhang, der dem Ritual zugrundeliegt, über die Stiftungserzählungen auf die ursprünglichen göttlichen Destinatoren des Rituals zurückgeführt. Der göttliche "Mythos" bildet darum den axiologischen Hintergrund des rituellen Diskurses.

4. Das Szenario und das Drehbuch

Wie beim Theater kann man auch bei der christlichen Liturgie das Szenario und das Drehbuch unterscheiden. Das Szenario ist das offizielle *Dienstbuch*, so wie es herausgegeben wird. Das Drehbuch umfaßt das Textganze, so wie es durch den *Zeremonienmeister* (Regisseur, ggf. liturgische Arbeitsgruppe) bearbeitet ist. Das Drehbuch ist detaillierter als das Szenario. Das unbearbeitete Szenario funktioniert narrativ betrachtet als Destinator und als Instanz, die bezüglich des Textes des detaillierten Drehbuches Kompetenz verleiht. Szenario und Drehbuch zusammen sind auf je verschiedene Weise Destinatoren eines anderen semiotischen Objekts, nämlich der Liturgie, so wie sie vollzogen wird: der Liturgie *in actu*. Einen gänzlich eigenen Verbindungsknoten zwischen dem Szenario, ggf. dem Drehbuch und der Liturgie *in actu*, bilden die Destinatoren der Feier (gewöhlich der Liturg selbst, aber bei größeren Liturgien von einem selbständigen Zeremonienmeister repräsentiert), der Dirigent des Chores und der Musik. Sie repräsentieren innerhalb der Liturgie *in actu* tatsächlich lebendigen Leibes das geschriebene Szenario und das Drehbuch mit allem, was diese implizieren. Was aber die Einleitungen zum Drehbuch betrifft, so sprechen diese oft über die Zwischendestinatoren aus der Geschichte, die zwischen der Stiftungserzählung und dem Szenario als solchem stehen. So kann es sein, daß die Einleitung zum Ritual darauf hinweist, daß im Westen bei der Firmung eine Verschiebung von der Handauflegung zur Salbung aufgetreten ist usw. Und es ist offensichtlich, daß sich die Liturgiewissenschaft ausführlich mit diesen Zwischendestinatoren des Rituals beschäftigt.

Das Szenario und Drehbuch als geschriebenes Objekt kennen eine deutliche Gliederung. Man findet darin die Rubriken, die Destinatoren für zahlreiche nicht-linguistische Programme der Liturgie *in actu* sind: vom Raum und der Einrichtung des Raumes bis hin zu den zu erfüllenden Rollen und durchzuführenden Handlungen. Weiterhin findet man darin die Texte, die ausgesprochen werden müssen und die daher ebenso Destinatoren sind. Schließlich muß auch von den Verweisen auf andere geschriebene Quellen die Rede sein, in denen die auszusprechenden Texte zu finden sind, wie z.B. das Lektionar. Die Texte können, besonders in dem stärker bearbeiteten Drehbuch, schließlich von Destinatoren begleitet sein, die angeben, wie sie ausgesprochen werden müssen: Akzente, detaillierte Lesezeichen usw. Eine ganz eigene Kategorie im geschriebenen Szenario und Drehbuch bilden die Texte oder Verweise auf Texte, die von Musik unterlegt sind.

Es fällt auf, daß man im Szenario und Drehbuch selten Spuren der Enunziationsinstanz antrifft, d.h. konkret: von der Instanz, deren Sprachakt in der Bedeutungsbildung des Diskurses auftritt und die vom Diskurs vorausgesetzt wird. Zu dieser Enunziationsinstanz gehört der Enunziator (von dem die Wortfassung ausgeht), aber auch der Enunziatär (an den sich die Wortfassung richtet). Selten wird man Spuren des Enunziators in Form von Andeutungen finden, wie: "Ich gebe den Auftrag, in dieser Weise zu handeln", und ebensowenig vom Enunziatär in Form von Andeutungen wie: "Jetzt mußt du dieses tun oder diesen Text aussprechen." Das bedeutet, daß Szenario und Drehbuch äußerst objektiv formuliert sind. Sie sind Destinatoren, die sich an Subjekte richten, von denen erwartet wird, daß sie das Szenario und Drehbuch ohne weiteres ausführen. Das Szenario und Drehbuch stellen sich hierdurch als unanfechtbar dar, sie suggerieren Allgemeingültigkeit. Und wenn die Möglichkeit eigener Kreativität oder eigener Ausfüllung besteht, wird auch dies angegeben. Übrigens wäre eine genauere Studie der Liturgiebücher der verschiedenen Traditionen und der katholischen Liturgiebücher nach dem 2. Vatikanum in dieser Hinsicht interessant. Das gilt besonders für die experimentelle Liturgie, in der ja oft mehr von der Enunziationsinstanz zu finden ist und in die Rubriken oft relativierender formuliert sind. So findet man im Taufritual Oosterhuis' beispielsweise die Rubrik: "Dann tun wir etwas / mit Frage-und-Antwort, / Wort-und-Wasser, / einem Gebet, einer Gebärde."[11]

Abgesehen von den im Szenario aufgenommenen Liturgietexten liegt die Sprache des Szenarios (und auch des Drehbuches) näher an der wissenschaftlichen Sprache, die auf die Vermittlung von Wissen ausgerichtet ist. Diese Sprache ist so deutlich und eindeutig wie möglich.[12] Von einem großen Reichtum an semantischen Bedeutungen kann nicht die Rede sein. Dies ist allerdings durchgängig bei den Liturgietexten selbst der Fall. Diese sind stärker literarische oder poetische Texte, die Liturgiker zuweilen als "zweite Sprache" gegenüber der eindeutigen wissenschaftlichen Sprache als "erste Sprache" charakterisieren. Semiotisch gesprochen besteht der Unterschied darin, daß literarische Texte viel reicher an figurativen Verweisen auf die Welt außerhalb des Textes sind als eindeutige Texte. Man spricht von einer starken "Figurativisie-

---

[11] Hunb Oosterhuis, *Im Vorübergehn*, Wien/Freiburg/Basel 1969, 179.

[12] Algirdas Julien Greimas/Joseph Courtés, *Sémiotique*, a.a.O., (Anm. 4), s. Stichwort "Scientificité".

rung".[13] Und diese Figurativisierung kann noch stärker durch die sogenannte Ikonisation ausgezogen werden, wobei man die referentielle Illusion weiter verstärkt. Diese kann akustisch sein wie bei der Lautmalerei, aber auch visuell. Hierin liegen Unterschiede zwischen den liturgischen Traditionen. So ist in der mozarabischen Liturgie die Figurativisierung und Ikonisation viel größer als in der klassischen römischen Liturgie. Und tritt nicht auch in den reformatorischen Liedern und Predigten oft eine starken Figurativisierung und Ikonisation zutage? Im allgemeinen kann man auch sagen, daß in den Texten der zweiten Sprache ein großer Reichtum an den thematischen Isotopien (Bedeutungslinien) herrscht, die die Semiotik Greimas' andeutet. Sie haben einen doppelten Boden.

Der Sprachunterschied innerhalb der Szenarios des Rituals kann semiotisch auch noch anders angegangen werden. Ich habe darauf hingewiesen, daß die Sprache des Szenarios (und auch des Drehbuchs) als solche keineswegs poetisch ist. Das heißt, daß die Beziehung zwischen der linguistischen Ausdrucksform und der linguistischen Inhaltsform arbiträr ist.[14] Auch in diesem Sinn kann man von "armen" Texteinheiten sprechen. Dies ist anders bei den in das Szenario und Drehbuch aufgenommenen Liturgietexten, die ausgesprochen werden müssen. Darunter befinden sich allerdings recht eindeutige rubrikale Texte wie: laßt uns beten usw.[15] Aber allgemein hat man hier mit einer Sprache zu tun, in der die linguistische Ausdrucksform gewiß mit der Inhaltsform interferiert. Die alten römischen Kirchengebete sind hierfür Schulbeispiele. Eine Analyse der Weihnachtspräfation aus dem Veronense Nr. 1260, die Michaël Herz in seinem Buch "Sacrum Commercium" leistet, bietet beispielsweise sehr viele Anknüpfungspunkte für eine semiotische Analyse der Inhaltsform, wobei die Ausdrucksform auf treffende Weise die Inhaltsform verdichtet und unterstützt.[16] Über semiotische Analysen sollte man der Frage nachgehen können, ob in Liturgietexten Fälle von Abstufungen in den Beziehungen zwischen Inhaltsform und Ausdrucksform vorliegen. Und man könnte die Frage stellen, ob in dieser Hinsicht Unterschiede - und wenn ja, welche -zwischen Monitionen, Lesungen, Kirchengebeten, eucharistischen Gebeten, (verschiede-

---

[13] Figurativisierung ist in der Semiotik Greimas' ein terminus technicus: Er deutet eine Aktivität an, wodurch die semantischen Werte der Oberflächenebene auf der Ebene der diskursiven Strukturen mit konkreteren Bedeutungseinheiten bekleidet werden, die auf die uns bekannte Welt verweisen.

[14] Vgl. das unter 2. über die Beziehung zwischen Inhaltsform und Ausdrucksform Gesagte.

[15] Das hier im niederländischen Text auch aufgeführte "laten wij gaan staan", "laßt uns stehen" ist m.E. in deutschsprachigen Gottesdiensten nicht gebräuchlich. Hier bedient sich der Liturg eher einer visuell-gestischen als einer akustisch-linguistischen Ausdrucksform. (Anm. M.H.)

[16] Michaël Herz, *Sacrum Commercium*. Eine begriffsgeschichtliche Studie zur Theologie der römischen Liturgiesprache, München 1958, 140-184.

nen Arten von) Predigten usw. bestehen. Im allgemeinen spricht man sehr global von der liturgische Sprache als einer "zweiten Sprache". Ich habe aber den Eindruck, daß - ausgehend von der Greimasschen Semiotik - viel ausgefeilter angegeben werden kann, welche Abstufungen es in dieser zweiten Sprache gibt. Gibt es auch in ihr Gesetzmäßigkeiten, je nach Textgenre? Wenn man diesen Dingen auf die Spur käme, könnte man auch zu ausgefeilteren Kriterien für das Kreieren von liturgischen Texten kommen. Leider muß gerade hinsichtlich der Einbeziehung der Ausdrucksform in die semiotischen Analyse der Inhaltsform noch viel geschehen.[17]

In Szenario und Drehbuch geht es um geschriebene Texte. Ich habe bereits bemerkt, daß bei diesen Texten der linguistische Ausdruck mit der inhaltlichen Bedeutungsbildung interferieren kann, wodurch sie voller und persuasiver werden. Aber bei Texten stößt man auf noch eine andere Manifestationssprache als die linguistische, nämlich die visuelle Manifestationssprache der graphischen Formgebung, des Layouts. Texte können fett oder leicht gedruckt sein, kursiv oder gerade, in Groß- oder Kleinbuchstaben, rot oder schwarz, alle Zeilen hintereinander oder säuberlich geordnet, mit Durchschuß, zentriert usw. Es ist möglich, die visuellen Ausdrucksformen getrennt zu analysieren und dem nachzugehen, inwiefern sie semi-symbolisch mit der Inhaltsform interferieren.[18] Auf diese Weise kann man angeben, wie der visuelle Ausdruck von Texten einen eigenen Beitrag zur Veränderung, Verstärkung oder Schwächung der Bedeutungsbildung eines Textes leistet. Es scheint also, daß die visuelle Manifestationssprache geschriebener Texte auf ihre Persuasivität Einfluß haben kann. Ganz konkret gesagt: Es ist keineswegs dasselbe für die Bedeutung und Persuasivität des Textes, ob man ein Gebet auf einem schmalen zusammengefalteten A4-Blatt abdruckt und womöglich noch alle Zeilen einfach untereinander setzt, oder ob man für ein Layout sorgt, das so verantwortlich wie mögliche dem Inhalt des Gebets gerecht wird. Was die visuelle Manifestationssprache betrifft, weise ich schließlich noch darauf hin, daß alte liturgische Handschriften ihre Buchstaben oft verzierten und Initialen sogar zu einem kostbaren Gemälde machten. Auch das ist für die Bestimmung der Bedeutungsbildung wichtig. Darüberhinaus muß man der Tatsache Rechnung tragen, daß sich die alten Texte durchweg in Handschriften befinden, die auf eine orale Kultur zurückgehen. Das impliziert, daß es hier um geschriebene Texte geht, die zuerst gesprochen und gehört wurden, und nicht geschrieben.

---

17 Zwei semiotische Untersuchungen an der Theologischen Fakultät Tilburg beziehen sich auch auf Fragen, die sich auf die Ausdrucksform beziehen: *De theologie van het eucharistisch gebed in Nederland* (*Die Theologie des eucharistischen Gebetes in den Niederlanden*) von Jko Joosse und *Semiotische analyse van de betekenisvormgeving in liturgische gezangen als syncretisch object* (*Semiotische Analyse der Bedeutungsbildung in liturgischen Gesängen als synkretistisches Objekt*) von Willem Marie Speelman.

18 Ein Versuch findet sich in der in Anm. 8 genannten Analyse.

Bei der Untersuchung der Ausdrucksform ist dieses Faktum nicht unwichtig. Es geht in der Sache in diesen Manuskripten um eine andere Art von Texten als z.B. in den gedruckten Ritualen in der Folge des Tridentinums und des 2. Vatikanums.

Im Szenario findet man auch Texte, die mit Musik kombiniert sind. Eine gänzlich eigene Frage ist, welche Rolle die musikalische Manifestationssprache in der Bedeutungsbildung des Textes spielt. Gewöhnlich beschäftigen sich die Kirchenmusiker mit der musikalischen Manifestationssprache und sprechen von da aus über den Text, während die Liturgiker von der textuellen Manifestationssprache ausgehen und von da aus über die Musik sprechen. Liturgiker und Kirchenmusiker gehen also gänzlich getrennte Wege. Dies gilt auch für die angewandten Methoden. Nun bietet die Greimassche Semiotik die Möglichkeit, mit ein und derselben Metasprache Text und Musik und ihre gegenseitige Wechselwirkung nuanciert zu untersuchen.[19]

Schließlich kann man darauf verweisen, daß die nicht-linguistischen Destinatoren des Rituals, wie die Anweisungen für die Einrichtung der räumlichen Gegebenheiten, die Bewegungen der Akteure usw., in ihrer Bedeutungsbildung interferieren. Ich möchte dies anhand eines Vorbildes konkretisieren. Eine semiotische Analyse der Einzugsprozession im nachkonziliaren Trauritual verdeutlicht in nicht-verbaler Weise, daß das Brautpaar von Beginn der Feier an zu Protagonisten der Feier transformiert wird, und daß es mit der Kompetenz ausgerüstet wird, qua Amt handeln zu können. In diesem Zusammenhang ist auch der Unterschied zwischen dem Rituale Romanum von Trient und dem nach dem 2. Vatikanum hinsichtlich der räumlichen Aufstellung des Brautpaars interessant.[20] Es ist daher wichtig, auch diese nicht-linguistischen Anweisungen des Rituals zu analysieren und sie daraufhin zu den liturgischen Texten des Drehbuches in Verbindung zu setzen. Die Greimassche Semiotik bietet hier ebenso wie bei der Analyse von Musik und Text den Vorteil, daß man mit *einem* homogenen Instrumentarium sowohl linguistische als auch nicht-linguistische Manifestationssprachen analysieren kann. Somit kann diese Semiotik dem Drehbuch als Destinator der Liturgie *in actu* gerade als synkretistischer liturgischer Diskurs gerecht werden, d.h. als Diskurs, in dem die Bedeutungsbildung durch das Aufeinandertreffen mehrerer Manifestationssprachen ihren Ort hat.

---

[19] Mit diesem Ziel arbeitet Willem Marie Speelman bei mir und dem Musik-Semiotiker Eero Tarasti (Helsinki) an einer Dissertationsuntersuchung in diesem Umfeld. Siehe die in Fußnote 17 genannte Analyse.

[20] Siehe die in Anm. 9 genannte Literatur sowie Gerard Lukken, "Semiotics and the Study of Liturgy", in: Wiebe Vos/Geoffrey Wainwright, *Gratias Agamus*. An ecumenical collection of essays on the liturgy and its implications on the occasion of the twenty fifth anniversary of Studia Liturgica, Rotterdam 1987, 114-116.

5. Die Liturgie *in actu*

Das geschriebene liturgische Objekt des Szenarios und Drehbuches ist, verglichen mit der Liturgie *in actu*, eigentlich ein sehr reduziertes semiotisches Objekt. Es ist merkwürdig, daß sich das Interesse der Liturgiewissenschaft dennoch vorwiegend auf das geschriebene linguistische Objekt des Drehbuches konzentriert (und dort dann noch vorwiegend auf die Texte), und daß sie das umfassendere Objekt der Liturgie *in actu* so wenig in ihre Untersuchungen mit einbezieht. Es ist deutlich, daß geschriebene Texte eine andere Enunziationsform darstellen als gesprochene Texte. Die Enunziationsinstanz (die aus dem Enunziator *und* dem Enunziatär besteht) ist in geschriebenen Texten viel weniger involviert als in gesprochenen Texten. Und in gesprochenen Texten existieren auch sichtbar mehr Manifestationssprachen, die in der Bedeutungsbildung interferieren. Dies gilt insbesondere für die visuelle Manifestationssprache des geschriebenen oder gedruckten Wortes, von dem aus gesprochen wird. Das habe ich bereits zur Genüge angedeutet. An dieser Stelle wird dies wieder wichtig, und ich füge noch hinzu, daß auch die weitere visuelle Gestaltung der Bibel, des Missale, des Lektionars, des Gesangbuches usw. für die verbale Bedeutungsbildung nicht indifferent ist. Des weiteren gibt es die Manifestationssprache der Intonation, die eine eigene Analyse verdient und die in der einen oder anderen Weise mit der der musikalischen Manifestationssprache vergleichbar ist. Und die linguistische Manifestationssprache ist ebenfalls stark mit dem Rhythmus des Atemholens und der Mimik des Mundes verbunden. Die verbale Manifestationssprache als Sprechakt ist als solche daher sehr somatisch.[21] Sogar wenn man sich auf die rein verbale Manifestationssprache beschränken würde, stieße man daher bereits auf ein synkretistisches Objekt. Aber es gibt noch mehr.

Die verbale Manifestationssprache ist mit vielen nicht-verbalen Manifestationssprachen verbunden, und in der Liturgie *in actu* sind diese durchgängig zahlreicher und umfassender als in Drehbuch oder Szenario. Man denke an die Musik von Chor, Orgel und anderen Instrumenten, an die Manifestationssprache der vorgegebenen Architektur und der Einrichtung des Raumes[22], die konkreten Bewegungen und Ortsveränderungen im Raum, die Kleidung, die Farben, die Lichtverhältnisse, die Düfte. Für die Bedeutungsbildung des Textes einer Liturgie ist es gewiß ein Unterschied, ob sie gesprochen oder gesungen wird, ob sie in einer romanischen oder einer gotischen Kirche ausgeführt wird,

---

21 Algirdas Julien Greimas/Joseph Courtés, *Sémiotique*, a.a.O., (Anm. 4), s. Stichwort "Acte de langage".

22 Vgl. Gerard Lukken, "Die architektonischen Dimensionen des Rituals", in: *Liturgisches Jahrbuch* 39 (1989), 19-36; ders., "Ritueel en ruimte", in: *Werkmap voor Liturgie* 25 (1991), 132-140.

von einer hohen Kanzel oder aus der Mitte der Gemeinde, im Sitzen oder Laufen, in großem Abstand untereinander oder dicht beieinander, in Amtskleidung oder nicht, mit einem scharfen oder einem weniger scharfen Licht auf den Sprecher, ob Weihrauch brennt oder Salbe zu riechen ist oder nicht usw.

Unter Punkt 4 habe ich bemerkt, daß das Szenario und Drehbuch Destinatoren des Rituals *in actu* sind. Aber man kann sich fragen, ob diese Sichtweise nicht charakteristisch für eine Kultur ist, die seit der Erfindung der Buchdruckkunst auf gedruckte Texte großen Wert legt. Sowohl im Theater als auch in der Liturgie wird die Ausführung durch die gedruckten Textbücher destiniert. Es ist fraglich, ob dies in einer oralen Kultur nicht anders war. In diesen Kulturen lag der Nachdruck auf der mündlichen Überlieferung und Kommunikation. Die Manuskripte waren eher ein Niederschlag des oralen Vollzugs der Kultur als umgekehrt. In oralen Kulturen sind daher vielmehr das Theater und die Liturgie *in actu* Destinatoren des Drehbuches und des Szenarios. Im zeitgenössischen Theater findet man Versuche, wieder zu dieser Tradition zurückzukehren. Ein Beispiel hierfür in den Niederlanden ist das "werktheater", das aus den Vorstellungen selbst entsteht. Und man kann auch an die Bauernbühne denken, wie sie unter Ernesto Cardenal als Kulturminister in Nicaragua Gestalt annahm. Diese Herangehens- und Sichtweise scheint auch für eine lebendige christliche Liturgie wichtig zu sein. Zumindest dürfte man in unserer Kultur von einem Zweirichtungsverkehr zwischen Drehbuch und Liturgie *in actu* sprechen können.

Wenn man, wie in unserer Kultur üblich, Drehbuch und Szenario als Destinatoren des Rituals *in actu* sieht, ist es wichtig, sich bewußt zu sein, daß es bei der Liturgie *in actu* um viel mehr geht als eine bloße weitere Ausstattung des geschriebenen Szenarios und Drehbuches. Lange Zeit ist dies sowohl die Auffassung der Theaterwissenschaft als auch die der Liturgiewissenschaft gewesen. Man sah das "mise en scène" als Übersetzung des eigentlichen Textes. Das Szenario und Drehbuch standen also als primäres Objekt ganz an der Spitze. Die faktische Ausführung sah man in gewisser Hinsicht als sekundär an. In der Ausführung ging es nur um die Interpretation des linguistischen Zeichensystems, auch vermöge eines nicht-linguistischen Zeichensystems. Darum studierte man hauptsächlich das Szenario und das Drehbuch.[23] Die heutige Theatersemiotik sieht das aber anders. Bei der Ausführung geht es um ein neues und gänzlich eigenes synkretistisches Objekt, in dem von der Koexistenz eines linguistischen und eines nicht-linguistischen Systems die Rede ist. Dabei ist es so, daß beide Zeichensysteme einerseits nicht ohne weiteres untereinander konvertibel sind, aber andererseits wohl miteinander in der Bedeutungsbildung interferieren. Die Liturgiewissenschaft müßte hier nun der Thea-

---

[23] Patrice Pavis, *Problèmes de sémiologie théâtrale*, Montréal 1976.

tersemiotik folgen. Die Ausführung der Liturgie ist eine eigene Form der Enunziation und bildet ein gänzlich eigenes und neues synkretistisches Objekt, in dem die Bedeutungsbildung der gesprochenen Sprache durch viele andere Manifestationssprachen mitbestimmt wird. Wenn die Verbindung zwischen der linguistischen Manifestationssprache und anderen Manifestationssprachen zerrissen wird, ist das Wort weniger voll und seine Bedeutungsbildung wird somit verändert und verarmt. Das Wort wird dann der Fülle seiner wahrnehmbaren und somatischen Basis beraubt. Es wird dann leicht eindeutig, geschäftsmäßig, weniger menschlich, weniger inkarniert, weniger christlich. Das Ziel der semiotischen Forschung in *Semanet* ist, mit ein und derselben ausgefeilten Metasprache die Wechselwirkung der verschiedenen Manifestationssprachen immer mehr in den Blick zu bekommen, was nicht nur für die authentische Interpretation bereits bestehender Liturgie, sondern ebenso im Hinblick auf die *liturgia condenda* wichtig ist.

Die semiotische Untersuchung der Wechselwirkung zwischen den linguistischen und nicht-linguistischen Manifestationssprachen könnte ein nuancierteres Bild der theologischen Problematik Wort-Sakrament ergeben. Was ich hierüber in Verbindung mit der Liturgie *in actu* gesagt habe, wirft die Frage auf, ob die Opposition, die klassisch als die zwischen Wort und Sakrament angedeutet wird, nicht viel fließender ist, als in der Sakramententheologie oft dargestellt wird, zumal in *der* Sakramententheologie, die durch die Gegenüberstellung der Reformation und der Gegenreformation beeinflußt ist. Gerade hier kann eine nuanciertere Sichtweise für die Einschätzung des eigenen sakramentalen Wertes des Wortgottesdienstes und den Ort des Wortes in der sakramentalen Handlung wichtig sein.

Liturgie wird oft als *actio sacra* charakterisiert. Die Frage ist dann, welche Handlung aus dem narrativen Schema hier gemeint ist. Aus unseren bisherigen Analysen ist deutlich geworden, daß im christlichen Ritual ebenso wie in Ritualen im allgemeinen die manipulierende Handlung eine große Rolle spielt. Die Gemeinde und ihr Liturg beeinflussen (Manipulation im semiotischem Sinn) Gott immer wieder, zu handeln. Daneben spielt auch die Phase der Sanktion (Lobpreis, Danksagung) eine große Rolle. Auch die Phase der Kompetenzverleihung wird vielfältig angetroffen. Und die Performanz sollte laut Calame im Ritual zu vernachlässigen sein.[24] Aber unsere bisherigen Analysen weisen aus, daß in der christlichen Liturgie ganz entschieden auch Performanzen vorkommen. Man denke an die Performanz der Trauung im nachkonziliaren Ritual, worin Mann und Frau durch das Jawort vom einen Zustand in den anderen übergehen; es ist sogar so, daß in diesem Ritual in der Phase der Sanktion, die auf das Jawort folgt, eine Performanz von Gott aus vorausgesetzt

---

24 Claude Calame, Sichtwort "Rite/rituel", in: Algirdas Julien Greimas / Joseph Courtés, *Sémiotique*, a.a.O. (Anm. 4) 1986, 189f.

wird, die während des Jawortes gleichzeitig stattgefunden haben soll: "Was Gott verbunden hat, das soll der Mensch nicht scheiden." Auch aus anderen Analysen geht hervor, daß im liturgischen Diskurs die Phase der Performanz oft vorkommt.[25]

6. Der Unterschied zwischen Theater und Liturgie

Aus dem Gesagten geht hervor, daß die Sprache der Liturgie *in actu* ein äußerst synkretistisches Objekt ist. Sie ist mit dem Theater *in actu* vergleichbar, das ebenfalls die Verbundenheit vieler Manifestationssprachen kennt. Aber es gibt auch einen großen Unterschied zum Theater. Das Theater *in actu* ist, um mit Greimas zu sprechen, weniger mythisch.[26] Das hängt damit zusammen, daß das Theater von der Bipolarität von Zuschauern und Ausführenden ausgeht[27], während in der Liturgie von der Teilnahme aller geredet wird. Freilich findet man in der Liturgie eine Rollenverteilung, aber diese ist dergestalt, daß jeder im Vollzug des liturgischen Programms handelndes Subjekt ist. Man kann den Unterschied zwischen Theater und Liturgie auch räumlich ausdrükken: die Kunst des Theaters wie auch andere Künste (wie Poesievortrag, Ballett und Oper) kennen den Unterschied des Rampenlichts, wodurch diejenigen, die das Programm des Theaters ausführen, von den Zuschauern getrennt werden. Das ist in der Liturgie nicht der Fall. Dort ist von einem kollektiv von allen Anwesenden vollzogenen Geschehen die Rede. Liturgie ist per definitionem *und* in aktivem Sinn ein Gemeinschaftsgeschehen. Das verleiht ihr eine besonders breite Einbindung und Bodenständigkeit. Gegenseitige Handlungsbeziehungen bilden das Grundmuster der Liturgie. In diesem Zusammenhang ist eine nähere semiotische Analyse der Geschichte der Liturgie wichtig. Besonders hinsichtlich der Liturgie des Mittelalters erhebt sich die Frage, ob die Rolle des Volkes nicht häufig mehr in die Richtung der Disjunktion zwi-

---

[25] Zu einer von der Greimasschen Semiotik ausgehenden semiotischen Rückbesinnung auf die sogenannten "performativen Formeln" der Liturgie s. meinen Artikel "Liturgie en taal: een semiotische benadering", der in *Questions Liturgiques* 63 (1992) erscheinen wird.

[26] Algirdas Julien Greimas, "Réflexions sur les objets ethno-sémiotiques", in: ders., *Sémiotique et sciences sociales*, Paris 1976, 175-185; ders., "Conditions d'une sémiotique du monde naturel", in: ders., *Du sens*, a.a.O., (Anm. 6), 79. Gerard Lukken, "Les transformations du rôle du peuple: la contribution de la sémiotique à l'histoire de la liturgie", in: *Omnes Circumadstantes*. Contributions toward a history of the role of the people in the liturgy, hg. v. Charles Caspers / Marc Schneiders, Kampen 1990, 27-30.

[27] Emile Poppe, "De toeschouwer en het spektakel", in: *Versus. Tijdschrift voor film en opvoeringskunsten* (1989) no 2, 7-33. Dies gilt sogar für das avantgardistische Theater. Dort wird die Grenze zwischen beiden gerade durch die Versuche hervorgehoben, sie so weit wie möglich zu überschreiten.

schen Spielern und Zuschauern ging, die für das Theater gerade so kennzeichnend ist.[28]

7. Die Eigenart der Greimasschen semiotischen Lesart

Es erscheint mir wichtig, auf die Frage einzugehen, worin sich die Lesart der Greimasschen Semiotik, sowohl hinsichtlich des Szenarios und Drehbuches als auch hinsichtlich der Liturgie *in actu* von der literarhistorischen Lesart unterscheidet, die in der Liturgiewissenschaft klassisch geworden ist. Bei der Antwort auf diese Frage geht es mir nicht darum, die klassische Lesart auszuschließen oder zu verurteilen. Aber Lesarten können einander ergänzen, und dabei ist es wichtig, den Unterschied zwischen den verschiedenen Lesarten zu erkennen.

Die Eigenart der Greimasschen Lesart ist, daß diese sich nicht auf der unmittelbar wahrnehmbaren Ebene des Textes abspielt. Es geht ihr nicht um den Text, der "mit dem bloßen Auge" wahrgenommen wird: die Manifestationsebene. Die Bedeutungsbildung muß durch den Leser konstruiert werden, wobei die semiotische Metasprache ihm/ihr hilfreich ist.[29] Die semiotische Metasprache ist nicht eine Art Raster, das dem Diskurs übergestülpt wird, woraufhin dieser sozusagen von sich aus seine Geheimnisse preisgäbe. Die semiotische Lesart hat nichts Mechanisches. Sie fordert viel Anstrengung und Kreativität vom Leser. Der Leser ist daher keineswegs ein passiver Empfänger einer vorgegebenen Botschaft. Im Gegenteil, er oder sie ist als Subjekt in eine Praxis des Lesens verwickelt, die auf eigene Weise die Frage des Lesens und der Rezeption aufwirft. Der größte Unterschied zur klassischen Lesart ist - ich habe darauf bereits hingewiesen -, daß diese Lesart nicht von der Ausdrucksebene ausgeht: den Wörtern, den Sätzen usw. Der Leser richtet sich in erster Instanz auf die spezifischen Strukturen des Inhalts, technisch gesprochen auf die Inhaltsform. Die Inhaltsformen werden über die wahrnehmbare Manifestationsebene mit Ausdrucksformen verbunden. Die Bedeutung eines Textes wird also nicht konstruiert, indem die Bedeutung der verschiedenen Wörter und Sät-

---

28 Vgl. Gerard Lukken, "Les transformations du rôle du peuple", a.a.O., (Anm. 26), 15-30.

29 Louis Panier, "Lecture sémiotique et projet theologique", in: *Recherches de Science Religieuse* 78-2 (1990), 202f. Hierzu und zum folgenden s. auch ders., "Une lecture sémiotique des textes. Questions de théologie biblique", in: *Sémiotique et Bible* 13 (1989) no 56, 35f; ders., "La nomination de fils de Dieu", in: *Sémiotique et Bible* 13 (1990) no 59, 35f; ders., *Une écriture a lire*. L'Evangile de l'Enfance selon Saint Luc. La cause des humains dans la naissance du fils de Dieu. Approche sémiotique et lecture théologique, Paris 1991; Pierre-Marie Beaude, "Compte rendu soutenance de these", in: *Sémiotique et Bible 13* (1990) no 59, 30-34.

ze bestimmt wird. Die Arbeitsweise besteht nicht darin, daß man die Bedeutung der Wörter von einer philologischen und historischen Umschreibung der Wörter aus bestimmt. Stattdessen trachtet man danach, unter Zuhilfenahme der Greimasschen Metasprache Strukturen des Inhalts zu finden. Unter Punkt 2 habe ich schon darauf hingewiesen, daß eine bestimmte Inhaltsform aus der narrativen Syntax und Semantik der Oberflächenebene besteht. Bei der Analyse des nachkonziliaren Traurituals stellt sich nun heraus, daß die narrative Syntax und Semantik unter anderem darin bestehen, daß durch das Schließen des Ehebundes ein Übergang von der Verbundenheit mit den semantischen Werten /offen/ und /inklusiv/ bezüglich der Beziehung Mann-Frau zu /geschlossen/ und /exklusiv/ stattfindet. Die narrative Semantik und Syntax verbinden sich ja auf der Ausdrucksebene über den ganzen Diskurs hinweg mit allerlei Wörtern, Sätzen und Ausdrücken. Dauernd und in verschiedenster Weise geht es in diesem Diskurs um den Übergang von einer offenen Beziehung zu einer exklusiven Gegenseitigkeit, die jeden anderen als Ehepartner ausschließt. Ich habe nicht untersucht, wie sich in der Formel die linguistische Inhaltsform bei der Performanz auf semi-symbolische Weise mit der Ausdrucksform verbindet. Es ist allerdings aus der durchgeführten Analyse deutlich geworden, wie sehr die performative Sprachhandlung dieses Moments synkretistisch mit der gestischen Sprache verbunden ist: Die exklusive Gegenseitigkeit wird treffend in der *iunctio manuum* ausgedrückt, wodurch gemeinsam ein geschlossener Kreis gebildet wird. Wenn man auch die Proxemik des Einzugs des Brautpaares und den Ort der Eheschließung (am Altar) mit einbezieht, dann tritt eine sehr persuasive und volle, ja, ich würde sagen, typisch liturgische Bedeutungsbildung zutage.

Die angeführte Lesart ist uns keineswegs vertraut. In der Liturgiewissenschaft sind wir ebenso wie in der Bibelwissenschaft vielmehr gewohnt, Texte von der direkten Bedeutung der Wörter aus zu begreifen: Dies bedeutet oder bedeutete das. Und wir konzentrieren uns dann stark auf den Text als Verweis auf die Welt außerhalb des Textes, wobei wir besonders auf die Verweise achten, die sich auf historische Gegebenheiten beziehen. Man bemerkt dann z.B. bezüglich des neuen römischen Eherituals, daß sich in diesem Diskurs widerspiegelt, was die alte Kirche unter dem Ehebund verstand, daß er angibt, wo der Wechsel des *consensus* und der *iunctio manuum* herkommt usw. Dies ist nun gewiß nicht das Hauptinteresse der Greimasschen semiotischen Lesart. Sie fragt, zu welchem Zweck diese ganze nach unserer vergangenen und heutigen Welt verweisende Figurativität zusammengestellt ist. Es stellt sich heraus, daß es um eine Performanz geht, in der Mann und Frau durch ihr Jawort den Übergang von einer Mann-Frau-Beziehung, die unter anderem als Übergang von /informell/ und /privat/, /anfänglich/ und /vorläufig/, /offen/ und /inklusiv/ charakterisiert werden kann, zu einer neuen gegenseitigen Beziehung vollziehen, die unter anderem durch die Werte /öffentlich/ und /offiziell/, /vollständig/ und /definitiv/, /geschlossen/ und /exklusiv/ gekennzeichnet wird. Die Hinweise auf die Eheschließung zeigen sich in diesem Ritual stellvertretend für diese Werte zusammengestellt. Somit versucht der Leser, eine Hypothese über die Bedeutungsbildung zu formulieren, die in diesem Diskurs versteckt liegt, seit sie durch den Enunziator dergestalt in den Diskurs gebracht wurde. Der Leser muß sozusagen durch die Undurchsichtigkeit des Diskurses dringen und dies als Akt der Bedeutungsbildung wieder ans Licht zu bringen versuchen. Nur so kann der Leser sich als Leser konstituieren. Ich spreche ausdrücklich von "versuchen" und von "Hypothese". Der Diskurs behält immer seine Widerborstigkeit, seine Undurchsichtigkeit, seine Dichtheit. Dadurch ist ein solcher Diskurs immer wieder für andere Lesarten und neue Leser disponibel. Man kann also sagen: in dem Maße, in dem meine Lesehypothese der Bedeutungsbildung dieses Textes gerecht wird, kommt sie auch dichter an den Enunziator als Ursprung dieses Textes heran. So versucht der Leser so dicht wie möglich an die Quelle zu kommen, die ursprünglich diese Bedeutung in diesem Diskurs auf den Weg gebracht hat. Er trachtet danach, den Diskurs sozusagen von neuem zum Agieren zu bringen und zu enunzieren. So kann die semiotische Lesepraxis versuchen, über diesen konkreten Diskurs dem auf die Spur zu kommen, was die Kirche nach dem 2. Vatikanum in der christlichen Traditionslinie in ihrer Suche nach der Offenbarung beseelt. Und bei dem liturgischen Diskurs muß man dann auch die semiotische "Lesung" der nicht-linguistischen Elemente hinzuziehen. Auf diese Weise wird das Herangehen an den liturgischen Diskurs wie an die Bibel selbst eine *lectio divina*: eher eine echt theologische Lesung im Sinn der Patristik als eine fernabstehende objektivierte wissenschaftliche Lesung. Es geht daher nicht um den liturgischen Diskurs als reinen Studientext, den man erst als ein historisches Dokument, als Dokumentation historischer Fakten kritisch untersucht und schließlich auf die heutige Theologie der Liturgie oder die Sakramententheologie hin aktualisiert. Nein, es geht um diesen Diskurs als ein "oeuvre de signification": ein Werk der Bedeutungsbildung, das auf jemanden wartet, der interpretiert und der sich auf diese Weise der ursprünglichen Enunziation des Textes zu nähern sucht. Für die Liturgiewissenschaft scheint diese Lesart, zumindest als Ergänzung zu anderen Methoden, besonders relevant zu sein.

8. Die Bedeutung für die Liturgiekatechese

In der semiotischen Lesart kommen Liturgiewissenschaft und theologisch-spirituelle Lesung des liturgischen Diskurses dichter zusammen. Sie beantwortet - und zwar zugleich in wissenschaftlicher Weise - bestimmte Ideale der Liturgischen Bewegung bezüglich der liturgischen Spiritualität, wie man sie bei Pius Parsch, Aemiliana Löhr und Romano Guardini finden kann. Die semiotische

Herangehensweise liegt darüber hinaus dicht an der der alten Kirche, die sich wohl bewußt war, daß die Theologie und gewiß die Theologie der Liturgie vor allem eine semiotische Disziplin ist. Steht die semiotische Herangehensweise nicht der der mystagogischen Katechese nahe, die versuchte, das Ritual selbst und dann besonders das Ritual *in actu* als ein Werk voll theologischer Bedeutungsbildung immer wieder zum "Sprechen" zu bringen? Dabei sei man sich bewußt, daß es möglich ist, die semiotische Lesart für Nichteingeweihte zu vereinfachen, wie es hinsichtlich des Lesens der Schrift bewiesen ist.[30] Es erweist sich als möglich, das komplizierte semiotische Instrumentarium der Greimasschen Semiotik auf gezielte Fragen zu vereinfachen, die an den Diskurs gestellt werden. Diese Fragen sind darauf ausgerichtet, einfache Gläubige zu einer Lesung zu bewegen, die dem Diskurs in seiner "ursprünglichen" Bedeutung so gerecht wie möglich wird. Somit kann die semiotische Herangehensweise an den liturgischen Diskurs auch pastoral gesehen von Bedeutung sein und einer authentischen, verantwortlichen liturgischen Katechese dienen.

Die Übersetzung aus dem Niederländischen besorgte Martin Heider.

---

[30] Siehe Anm. 7.

Ronald Sequeira

Liturgische Körper- und Gebärdensprache als Thema der Semiotik: Möglichkeiten und Grenzen

1. Einführung in die Problematik 2. Liturgische Körper- und Gebärdensprache: Versuche einer Begriffsbestimmung (Thesen) 3. Liturgische Bewegungen und Handlungen aus der Sicht der allgemeinen (Anthropo)semiotik: Möglichkeiten, Impulse und Grenzen 4. Ergebnisse: Nonverbale und gestische Kommunikation in der Liturgie 5. Ausblick und offene Fragen

1. Einführung in die Problematik

Zu den Defiziten heutiger praktisch-theologischer sowie liturgiewissenschaftlicher Forschung gehört sicherlich ein Bereich, dessen Bedeutung für das gottesdienstliche Feiern kaum zu überschätzen ist. Dieser Bereich wird in der Allgemeinen Semiotik als "Nonverbale Kommunikation" bezeichnet.

Der Begriff "Nonverbale Kommunikation" umfaßt nach Winfried Nöths "Handbuch der Semiotik" (1985) u.a. folgende Teilbereiche: Mimik, Blickkommunikation, Gestik und Körpersprache, Kinesik, taktile Kommunikation, Proxemik und Chronemik.

Das fehlende Interesse der Theologen hängt vermutlich auch damit zusammen, daß das Bibelwort (und in diesem Zusammenhang akustische Codes) die zentrale Rolle bei der gottesdienstlichen Versammlung spielt. Dennoch mehren sich die Stimmen, die den Gottesdienst als "kommunikative Handlung" bezeichnen, in der "verschiedene Zeichensysteme - verbaler wie nichtverbaler Art - miteinander verschränkt im Vorgang der Kommunikation zur Anwendung kommen"[1].

In diesem Aufsatz konzentrieren wir uns auf eines dieser Zeichensysteme, das gleichzeitig eine Grunddimension des liturgischen Ausdrucks ist: die Gesten- und Gebärdensprache. Mehrfach haben wir betont, daß die genannte Dimension in der gottesdienstlichen Praxis vernachläßigt wird[2] - die Konse-

---

1 Karl-Heinrich Bieritz, "Das Wort im Gottesdienst", in: *Gottesdienst der Kirche*, Teil 3, Regensburg 1987, 47-76, hier: 53.

2 Ronald Sequeira, *Spielende Liturgie*. Bewegung neben Wort und Ton im Gottesdienst am Beispiel des Vaterunsers, Freiburg 1977; ders., "Über die Wiederentdeckung der Bewegunsdimension in der Liturgie", in: *Concilium* 16. Februar 1980; ders., "Liturgy and

quenzen für das Anliegen der Liturgie sind bekannt. Bereits am Anfang unseres Unternehmens kündigt sich eine grundsätzliche Schwierigkeit bei der Erforschung des genannten Bereichs (sowohl für den Liturgiewissenschaftler als auch für den Semiotiker) an, nämlich das Fehlen einer einheitlichen Terminologie. Die Liturgiewissenschaft ist für die Auswahl der Terminologie (aber auch für eine genaue Sachanalyse) auf eine Reihe von anderen Wissenschaften angewiesen. Da die Liturgiewissenschaft sich verbal ausdrückt, muß man sich stets bemühen, nichtverbale Kategorien verbal zu formulieren. Aber die Liturgiewissenschaft darf sich nicht nur linguistischer Modelle bedienen. Andere Disziplinen, die herangezogen werden müssen, sind z.B. die Sozialpsychologie, die Verhaltenswissenschaften, die Kulturanthropologie und die Kunst- und Theaterwissenschaften.

Das Problem der Terminologie in der Semiotik ist nicht einfacher. Die semiotische Landschaft ist vielfältig und nur in wenigen Bereichen hat man eine klare terminologische Einheitlichkeit erreicht. Dennoch brauchen wir nicht am "kalten Krieg" der Schulen[3] teilzunehmen, sondern müssen versuchen, die nonverbalen Zeichenmodelle möglichst vieler Schulen zu überblicken und sie als Angebot betrachten.

Auch die Diskussion um die Gesten- und Gebärdensprache der Liturgie ist jüngeren Datums. Im dritten Teil des neuverlegten "Handbuchs der Liturgiewissenschaft"[4] ist z.B. von "sprachlichen und nichtsprachlichen Ausdrucksformen" im Untertitel die Rede. In verschiedenen Beiträgen spricht man von "Wort und Zeichen" bzw. von "Wort- und Tatvollzug". Bei derartigen Formulierungen werden nicht nur philosophisch-theologische Vorentscheidungen getroffen (was nach dem Anliegen der Theologie durchaus legitim ist), sondern auch sprachwissenschaftliche und semiotische (Vor-)Urteile gefällt, die zumindest eines genauen Hinsehens bedürfen.[5]

Angesichts der terminologischen Lage erhebt sich die Frage, inwieweit die Methoden und das Instrumentarium der Semiotik zu einem tieferenen Verständnis der liturgischen Gesten- und Gebärdensprache beitragen können. Fragen an die Semiotik haben für den Liturgiewissenschaftler nur dann einen Sinn, wenn er selbst ein klares Bild des Sachverhalts hat. Dennoch trägt die folgende Begriffsbestimmung vorläufigen Charakter und wird thesenhaft formuliert.

Dance: on the need for adequate Terminology", in: *Gratias Agamus*, hg. v. W. Vos, Rotterdam 1987, 157-165; ders., "Über die Gebärdensprache im Gottesdienst", in: *ZGP* 9 (1991), H. 3, 24-26.

3 Augusto Ponzio, *Man as a Sign*, Berlin/New York 1990, 279f.

4 *Gottesdienst der Kirche*. Handbuch der Liturgiewissenschaft, Teil 3: Gestalt des Gottesdienstes. Sprachliche und nicht-sprachliche Ausdrucksformen, Regensburg 1987.

5 Roland Posner, "Nonverbale Zeichen in öffentlicher Kommunikation", in: *Zeitschrift für Semiotik*, Bd. 7 (1985), 235-271.

2. Liturgische Körper- und Gebärdensprache: Versuch einer Begriffsbestimmung (Thesen)

a) Die Gesten- und Gebärdensprache der Liturgie beinhaltet sowohl die einfachen Gebetshaltungen eines Gläubigen als auch die Mimik und Gestik (bzw. Gestikulation) eines Predigers (und anderer Rollenträger) sowie die symbolhaften Handlungen der Sakramentenspendung. Sie umfaßt das ganze Sprektrum des leibhaften Ausdrucks von der Taufprozession bis zur Begräbnisliturgie.

b) Die Gebärdensprache ist kein Ersatz für das Wort, sondern ein "gleichberechtigter Partner"[6]. Dies bedeutet, daß Glaubensvollzug in der Liturgie gleichzeitig verbal und nonverbal ist. Die Bewegungsdimension verfügt dennoch über eine eigene Gesetzmäßigkeit und Struktur, die der Verbalsprache nicht unbedingt ähneln muß und ihr auch nicht untergeordnet ist.

c) Die "Sprachfähigkeit" liturgischer Gebärden ist an der Struktur bzw. Syntax zu beurteilen. Aufgrund unseres vergleichenden kulturwissenschaftlichen Ansatzes[7] haben wir die verschiedenen Ebenen der Sprachfähigkeit als rhythmisch, mimisch-pantomimisch und symbolisch bezeichnet. Der Zentralbegriff heißt "Gebärde"; sie besteht aus mehreren Gesten. Die Geste macht eine einfache Aussage (z.B. kann /Händeschütteln/ bedeuten "Ich grüße Sie"). Die Gebärde hat einen komplexeren Bewegungsablauf (und Inhalt), z.B. die /Handauflegung/. Man kann auch unterscheiden zwischen *Ausdrucksgebärden*, die an sich eine Aussage machen und die Verbalsprache begleiten können, und *Handlungsgebärden*, die nur im Zusammenhang mit einem Gegenstand (symbolischer oder nichtsymbolischer Art, z.B. das /Erheben eines Kelches/) etwas aussagen. In diesem Zusammenhang ergibt sich die Frage, inwieweit die zum Teil präsziseren Begriffe der Semiotik (bzw. der Sozialpsychologie) auch in der Liturgiewissenschaft verwendet werden sollen.

d) Was die Terminologie angeht, so werden die Termini "Geste" und "Gebärde" unterschiedslos gebraucht (s.o.). Der Terminus "Bewegungsdimension der Liturgie"[8] wird gebraucht, um anzudeuten, daß der christliche Gottesdienst in der heutigen Gestalt in drei Ausdrucksdimensionen gestaltet wird, die man als

---

6 Ronald Sequeira, *Spielende Liturgie - Bewegung neben Wort und Ton im Gottesdienst am Beispiel des Vaterunsers*, a.a.O. (Anm. 2).

7 Ebd., a.a.O. (Anm. 2); ders., "Über die Wiederentdeckung der Bewegunsdimension in der Liturgie", a.a.O. (Anm. 2).

8 Ronald Sequeira, *Spielende Liturgie - Bewegung neben Wort und Ton im Gottesdienst am Beispiel des Vaterunsers*, a.a.O. (Anm. 2).

"primär" bezeichnen kann: die Bewegung, den Ton und das Wort. Alle drei gemeinsam konstituieren die Ausdruckseinheit der Liturgie. Unter "Körpersprache" (ein Begriff, der sich populärwissenschaftlich durchgesetzt hat) verstehen wir die Gesamtheit des körperlichen Verhaltens.

3. Liturgische Bewegungen und Handlungen aus der Sicht der allgemeinen (Anthropo)semiotik: Möglichkeiten, Impulse und Grenzen

3.1. Grundsätzliches zum Zeichencharakter bzw. zur Zeichenerzeugung liturgischer Bewegungen

Semiotiker haben erkannt, daß es sich bei *liturgischen* oder kultischen Gebärden um eine Kategorie des nonverbalen Kommunizierens sui generis handelt. In seiner klassischen Definition der Sprache vergleicht Saussure sie mit "symbolischen Riten", d.h. beide Zeichensysteme drücken Ideen aus. Ebenfalls bekannt ist die Überzeugung Saussures, daß die Sprache (*la langue*) das "wichtigste" dieser Systeme sei. Die heutige Semiotik[9] weist darauf hin, daß Riten und Zeremonien eine Reihe von sozialen, psychosomatischen und religiösen Funktionen erfüllen, die "offenbar durch das Medium der Sprache nicht oder nur unzureichend erfüllt werden". Nöth weiter:

> "Nonverbale Kommunikation erweist sich hier nicht als Alternative oder Ergänzung zur Sprache, sondern als ein der Sprache semiotisch überlegenes Ausdrucksmedium."

Das Grundanliegen unserer obigen Thesen wird damit bestätigt. Der Zeichensprachenforscher Barakat, zitiert den Heiligen Augustinus:

> "Jene äußeren und sichtbaren Körperbewegungen intensivieren die inneren und unsichtbaren Bewegungen der Seele, ohne welche sie unmöglich sind."[10]

Barakat nennt liturgische Gesten "symbolic representations" tiefer Religiösität, die mit dem spirituellen Kern des Christentums unauflöslich verbunden sind. Eco nennt Gebärdensprachen "instinktiv und universell" und meint:

> "Es hat eine gewisse Anstrengung gekostet, sie als historisch, siutationell bedingt und konventionell zu untersuchen. Das Problem bei diesen Systemen ist es immer noch,

---

[9] Winfried Nöth, *Handbuch der Semiotik*, Stuttgart 1985, 350-351.

[10] Jean Umiker-Sebeok / Thomas A. Sebeok, *Monastic Sign Languages*, Berlin 1987, 91.

ihre Relativität zu erkennen und ihre Codes zu unterscheiden, indem man sie mit ihrem gesellschaftlich-historischen Hintergrund verbindet."[11]

Erkennt man ohne weiteres in der Semiotik den semiotischen Charakter liturgischer Gebärden, d.h. daß Signifikationsprozesse in jedem Gottesdienst stattfinden, ist damit noch nicht geklärt, wie solche Prozesse der Zeichenerzeugung zustandekommen und wie man sie konkreter analysiert. Zweifellos sind sie Signifikanten (sichtbare Bewegungsabläufe wie das Kreuzzeichen) und drücken Signifikate aus. Wie alle Zeichen, sind sie im Peirceschen Sinne "etwas, das für jemanden in gewisser Hinsicht für etwas steht". Eco selber bevorzugt die morrissche Definition, wonach "etwas ein Zeichen nur deshalb ist, weil es von einem Interpreten als Zeichen für etwas interpretiert wird"[12]. Für den Liturgiewissenschaftler ist die Erklärung Ecos einleuchtend:

"Ein Zeichen liegt dann vor, wenn eine menschliche Gruppe beschließt, etwas als Vehikel von etwas anderem zu benutzen und anzuerkennen."[13]

Überhaupt ist das Anliegen Ecos, die Semiotik als allgemeine Kultur- und Kommunikationstheorie aufzufassen, durchaus relevant für das Phänomen Gottesdienst bzw. für seine Untersuchung als semiotisches Objekt.

In denen der Semiotik anverwandten Disziplinen ist eine ganze Reihe von Begriffen und Untersuchungsmethoden, auch empirischer Art, entwickelt worden, die zu einer Verdeutlichung der Rolle der Bewegungsdimension der Liturgie beitragen können. Auf den folgenden Seiten wollen wir auf einige Ansätze aufmerksam machen, die nonverbale Zeichensysteme betreffen. Die primären Codes der Liturgie sind *akustisch* (verbal-musikalisch) und *kinetisch* (durch Bewegungen bestimmt). Kinetische Codes gehören zu den komplexesten im Gottesdienst. Menschen in sakralen Räumen bewegen sich auf unterschiedliche Weise: Gehen, Sitzen, Stehen, Knien, Sich-Nieder-Werfen. Sie gebrauchen verschiedene Gesten und Körperhaltungen, sie nehmen einander wahr: optisch, olfaktorisch und akustisch. Manchmal berühren und umarmen sie sich. Was der Interaktionsforscher Erving Goffmann für soziale Situationen allgemein behauptet, gilt auch für gottesdienstliche Versammlungen:

"Ein Mensch kann aufhören zu sprechen, er kann aber nicht aufhören, mit seinem Körper zu kommunizieren; er muß damit entweder das Richtige oder das Falsche sagen; aber er kann nicht gar nichts sagen."[14]

---

11 Umberto Eco, *Einführung in die Semiotik*, München 1985, 422.
12 Umberto Eco, *Semiotik.* Entwurf einer Theorie der Zeichen, München 1991, 38.
13 Ebd., 40.
14 Erving Goffmann, *Verhalten in sozialen Situationen*, Gütersloh 1971, 45.

In diesem Sinne kann man sagen, daß Liturgie immer mit Körpersprache zu tun hat.

3.2. Nonverbale Kommunikation und liturgische Bewegungen

Zunächst muß man feststellen, daß der Begriff nonverbale Kommunikation umstritten ist. Thomas A. Sebeok nennt ihn "anstößig"[15], denn es gibt nur Kommunikation, ein System von Verhaltensmustern, durch das "die Menschen miteinander verbunden sind." Nach Sebeok umfaßt der Terminus "viel zuviel" und "darüber hinaus dasjenige, was er enthält, je nach Laune des Forschers variiert". Außerdem fürchtet er eine Art Primat der nonverbalen Komponenten. Dies ist in der heutigen Liturgiegestaltung sicherlich nicht der Fall. Dennoch kann man folgendes feststellen: Auch verbal-vokale Ausdrucksformen wie das Sprechen und das Singen setzen Körperbewegungen voraus.

Die Bemerkungen Sebeoks weisen auf eine terminologische Uneinheitlichkeit der Semiotik hin. Man muß Nöth zustimmen[16], daß der Begriff weitgehend wissenschaftlich eingebürgert ist. Einen Beitrag zur Klärung des Begriffs liefert Kendon, wenn er darauf hinweist, daß nonverbale Kommunikation am häufigsten gebraucht wird, "to refer to all of the ways in which communication is effected between persons in each other's presence, by means other than words"[17]. Einschränkend meint Kendon, daß nonverbale Kommunikation in erster Linie Kommunikation zwischen Personen ist, die zusammen sind. Zweitens findet nonverbale Kommunikation durch Verhalten statt, die sonst nicht stattfinden könnte. Drittens werden die Botschaften, die das Zentrum des Interesses bilden, nicht explizit formuliert. Kendon wendet sich gegen eine absolute Trennung von verbalen und nonverbalen Formen. Auch bei einer gottesdienstlichen Versammlung dürfte diese Trennung äußerst schwer zu vollziehen sein. Dennoch kann man feststellen, daß nonverbale Kommunikationsvorgänge bei der Gestaltung von Sonntagsgottesdiensten viel zu wenig berücksichtigt werden. Systematische Versuche, dies zu tun, finden spätestens seit der bahnbrechenden "Liturgischen Nacht" (Düsseldorf 1973)[18] statt - dann aber in der Regel bei Großveranstaltungen wie Kirchen- und Katholikentagen.

Bei unserer Auswahl der Ansätze in der heutigen Semiotik hinsichtlich der Bewegungsdimension der Liturgie stützen wir uns auf Hinweise von Klaus

---

[15] Thomas A. Sebeok, *Theorie und Geschichte der Semiotik*, Reinbek 1976, 134ff.

[16] Winfried Nöth, *Handbuch der Semiotik*, a.a.O. (Anm. 9), 321.

[17] Adam Kendon, *Nonverbal Communication, Interaction and Gesture*. Selections from Semiotica. Den Haag 1981. 2-4.

[18] Vgl. *Liturgische Nacht*. Ein Werkbuch Jugenddienst, hg. v. Arbeitskreis für Gottesdienst und Kommunikation (AGOK), 1974.

Scherer und Paul Ekman[19], die darauf aufmerksam machen (was bereits Charles Darwin) auffiel, daß symbolische Gesten primär kommunikative Funktionen innerhalb eines gemeinsamen kulturellen Codes haben. Auch Rudolph Kleinpaul[20] und Wilhelm Wundt interessieren sich für Gesten, aber eine Forschungstradition wurde erst durch die Ausdruckspsychologie begründet. Der eigentliche Pionier war der Sozialwissenschaftler David Efron, der in einer eindrucksvollen Untersuchung in New York eine Methodologie entwickelte, die keineswegs überholt ist.[21] Pionierarbeit leistete auch der Begründer der Kinesik, Ray L. Birdwhistell.[22] Seit den 50er und 60er Jahren beschäftigen sich Psychiater und Klinische Psychologen intensiver mit nonverbalem Verhalten - die Ansätze sind zahlreich, aber unkoordiniert. Erst seit der Arbeit von Ekman und Friesen[23] werden eindeutige semiotische Betrachtungsweisen einbezogen, die auch für den liturgischen Bereich verwendbar sein können.

3.2.1. Kinesik bzw. Kinesiologie

Der Begriff "Kinesik" wird in der Semiotik verwendet, um einerseits einen wissenschaftlichen Gegenstandsbereich und andererseits eine Untersuchungsmethode zu bezeichnen[24]. Ray L. Birdwhistell selbst definiert die Kinesik als "das systematische Studium der Kommunikation durch Körperbewegung und Gestik"[25] bzw. "die Wissenschaft von der Kommunikation durch körperliches Verhalten"[26]. Birdwhistell ist der Auffassung, daß Körperbewegungen und Verbalsprachen strukturell ähnlich sind.

> "Die Forschung über sichtbare Bewegung überzeugt uns davon, daß dieses Verhalten ebenso geregelt und codiert ist wie die Erzeugung von Sprechlauten."[27]

Konsequenterweise versucht Birdwhistell - in Anlehnung an die strukturelle Linguistik - den kleinstmöglichen Teil eines Bewegungsablaufs zu isolieren, den er Kinem nennt, d.h. die Klasse aller möglichen Kineme (in Analogie zu

---

19 *Handbook of Methods in nonverbal Behavior Research*, hg. v. Paul Ekman / Klaus Scherer, Cambridge/Paris 1982, 1-44.

20 Rudolph Kleinpaul, *Sprache ohne Wort* (1988), Den Haag 1972.

21 David Efron, *Gesture, Race and Culture* (1941), Den Haag 1972.

22 Ray L. Birdwhistell, *Introduction to Kinesics*, Ann Arbor 1952.

23 Paul Ekman / Wallace V. Friesen, "The Repertoire of nonverbal behavior", in: *Semiotica* 1969, 49-98.

24 Winfried Nöth, *Handbuch der Semiotik*, a.a.O. (Anm. 9), 354-361.

25 Ray Birdwhistell, *Background to Kinesics*, ETC 1955, 10 (nach Winfried Nöth, Handbuch der Semiotik, a.a.O. (Anm. 9), 360).

26 *Nonverbale Kommunikation*. Forschungsberichte zum Interaktionsverhalten, hg. v. Klaus R. Scherer / Harald G. Wallbott, Weinheim 1979, 192.

27 Ebd.

Phonem). Kineme sind "präsemiotische Aspekte" der Körperspache und beschreiben "die Minimaleinheiten der Wahrnehmung von Körperhaltungen, die von einem durchschnittlichen Betrachter differenziert und beschrieben werden können".[28] Die hörere Einheit, *Kinemorph*, wäre mit dem sprachlichen Morphem zu vergleichen. Die Formvarianten von einem Kinem bezeichnet er als Allokine. Interessant sind vor allem die praktischen Folgerungen. Nach Nöth ist Birdwhistell der Auffassung, "im Code des kinemischen Verhaltens eines durchschnittlichen Amerikaners eine begrenzte Anzahl von ca. 50-60 Kinemen feststellen zu können", darunter z.B. "vier Kineme des Augenbrauenverhaltens".[29]

Welche Bedeutung kann die Untersuchungsweise Birdwhistells für die Beurteilung von körperlichem Verhalten im Gottesdienst haben? Wir kennen keine Untersuchungen über typisches Körperverhalten von Gottesdienstbesuchern. Wäre dies ein Desiderat? Einerseits hat ein "durchschnittlicher Betrachter" (s.o.) durchaus den Eindruck, daß es typisches Verhalten in Gottesdiensten gibt. Andererseits dürfte eine solche Untersuchung angesichts der Vielfalt der christlichen Kirchen und Gottesdienstgestaltungen schwer durchführbar sein. Welche empirischen Methoden kann man gebrauchen, um typisches Verhalten zu beobachten? Eine mögliche Antwort wären die Methoden von Forschern wie Ekman und Friesen, über die wir unten berichten.

An einer klassischen Gebärde kann man eine mikrokinesische Verfahrensweise möglicherweise verdeutlichen, z.B. das Schlagen-an-die-Brust[30]. Eine genaue Analyse des Bewegungsablaufs, d.h. eine genaue Aufzählung der Kineme, könnte eine bessere Ausführung der gesamten Gebärde ermöglichen, die das Bekenntnis der eigenen Unwürdigkeit und Schuld ausdrücken soll. Unserer Meinung nach sind viele sinnvolle Gebärden vernachlässigt bzw. "fallengelassen" worden, weil man sie nicht richtig ausgeführt und (öfter noch) sie mißverstanden hat. Deshalb konnte man die Gebärden auch nicht mitvollziehen. Eine kinemische Analyse könnte dazu führen, daß man genauer versteht, wie man z.B. die Finger (beim "Schlagen") hält, wie der Bewegungsablauf strukturiert ist, und schließlich, wie sich die anderen Körperteile verhalten.[31] Sicherlich ist es schwer zu sagen, inwieweit kinemische Analysen von liturgischen Gebärden größere Einheiten - kinetische Texte - verdeutlichen. In diesem Sinne ist Nöths Auffassung zuzustimmen, daß man den kinetischen Code als Code mit offener Struktur bezeichnen könnte. Dennoch räumt auch Nöth ein, daß es Bereiche des Bewegungsverhaltens gibt, die eine "Codifizierung und

---

[28] Winfried Nöth, *Handbuch der Semiotik*, a.a.O. (Anm. 9), 356.

[29] Ebd., 358.

[30] Ronald Sequeira, "Liturgy and Dance: on the need for adequate Terminology", a.a.O. (Anm. 2), 35.

[31] Vgl. in diesem Zusammenhang Iwar Werlen, *Ritual und Sprache*, Tübingen 1984, 152-156.

damit relativ feste Zuordnungen zwischen Ausdrucks- und Inhaltselementen aufweisen"[32]. Dies gilt erst recht für die Gebärden der christlichen Liturgie.

3.2.2. Gestik bzw. Gesten- und Gebärdensprache

Gesten und Gebärden spielen im alltäglichen Leben sowie im Gottesdienst eine zentrale Rolle. Dennoch muß man betonen, daß man immer das Gesamtkörperverhalten im Auge haben muß: Es gibt keine Gesten, die isoliert auftreten. In der Regel macht die Geste eine "Hauptaussage" (z.B. durch Bewegungsabläufe der Hände und Mimik des Gesichts). Wenn Liturgie als ganzheitliches Kommunikationsgeschehen verstanden werden soll, erhebt sich die Frage, inwieweit Gesten kommunikativ bzw. "sprachfähig" sind. Können Gesten eine Aussage machen, die unabhängig von der Verbalsprache stattfindet? Welche Art von kommunikativer Funktion erfüllen Gesten, die für eine Gottesdienst feiernde Gemeinschaft notwendig wären? Bevor wir auf zwei der wichtigsten Untersuchungen auf diesem Gebiet eingehen, möchten wir die Geschichte der Untersuchung von Gestensprachen skizzieren.

3.2.2.1. Wundt, Mead, Peirce

Arthur L. Blumenthal macht darauf aufmerksam[33], daß die psycholinguistischen Theorien von Wilhelm Wundt heutzutage ein eindeutig "modernes" Antlitz haben. Die ersten zwei Kapitel seines bekannten Werks über die Sprachen haben den Titel "Die Ausdrucksbewegungen" und "Die Gebärdensprache". Wundt glaubte an gewisse universelle Merkmale aller Gestensprachen, und daran, daß sie die "innere" menschliche Sprachfähigkeit auf einmalige Weise widerspiegeln könnten, und einzelne Gesten mit Wörtern vergleichbar wären. Tatsächlich gibt Wundt Anregungen[34], deren Wirkung in der heutigen Semiotik zu spüren ist. Einige seien genannt:

a) Bei den Kulturvölkern, die über ein "hochausgebildetes Zeichensystem" verfügen, hat die Gebärdensprache eine lange Tradition.

b) Er verweist auf die Gebärden der Zisterziensermönche und ihren Verzicht auf die Lautsprache.

c) Gebärdensprachen können nicht auf einen psychologisch einheitlichen Ursprung zurückgeführt werden, denn sie sind "zusammengesetzter Art" und zwar "natürlich und künstlich zugleich".

---

[32] Wilfried Nöth, *Handbuch der Semiotik*, a.a.O. (Anm. 9), 358.

[33] Arthur L. Blumenthal, "Introduction", in: Wilhelm Wundt / George Mead / Karl Bühler, *Language of Gestures*, Den Haag 1973, 11-19.

[34] Wilhelm Wundt, *Völkerpsychologie* (1911), Bd. 1, Teil 1, Aalen 1975, 143-257.

d) Die ursprünglichen Formen der Gebärdensprachen nennt er "hinweisend" und "nachahmend". Nachahmende oder "darstellende" Gebärden können "nachbildend" oder "mitbezeichnend" sein.

e) Als dritte Grundform nennt er "symbolische Gebärden", deren Anzahl mit der Entwicklung der Gebärdensprache zunimmt. Darstellende Gebärden gehen in die der symbolischen Formen über, denn sie sind "adäquate Symbole der Vorstellung"[35]. Die symbolische Gebärde "benutzt eine Vorstellung, nicht um diese selbst, sondern um einen von ihr verschiedenen Begriff zu bezeichnen"[36].

f) In seiner Beschreibung der psychologischen Entwicklung der Gebärdensprache nennt er sie "ein natürliches Produkt der Ausdrucksbewegungen"[37], wobei die symbolischen Gebärden die "letzte Stufe der Entwicklung"[38] bilden. Die Gebärdensprache "repräsentiere in ihrer Bildung alle Entwicklungsstufen, die das geistige Leben des Menschen überhaupt zurücklegt"[39].

Wilhelm Wundts Gestenbegriff wurde durch George Mead erweitert. Mead wurde in den 30er Jahren als "Sozialbehaviorist" bezeichnet und gebraucht den Ausdruck "Geste" als Synonym für "Verhalten" (behavior). Mead lehnte Wundts psychologische Entwicklungstheorien ab und betrachtete den menschlichen Geist als eine Art Abstraktion, definiert durch "soziale Interaktion".

Dennoch liefert uns Mead wichtige Gedanken für das Verständnis von symbolischen Gebärden, die für die Liturgie wichtig sind. Wundts Verständnis der Geste ist später in den Symbolbegriff eingegangen.

> "Wenn nun eine solche Geste die dahinterstehende Idee ausdrückt und diese Idee im anderen Menschen auslöst, so haben wir ein signifikantes Symbol ... An dem Punkt, an dem die Geste diesen Zustand erreicht, wird sie zu dem, was wir 'Sprache' nennen. Sie ist nun ein signifikantes Symbol und bezeichnet eine bestimmte Bedeutung."[40]

Weiterhin meint er:

> "Geist entsteht aus der Kommunikation durch Übermittlung von Gesten innerhalb eines gesellschaftlichen Prozesses oder Erfahrungszusammenhanges - nicht die Kommunikation durch den Geist."[41]

---

[35] Ebd., 183.
[36] Ebd., 184.
[37] Ebd., 231.
[38] Ebd., 234.
[39] Ebd., 256.
[40] George Mead, *Geist, Identität, Gesellschaft*, Frankfurt/M. 1973, 85.
[41] Ebd., 89.

Es ist angebracht, die Ansichten Wundts und Meads über die Entwicklungsstufen der Gebärdensprachen nun mit Begriffen der heutigen Semiotik zu vergleichen. Peirces Theorie der Zeichenstruktur betrachtet das Zeichen als eine dreistellige, triadische Relation: Repräsentamen, Objektbezug, Interpretantenbezug.[42] Man kann Nöth zustimmen, wenn er nach dem Kriterium des Objektbezugs hinweisende Gesten "indexikalische Zeichen"[43] nennt. Nachbildende Gesten sind "ikonisch", denn sie "imitieren das Objekt *zeichnend* oder *plastisch*". Mitbezeichnende Gebärden (nach Wundt zusammen mit den nachbildenden zur Klasse der darstellenden Gebärden gehörend) sind nur teilweise abbildend oder ikonisch. Eindeutig ist die Übereinstimmung zwischen Wundt und Peirce in ihrem Verständnis von symbolischen Gebärden. Diese sind u.E. als die eigentliche Sprachstufe der Gebärden zu bezeichnen.

Wir möchten auf zwei der wichtigsten Untersuchungen auf dem Gebiet der nonverbalen Kommunikation eingehen, die die Frage der kommunikativen Funktion bzw. der Sprachfähgikeit von Gesten mit empirischen Methoden angeben, da sie in vieler Hinsicht Modellcharakter haben und die semiotische Terminologie mitgeprägt haben.

3.2.2.2. Die Untersuchung David Efrons (1941/72)

Die erste Untersuchung wurde bereits im Jahre 1941 durch den Sozialwissenschaftler David Efron veröffentlicht und trägt den Titel "Gesture, Race and Culture". Anlaß für seine Untersuchung war die Behauptung nationalsozialistischer Denker, daß "die Art der Gestikulation eines Individuums grundsätzlich durch rassische Herkunft determiniert"[44] sei. Weiterhin behauptete man, man könne die sogenannten Hauptrassen der Menschheit an der Gestikulation erkennen und auch "jüdische" Körperbewegungen seien feststellbar. Infolgedessen war die Untersuchung interkulturell angelegt: zwei Gruppen von Amerikanern in New York, "Süditaliener" und "Ostjuden", jeweils unterteilt in "traditionelle" und "assimilierte".

So eindrucksvoll und revolutionär die quantitativen Methoden Efrons waren[45], uns interessieren vor allem die theoretischen Kategorien, die er bei der Auswertung benutzte, um nonverbales Verhalten zu beschreiben. Die Gesten von den Gruppen sollten "raum-zeitlich" (als Bewegung schlechthin) und "referentiell" (als "Sprache") untersucht werden. Theoretisch unterscheidet er zwischen "kommunikativen" und "linguistischen" Aspekten. Bei dem kommunikativen Aspekt berücksichtigt er den körperlichen Bezug des Gestierenden

---

42 Klaus Oehler, "Idee und Grundriß der Peirceschen Semiotik", in: *Die Welt als Zeichen. Klassiker der modernen Semiotik*, hg. v. M. Krampen u.a., Berlin 1981, 15-49, hier: 38.

43 Winfried Nöth, *Handbuch der Semiotik*, a.a.O. (Anm. 9), 342f.

44 David Efron, *Gesture, Race and Culture*, a.a.O. (Anm. 21), 2.

45 Vgl. ebd., 66.

zum Ansprechpartner, das gleichzeitige Gestieren innerhalb einer "Interaktionsgruppe", die räumlich-zeitlich abgegrenzte Konversationsgruppe und das Gestieren mit einem Objekt als eine Art Verlängerung des Arms. Er bemerkt:

> "Man ist nie mit einer rein physikalischen Bewegung bei der Geste konfrontiert, sondern immer mit gestischer Bewegung, d.h. bedeutungstragender Bewegung, wenn auch streng *linguistisch* oder *diskursiv*."[46]

Die "linguistischen" Unterbegriffe, die Efron entwickelt, sind zukunftsweisend und werden von Ekman folgendermaßen zusammengefaßt:

a) "Logisch-diskursive" Gesten, die auf verschiedene Weisen die Verbal- und Vokalsprache unterstützen, z.B. "batons", wobei die Hände raumzeitlich ein Wort oder eine Phrase betonen, und "Ideographen", wobei die Hände die Gedankengänge des Senders visuell "in der Luft" ausmalen.

b) "Objektive" Gesten, die an sich unabhängig von der Verbalsprache etwas aussagen und auch sprachbegleitende Funktion haben können. Solche Gesten sind entweder "deiktisch", d.h. hinweisend, oder "physiographisch" (drücken ein visuelles Objekt aus) und "kinetophisch" (betreffen eine Körperbewegung).

c) "Symbolische" oder "emblematische" Gesten, die ein visuelles oder logisches Objekt in bildhafter bzw. nichtbildhafter Weise zum Ausdruck bringen, wobei die Gesten an sich keine morphologische Beziehung zum Bezeichneten haben.

Es liegt auf der Hand, daß die Hauptgebärden der christlichen Liturgie im Sinne Efrons "Symbole" bzw. "Embleme" sind. Es ist ebenfalls deutlich, daß nahezu alle der oben genannten Kategorien in Gottesdiensten auftreten können. Bei einer Auswertung gebraucht Efron auch Kategorien wie "gestische Betonung" und "Pantomime". Efron hat erfolgreich gezeigt, daß Gestensprachen und Verbalsprachen co-existieren und eigenständige Sprachen in vollem Sinne sind, wenn sie die symbolische Ausdrucksstufe erreichen. Er hat die rassistische Gestikulationstheorie widerlegt und ist durch seine Beobachtungen und genaue Analysen auf die autonome Aussagekraft von Gesten gestoßen.

3.2.2.3. Paul Ekman und Wallace V. Friesen

Einen weiteren Schritt in der Erforschung der kommunikativen Funktion von Gesten und Gebärden macht die Arbeit von Paul Ekman und Wallace V. Frie-

---

[46] David Efron, *Gesture, Race and Culture*, a.a.O. (Anm. 21), 89.

sen.[47] Die Forscher wollen zunächst verstehen, wie nonverbales Verhalten zum Repertoire eines Menschen werden kann. Die Fragestellung ist bezeichnend:

> "Gibt es eine Sprache des Körpers, die der verbalen sehr ähnelt, in der spezifische Bedeutungen mit spezifischen Bewegungen zusammen auftreten?"

Wichtig ist in diesem Zusammenhang der Hinweis Kendons[48], daß Ekman und Friesen den Kommunikationsbegriff einschränken bzw. genauer zu analysieren versuchen. Demnach kann Verhalten "idiosyncratic" (auf eine Person beschränkt) oder "shared" (geteilt) sein. Die zweite Art könnte kommunikativ sein - wenn der Zeichenproduzent dies intendiert. Außerdem kann man Verhalten "interaktiv" nennen, wenn sich zeigen läßt, daß es das Verhalten eines anderen beeinflußt. Während Kendon die Intentionalität des Verhaltens für seinen Kommunikationscharakter nicht für relevant hält, argumentieren Ekman und Friesen:

> "Wenn ein Mensch seine Augen senkt, macht er dies, um sein Schamgefühl auszudrücken, um anderen dieses Gefühl mitzuteilen oder adaptivisch das Gefühl zu verbergen?"[49]

Die Grundfragen des nonverbalen Verhaltens nennen Ekman und Friesen "usage" (Verwendung), "origin" (Ursprung) und "coding" (Codierung).[50]

Verwendung hat mit den üblichen Umständen beim Auftreten eines nonverbalen Aktes zu tun, z.B. mit äußeren Bedingungen, dem Bezug zum Verbalverhalten, der Intention zu kommunizieren, mit der Art der mitgeteilten Information usw.

Die Rede vom *Ursprung* bezieht sich auf die Frage, wie das nonverbale Verhalten ins Repertoire eines Menschen hineingeraten ist, wobei drei Grundarten zu unterscheiden sind: a) jene, die mit Nervensystemen zu tun hat (z. B. Reflexe); b) jene, die für alle Menschen ähnlich sind, z.B. der Gebrauch der Hände beim Essen, und c) jene, die von Kultur, Sozialstatus, Familie und vom Individuum selbst abhängig sind.

Codierung meint das Prinzip der Korrespondenz zwischen dem nonverbalen Akt und seiner Bedeutung, d.h. der Code ist eine Art Regel, die die Beziehung

---

47 Paul Ekman / Wallace V. Friesen, "The Repertoire of nonverbal behavior", a.a.O. (Anm. 23); dies., "Handbewegungen", in: *Nonverbale Kommunikation*, hg. v. Klaus R. Scherer / Harald G. Wallbott, a.a.O. (Anm. 26).

48 Adam Kendon, *Nonverbal Communication, Interaction and Gesture*, a.a.O. (Anm. 17), 8ff.

49 Paul Ekman / Wallace V. Friesen, "The Repertoire of nonverbal behavior", a.a.O. (Anm. 23), 51.

50 *Nonverbale Kommunikation*, hg. v. Klaus R. Scherer / Harald G. Wallbott, a.a.O. (Anm. 26), 108-123.

zwischen nonverbalem Akt und Bezeichnetem bestimmt. Codes können "extrinsisch" oder "intrinsisch" sein.

> "Wir unterscheiden drei Typen der Codierung. Ein arbiträr codierter Akt hat keine erkennbare Ähnlichkeit mit dem, was er bezeichnet; die Bewegung enthält kein Anzeichen ihrer Bedeutung. Ein ikonisch codierter Akt beinhaltet Anhaltspunkte zu seiner Decodierung; das Zeichen sieht in gewisser Weise aus wie das, was er bedeutet. Ein intrinsisch codierter Akt entspricht dem ikonisch codierten darin, daß er eine sichtbare Relation zum Bezeichneten beinhaltet, allerdings *ähnelt* der Akt hier nicht dem Bezeichneten, er *ist* das Bezeichnete."[51]

Weitere Verfeinerungen der Terminologie sind: a) "bildhafte" (pictoral) Beziehungen: ein Ereignis, ein Gegenstand oder eine Person wird durch die Bewegung gezeichnet ("drawing"), sie ist ikonisch codiert; b) "räumliche", ikonische Beziehungen, z.B. das Zusammenbringen der Hände, um Intimität auszudrücken; c) "rhythmische" Beziehungen: Die Bewegungen gewinnen ihre Botschaft durch das Tempo, in dem sie sich vollziehen; d) "kinetische" Beziehungen: Die Bewegung stellt den Akt auf beinahe dramatische Weise dar und kann ikonisch oder intrinsisch sein; e) "hinweisende" Beziehungen entstehen, wenn z.B. etwas mit dem Finger bzw. der Hand angedeutet wird. Sie sind immer intrinsich.

Die Untersuchungen von Ekman und Friesen haben die fünf Grundkategorien des nonverbalen, d.h. bewegungsmäßigen Verhaltens herausgearbeitet, die zu den genauesten Vorschlägen gehören, die man für die Analyse von Bewegungsausdrücken in der Semiotik vorfindet. Da die genannten Forscher das gesamte Feld des nonverbalen Kommunizierens im Auge haben, dürfte die Relevanz ihrer Vorschläge für die Analyse und Beurteilung von liturgischen Gebärden einleuchten. Die fünf Kategorien heißen: Embleme, Illustratoren, Affekt-Darstellungen, Regulatoren und Adaptoren.[52]

Diese Kategorien sollen tabellarisch skizziert und dabei in ihrer liturgiewissenschaftlichen Relevanz angedeutet werden.

Nonverbale Kategorien (Typologie des Bewegungsausdrucks)	*Ausdrucksqualität beurteilt nach Verwendung, Ursprung und Codierung*

---

[51] Paul Ekman / Wallace V. Friesen, "Handbewegungen", a.a.O. (Anm. 26), 110-111.

[52] Klaus R. Scherer / Harald G. Wallbott / Ursula Scherer, "Methoden zur Klassifikation von Bewegungsverhalten: Ein funktionaler Ansatz", in: Zeitschrift für Semiotik 1 (1979), 177-192.

1. Embleme

Die symbolischen Handlungen der Liturgie sind emblematisch, z.B. das Kreuzzeichen, die Handauflegung, der Segensgestus sowie nahezu jede sakramentale Handlung.

Der Ausdruck "Emblem" wird anstatt "Geste" gebraucht. Embleme können direkt verbal übersetzt werden. Es besteht die bewußte Absicht, eine Botschaft an eine andere Person zu senden. Die Person kennt das Emblem und weiß, daß die Botschaft an sie gerichtet ist. Der Sender übernimmt die Verantwortung für die Botschaft. Embleme werden kulturspezifisch gelernt, sind entweder arbiträr oder ikonisch codiert und können mit jedem Körperteil ausgeführt werden.

2. Illustratoren

Illustratorische Bewegungen untermauern im Gottesdienst Gesten eines Predigers und verbales Verhalten.

Sie sind mit der Veralsprache direkt verbunden und illustrieren diese. Die sechs Typen stimmen weitgehend mit denen von Efron überein: Batons, Ideographen; deiktische, räumliche, kinetographische und piktographische Bewegungen. Illustratoren sind entweder ikonisch oder intrinsisch codiert.

3. Affekt-Darstellungen

Alle Teilnehmer im Gottesdienst drücken sich auch durch das Gesicht aus, Gefühlsäußerungen, die in der Regel strengen Normen unterliegen.

Der Gesichtsausdruck steht hier im Vordergrund. Spezifische Augenbewegungen drücken spezifische Primäraffekte aus, die für alle gleich sind. Welche Affektzustände sind primär? Nach Meinung vieler Forscher: *Überraschung, Angst, Traurigkeit, Zorn, Ekel, Interesse.* Dabei ist eine starke interkulturelle Übereinstimmung bzw. Wiedererkennbarkeit von Affekten festzustellen.
Die Regeln für Affektäußerungen werden früh gelernt und zwar in bezug auf verschiedene soziale Rollen und feste Normen. Der Gesichtsausdruck eines Menschen

wird meist sofort beobachtet und beurteilt. Er gibt sehr viel persönliche Information über einen Menschen. Gesichtssprache kann die Verbalsprache wiederholen, modifizieren oder ihr widersprechen; sie ist nicht unbedingt kommunikativ und die Codierung ist unklar.

4. Regulatoren

Beispielsweise wird der Prediger wird durch die kleinsten Bewegungen der versammelten Gemeinde beeinflußt, aber auch die Gemeindemitglieder untereinander verhalten sich regulativ. Bei der Sakramentenspendung zeigen Regulatoren, ob die Gemeinde dabei ist bzw. die Handlung mitvollzieht.

Regulatoren steuern den verbalen Austausch zwischen Menschen, z.B. durch Kopfnicken, *Blickkontakt*, kleine Bewegungen nach vorne, Änderungen in Haltungen, Augenbrauenerhebungen. Die kleinste Bewegung kann eine regulative Funktion beim Verhalten ausüben. Wenn der Angesprochene sich überhaupt nicht bewegt, kann die Kommunikation aufhören, d.h. die Interaktion wird gestört. Die Codierung von Regulatoren ist unklar. Was populär-wissenschaftlich *Körpersprache* genannt wird, besteht hauptsächlich aus regulativen Bewegungen.

5. Adaptoren

Bedürfnisse, die zur Privatsphäre gehören, werden außerhalb von Gottesdienstzeiten erledigt, sind jedoch wichtige Voraussetzungen für den "guten" Verlauf. Fremd- und Objektadaptoren sind die Voraussetzung dafür, daß man überhaupt in einer Gemeinschaft kommunizieren (d.h. sich richtig bewegen) kann.

Adaptoren sind die ersten Bewegungen, die man lernt, um die eigenen Bedürfnisse zu befriedigen, um bestimmte Körperaktivitäten auszuführen, Emotionen zu kontrollieren usw. Sie gehören hauptsächlich zur Privatsphäre des Menschen, z.B. Nasenbohren und Kopfkratzen. In der Anwesenheit von anderen werden die Bewegungen reduziert bzw. nicht ausgeführt. Selbstadaptoren regeln eine Reihe von Basisbedürfnissen: Nahrungsaufnahme, Exkretion usw. Fremdadaptoren werden früh bei prototypisch interpersönlichen

Kontakten gelernt: Geben und Nehmen, Sich-Zurückziehen; Gesten, die Zuneigung oder Intimität intendieren, äußern sich als "unruhige" Veränderungen in Körperhaltungen. Objektadaptoren erfüllen instrumentelle Aufgaben: Autofahren, Rauchen und Hantieren mit Werkzeugen sind entweder ikonisch oder intrinsisch codiert.

Die terminologischen Verfeinerungen von Ekman und Friesen hinsichtlich der Ausdrucksfähigkeit menschlicher Bewegungen haben sich weitgehend in der Semiotik durchgesetzt.[53] Die Frage, inwieweit ihre Analyse und Terminologie sich auf die christliche Liturgie anwenden läßt (und eventuell von der Liturgiewissenschaft übernommen werden soll), ist sicherlich eine der wichtigen Fragen, die in nächster Zukunft zu beantworten wären.

3.2.2.4. Zeichensprachen

Auch der Begriff sowie der Bereich "Zeichensprache" hat sich in der Semiotik eingebürgert und wird von Nöth unter dem Titel "verbale und vokale Kommunikation" behandelt.[54] Es erscheint uns als angebracht, kurz auf zwei von diesen Zeichensprachen einzugehen. Die monastische Zeichensprache z.B. der Zisterzienser wird von Menschen gebraucht, die im täglichen Leben sehr viel mit Gottesdienst zu tun haben. Die Zeichensprache der Gehörlosen beansprucht einen eigenen Sprachstatus und wird zunehmend in Gottesdiensten (z.B. bei Fernsehübertragungen) verwendet. Nöth weist darauf hin, daß als "Gebärdensprachen verwendet, die Zeichensprachen das gleiche Ausdrucksmedium wie die nonverbalen Codes der Kinesik und Gestik und Körpersprache" seien. Sie sind dennoch "unabhängige semiotische Systeme" und verfügen über eine "strukturelle Autonomie" gegenüber einer natürlichen Sprache. Über ihren Status als "Sprache" gibt es keinen Konsens, obschon die Diskussion "häufig zu eng am Vorbild der Lautsprache"[55] geführt wird. Auch die Bezeichnung "Gebärdensprache" scheint uns eher irreführend als hilfreich.

Die *monastischen Zeichensprachen* sind insbesondere durch das Schweigegebot der Regel des Heiligen Benediktus begünstigt worden. Es wurde von einigen Mönchsorden (Cluniazenser, Trappisten und Zisterzienser) streng

---

[53] Ebd., 181.
[54] Winfried Nöth, *Handbuch der Semiotik*, a.a.O. (Anm. 9), 280-291.
[55] Ebd., 282.

eingehalten. Jean Umiker-Sebeok und Thomas A. Sebeok kommt das große Verdienst zu, umfangreiches und für die Semiotik wertvolles Material zusammengetragen zu haben.[56]

In dem zitierten Sammelband untersucht Barakat die Zeichensprache der Zisterzienser[57] und hat u.a. das Ziel, einen Beitrag zur Gestik zu leisten. Er bietet wertvolle Einsichten in die Funktionalität von Zeichensprachen und bemerkt, daß die Zeichensprache der Taubstummen nur wenig mit der der Zisterziener zu tun habe - bis auf "einige Zeichen pantomimischer Art", denn ein "natürliches Zeichensystem für alle Kulturen existiert nicht"[58]. Er unterschiedet vier Arten von Gestensystemen: autistisch, kulturinduziert, semiotisch und technisch. Die zwei letztgenannten nennt er "Sprachsubstitute"[59]. Die Gesten werden gebraucht, um "einfache Botschaften zu kommunizieren"[60]. Aufschlußreich für die Liturgiewissenschaft ist die Zeichensprache der Mönche vor allem deshalb, da es viele Zeichen gibt, die mit liturgischen Ämtern, Gegenständen und Handlungen zu tun haben. Inwieweit unterscheidet sich diese Art von Gestensystemen von einer liturgischen Gestensprache? Unsere vorsichtige Meinung: Keine von den vielen Zeichen, die Barakat aufführt, scheint dafür geignet zu sein, z.B. eine Glaubensaussage zu machen. Solche Gebärden (z.B. "three kinds of prostrations") werden von ihm ausgeklammert[61]. Barakat zeigt, wie Gesten der Zeichensprache nahezu genau wie eine verbale Syntax zusammengesetzt werden könnten, wenn sie einmal die symbolische Ausdrucksstufe erreichen. Voraussetzung dafür ist die Entwicklungsfreiheit, um durch das ganze Bewegunsspektrum des Menschen kommunizieren zu können.

Die Zeichensprachen für Gehörlose sind nach Nöth[62] die "am weitesten entwickelten Systeme" und werden erst seit den sechziger Jahren erforscht. Der bekannte Forscher von Zeichensprachen William Stokoe bemerkt, daß man früher der Meinung war, "einem Taubstummen fehle die Seele (oder der Geist) für die volle Teilhabe am gesellschaftlichen Leben".[63] Wie man heute weiß, können Taubstumme nicht nur ein normales Leben führen, sondern auch am Gottesdienst teilnehmen. Eine ganze Reihe von Fragen ergaben sich in bezug auf das Verhältnis von Zeichensprachen für Gehörlose zur liturgischen

---

[56] Jean Umiker-Sebeok / Thomas A. Sebeok, *Monastic Sign Languages*, a.a.O. (Anm. 10), 91.

[57] Ebd., 75-145.

[58] Ebd., 83.

[59] Ebd., 86.

[60] Ebd., 91.

[61] Ebd., 91.

[62] Winfried Nöth, *Handbuch der Semiotik*, a.a.O. (Anm. 9), 283-287.

[63] Jean Umiker-Sebeok / Thomas A. Sebeok, *Monastic Sign Languages*, a.a.O. (Anm. 10), 326.

Gebärdensymbolik, auf die wir hier nicht ausführlich eingehen können. Eine wichtige Frage wäre u.E.: Inwieweit ist es für Gehörlose möglich, die symbolhaften Handlungen der Liturgie mitzuvollziehen? Wird dies nicht dadurch erschwert, daß er sich praktisch auf zwei "Verbalgestalten" konzentrieren muß: einmal die gesprochene Sprache der liturgischen Rollenträger und zweitens auf seine eigene Zeichensprache, die ausdrücklich linguistisch aufgebaut wird, so daß man neuerdings von z.B. "deutschen Wörtern in deutscher Zeichensprache"[64] spricht. Die enge Orientierung an der Linguistik führt auch dazu, daß man den Gebärdenraum abgrenzt (Hände, Oberkörper) und auch pantomimische Bewegungen ausgrenzt. Die symbolische Ausdrucksstufe der Bewegung an sich wird dabei nicht einmal angestrebt, da man die Zeichensprachen für Gehörlose als linguistische Zweitsprache betrachtet (d.h. "Lautsprache *und* Gebärdensprache[65]).

Zusammenfassend kann man sagen, daß Zeichensprachen für Gehörlose wenig mit dem gemein haben, was oben als Gesten- und Gebärdensprache bezeichnet wurde. Denn Zeichensprachen für Gehörlose verzichten bewußt auf die volle Fähigkeit des menschlichen Leibes, eigenständiges Ausdrucksmedium (Körpersprache im grundlegenden Sinne) zu sein. Sie beziehen sich auf wenige Körperteile und sind bemüht, ein zweites Verbalsystem (bis zur Ausformung von Buchstaben durch die Hände) zu entwickeln. In diesem Sinne sind sie nicht in der Lage, den ganzheitlichen Ausdrucksvollzug zu leisten. Dies kann nur im Rahmen einer vollen Entwicklungsfreiheit des ganzen körperlichen Bewegungsspektrums geschehen.

3.2.3. Zusammenfassung: Codierung und liturgische Gestik

3.2.3.1. Zur Frage der Terminologie

Angesichts der oben geschilderten Entwicklung in der semiotischen Ausdruckstheorie erscheint es naheliegend, daß man auch in der Liturgiewissenschaft den Terminus "liturgische Gestik" für die gesamte Dimension des Bewegungsausdrucks der Liturgie einführt. Damit wäre ein erster, interdisziplinärer terminologischer Konsens erreicht, der für ein fortdauerndes Gespräch mit anderen Wissenschaften notwendig ist. "Liturgische Gestik" würde dann alle Aspekte des nonverbalen Körperverhaltens einbeziehen: Mimik, Blickkommunikation sowie die Gesten- und Gebärdensprache.

---

[64] Horst Ebbinghaus / Jens Hessmann, "German Words in German Sign Language", in: *Current Trends in Sign Language*, Hamburg 1990.

[65] F.H. Wisch, *Lautsprache und Gebärdensprache.* Die Wende zur Zweisprachigkeit in Erziehung und Bildung Gehörloser, Hamburg 1990.

Eine zweite terminologische Übereinstimmung könnte auch bei der Definition von "Geste" erreicht werden. Wie auch Kendon zeigt[66], spielt die Geste eine zentrale Rolle bei der Vermittlung von Bedeutungen, d.h. in der Kommunikation von Menschen. Daher ist es wichtig, den Terminus "Geste" näher zu definieren. Der Versuch von Kendon bietet einen ersten Anhaltspunkt.

> "A gesture is usually deemed to be an action by which a thought, feeling or intention is given conventional and voluntary expression."[67]

Sinngemäß heißt "action" hier "Bewegung" bzw. Bewegungsablauf. Weitere Merkmale von Gesten sind: a) ein relativ kurzer Bewegungsablauf - Gebärden können aus mehreren unterschiedlichen Bewegungsabläufen bestehen; b) alle Körperteile können einbezogen werden; c) Gesten sind nicht aussetzbar, denn menschlicher Körperaussdruck ist "allgegenwärtig", Menschen kommunizieren auch durch kleinste Gesten. Liturgische Gesten sind kein linguistisch strukturiertes System, sondern ein Zeichensystem, das einer eigenen Codierung unterliegt.

3.2.3.2 Zur Frage der Codierung einiger Hauptgebärden

Um die gestischen Codes der Liturgie genauer zu verstehen, d.h. die Frage zu beantworten, wie sich Gesten, Gedanken, Gefühle, Intentionen usw. ausdrücken, ist es wichtig, sich jene Arbeiten zu vergegenwärtigen, die die Begriffe und das analytische Vorgehen der heutigen Semiotik maßgeblich geprägt haben. Wilhelm Wundt wies darauf hin, daß gestische Sprachfähigkeit erst auf der symbolischen Ausdrucksstufe erreicht wird. Dennoch gehören hinweisende und darstellende Gebärden zum Gesamtbild. Eine wichtige Ergänzung ist der Hinweis Meads, daß Gesten erst dann "sprachfähig" sind, wenn sie signifikante Symbole geworden sind. Weiterhin kann man in bezug auf die Peircesche dreistellige Zeichenrelation feststellen, daß Gestensprachen indexikalische, ikonische und symbolische Elemente vereinen.

Die empirischen und quantitativen Analysen von Efron sowie von Ekman und Friesen bieten eine weitere Möglichkeit, um der Symbolhaftigkeit der Geste näher zu kommen: Die kommunikative Sprachfähigkeit von Gesten wird endgültig erreicht, wenn sie zu "Emblemen" geworden sind.[68] Die arbiträre bzw. ikonische Codierung von emblematischen Gesten bleibt, wie die gegenwärtige Diskussion in der Semiotik zeigt, eine schwierige Frage. Trotzdem ist

---

[66] Adam Kendon, *Nonverbal Communication, Interaction and Gesture*, a.a.O. (Anm. 17), 28-41.

[67] Ebd.

[68] Vgl. Desmond Morris u.a., *Gestures*, London 1979; Adam Kendon, *Nonverbal Communication, Interaction and Gesture*, a.a.O. (Anm. 17), 32-34.

man geneigt, Kendon recht zu geben, der vermutet, daß die Frage der Ikonizität bzw. der Willkürlichkeit nicht ganz zweckmäßig ist; man sollte eher von einem gewissen Maß an Codiertheit ("dimension of codedness") sprechen.

Wenn wir unsere Einteilung der liturgischen Gebärden[69] in Ausdrucks- und Handlungsgebärden sowie die Kriterien für Analyse und Deutung in Betracht ziehen, so kann man feststellen, daß semiotische Gesichtspunkte[70] neue Möglichkeiten zur Untersuchung von liturgischen Gebärden bieten. Die Gebärdensprache der Liturgie ist bislang nirgends so empirisch-genau untersucht worden, wie es die genannten Forscher für das menschliche Körperverhalten im allgemeinen getan haben. Die Grenzen der semiotischen Methode sind dort zu suchen, wo es um die Bewegung-an-sich geht: Ihre eigene Aussagekraft kommt zu wenig zur Geltung - sie wird fast immer in bezug auf andere verbale und nonverbale Zeichen untersucht. Außerdem fehlt u.E. öfter der Gesamtkontext bei der Beurteilung einzelner Gebärden.

Versucht man nun eine Anwendung von semiotischen Kriterien auf einzelne Gebärden, so kann man feststellen, daß Ausdrucksgebärden emblematischen Charakters sind, und direkt verbal übersetzt werden können. Der Sender weiß, was er vermittelt, und die Empfänger können das Zeichen verstehen. Man lernt die Ausdrucksgebärden früh in der Erziehung kennen - sie sind kulturspezifische Embleme. Man kann sie alle kommunikativ nennen - als Zeichensysteme sind sie stark codiert und finden innerhalb einer gemeinschaftlichen Gesamthandlung statt.

Gebärden wie Gehen, Stehen, Aufstehen oder Sitzen (Sich-Setzen) sind arbiträr codiert, da die Bewegungsabläufe an sich keinerlei Hinweis auf die Ausdrucksinhalte vermitteln. Andere Ausdrucksgebärden sind ikonisch codiert, da gewisse Hinweise ("Similaritätsgrade") auf das Signifikat vorhanden sind.

Gebärde	*Ikonizität bzw. "Codiertheit"*
Kniebeuge und Verbeugung	Der Bewegungsablauf zeigt, daß man sich vor jemandem "kleinmachen" will.
Prostration (Sich-Niederwerfen)	Der Bewegungsablauf ist eindeutig "darstellend": Man wirft sich auf den Boden hin.

---

69 Ronald Sequeira, "Liturgy and Dance: on the need for adequate Terminology", a.a.O. (Anm. 2), 30-38.

70 David Efron, *Gesture, Race and Culture*, a.a.O. (Anm. 21); Paul Ekman / Wallace V. Friesen, "Handbewegungen", a.a.O. (Anm. 26).

Falten, Erheben und Ausbreiten der Hände	Es herrscht eine gewisse Mehrdeutigkeit - dennoch kann man am Bewegungsablauf den Inhalt erkennen: Sammlung, Ergebung, Hingabe.
Handauflegung	Sie ist Handlungs- und Ausdrucksgebärde zugleich - eine gewisse Arbitrarität ist vorhanden.
Das Schlagen-an-die-Brust	Es ist bedingt ikonisch, da die Bewegung an sich nicht eindeutig die eigene Schuld "ausdrückt". Hier zeigt sich eine kulturspezifische Arbitrarität.
Das Kreuzzeichen (Sich-Bekreuzen)	Hier handelt es sich um eine "nachahmende" Gebärde, deren eigentliches Signifikat ("Kreuzestod des Erlösers") weitgehend durch die trinitarische Begleitformel ("Im Namen des Vaters usw.") in den Hintergrund gedrängt wird.

4. Ergebnisse: Nonverbale und gestische Kommunikation in der Liturgie

Da sich sowohl liturgiewissenschaftlich wie semiotisch die Untersuchung von Gebärden im Anfangsstadium befindet und in diesem Sinne für beide Disziplinen "Neuland" darstellt, kann die Zusammenfassung der Ergebnisse der vorliegenden Untersuchung nur vorläufigen Charakter haben und keineswegs Vollständigkeit beanspruchen.

Erstens: Es wurde festgestellt, daß die Liturgie als "kommunikative Handlung" stets in einer Atmosphäre nonverbaler Zeichenerzeugung stattfindet. Was man populärwissenschaftlich "Körpersprache" nennt, bedeutet im grundlegenden Sinne: Der Mensch hört (auch während einer gottesdienstlichen Versammlung) nie auf, mit seinem Körper zu sprechen.

Zweitens: Das Körperverhalten in der Liturgie haben wir in Übereinstimmung mit der Semiotik als ein Bewegungsverhalten bezeichnet, da sich der Mensch auch durch kleinste Bewegungen ausdrückt. Dennoch ist für die Frage der Kommunikation in der Liturgie die Frage der Intentionalität durchaus relevant. Die Zeichenhaftigkeit liturgischen Verhaltens zeigt sich vor allem darin, daß sich Christen auch durch konkrete Gesten und Gebärden ausdrükken.

Drittens: Der Begriff "liturgische Gestik" könnte als Oberbegriff für alle Bewegungsvorgänge dienen, die man unter Gesten, Gebärden, Mimik, Gesichtsausdruck usw. versteht. Zentrale Begriffe wie "Geste" und "Gebärde" werden (übrigens auch im üblichen deutschen Sprachgebrauch) unterschiedslos verwendet. Die Begriffe "Geste" und "Gebärde" bieten sich eher für ein interdisziplinäres (bzw. internationales) Gespräch an, da sie sich in der Semiotik eingebürgert haben. Außerdem werden liturgische Aussagen in erster Linie durch Gesten und Gebärden (die aus mehreren Gesten bestehen) gefertigt.

Viertens: Die eigentliche Spachfähigkeit liturgischer Gesten wird erst bei der symbolischen Ausdrucksstufe erreicht. Hier zeigt sich, daß Begriffe der Peirceschen Tradition anwendbar sind. Semiotische Untersuchungsmethoden und Begriffe können ebenfalls auf die liturgische Gestik angewendet werden. Die Untersuchungen von Efron, Ekman und Friesen zeigen, daß es möglich ist, kleinste Bewegungseinheiten zu betrachen und die Ausdrucksqualität und -struktur exakter zu definieren. Begriffe, die die Forscher entwickelt haben, gehören bereits zum festen Bestandteil semiotischer Terminologie. Die Frage erhebt sich, inwieweit die Liturgiewissenschaft sie übernehmen bzw. verwenden soll.

Fünftens: Liturgische Gesten und Gebärden unterliegen einer relativ starken Codierung, die üblicherweise innerhalb einer gottesdienstlichen Versammlung decodiert wird und zum Glaubensvollzug der Anwesenden beiträgt. Die wichtigen Ausdrucksgebärden der Liturgie sind "Embleme" bzw. emblematischen Charakters. Die Frage der Arbitrarität bzw. Ikonizität von Gebärdencodes bleibt dennoch schwierig und müßte genauer untersucht werden.

5. Ausblick und offene Fragen

Eine abschließende Überlegung müßte sich sowohl mit den anfangs genannten "Defiziten" in der theologischen Forschung als auch mit der Fortführung des Gesprächs mit der Semiotik befassen. Dabei ergeben sich theoretische sowie praktische Aspekte.

a) Theoretische Aspekte

Die Klärung des Verhältnisses von Wort und Geste beim liturgischen Glaubensvollzug ist dringend notwendig. Welche Rolle spielen dabei die nonverbalen Zeichen bzw. Handlungen? Inwieweit sind nonverbale Zeichen "mehrdeutig" und verbale "eindeutig"?[71] Oder entspricht diese (durchaus gängige) Auffassung nicht eher einem kulturspezifisch-abendländischen Gebärdenverständnis, das die eindeutige Ausdrucksfähigkeit von Gebärdensprachen nicht kennt?[72]

Eine zweite wichtige Frage ist die nach der "Vorrangigkeit" des Wortes. Was heißt in diesem Zusammenhang, daß das "Wort gegenüber den nonverbalen Zeichen Vorrang" habe? "Gehört es nicht zur naturalen, sondern zur personalen Ebene des Geschehens"?[73] Stimmt diese Auffassung angesichts der jüngsten Untersuchungen zur nonverbalen Kommunikation? Und was die Offenbarungsreligionen angeht: Ist der Offenbarungsbegriff in seiner Bezogenheit auf das Wort nicht zu einseitig angelegt?[74]

Die theologische Forschung müßte sowohl die Ergebnisse als auch die Untersuchungsmethoden der Sozialwissenschaften in die Beurteilung von liturgischen Zeichensystemen einbauen. Nichtverbale Elemente gehören zum Kern des Glaubensvollzugs und sind dem Wort gegenüber zumindest gleichrangig. Auch in der Liturgiewissenschaft darf es keinen "Imperialismus der Sprache" geben.[75] Außerdem fehlt u.E. eine Gesamttheorie des Bewegungsausdrucks als Grundkomponente jeden liturgischen Handlens.

b) Praktische Aspekte

Empirische Untersuchungen des nonverbalen Verhaltens im Gottesdienst sind notwendig, will man die Liturgie der Zukunft als "kommunikatives Handlungsspiel" betrachten. Daraus könnten wichtige Einsichten in die Wirkung von Gesten erfolgen, die die symbolische Aussagekraft der Liturgie mitprägen. Bewegungsabläufe könnten genauer beschrieben werden. Wieviele Liturgen wissen, wie ein Segensgestus genau auszuführen ist? Eine gebenfalls wichtige Frage wäre die nach dem Entstehen von neuen Bewegungssymbolen, die die

---

[71] Karl-Heinrich Bieritz, "Das Wort im Gottesdienst", a.a.O. (Anm. 1), 56.

[72] Vgl. Ronald Sequeira, *Klassische indische Tanzkunst und chrisliche Verkündigung*. Eine religionsgeschichtlich-religionsphilosophische Studie, Freiburg 1978; La Mont West Jr., *The Sign Language*. An Analysis (unveröffentlichte Diss. Indiana University), Bloomington 1960; Thomas A. Sebeok, *Theorie und Geschichte der Semiotik*, a.a.O. (Anm. 15), 35f.; Eric Buyssens, *Les langages et les discours*, Brüssel 1943, Paravastu H. Govindarajan, "Der Gebrauch der Handgesten im klassischen indischen Kunsttanz (Bharata Natya)", in: *Zeitschrift für Semiotik*, H. 1-2 (1991), 55-65.

[73] Hans Bernhard Meyer, "Eucharistie. Geschichte, Theologie, Pastoral", in: *Gottesdienst der Kirche*, Teil 4, Regensburg 1989, 48.

[74] Vgl. Peter Eicher, "'Offenbarungsreligion'. Zum soziokulturellen Stellenwert eines theologischen Grundkonzepts", in: *Gottesvorstellung und Gesellschaftsentwicklung*, hg. v. Peter Eicher, München 1979, 109-126.

[75] Annemarie Lange-Seidel, "Ansatzpunkte für Theorien nichtverbaler Zeichen", in: *Sprachtheorie*, hg. v. Brigitte Schlieben-Lange, Hamburg 1975, 241-275.

Anzahl der vorhandenen erweitern und das allgemein anerkannte Übergewicht der verbalen Ausdrucksformen bei der Gestaltung von Liturgie überwinden könnten.

Herbert Muck

Umwertungen im Raumgefüge "Kirche"

1. Schritte auf dem Weg zur Raumsemiotik 2. Die Bestimmung des Gegenstandes "Kirchenbau" 3. Bewertungsunterschiede unter divergierenden Codes 4. Innere Mitte oder längsaxiale Orientierung 5. Das vielschichtige Zusammenwirken der Zeichensysteme 6. Das Problem des Raums in der Architekturbewertung 7. Semiotisches Handeln in den Gemeinden

Was der Raum mit uns macht, merken wir erst, wenn wir zu untersuchen beginnen, was wir mit dem Raum machen und wozu er durch viele Stadien hindurch gemacht wurde.

1. Schritte auf dem Weg zur Raumsemiotik

Kirchenbauten repräsentierten immer schon die Kirche in ihrer Zeit mit und in ihren Weltvorstellungen, ihre Gottesdienste und die Ordnungen des Verhaltens, die Art des Betens und des Feierns. Es gibt offensichtlich zahlreiche Akte und Aktionen im Zusammenhang mit dem Bemühen um das Herstellen, Darstellen und Verständlichmachen einer dem Gottesdienstverständnis entsprechend angemessenen Situation.[1]

Der Anteil der räumlichen Momente an der Bestimmung einer Situation im Feld der Situationsfaktoren[2] zeigt schon, daß man an einer Analyse des Raums nicht vorbeikommt. Selten werden dabei die Beziehungen im Raumgefüge[3] berücksichtigt oder untersucht. Die Zeichenbildung geht ja zunächst von auffallenden Einzelheiten aus, von redundanten Details. Ihr Zitieren und Wiedererkennen entspricht einer Ritualisierung, die auch sonst zur situationslosen Hypostasierung von Schlüsselworten neigt (durch Redundanz, Stilisierung,

---

1 Dies nicht nur bei den Neubauten, wie sie laufend dokumentiert werden in den Zeitschriften *Kunst und Kirche* oder *Das Münster*, sondern auch bei der Neuordnung alter Kirchen: Vgl. *Alte Kirchen - Räume der Zukunft*, hg. v. Waldemar Wucher, Giessen 1984. Über Angemessenheit, Tauglichkeit, Kompatibilität etc. vgl. Herbert Muck, "Leitbilder kirchlichen Bauens", in: *Kunst und Kirche* (1976), Heft 1, 28.

2 Zu den Situationsfaktoren vgl. Hellmut Geißner, *Sprechwissenschaft*, Königsstein 1981, 66.

3 Zur Raumaufteilung und Raumgruppe siehe in: Herbert Muck, *Gegenwartsbilder*. Kunstwerke und religiöse Vorstellungen des 20. Jahrhunderts, Wien 1988, 118f.

Appellfunktion, Ikonisierung in einem Ehrfurcht heischenden Rahmen). Die Frage nach der Angemessenheit des räumlichen Gefüges oder nach signifikanten Änderungen in den Raumbeziehungen kann in ganz andere Richtungen der Bedeutungsbildung führen. Drastisch ist das ausgedrückt im Satz vom Übergang des Interesses an den Kolumnen zu dem an den Interkolumnien - zum Raum als dem "Zwischending", das zwischen den Dingen wirksam ist.[4] Dabei ist nur wenigen Fachleuten die Analyse der Organisationen im Raumaufbau ein Anliegen. Das in diesem Jahrhundert entwickelte Interesse am Raum ist weniger auf die Grammatikalität des Raums gerichtet, als vielmehr auf seine Kommunikativität. Die Wechselbeziehung zwischen beiden sollte aber nicht übersehen werden.[5]

Mit der Entwicklung des Raumbegriffs in den kunsthistorischen Arbeiten des 19. Jahrhunderts kam - zunächst vom Baugefüge her - das in Kirchenbauten so unterschiedlich ausgespielte Zeichenrepertoire in den Blick, aus dem die Raumunterschiede zustandekommen. In den Jahrhunderten zuvor konnte man Raum nur von den Wänden her beschreiben oder mit Kriterien der antiken Rhetorik wie locus, situs, status, nexus. Die Skala war die der Hierarchisierung, wie man das aus der imperialen Repräsentation gewohnt war. Raumbestimmungen waren auch in Stilbeschreibungen verpackt. Zugänglicher war die Beachtung und kultur- bzw. statusabhängige Bewertung von Distanzen, wie sie die moderne Proxemik[6] untersucht. Die mentale Organisation des Raums wurde zuletzt von der Erfahrung und Vorstellung der Eigenbewegung aus erklärbar (Kinesik). Auch für den Raum erkannte man, daß der leibhafte Vollzug und die sich im Umgang miteinander entwickelnde Symbolproduktion zueinander gehören.[7]

Die Semiotik des Raumgefüges richtet ihre Aufmerksamkeit auf die Unterschiede in diesem Beziehungsgefüge[8], auf die jeweilige Ausgrenzung oder

---

[4] Über die Stadien der kunstwissenschaftlichen Raumdefinition siehe Herbert Muck, Der Raum. Baugefüge, Bild und Lebenswelt, Wien 1986, 70ff. Vgl. zum Begriff "Zwischengegenstände" bei Egon Brunswik, Wahrnehmung und Gegenstandswelt, Wien 1934, 42ff. und passim. Vgl. Herbert Muck u.a., *Zwischen den Dingen*. Katalog Kunsthalle Bielefeld 1975.

[5] Vgl. Hellmut Geißner, *"mündlich" - "schriftlich"*. Sprechwissenschaftliche Analyse "freigesprochener" und "vorgelesener" Berichte", Frankfurt/M. 1988, 22.

[6] Vgl. den Abschnitt "Das anthropologische System" in: Umberto Eco, *Einführung in die Semiotik*, München 1972, 343ff. Vgl. Edward T. Hall, *Die Sprache des Raumes*, Düsseldorf 1976, 118ff., 134ff.

[7] Zum Zusammenhang von Kunstwerk und Verhalten s. Dagobert Frey, Kunstwissenschaftliche Grundfragen, Wien 1946. Vgl. dazu in Herbert Muck, *Gegenwartsbilder*, a.a.O. (Anm.3), 100ff.

[8] Ein vorsemiotisches Strukturmodell für korrelative Raumtypen wie Höhle und Halle, Zellen und Platz auf der Grundlage von Opposition, Komplementarität, Komplexierung s. bei Pieter Dijkema, *Innen und Außen*, Hilversum 1960.

Ineinanderfügung der Raumteile, auf deren Benennungen und Funktionen, auf ihre fallweise hervortretende Schlüsselrolle zur Darstellung des Superzeichens Kirchenraum.[9] Die verschiedenen internen und externen Beziehungen konnten im geschichtlichen Nacheinander der Kirchenbaustile oder Bau- und Theologenschulen (diachron) ermittelt werden. Sie ergeben im Fortwirken kirchlicher Beziehungsaufnahme zu diesen Traditionen jetzt einen als gleichzeitig (synchron) festzustellenden mental verfügbaren Bestand: das gegenwärtig in Betracht kommende Paradigma an Organisationsmodellen räumlicher Artikulierung für Kirchenraum.[10]

2. Die Bestimmung des Gegenstandes "Kirchenbau"

Was unter dem Titel "Kirchenbau" jeweils beachtet, herausgegriffen und bewertet wird, kann ganz verschiedenes sein. Es kann das Kirchliche daran wichtig sein, etwa vom Standpunkt der Seelsorgeinstitution, des Vorstehers, der Pfarrgemeinde, der kirchlichen Situation insgesamt, also Stellenwert und Bedeutung in den kontextuellen Zusammenhängen. Gegenstand kann das baulich Architektonische sein, als Erscheinungsbild, als Bauwerk in seiner Stilzugehörigkeit, in seiner religiösen Bedeutung als symbolisches Gebilde, das Kirche repräsentiert oder eine besondere kirchliche Lebensform in der Zeit.

Die Innenraumwirkung kann unter der Rücksicht der Ansicht maßgeblich sein, die der hat, der eintritt oder in der Bank sitzt; oder der Raumeindruck, wie er zustandekommt in der Folge der Bewegungsverläufe, die das Auseinander der Orte akzentuieren, die Richtungen im Raum, die Orientierung und das Sich-Umorientieren im Verlauf des Mitvollzugs der Vorgänge. In bezug zu den liturgischen Vorgängen kann dabei die besondere Disposition der Einrichtungen beachtet werden, oder die im Zusammenhang mit den verschiedenen Orten sich ausbildenden und wechselnden Situationen im Raum (perspektivisch bestimmte Fokussierung).

Für die Beachtung der symbolisch und ikonisch darstellenden Superzeichen Kirchenraum werden vor allem die einzelnen Darstellungen zu Bildern, Ornamenten, Symbolobjekten usw. eine Rolle spielen, je nachdem, inwieweit sie ein Gesamtkonzept zur Darstellung bringen oder ihm zuwiderlaufen. Man wird nachsehen, wieweit indexikalisch die Planungsvoraussetzungen zur Darstellung kommen, vom Grundstückszuschnitt über die verfügbaren Mittel bis zu den technischen Möglichkeiten und rechtlichen Voraussetzungen.

---

9 Herbert Muck, "Architektur als Zeichen", in: *Kunst und Kirche* (1976) Heft 4, 181ff.

10 Zahlreiche Beispiele in Herbert Muck, *Der Raum.* a.a.O. (Anm. 4).

3. Bewertungsunterschiede unter divergierenden Codes

Der eine sagt "Raum" im Gegensatz zur Flachheit der Wände einer Bauhausarchitektur und meint also plastische Räumlichkeit. Der andere sagt "Raum" und meint den Gegensatz zu Flächen, die mit Einrichtung vollgestellt sind. Er meint den Freiraum des offenen Platzes, die Unbehindertheit, die Möglichkeiten. Ein dritter sagt Raum im Gegensatz zu sorglos und nachlässig aneinandergeratenen Objekten und meint damit gestalteten Raum, Gestaltung, Figuration. Ein vierter meint mit Raum sein Verlangen nach Zurückgezogenheit. Er sehnt sich nach Nische, Höhle, Alleinsein.

Semiotische Operationen werden oft erst dadurch auf den Plan gerufen, daß zu klären ist, wie gegenläufige Perspektiven zu widersprüchigen Interpretationen führen. Für die Prozesse der Bedeutungsbildung hat Umberto Eco das Problem der Codes und der Codierung als das maßgebliche herausgearbeitet.[11] Das heißt, daß in jeder Semiose unter der Rücksicht der Codierung mit einem Modell zu arbeiten ist, in dem Substitution und Selektion von Zeichen in Betracht kommen.

Greifen wir für den Kirchenbau zunächst charakteristische Selektionen heraus. Eine kurze Übersicht über Unterschiede im Raumgefüge kann sogleich deutlich machen, wie da Änderungen im Stellenwert der einzelnen Raumteile im Spiel sind, Wechsel in der Leserichtung des Raumzusammenhangs, Substitutionen, Betonung oder Eliminierung von Schaltstellen u.a. Greifen wir nur einen besonders deutlichen Gegensatz in der suprasegmentalen Organisation der Choreme[12] heraus, der einer konträren Sinnkonstitution in der Zeichenbildung entspricht.

4. Innere Mitte oder längsaxiale Orientierung

Diese Opposition wird hier nicht im (historisch oder archetypisch verstandenen) Unterschied der Bau- bzw. Gebäudestruktur von Zentralbau versus Langhausbau verfolgt, sondern hinsichtlich der Wertungen des Raumgefüges im

---

11 Umberto Eco, *Einführung in die Semiotik*, a.a.O. (Anm. 6), 57, 129, 240, besonders 325ff.

12 Choreme sind Einheiten der Raumbestimmung, analog der Bildung von Morphemen, abgeleitet von griech. chora = Raum, choreuein = singend und tanzend sich bewegen. Als Raumzeichen sind die Choreme im Rahmen des Syntagmas zu sehen.

(traditionellen) Langhausbau.[13] Das Bewertungsprinzip ist dann auch auf andere Bauformen transponierbar.

Mit der Entfaltung der Gotik, der Betonung des Schauens und einer entsprechenden "Schaufrömmigkeit"[14], mit der Dramatisierung der Liturgie, mit der Lokalisierung des liturgischen Dramas in einem bestimmten szenischen Raumteil und in Verbindung mit einer Bilderwand (Retabel, eine zum Sims mit Epistel- und Evangelienseite ausgebreitete Erweiterung des zuvor blockförmigen Altars) ergab sich eine zunehmende "Orientierung" im Kirchenraum, eine Hierarchisierung innerhalb der Zonung.

In den Anfängen zuvor, in den karolingischen Kirchen und in den romanischen, zeigen die Gegenchöre und die Altarwidmungen, daß es sich noch um quer zur Längsachse zu lesende Raumordnungen analog zur Deesis-Gruppe handelte (Christus zwischen Assistenzfiguren[15]), so daß der mittlere Raum bzw. die Kirchenmitte mit der auf Christus bezogenen Lichtkrone die "innere Mitte"[16] der Gottesdienstversammlung insgesamt bezeichnete wie in frühchristlichen Basiliken.

Der zunehmenden Längsorientierung auf der Seite der Produktion des Superzeichens Kirchenraum im zweiten abendländischen Jahrtausend entspricht in der (im 18. und 19. Jh. kulminierenden) Rezeption die Lesart des Raumzusammenhangs als einer hieratisierten Raumfolge. Es ist dies die für das 19. Jh. und seither bestimmende Sequenzialisierung. Wir erkennen darin die Bereitschaft, Vorfindliches in einer Reihung unterzubringen und linear sich vorzustellen.[17] Eine solche Reihung entspricht aber nicht nur der Linearisierung als einer Form der Geometrisierung (im Sinne der Reduktion auf Gestaltprägnanz), sondern ebenso der darin mitvollzogenen Tendenz zur Darstellung von Kontinuität, Vergewisserung von "Zusammenhang", interpretiert auch als "Prozessionskirche", als Figur des "Unterwegs" für den *homo viator*, und schließlich als Raum, der "Vorgang" ist (Rudolf Schwarz).

Zur Darstellung gebracht ist diese in der Bewegungsrichtung entstehende Ausrichtung auf ein Raumziel durch besondere Markierungen des Raumziels,

---

[13] Entsprechend der Bewertung als "zentral", die in Bauten verschiedener Form zustandekommen kann. Vgl. z.B. Dominikus Böhm in einem Einschub zur 2. Aufl. von van Acken, *Christozentrische Kirchenkunst*, Gladbeck 1923, 49f. Vgl. Walter Zahner, *Rudolf Schwarz*. Baumeister der neuen Gemeinde. Ein Beitrag zum Gespräch zwischen Liturgietheologie und Architektur in der liturgischen Bewegung. Altenberge 1992, 269.

[14] Josef A. Jungmann, Missarum sollemnia. [5]1962, II. Bd., 256ff.

[15] Aufgezeigt von Gunter Bandmann, Vortrag Paderborn 1969. Vgl. in: *Schwarz auf Weiß*, Köln 15.2. 1973, 21.

[16] Vgl. Herbert Muck, *Gegenwartsbilder*, a.a.O. (Anm. 3), 120f.

[17] Kurt Lewin, *Der Richtungsbegriff in der Psychologie*. Der spezielle und allgemeine hodologische Raum. Psychol. Forschung 19. Bd. 1934, 249ff.

und sei es nur durch das Podium mit den Prinzipalstücken, in denen gottesdienstliches Handeln zur Darstellung kommt (Tisch, Pult, Taufschale).

Für die zweite Hälfte des 19. Jh. muß diese Tendenz zur Achse, zur längsaxialen Interpretation[18] auch so verstanden werden, daß in ihr eine vorgestellte Bewegung in die Rezeption des Raumgefüges eingeschaltet wird. In der Folge der Romantik kommt es zu einer Suche nach der Identifikation von Raumsituation und Subjektivität[19]. In diesem Zusammenhang zeigt zunächst die axiale Leserichtung, daß nun die (vorgestellte) Eigenbewegung eingeschaltet ist in die Wahrnehmung von Räumen und in die Konzeption von Raumfolgen (*Wegraum* versus *Verweilraum* u.a.). Die folgenden Abbildungen zeigen die Orientierung innerhalb des Raumgefüges unter der Wirkung divergierender Codes.

a) Das Gefüge einer frühmittelalterlichen Kirchenfamilie. Die einzelnen Räume sind durch Lettner von einander getrennt (Dom zu Naumburg mit Ost- und Westlettner von 1230). Jeder hat ein eigenes Zentrum, eine eigene "Mitte".

---

[18] Zu den Bedeutungen von Achse und Orientierung im 19. Jh. vgl. Hubert Schrade, *Das deutsche Nationaldenkmal*, München 1934.

[19] Um die Jahrhundertwende schließlich stellte wie Alois Riegl auch August Schmarsow das "betrachtende Subjekt" in den Vordergrund, bezog aber die aktive Bewegung des Betrachters mit ein. Ulya Vogt-Göknil, *Architektonische Grundbegriffe und Umwelterlebnis*, Zürich 1951, 12.

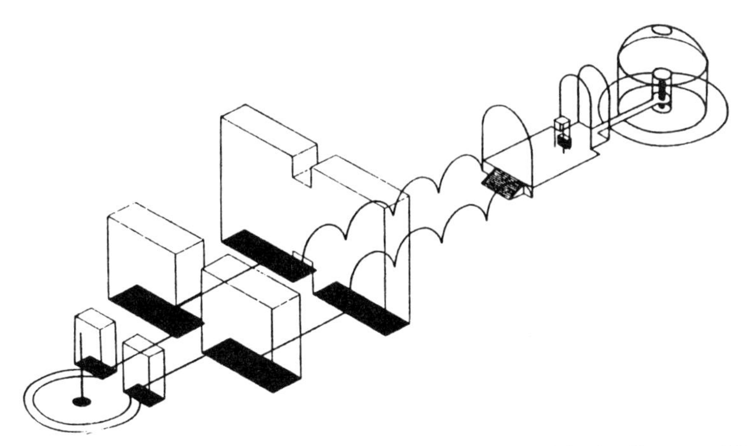

b) Die längsaxiale Kirche als Leitbild des 19. Jh. im Idealprojekt des Beuroner Mönches Desiderius Lenz (in der Umzeichnung von Rudolf Schwarz). Die Folge der Bauräume entspricht der Folge der heilsgeschichtlichen Zeiträume.

Dementsprechend wurde auch die frühchristliche Liturgie als ein in axialer Prozession sich eröffnender Vollzug vorgestellt. Das 19. Jh. brachte die Axialisierung der in frühchristlicher Zeit (nach heutigem Forschungsstand) "kreisenden" Umzüge.[20] Für die frühchristliche Basilika scheinen auch die Seitenschiffe nicht die einer Längsrichtung beigeordneten Richtungsräume gewesen zu sein, sie waren viel eher auf ein Innen hin zugeordnete Randbereiche. Ebenso hat die zuweilen im Raum rundum verteilte Anordnung der Bilder und der Memorialstellen die im Raum sich vollziehende Gegenwart des Herrn in seinem Heilshandeln inmitten der Gemeinde zur Darstellung gebracht.

Die berühmte Frage nach der im Apsismosaik aufragend stehenden Madonna von Torcello (über den Priesterbänken, dem Synthronos) zielte immer schon darauf, den Christen die Anbetung einer "Göttin" zu unterstellen. Ravenna und Torcello gehörten aber zu einer byzantinischen Raumordnung (oströmisch), in der noch heute die Kuppelzone in der Kreuzung der Schiffe über der "Vierung" als zentraler Ort gilt, wo also die Apsis zugeordnet ist zum Schiff (nicht wie im zweiten Jahrtausend, wo das Schiff - insbesondere nach der Beseitigung der Lettner - hingeordnet erscheint auf die Apsis). Dementsprechend ist der Typus dieser anscheinend dominierenden Gottesmutter der einer Wegführerin zu Christus (Hodegetrix), also in das innere *basileion* (Schiff) hinein.

---

[20] Gerhard Kunze, *Lehre - Gottesdienst - Kirchenbau in ihren gegenseitigen Beziehungen*, Bd. I, Göttingen 1949.

5. Das vielschichtige Zusammenwirken der Zeichensysteme

Die Bilder, die ursprünglich eingeordnet waren einer Darstellung der Gottesgegenwart *im* Raum, in dem gottesdienstliches Handeln sich vollzieht, sind im Gefolge einer späteren Bildordnung und im Zuge der Betonung des Hochaltar-Bild-Retablis, der Richtungstendenz folgend, zur Darstellung des Ausblicks auf das Kommende oder auf den Kommenden (wiederkehrenden Christus) umgewertet worden. Solche Bilder führen aus dem Raum hinaus, statt das Geschehen und die Glaubenswirklichkeit als im Raum gegenwärtige zu interpretieren.

Es soll hier nicht weiter ausgeführt werden, welche Rolle dann der Einrichtung, insbesondere den Bänken zukam. Als die Bestuhlung der Kirchen bis in den Volksraum hinein fixiert wurde, kamen Einrichtungsordnungen zustande, die für uns heute der Art einer Disposition der Schulklasse für den Frontalunterricht entsprechen. Nur dort, wo aus der Reformationszeit und vom Barock her die Orientierung um die Kanzel, als ein Umstehen des Predigers im Halbkreis, in der Bankstellung nachgebildet wurde, entstanden Bankordnungen, die halbwegs zentriert sind im Sinne der heute bevorzugten Umfassung von drei Seiten. Ein "offener Ring"[21] dieser Art entsteht konträr oder komplementär zur Längsrichtung der Raumorganisation baulicher Art. In diesem Sinne rechnete schon Otto Bartning mit der konzeptionellen Möglichkeit einer "Raumspannung" zwischen baulicher Organisation und liturgischer Einrichtung. Solche Perspektiven erschließen die Vielschichtigkeit der maßgeblichen Codes, eröffnen damit aber zugleich einen Freiraum für Möglichkeiten der Disposition, die auch in vorgegebenen Ausrichtungen neu gewonnen werden können. So hatte in den zwanziger Jahren Rudolf Schwarz zusammen mit Romano Guardini auf Burg Rothenfels zumindest im Rittersaal eine Vielfalt möglicher Ordnungen im vorgegebenen breiten Rechteckraum durchexerziert.[22] Er hat damit angedeutet, wie Anordnungen im Raum mit dem Verständnis der Situation zusammen symbolisch gelesen werden können, um einem neuen liturgischen Verständnis Wege gestalthafter Darstellung zu eröffnen.

6. Das Problem des Raums in der Architekturbewertung

Nachträglich ist hier deutlich zu machen, warum als Beispiel der Semiose Umstellungen und Umwertungen im Raum bzw. im Aufbaugefüge des Raumzusammenhangs genannt werden.

---

21 Rudolf Schwarz, *Vom Bau der Kirche*, Heidelberg 1947.

22 Walter Zahner, *Rudolf Schwarz*, a.a.O. (Anm. 13).

Die Kunstgeschichte hat dem Raumproblem in der Architektur in diesem Jahrhundert besondere Aufmerksamkeit gewidmet. August Schamarsow betonte seit 1893 das Räumliche in der Architektur. Die räumliche Bewegung des Betrachters wird für das Architekturerlebnis wesentlich. Der Dynamisierung auf physiologischer Ebene folgt eine noch folgenschwerere auf intentionaler Ebene: Es gibt auch nicht einfach *die* Raumvorstellung. Für die Folgezeit wird wichtig, daß Schamarsow die Baugeschichte eine Geschichte "sich wandelnder Raumvorstellungen" nennt.

Damit ist bei ihm der Übergang vollzogen von der physiologischen Bestimmung des Raumverhältnisses zu einer Raumbeziehung, die über kulturelle Bildung und Entwicklung der menschlichen Vorstellung variabel bleibt in Abhängigkeit von soziokulturellen Symbolisierungen. Erst die Folgezeit hat diesen Ansatz von Schamarsow voll ausschöpfen können.

Der Raum als das Zeichensystem, von dem wir sprechen, ist nicht einfach gegeben, wenn etwas gebaut ist. Es ist notwendig, in der Diskussion über den Raum auseinanderzuhalten, ob über Raum als Gegebenheit (der ausgedehnte Abstand), als Darstellungsmittel oder zuletzt als dargestelltem Bedeutungsinhalt die Rede ist. Kunst versteht sich gerade als Transformation zwischen diesen Dimensionen.

> "Ein Werk kann Raum besitzen und Raum darstellen. Ein Bauwerk kann auf verschiedene Weise Raum überbrücken. Das ist jedoch keine Frage der Kubatur, sondern die Art und Weise, wie dieser Raum als Inhalt sichtbar gemacht wird. Dieser kann sogar negiert werden, wie im griechischen Tempel, wo das plastische Gebilde wesentlich ist."[23]

Umberto Eco rechnet auch mit einem architektonisch noch nicht artikulierten Raumbegriff. Mit dem Begriff Raum kann gemeint sein ein System vor-architektonischer räumlicher Konfiguration. Eco bemerkt, "daß der Raum (oder besser die räumlichen Bezüge, die Abstände als bereits formalisierte Elemente der unbegrenzten Substanz "Raum") ein vorarchitektonisches Material ist, das, wie uns die Proxemik lehrt, bereits mit seinen Signifkanten versehen ist."[24] Schafft man eine Distanz z.B. unter der Rücksicht der Bewegungsfreiheit, dann ist das ihre physische Funktion. Sie verbindet sich z.B. mit einem sozio-anthropologischen Wert wie Distanzierung oder Offenheit. Das alles wäre auch realisierbar ohne Architektur, rein durch die Stellung von Personen.

Einen solchen Ansatz beim vorarchitektonischen Raumwert, bei den "äußeren Codes"[25], auf die die Architektur über ihre eigenen Codes hinaus um der Kommunikation bzw. des Lebensbezuges willen immer angewiesen bleibt,

---

[23] Hermann Bauer, *Kunsthistorik*, München 1976, 53f.

[24] Umberto Eco, "Komponentenanalyse des Zeichens", in: *Werk* (1971) Nr. 10, 682.

[25] Umberto Eco, *Einführung in die Semiotik*, a.a.O. (Anm. 6), 338.

erläutert Eco so[26]: In der Räumlichkeit einer entsprechend großen Tischplatte oder einer unbestuhlten umschrankten Fläche ist Raum zunächst als morphologisches Merkmal gegeben, das noch nicht Signifikat ist. Eine solche Einrichtung ist als Gegenstand zu betrachten, als Stimulus, der die physische Absetzung als Träger des Wertes Distanz kommunizieren kann. Neben diesem Merkmal hat der Tisch noch andere wie etwa die vier Füße. Bei diesen geht es nicht um die Räumlichkeit, sondern um das Aufbaugefüge.

Edward T. Hall geht einen Schritt weiter, wenn er die unbestuhlte Fläche (im Zusammenhang einer weitgehend verstellten Umwelt) in Opposition zu den meist schon vorfixierten Räumen als einen "halbfixierten" Raum wertet.[27] In dieser Richtung setzt die Semantik der Freiräume mit ihren Handlungsmöglichkeiten an: "Freiräume - Räume der Freiheit."[28]

Anders als in dem oben genannten Ansatz von Eco, der die architektonische Relevanz im baulichen Aufbaugefüge erwähnt (im Vergleich mit den Füßen, welche die Tischplatte tragen), den Raumwert aber zunächst außerarchitektonisch begründet darstellt, entwickeln wir einen innerarchitektonisch codierten Ansatz, wenn wir von Raum als der in einem Gefüge artikulierten Zeichenbildung sprechen. Gliedernde Einheiten sind Raumteile, Zentren, Ränder, Bereiche, und zwischen ihnen die Schaltstellen und Schwellenbereiche. Diese sind insofern regelnd im Spiel, als sie bald zum einen, bald zum anderen Raumteil hinzugenommen werden, was veränderte Beziehungen anzeigt - fallweise auch eine Unentschiedenheit oder eine Überlagerung oder einfach temporäre Varianz.

Übergänge von einem Raum in einen anderen können zum Ausgangspunkt für Bewertungen innerhalb vernetzter Räume werden. Bei jedem der Übergänge stellt sich die Frage nach Differenz, Ähnlichkeit oder Andersartigkeit (im Gesamtsystem nach Spannung oder Entropie). Die Werte entstehen korrelativ. Ein Raumteil wirkt hell, wenn der "vorhergehende" dunkel ist, oder hoch, wenn der Vorraum niedrig ist. Ein Wechsel der Übergangsrichtung ergibt Unterschiede in der Bewertung. Ein Maß an Eigentätigkeit im Zustandekommen von Raumerfahrung ist so erlernbar.

7. Semiotisches Handeln in den Gemeinden

Ein bestimmter Zusammenhang der gliedernden Einheiten, der einen Raum repräsentiert und als Kirche interpretierbar ist, entsteht nicht nur dadurch, daß

---

[26] Umberto Eco, "Komponentenanalyse des Zeichens", a.a.O. (Anm. 24).

[27] Edward T. Hall, a.a.O. (Anm. 6), 113.

[28] Titel des Katalogs von Herbert Muck und Ulrich Weisner, Bielefeld 1973, zur gleichnamigen Wanderausstellung.

in einer Raumfolge "Wegführung" angelegt ist, sondern auch durch eine dem Besucher überlassene Begehung nach verschiedenen Richtungen. Die folgenden beiden Abbildungen demonstrieren die divergenten Ergebnisse der Auseinandersetzung zwischen den Codes längsaxialer Ausrichtung im Gefüge der inneren Zentralisierung in der ringförmigen Versammlung.

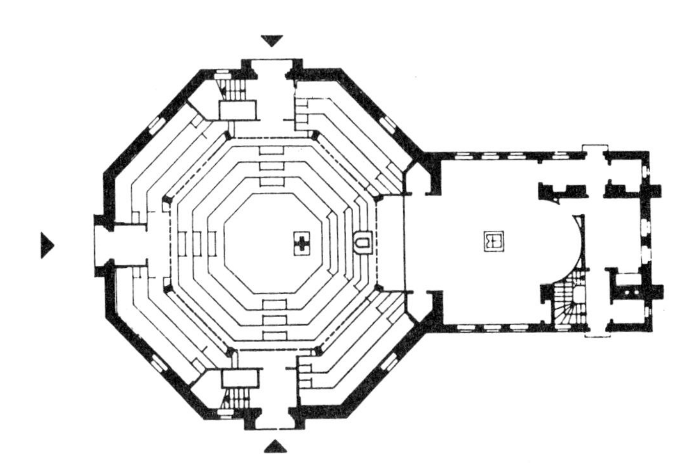

a) Grundriß der evangelischen Kirche in München Planegg von Theodor Fischer.

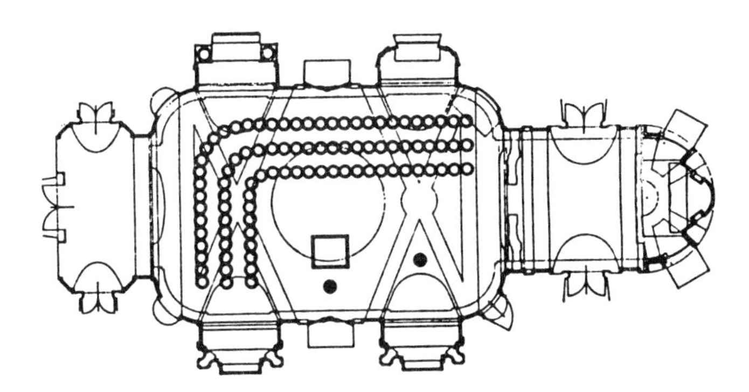

b) Zweiseitige Umfassung mit Längs- und Querorientierung zugleich; aus den Dispositionsvarianten von Ottokar Uhl für die barocke Seminarkapelle in Wien, Boltzmanngasse.

Raumzusammenhang ist nicht sosehr ein physisches System, nicht nur ein konstruktiver, er ist ein mental gebildeter oder ein durch Erfahrung, Erwartungshaltung, Vollzug bedingtes Zeichensystem, das schon als Syntagma unter jeweils anderen Codierungen im vorgegebenen Repertoire in der Rezeption je anders gebildet werden kann - eingedenk der These, daß nicht nur Eingabe, sondern auch Abnahme Handeln ist (Rezeption als eine zweite Produktion, wie Roland Barthes zu sagen pflegte). Die unterschiedlich durchgeführten Begehungen einer jeweiligen Kirche im Rahmen des "Brensbach-Modells" waren eine Umsetzung dieser Einsicht in die Eigenaktivität von Tagungsteilnehmern und Gemeinden.[29]

Unter den Raumspielmodellen[30] sollte vor allem das Drei-Raum-Spiel die Struktur aus Stellenwertvarianten in der Raumfolge im Vollzug durch Teilnehmer zur Darstellung bringen. Dabei entsteht, dem Megaron vergleichbar, eine Abfolge von Raumübergängen, die zum Beispiel gelesen wird als Vorraum-Hauptraum-Nebenraum (bzw. Abstellraum). Oder sie wird gelesen wie in den Hausbasiliken Nordafrikas (von denen offensichtlich der Name der christlichen Basilika abgeleitet ist), als der kostbare Raum, die "gute Stube", mit zugeordneter Memorialnische und zugeordnetem Randraum.[31] Aus der Entwicklung der abendländischen Basilika ergibt sich die Abfolge von Vorraum, Versammlungsraum, Zielraum (Presbyterium). Schon in dieser Abfolge verbirgt sich mit dem noch erhaltenen Begriff "Chorraum", daß hier ein von Gesang, Bewegung und Entfaltung bestimmter Raum für eine besondere Gruppe (Kleriker, Mönche) war, durch einen Lettner bis ins 18. Jh. abgeschieden von dem "Schiff", in dem rund um den Kreuzaltar andere Verhaltensweisen galten, die nicht so geregelt und auf eine bestimmte Gruppe zugeschnitten waren ("Kirchenfamilie" mehrerer Kirchen unter einem Dach).[32]

Die Struktur des Dreiraumgefüges finden wir wieder in vielen Bereichen, z.B. als Empfangsraum, Wartezimmer, Chefzimmer oder in anderer Reihung als Wartezimmer, Raum der Sekräterin, Chefzimmer.

In der Abfolge von "Narthex", Schiff, Apsis, ist unter dem Wort für die Vorhalle (abgeleitet vom Namen für den Rohrstab des Aufsehers[33]) noch eine Funktion überliefert, die unter dem Code der Disziplinierung zustandekam.

Eine Umwertung in eine gegensätzliche Bedeutung erfährt der Vorraum, wenn bei Kirchenplanungen jetzt besonderer Wert gelegt wird auf ausgedehnte Foyers, weil ein solcher Vorraum eher als "Freiraum" erfahren wird und genutzt werden kann, weil hier keine Festlegungen, kultische Erwartungen und geregelte Dispositionen maßgeblich sind wie im eigentlichen Kirchenraum. Da ist ein Raum, in dem man endlich etwas machen kann, in dem Gottesdienst in veränderter Gestalt geprobt werden kann.

---

[29] *Alte Kirchen-Räume der Zukunft*, hg. v. Waldemar Wucher, a.a.O. (Anm. 1), 63, 23.

[30] Helmut Hempel, *Die Raumspielmodelle von Herbert Muck als semiotische Aktionsexperimente*. Katalog der Akademie der bildenden Künste, Wien 1979.

[31] Herbert Muck, *Gegenwartsbilder*, a.a.O (Anm. 3), 125.

[32] Edgar Lehmann, *Die karolingischen Kirchenfamilien*, o.O., 1952.

[33] Friedrich Piel, "Bemerkungen zur Bedeutung des Narthex", in: *Zeit und Stunde*. Festschrift für Aloys Goergen, hg. v. Kern / Piel / Wichmann, München 1985, 195ff.

Es zeigt sich, daß Individuen und engagierte Gemeinschaften es vermochten und auch anstrebten, einer früheren Auffassung gegenüber abweichende Beziehungen in Zeichensystemen zu erfassen und darzustellen. Wir haben beim historischen Kirchenbau und bei der gegenwärtigen Bewertung von Raum nicht mit einem gleichbleibenden starren Zeichensystem zu tun, sondern mit Übergängen zwischen unterschiedlichen Systemen, mit Veränderungen also, die wir in Zeichenprozessen vollziehen.

Nachweis der Abbildungen

S. 238, Abb. a) Naumburger Dom
aus: Weyres W., Bartning O., Kirchen, Handbuch für den Kirchenbau, Callwey Verlag, München 1959, Abb. 37, S. 50

S. 239, Abb. b) Idealprojekte Desiderius Lenz
aus: Schwarz R., Vom Bau der Kirche, 2. Aufl. Lambert Schneider Verlag, Heidelberg 1947, S. 100

S. 243, Abb. a) Kirche München Planegg, Arch. Theodor Fischer
aus: Gieselmann R., Aebli W., Kirchenbau, Girsberger Verlag, Zürich 1960 S. 82

S. 243, Abb. b) Seminarkapelle Wien, Boltzmanngasse, Arch. Ottokar Uhl
aus: Initiativen Nr. 1 – 1970, Informationen aus dem Wiener Priesterseminar, S. 13; Repro-Recht ist von Arch. O. Uhl gegeben (H. Muck).

Joachim Scharfenberg

"Gib mir ein Symbol"
Identitätsfindung durch religiöse Symbole

1. Wie Symbole wirken 2. Zur Abgrenzungsproblematik des Symbolverstehens 3. Die Anwendung der Symboldidaktik

Mein Beitrag will auf dem Hintergrund der Debatten um "Zeichen" und "Symbole" zu einer kritischen Auseinandersetzung mit der neuentstehenden Symboldidaktik anregen. Ich möchte der "Symbolsuppe" ein wenig psychoanalytisches Salz hinzufügen, in der Hoffnung, sie vielleicht dadurch etwas wohlschmeckender, dauerhafter und herzhafter zu machen. Da es noch gar nicht lange her ist, daß man dem Religionsunterricht auch so etwas wie eine therapeutische Wirkung zutraute, kann man ja auch die Frage stellen, ob nicht im Umgang mit Symbolen auch eine krankmachende und neurotisierende Nebenwirkung verborgen sein könnte. Dieser Frage versuche ich mit Eriksons Identitätsbegriff nachzugehen und formuliere einige Abgrenzungskriterien für einen "gesunden" religiösen Symbolgebrauch. Abschließend versuche ich einen Ausblick auf ein sehr kompaktes Stück christlichen Symbolgebrauchs, das ursprünglich entworfen wurde, um Taufbewerbern so etwas wie eine christliche Identität zu vermitteln.

1. Wie Symbole wirken

Pastoralpsychologen sind bekannt dafür, daß sie lieber Geschichten erzählen, als zu argumentieren, und so will ich auch diesen Beitrag mit einer "Fallgeschichte" einleiten, in der ich allerdings selbst der Fall bin:

Vor wenigen Monaten hatte ich einen Vortrag über die Wirkungsweise von Symbolen zu halten. In der Nacht davor hatte ich einen Traum, in dem ich als Hitler-Junge im Nazi-Deutschland die Fahne trug. Mit heftigen Schamgefühlen reagierte ich nach dem Aufwachen auf die Wiederbelebung der Gefühle, die ich dabei verspürt hatte. Tatsächlich fiel mir wieder ein, daß ich als 12jähriger Junge wegen meiner Körpergröße dazu bestimmt worden war, eine Zeitlang die Fahne zu tragen. Ich hatte sowohl dieses Ereignis als auch die Empfindungen, die ich hatte, nach dem Zusammenbruch völlig vergessen. Statt dessen hatte ich mir ein psychoneurotisches Symptom zugelegt: Ich verspürte nämlich immer einen deutlichen Brechreiz, wenn ich eine Fahne sah, und hatte sogar in den USA, wo in jeder Kirche eine Fahne stand, zweimal erbrochen. Dieses Symptom verschwand erst, als ich vor fünf Jahren in Polen einen Gottesdienst miterlebte, in dem der Altar von zwei jungen Mädchen flankiert wurde, die Fahnen von "Solidarnozc" hielten. Der biographische Zusammenhang dieses Geschehens wurde mir aber erst mit meinem Traum deutlich.

So wirken Symbole, deren dämonisierter Gebrauch zwar aus dem Bewußtsein verdrängt und durch ein Erinnerungssymbol ersetzt werden kann, das sogar so etwas wie einen "Exorzismus" zuläßt, aber erst bewußt zu werden vermag, wenn man sich den dazugehörigen Gefühlen tatsächlich stellt. Es dürfte deutlich geworden sein, daß eine solche Fallgeschichte sich nicht allein in den Bereich der individuellen Psychopathologie abschieben läßt. Abgesehen davon, daß sie schlaglichtartig den doch wohl sehr typischen Umgang von uns Deutschen mit unserer politischen Vergangenheit beleuchtete, scheint sie mir auch eine Dimension zu haben, die bis in den Bereich des neu erwachten Interesses für Symboldidaktik hineinreicht, weil sie deutlich macht, daß auch im Umgang mit Religion und in der Einführung in ihre Symbole und Rituale unbewußte Faktoren eine große Rolle spielen.

Den Psychoanalytiker Friedrich Hacker haben möglicherweise ähnliche Beobachtungen dazu veranlaßt, für die fünfziger Jahre vor allem in Europa eine "Symbolarmut" zu konstatieren, die gleichsam ungestört eine fast hektische Zuwendung zu einer technischen Zweck-Rationalität ermöglichte und die europäische Wiederaufbauleistung - wenn es denn eine wirkliche Leistung war - zu tragen schien.[1] Auf der anderen Seite fand er jedoch auch einen enormen "Symbolhunger", der auf dem Gefühl beruht, daß diese technisch-rationale Welt eine kalte Welt ist, die menschliche Grundbedürfnisse auf Dauer nicht zu befriedigen vermag. Erst in der Gegenwart mit ihrer äußersten Gefährdung sowohl der menschlichen Umwelt wie der menschlichen Innenwelt scheint diese Einsicht eine gewisse Allgemeingültigkeit gewonnen zu haben. So erleben wir denn in einer geradezu eruptiven Weise das Anwachsen von Möglichkeiten zur symbolischen Kommunikation. Die Menschen der Gegenwart scheinen kaum noch so etwas wie einen Realitätskontakt zu erleben, sondern leben in der durch und durch künstlichen Symbolwelt der Massenmedien.

Um so wichtiger erscheint es, daß Vertreter der Kirche, die ja einmal das unstrittige Monopol auf symbolische Kommunikation gehabt hat, sich mit dieser neue erwachsenen Konkurrenz auseinanderzusetzen beginnen und Kriterien erarbeiten, die eine Unterscheidung zwischen heilsamer symbolischer Kommunikation und solcher, die krank macht, erlaubt.[2] Dies erscheint um so

---

[1] Vgl. Friedrich Hacker, "Symbole und Psychoanalyse", in: *Psyche* 12 (1958), 641-671.

[2] Es ist W. Neidhart zu danken, daß er bereits vor Jahren auf den Versuch aufmerksam gemacht hat, die Ausdrucksweise eines bewußten Christen, nämlich des Zeichners der Peanuts, Ch. M. Schulz, als eine symbolische Verschlüsselung christlicher Wahrheit im

dringlicher, als wir so etwas wie eine "Verstehenskrise" mitzuerleben scheinen: Menschen verstehen die ungeheure Komplexität der Lebenszusammenhänge nicht mehr, sie verstehen ihre Mitmenschen und sich selbst nicht mehr, und der zum Programm erhobenen theologischen Verstehenshilfe, die einen Zirkel des wechselseitigen Verstehens der großen Dokumente des christlichen Glaubens und des Selbstverständnisses des modernen Menschen intendierte, ist jedenfalls eine Breitenwirkung versagt geblieben. Es scheint mir dies vor allem darauf zurückzuführen zu sein, daß wir für das Verstehen von Texten eine andere Hermeneutik für notwendig erachten als für das Verstehen von Menschen. Zwar kommt es auch gegenüber dem traditionellen Symbolangebot der Überlieferung immer wieder zu spontanen und emotional hochbesetzten Verstehenserfahrungen[3], aber eine Religionspädagogik, die einen reflektierten und verantworteten Umgang mit Symbolen intendiert, muß dem auch in ihrer Theoriebildung Rechnung tragen. Zwei symbolische Kommunikationsprozesse laufen im kirchlichen Alltag ständig ab: Daß nämlich einerseits Menschen mit ihren Seelsorgern und Lehrern mittels ihrer privatisierten Symbole kommunizieren, die sie oft selbst nicht verstehen, und andererseits wir das Symbolangebot der Überlieferung oft auch nur in tiefer Unbewußtheit einzusetzen vermögen. Es scheint mir zur unabdingbaren Voraussetzung einer wissenschaftlich verantworteten Symboldidaktik zu gehören, daß beide Kommunikationsprozesse mit dem nämlichen hermeneutischen Schlüssel verstanden werden. Das heißt aber, wissenschaftliche und vorwissenschaftliche Einsichten noch viel stärker miteinander in Verbindung zu bringen, als wir das bisher gewohnt sind. Ich wende mich zunächst nach der einen Seite, dem psychoanalytischen Beitrag zum Symbolverständnis.

2. Zur Abgrenzungsproblematik des Symbolverstehens

Die Psychoanalyse stieß zunächst über eine für unsere Überlegungen eher abseits liegende Beobachtung auf das Symbol: Patienten, die aufgrund einer moralistischen Erziehung dazu gezwungen waren, jegliche sexuelle Regungen aus ihrem Bewußtsein zu verdrängen, fanden für sexuelle Themen symbolische Ersatzausdrücke, die sehr häufig zur Bildung eines psychoneurotischen Symptoms führten. Wenn die Psychoanalyse sich die Aufhebung von Verdrängungen zum Ziel setzte, mußte sie einen durch und durch symbolkritischen Ansatz

---

Bereich der Massenmedien zu interpretieren. (Vgl. R. L. Short, *Ein kleines Volk Gottes: Die Peanuts*, Basel 1967.) Seither pflege ich regelmäßig in meinem Vorlesungsangebot eine "Theologie der Peanuts" einzuschließen!

3 Ein Beispiel habe ich dafür gegeben in: Joachim Scharfenberg, *Einführung in die Pastoralpsyhologie*, Göttingen 1985, 61.

verfolgen. Doch bereits als die Symbolbildung durch das Symptom mit der des Traumes verglichen wurde, zeigte sich die Unhaltbarkeit einer Konzeption, die die Abwesenheit von Symbolen mit der Vorstellung von seelischer Gesundheit zu verbinden suchte. In einer komplizierten und nur langsam sich durchsetzenden Entwicklungsgeschichte[4] wurde deshalb der anfängliche Satz "Nur was verdrängt ist, bedarf der symbolischen Darstellung"[5] in sein genaues Gegenteil verkehrt. "Gerade der Verzicht auf den Umgang mit Symbolen schafft die Verdrängung."[6] Es ist also die Art des Umgangs mit Symbolen, an der sich das Ausmaß von Pathologie oder Gesundheit bemißt, die sowohl bei individuellen wie auch bei kollektiven Symbolbildungsprozessen zu beobachten sind.

Alfred Lorenzer ist es zu verdanken, daß diese Einsicht auch ihren terminologischen Niederschlag fand mit der prinzipiellen Unterscheidung zwischen Symbol einerseits und Klischee und Zeichen andererseits.[7] Es lassen sich nun auf fünf verschiedenen Ebenen Abgrenzungskriterien formulieren, die ich jeweils kurz an meiner eingangs geschilderten Fallgeschichte für den individuellen Symbolgebrauch, sowie an einer liturgischen Handlung von größter Allgemeinheit, nämlich dem Spenden des Segens am Schluß des Gottesdienstes, für den kollektiven Symbolgebrauch erläutern will.

a) Die Ebene der Bedeutung

Ein echtes Symbol ist immer mehrdeutig. Es kann für verschiedene Menschen und Menschengruppen etwas verschiedenes bedeuten, ohne daß diese verschiedenen Bedeutungen völlig beliebig zu werden vermöchten. Jedes Symbol eröffnet ein Symbolfeld, dessen Abgrenzung nicht ganz leicht, aber doch möglich ist. Das Symbol *Fahne* konnte im Nazi-Deutschland als die Unterordnung der religiösen Funktion unter die politische gedeutet werden ("Die Fahne führt uns in die Ewigkeit, ja die Fahne ist mehr als der Tod"), während ihre Aufstellung in amerikanischen Kirchen die religiöse Fundierung der Gesellschaftsordnung symbolisiert ("In God we trust"). Auch der aaronitische Segen am Schluß des Gottesdienstes vermag von den einen mehr als ein Sinnbild von großer Geborgenheit empfunden werden, nämlich dem Gott des aufgedeckten Angesichts zu

---

4 Sie wird ausführlich dargestellt in: Joachim Scharfenberg / Horst Kämpfer, *Mit Symbolen leben*, Olten 1980, 46ff.

5 Ernst Jones, "Die Theorie des Symbols" (1919), Neudruck in: *Psyche* 24 (1970), 592.

6 Joachim Scharfenberg, *Einführung in die Pastoralpsychologie*, a.a.O. (Anm. 3), 67.

7 Vgl. Alfred Lorenzer, *Symbol, Sprachverwirrung und Verstehen*, in: Psyche 24 (1970), 906ff. Einer Anregung Rainer Volps folgend möchte ich vorschlagen, Lorenzers Zeichenbegriff dahin zu präzisieren, daß ich künftig vom "denotativen Zeichen" sprechen werde, um einer Verwechslung sowohl mit dem Zeichenbegriff der theologischen Tradition (z.B. signum bei Augustin!) wie auch mit dem "Zeichen" innerhalb der Semiotik (z.B. bei Umberto Eco) vorzubeugen.

begegnen, für andere tritt mehr der Charakter der Motivation zum Handeln und zur Verantwortung unter dem als unentrinnbar empfundenen Auge Gottes in den Vordergrund.

Im Gegensatz dazu ist das denotative Zeichen immer eindeutig, über seinen Sinn kann es z.B. bei der Verkehrsampel keinerlei Meinungsverschiedenheiten und Diskussionen mehr geben. Auch das Symbol *Segen* kann zum denotativen Zeichen denaturieren, wenn es nichts mehr "spendet" oder sagt, sondern nur noch als ein Signal dafür angesehen wird, daß der Gottesdienst nun zu Ende ist.

Die Bedeutung des zum Klischee verfestigten Symbols hat keine öffentliche kommunizierbare Bedeutung mehr, über die von einzelnen oder von Gruppen eine einsichtige Begründung zu erhalten wäre. Der Sinn des Klischees ist aus der Alltagssprache exkommuniziert, er wurde privatisiert. Warum der Anblick der Fahne Brechreiz auslöst, konnte von mir nicht mehr begründet werden, ebensowenig wie das heftige Bekreuzigen beim Erhalt von schlechten Nachrichten bei katholisch sozialisierten Personen im allgemein begründet werden kann.

b) Die Ebene des Verweisungszusammenhanges

Das Symbol steht in einem Verweisungszusammenhang. Es deutet auf etwas hin, was es selbst nicht ist und dient somit zum Transport von Vorstellungen, die Sinn ergeben. Dies ist beim denotativen Zeichen nicht der Fall, es bedeutet nichts anderes, als was es darstellt. Das Klischee hingegen hat zwar diesen Verweisungszusammenhang, er ist jedoch demjenigen, der daran partizipiert, nicht mehr zugänglich. Statt dessen ist es an einen szenischen Auslöserreiz gebunden, der so etwas wie einen bedingten Reflex auslöst, wie mein Brechreiz oder das zwanghafte Sich-Bekreuzigen.

c) Die Ebene der Bewußtheit

Das Symbol ist teilweise bewußt, seine Lebendigkeit hängt davon ab, ob es immer wieder neue, bisher unbewußte Deutungsmöglichkeiten aus sich heraus entläßt. Das läßt sich an der Geschichte des Tauf- oder Abendmahlsverständnisses sehr schön belegen. Das denotative Zeichen dagegen ist total bewußt, während das Klischee total unbewußt ist.

d) Die Ebene der Wirkung

Das Symbol gibt zu denken (Paul Ricoeur). Es reizt dazu, über seine tiefere Bedeutung nachzudenken und darüber mit anderen einen Verständigungsprozeß herbeizuführen. Deshalb gibt es eine so reiche und differenzierte Theologie und Dogmengeschichte. Eine solche Wirkung stellt sich beim denotativen

Zeichen nicht ein, und das Klischee gibt lediglich zu handeln und erzwingt in einem ungeschichtlichen Wiederholungszwang ständig das Gleiche.

e) Die Ebene der Gefühle

Das Symbol ist emotional besetzbar, es vermag starke Gefühle an sich zu binden, während das beim denotativen Zeichen nicht der Fall ist - es ist gefühlsneutral. Beim Klischee hingegen scheint eine sehr starre emotionale Vorprägung zu bestehen: Die Lösung von ihm oder seine Unterlassung löst nur einen einzigen Affekt, wenngleich von großer Stärke aus, nämlich den der Angst.

Man kann diese Beschreibung auch noch einmal in einer Tabelle zusammenfassen und sich so mit einem Blick vergegenwärtigen, worin der Beitrag der wissenschaftlichen Erkenntnis zum Symbolverständnis bestehen könnte:

Ebene von	Symbol ist	denotatives Zeichen ist	Klischee ist
Bedeutung	mehrdeutig	eindeutig	privatisiert
Verweisungs-zusammenhang	lebendig innerhalb eines solchen	ohne einen solchen	statt dessen mit einem szenischen Auslösereiz versehen
Bewußtheit	teilweise bewußt	total bewußt	total unbewußt
Wirkung	so, daß es zu denken gibt	auf einen einzigen Sinn festgelegt	so, daß es zu handeln gibt
Gefühlen	emotional besetzbar	emotional neutral	emotional auf Angst bei Abwendung oder Unterlassung programmiert

3. Die Anwendung von Symboldidaktik

Zur Anwendung dessen, was ich bisher darzustellen versuchte, muß ich noch einmal auf den Zusammenhang zwischen wissenschaftlicher und vorwissenschaftlicher Erkenntnis zu sprechen kommen: Echte Symbole, die nicht im Sinn von denotativen Zeichen oder Klischees verwendet werden, hatten in vorwissenschaftlicher Zeit eine didaktische Funktion, nämlich so etwas wie christliche Identität herbeizuführen und zu stabilisieren. Das zeigt sich noch immer daran, daß man Bekenntnisse, die bei der Taufe abgelegt wurden, schon sehr früh "Symbole" nannte. Am stärksten zeigt es sich jedoch daran, daß man für werdende Christen, also die Katechumenen, ein "offenes Kunstwerk" schuf, das den Lebensweg Jesu im wahrsten Sinne des Wortes "begehbar" machte, indem man seine wichtigsten Stationen dem Lauf eines Jahres zuordnete. Diese "vita Jesu" hatte ursprünglich den Sinn, unser Leben dem seinen anzuverwandeln und so zu einer Neubegründung von Identität in der Taufe erkenntnismäßig und emotional beizutragen. Was mich dazu veranlaßt, gerade das Kirchenjahr als ein Symbolkompendium zum Gewinn von christlicher Identität heranzuziehen, ist die Beobachtung, daß diesem vorwissenschaftlichen Unternehmen in einer genauen Strukturparallele ein wissenschaftlicher Versuch entspricht, in einer Art "Musterlebenslauf" den Weg zur Identität nachzuzeichnen, freilich ohne irgendwelchen Bezug auf das Leben Jesu, allerdings mit starken Anklängen an religiöse Probleme. Ich meine natürlich Erik H. Eriksons berühmte Phase der Reifung im Laufe des menschlichen Lebens.[8]

Es erscheint mir außerordentlich lohnend, der Frage nachzugehen, ob die Strukturparallele, die zwischen dem Kirchenjahr einerseits und dem "Musterlebenslauf" Eriksons besteht, möglicherweise auf die Erkenntnis zurückzuführen ist, daß unsere wissenschaftlichen Einsichten häufig nur wie ein schwacher Abglanz der vorwissenschaftlichen Weisheit erscheinen, die über Jahrhunderte hinweg tradiert wurde. Jedenfalls könnte ich mir vorstellen, daß es für die religionspädagogische Theoriebildung, die sich auf die Aufgabe einer Symboldidaktik einläßt, reizvoll und ergiebig sein könnte, das Kirchenjahr einmal durch die Brille der Eriksonschen 8-Phasen-Theorie zu betrachten. Ich kann das im einzelnen hier nicht mehr tun und muß mich auf einige Andeutungen beschränken, die leicht weiterphantasiert und überprüft werden können.

1. Wenn Erikson an die Anfänge des menschlichen Lebens, einschließlich der vorgeburtlichen Zeit, die Dialektik von Urvertrauen und Mißtrauen stellt, dann könnten die Symbole der christlichen "Vorbereitungszeit", der Adventszeit, als Symbolgestalten verstanden werden, mit deren Hilfe die

---

[8] Vgl. Erik H. Erikson, *Identität und Lebenszyklus*, Frankfurt/M. 1971.

wartenden Eltern sich auf das Geschlecht des kommenden Kindes einstellen. Die Gestalt der Maria mit ihrem Magnifikat findet heute vermehrte Aufmerksamkeit als das Urbild echter Weiblichkeit, während Johannes der Täufer neu unter dem Aspekt von Männlichkeit entdeckt wird.[9]

2. Der lukanisch geprägte Weihnachtsfestkreis mit seiner Unbewußtheit von Märchen und Legende gewinnt eine neue Dimension auf der Folie der Ambivalenz von Autonomie einerseits, Scham und Zweifel andererseits.
3. Die johannneisch geprägte Epiphaniaszeit mit ihrem "Entscheidungsdualismus" zwischen Licht und Finsternis könnte einer Entwicklungsstufe entsprechen, in der der Unterschied von gut und böse entdeckt wird und Initiative in Spannung zum Schuldgefühl tritt.
4. Die Dominanz des Gesetzes in der Vorfastenzeit könnte auf symbolische Weise das strukturieren, was als Leistung gegen Minderwertigkeitsgefühl bei Erikson auftaucht.
5. Christliche Identität verbindet sich unauslöschlich mit dem Symbol des Kreuzes.
6. In der Auferstehung kommt es zur Lebensmöglichkeit einer neuen Geburt, die aus Isolation erlöst und Intimität ermöglicht.
7. Zeugende Fähigkeit gegen Stagnation ist das große Thema der Pfingstzeit, die im Katholizismus stärker ekklesiologisch, im Protestantismus stärker theologisch (Trinitatis) bezogen ist.
8. So gibt denn auch Pfingsten bzw. Trinitatis das Zählungsprinzip für die "festlose Hälfte" des Kirchenjahres an, deren symbolische Themen sich wie ein einziges Kompendium der Lebensweisheit lesen und möglicherweise einmal daraufhin abgehorcht werden müßten, ob sich aus ihnen ein Gliederungsprinzip für eine bisher so stark fehlende Entwicklunspsychologie des Erwachsenenalters erheben lassen könnte.

Ich breche hier ab, möchte aber abschließend bemerken, daß zumindestens eins für eine kommende Symboldidaktik unerläßlich erscheint, einmal zu überprüfen, ob die großen Themen, die im Laufe eines Kirchenjahres zur Sprache kommen[10], in der religionspädagogischen Besinnung stärker unter dem Aspekt des denotativen Zeichens, des Klischees oder im Sinne eines lebenschaffenden Symbols behandelt werden!

---

[9] Vgl. Richard Rohr, *Der wilde Mann*, München 1986, 37ff.

[10] Ein wenig breiter ausgeführt sind diese Zusammenhänge in: Joachim Scharfenberg, *Einführung in die Pastoralpsychologie*, a.a.O. (Anm. 3), 80ff.

Dirk Röller

Wie offen wird die Botschaft sein?
Zum Bildungsdilemma der Kirchen

1. Die Emmausjünger und die "Bildung"

In seiner kommentierten Übersetzung des Neuen Testaments schreibt Ulrich Wilckens von den Emmausjüngern:

> "Diese wissen nur von seinem Leidensgeschick, das zugleich die Katastrophe des Heilsglaubens ist, den sie auf Jesus als den Messias gesetzt haben. Von sich aus verstehen sie nicht den göttlichen Sinn des Leidens, obwohl die Bibel ihnen davon kündet. Ebenso erkennen sie ihn selbst nicht, obwohl er mit ihnen wandert. So öffnet er ihre verschlossenen Augen, sowohl zum Verständnis der Christusweissagung des Alten Testaments als auch zur Erkenntnis seiner Person."[1]

In dieser Deutung kommt das Bildungsdilemma der Kirchen von Text zu Text zum Ausdruck: Einerseits werden Lehren und Buchwissen als bekannt vorausgesetzt. Andererseits ist Erkenntnis im Buchwissen und in der Lehre als Möglichkeit angelegt; Wirklichkeit wird sie durch die Anregung eines von außen kommenden Kontingenten, Unverfügbaren. Die Erfahrung dieser Wirklichkeit wird erneut zum Text und Buchwissen.

Wie kontingent kann die Botschaft sein, die codifiziert ist, permanent gelesen oder auf anderen Kanälen rezipiert wird und angesichts deren Fülle lange "die Augen gehalten" werden - bis Kontingenz potentielle Erkenntnis zur Wirklichkeit werden läßt? Folgt man Wilckens, wird das Dilemma signifikant durch die Struktur der Geschichte und ihre Entstehung. Zwei Ansätze sind miteinander verwoben: a) In die Erzählung von der Erkenntnis als Wiedererkenntnis[2] ist die spätere vom langen Weggespräch eingefügt worden: die Rezeption einer Interferenz wird codifiziert und verbindlich gemacht. b) Ent-

---

[1] Ulrich Wilckens, *Das Neue Testament*, Hamburg ²1971, 304; vgl. auch ders., *Auferstehung*, Stuttgart 1970, 78-81.

[2] Dirk Röller, *Glauben und Leben*, Hannover 1988-1990, 287ff.

standene Lehrtradition und Buchwissen als Codices sind vorstrukturierende Voraussetzung einer Interferenz durch Kontingenzerfahrung; Tradition codifizierter Lehre dient als Anknüpfung für neu zu eröffnendes Verständnis.

Das Dilemma ist offensichtlich: Lehre und Erziehung sind Subsysteme innerhalb eines Rahmens, der Bedingungen für die Möglichkeit von Wahrnehmungen und Rezeptionen setzt, auf Grund deren gelernt werden kann, welche Verbindlichkeiten in einer Kultur und ihren Subsystemen herrschen. Aber Verstehen der Botschaft Gottes ereignet sich nicht als institutionalisierte Lehre; Botschaft wird erst durch das Wirken des Pneuma (Sprach-) Ereignis und bleibt unverfügbar. Es ist üblich geworden, sich diesem Dilemma durch Betonen einer Korrelation (Tillich, Rahner) zu stellen. Viele bildungsrelevante Äußerungen der Kirchen und christlicher Gruppen haben solche Wege beschritten (EKD 1990; Initiative 1985), signifikant beispielsweise in einer Anfrage wie der folgenden:

> "Wer für die Sache Jesu engagiert ist, wird entdecken, wie weit die Kirche hinter dem zurückbleibt, was das Evangelium verheißt und fordert. Gerade die Bibel ermächtigt zur Kritik an der Kirche. Aber diese Kritik geschieht im Interesse der Botschaft, die die Kirche verkündigt, im Bewußtsein der eigenen Armseligkeit."[3],

um nachfolgend sichtbar zu machen, was es heißt, "von Gott erkannt und gebildet"[4] zu werden.

Die Folgerungen führen zu einem Konsens mit der Institution Kirche: "Der Glaube, daß Gott jeden Menschen liebt und in Christus versöhnt, verändert den Lebens- und Umgangsstil, er beeinflußt Erziehung und Unterricht. Dabei geht es zunächst um die Beziehung als Mensch und Mitgeschöpf und um Deutung der Wirklichkeit der Welt und der Inhalte und Aufgaben des menschlichen Lebens und schließlich um eine Antwort auf die Frage, wovon und wofür wir leben."[5] Der Präsident im Kirchenamt der EKD unterstreicht die Aufgabe: "entscheidend ist, ob wir einander helfen

- überzeugend von Gott zu reden und Jesus Christus zu lieben,
- das Sinnvakuum eines an sein Ende gekommenen Fortschrittsoptimismus auszufüllen,
- wach zu sein für die Nöte in der Welt und unserer Nachbarschaft."[6]

---

3 *Erneuerung der christlichen Erziehung*. Eine Stellungnahme der christlichen Initiative Brennpunkt Erziehung, Gütersloh ²1985, 60.

4 Ebd., 146ff.

5 *Bildungs- und Schulpolitik aus christlicher Sicht*, hg. v. Kirchenamt der EKD, Hannover 1990, 20f.

6 H. Löwe, "Was ändert sich in der Evangelischen Kirche in Deutschland durch die neue Gemeinschaft mit den alten Gliedkirchen-Ost?", in: *Einsichten* 8 ARP / Ev. Akademie, Braunschweig 1991, 14.

In den vorstehenden exemplarischen Verlautbarungen ist von Kommunikationsvorgängen die Rede, die mit gewissen Interferenzen rechnen, ohne diese genauer in ihrer Funktion zu beschreiben. Dem Rezipienten wird die Rolle zugedacht, sich herausgefordert zu wissen und offen zu halten für mögliche Interferenzen der Botschaft, u.U. sein Verhalten, seinen Lebensstil, also bisherige Verbindlichkeiten zu ändern. Signifikanten solcher Herausforderungen sind Appellativa, Propositionen und Präsuppositionen ("bemerken, fordern, entscheidend sein, wachsein, verändern, beeinflussen ..."). Diese Signifikanten bezeichnen ebenso wie die intendierten Kommunikationsvorgänge, daß christliche Gruppen und Institutionen auch im Rahmen korrelativer Ansätze dazu neigen, eine tradierte Botschaft weniger als Herausforderung denn affirmativ zu behandeln.

Die zugrundeliegenden Tiefenstrukturen zeigen sich bereits bei den Emmausjüngern: Sie kommen aus einer Stadt, in der offensichtlich die Infragestellung und Herausforderung des dort institutionalisierten Glaubens durch einen Versuch, öffnende Botschaft (Interferenz) zu verbreiten, gescheitert ist: "Sie redeten miteinander von allen diesen Geschichten." Die erwartete Interferenz hat nicht stattgefunden, weil die institutionalisierte Lehrmeinung und die mit ihr verbundene Macht ein kulturelles System bilden, das sich selbst mit stratifikatorischen Maßnahmen sichert und determiniert.[7] Konnotiert wird in der Erzählung der Versuch der Auseinandersetzung mit diesem System; die Gesprächspartner nehmen zu diesem sich selbstreferentiell geschlossen haltenden System und zum Scheitern der Herausforderung dieses Systems Stellung, indem sie sich ihm durch Fortwandern zu entziehen versuchen, mit ihrer Deutung der Ereignisse aber innerlich daran gebunden bleiben; das nach-folgende Gespräch bezieht sich auf diesen Verständigungsversuch der Wanderer; jedenfalls drücken sie sich dem fragenden Fremden gegenüber mit ihrer Antwort entsprechend aus:

> "Das mit Jesus von Nazareth, der ein Prophet war, mächtig in Taten und Worten vor Gott und allem Volk; wie ihn unsre Hohenpriester und Oberen zur Todesstrafe überantwortet und gekreuzigt haben. Wir hofften aber, er sei es, der Israel erlösen werde..." (Lk 24, 18b-21a).

Diese Auskunft nach vorheriger Übereinkunft präsupponiert einen Wahrnehmungs- und Lernprozeß des Kleopas und seines Weggefährten: Als *literati* haben beide sehr wohl prophetische Hoffnung vor Augen. Die Konkretion ihrer Vorstellung aber hat sie in Gegensatz zur institutionalisierten Lehre gebracht; sie hatten sich von der Gegenwart Jesu von Nazareth, "der ein Prophet war, mächtig in Taten und Worten vor Gott und allem Volk", beeindrucken lassen. Ohne seine Gegenwart können sie ihr Sonderwissen jedoch nicht be-

---

7 Niklas Luhmann, *Gesellschaftsstruktur und Semantik*, Bd. I., Frankfurt/M. 1980.

wahren. Die Realität und Macht des Lehrhauses und seiner Verbindlichkeiten haben schließlich eine andere Interpretation der Ereignisse gegeben und folglich "zur Todesstrafe überantwortet"(20). Die erhoffte Bestätigung der von den literati im Herzen gehegten Hoffnung ist auch am dritten Tage nicht eingetroffen (21b).

So vollzieht sich eine doppelte Verstellung der Botschaft: Was man als literatus von den Propheten weiß und auf seine Weise deutet, kann auf Grund der Autorität und Macht der übrigen Gebildeten des institutionalisierten Lehrhauses nicht durchgehalten werden. Botschaft für die Allgemeinheit stratifikatorisch verschlossen, wird auch für diejenigen verstellt, die neue Einsichten mit der Botschaft verbinden könnten: Die Augen blieben gehalten (16).

Botschaft wird als ein Zeichenkomplex auf bestimmte Vorstellungen festgelegt und weitergereicht; ihre Signifikanten lassen Arbitrarität und Deixis auf unverfügbare Referente nicht zu. Die Wahrnehmung von nicht zugelassenen Konnotaten wird abgeblockt und durch Trauer kompensiert.

Da die institutionalisierte Lehre mit strafikatorischen Maßnahmen diejenigen ausgegrenzt hat, die mit Interferenzen rechnen, reformulieren sie ihre ursprünglich von eschatologischer Hoffnung getragene Botschaft, die dem Fremden nur in traurigem Stehenbleiben als Konstruktion eines resignativ akzentuierten Weltbildes zuteil werden kann: Die Wirklichkeit ist grausam und enttäuscht die Hoffnungen. Aus den *literati* werden angesichts enttäuschter Hoffnungen *idiotai*, die sich aber nicht auf die Stufe der Frauen herablassen wollen (22-24); sie sind unfähig geworden, Interferenzen etwa seitens nicht zeugnisfähiger Personen aufzunehmen. Folgerichtig muß der Fremde sie als "Toren" (25) bezeichnen, die mit ihrer Bildung nichts anzufangen wissen und gesagt bekommen, was sie letztlich schon wissen konnten (26f.): "Mußte nicht Christus dies erleiden und in seine Herrlichkeit eingehen? Und er fing an bei Mose und allen Propheten und legte ihnen aus, was in der ganzen Schrift von ihm gesagt war." Dieser Öffnungsversuch für ihr Vorauswissen stößt auf Blokkaden, solange das entscheidende Zeichen fehlt; das wird ihnen im Nachhinein bewußt (32).

Für den Beobachter Lukas hat sich dieses Erkennen bereits wieder in Formeln fokussiert; er komponiert die Geschichte in doppelsinniger Tiefenstruktur: Durch die Einfügung der rahmenden Weggeschichte beleuchtet er das Bildungswissen als notwendig und blockierend zugleich. In der Erkenntnisgeschichte läßt er die Öffnung der Botschaft durch Deixis signifikant werden. Was codifiziert ist, muß eine Öffnung für eine unerwartete Wendung erlauben, das Brotbrechen als Zeichenhandlung; diese gibt dem Besprochenen und Gewußten seinen Sinn und führt zum Handeln und Verstehen; sie löst Gemeinschaft aus. Jesu Botschaft, fokussiert in der Zeichenhandlung, performiert Kontingenzerfahrung. Erneute Erzählung, erneuter Bericht und Formulierung führen zu einer Codifizierung und Affirmation, die in ein kulturelles Subsystem einordnet und entsprechend auch Akkomodations- und Kommunikationsvorgänge in kulturellen Subsystemen erfordert: von Text über Kontingenzerfahrung zu Text. Die neue Vertextung ist, wenn man so will, ein Gewebe neuer Kleider, und trotz Bemühen um Korrelation erneute Affirmation, die an Appellative gebunden ist. Signifikant der Offenheit dagegen ist Differenz zur Ikonizität alter und neuer Texte - ihre Zeichen sind deiktisch, arbiträr, konnotativ. Ein kulturelles Subsystem kann sich soweit offenhalten, daß es zuläßt, wenn gelehrt wird, mit arbiträrer Sprache umzugehen. Eine Sondersprache des Glaubens darf man daraus kaum ableiten wollen.[8]

2. Botschaft und Bildungsdilemma im Wandel?

2.1. Umcodierung durch Zeichenhandlungen

Das strukturdeterminierte soziokulturelle System des Lehrhauses läßt Wahrnehmungs- und Rollendiffusion auf Grund von Interferenzen nicht zu. Im Rückblick auf die Kontingenzerfahrung läßt die Botschaft diese Verfestigungen des institutionell codierten Bildes als solche erkennen. Für Lukas, den Beobachter und Berichterstatter, ergibt sich auf dem Hintergrund dreierlei:
a) Das institutionalisierte Messiasbild enthüllt sich durch Zeichenhandlungen als ein simulacres.
b) Ein Bild hat tendenziell die Neigung, sich zu verfestigen und zu institutionalisieren, muß aber immer wieder aufgebrochen werden durch Zeichenhandlungen.
c) Identität als Mitglied einer neuen Gemeinschaft ergibt sich in Differenz gegenüber dem herkömmlichen, im Lehrhaus institutionalisierten Bild durch Relation zu einer neu codierten Zeichenhandlung.

Paulus hatte bereits die Deutung des Lukas vorweggenommen: Seit dem Damaskuserlebnis codiert der neu Berufene die neuen Zeichenhandlungen unter Rückgriff auf alte Bilder in einem Zeichensystem, indem er das Gleichnis vom Leib und den Gliedern mit Zeichen des Zusammenhaltens durch Liebe (1.Kor 12 und 13) beschreibt. In der Gemeinde entsteht Konsensualität als Ausdruck für die Mehrung von Wahrnehmung der Liebe (Phil. 1,9).[9] Die junge Gemeinde erlebt nahezu ein Spiegelstadium. Sie gewinnt ihre Identität im Spiegelbild der Liebe[10]; entsprechend verhalten sich in der Emmausgeschichte die Beteiligten: eine Zeichenhandlung läßt sie die Mehrung der Liebe

---

8 I. Dalferth, "Religiöse Sprechakte als Kriterien der Religiosität?", in: *Linguistica biblica* 44 (1979), 101-118.

9 W. Brändle, *Wohlan, laßt uns einen Turm bauen*, Loccum 1989, 53ff.

10 Jacques Lacan, "Das Spiegelstadium als Bildner der Ich-Funktion", in: ders., *Schriften*, Frankfurt/M. 1949, 61-70.

wahrnehmen. Der Auferweckte kann entschwinden, weil die Herausforderung durch diese Zeichenhandlung von den (Emmaus-) Jüngern verstanden und handelnd vollzogen wird; sie gehen zurück an den Ort vorheriger Verzweiflung. Dramaturgisch betrachtet[11] vergewissert sich Lukas dieses Ereignisses mit ästhetischen Kategorien und treibt so die besondere Funktion von Offenheit in theologischer Perspektive über die ästhetische hinaus: Interferenz und Kontingenz in Zeichenhandlungen verweisen theologisch auf ein Transzendentes, das eher zu Rollendiffusion herausfordert. Offenheit im ästhetischen Bereich hält den Rezipienten zur Konstruktion von Ordnung seiner Wahrnehmungen nach einem Durchgang durch die Fülle der Zeichenangebote an.[12] Die öffnende Zeichenhandlung Jesu unterscheidet sich von den gelehrten Hinweisen des Weltmannes William von Baskerville an Adson durch ihre Unberechenbarkeit. Die Botschaft wird so offen sein, wie sie nicht mit codifizierter Lehre similär wird, sondern Deixis erzeugt.

2.2. Das Dilemma der Kirche als kulturelles Subsystem

Die durch Zeichenhandlungen ausgelöste Botschaft der Emmausjünger scheint heute erneut redundant geworden zu sein. Diese Redundanz ergibt sich aus der Vorstellung, daß die Botschaft ein festgeschriebener, als "Tradition" übertragbarer Zeichenkomplex sei, der, sozusagen im "Container" weitergereicht, als Bildung Sinn erzeugt.[13]

Um dieser Redundanz abzuhelfen, besteht unter den oben zitierten Äußerungen christlicher Gruppen und Institutionen Einigkeit darüber, daß die Botschaft offen gehalten werden muß, auch angesichts der Notwendigkeit jeweiliger Codifizierung entsprechender Rezeptionscodes - unklar ist freilich, wer Subjekt dieses Öffnungsprozesses ist. Verbunden mit der Ansicht, die Botschaft müsse einen Beitrag zur Formung und Erziehung einer Einzelpersönlichkeit im Rahmen eines Erziehungswesens bieten, wird der Interferenzcharakter der Botschaft jedoch eher verstellt. Jedenfalls fragt sich, ob sich im Bestreben, einen Beitrag der kirchlichen Lehren zur Allgemeinbildung ausweisen zu wollen, nicht eben die Situation widerspiegelt, die bereits zur Zeit der Emmausjünger interferenzielle Zeichenhandlungen Jesu (vorläufig) scheitern ließ. Kirchen und Bildungseinrichtungen als wertvermittelnde Institutionen setzen sich den Verbindlichkeiten aus, die sie selbst als kulturrepräsentierende Subsysteme formuliert haben. Für diese Wertvermittlungen rechnen die In-

---

11 W. Brändle, *Heilvolle Nähe Gottes*. Studien zu einer theologischen Theodizee, Habilitationsschrift Kirchliche Hochschule Bethel 1987, 351-360.

12 Umberto Eco, *Das offene Kunstwerk*, Frankfurt/M. 1977, 81.

13 Vgl. dagegen K. Goßmann, *Reformziel Grundbildung*, Münster 1986, 18ff. und Klaus Krippendorf, "Der veschwundene Bote", in: Merten / Schmidt / Weischenberg, *Funkkolleg Medien und Kommunikation*, Bd III/6, Weinheim 1990, 25.

stitutionen mit Rezeptionsstrukturen bei den Rezipienten: Ein solcher Rezeptionsvorgang setzt als Kommunikationsvorgang letztlich ein Reiz - Reaktionsschema voraus, das den Stellenwert religiöser Bildung festlegen will. Die Bemühungen um entsprechende Darstellung lebensgeschichtlicher Bedeutung der Gottesfrage und um den Erfahrungsbezug in der Symboldidaktik zielen in diese Richtung. Botschaft wird als Zeichenkomplex verstanden, der "containermäßig" transportiert und angenommen, Bildung erzeugt.[14] Entsprechend werden im schulischen Religionsunterricht beispielsweise Texte und andere Dokumente aus der Kirchengeschichte als Idiolekte eingesetzt, um zu bilden, indem rekonstruierende statt schöpferischer Codierungsprozesse vollzogen werden. In der zwangsläufig sich als kulturellem Aneignungsprozeß immer wieder einstellenden Rekonstruktion zeigt sich wie schon bei den Emmausjüngern die Verstellung der Kontingenz der Botschaft. Zeichensysteme als kulturelle Codes in Institutionen, Buchwissen, Artefacten, Techniken etc. kennenzulernen und ihr Werden und ihre Funktion zu begreifen, also ihren Signal- und Zeichencharakter und die in ihnen gesetzten Verbindlichkeiten als Bedeutungs- und Sinnstrukturen zu durchschauen, ist zwar kulturanthropologische Voraussetzung, damit zu dieser Rekonstruktion die schöpferische Konsensualität hinzukommen kann, wie sie Paulus als Zunahme der Wahrnehmung von Liebe beschreibt und wie sie der Auferstandene im Gespräch mit den Emmausjüngern übt; aber solange Kontingenz und Interferenz ausgeschlossen werden sollen und nicht gelernt wird, mit arbiträrer Sprache umzugehen, bleibt Botschaft similär in Lehre verschlossen.

2.3. Bildung und Lehre als Voraussetzungen der Wahrnehmung

Die Christliche Initiative Brennpunkt Erziehung hat vorgeschlagen, mit der Kategorie "Sprachspiel" die Kontingenzerfahrung für den Glauben als "Sprachspiel Gottes" aufzunehmen.[15] Das kommunikative Handlungsspiel erweitert das Sender-Empfänger-Modell, mit dem in (religions-) pädagogischen Überlegungen zur Bildung Präferenzen für Textarbeit gesetzt werden, zu einem Kommunikationssystem mit soziokultureller Funktion.[16]

Botschaft kann nicht länger im Sinne des Containermodells als Zeichenkomplex übertragen werden, wie es die Textsammlungen als Basis des Religionsunterrichts inbesondere in der gymnasialen Oberstufe voraussetzen. Vielmehr wird durch das kommunikative Handlungsspiel Textarbeit, soweit "Sprache Ausdruck der Welt" ist, vom Selbstzweck zur Funktion einer Wahrnehmungs- und Verstehenshilfe, die auf den eigentlichen Initiator der Botschaft

---

14 Vgl. Klaus Krippendorf, "Der verschwundene Bote", a.a.O. (Anm. 13).

15 *Erneuerung der christlichen Erziehung*, a.a.O. (Anm. 3), 123-131.

16 Dirk Röller, "Bauen und Wohnen. Semiotische Elementaria im Religionsunterricht", in: *Zeichenprozesse in der Erziehung* III, Lüneburg 1984.

verweist. Der Verweischarakter der entsprechenden Zeichenhandlungen und Botschaften dient der Aufhebung der Blockade der neuzeitlich gesetzten Verstehensbedingungen eines strukturdeterminierten Subjekts[17]. Ihnen gegenüber gilt es, Nischen zu suchen, in denen sich Zeichenhandlungen wie bei den Emmausjüngern ereignen *können*, z.B. auf dem Marktplatz[18], am gedeckten Tisch[19], im Gottesdienst[20], im Lebensalltag[21], in pädagogischer Reflexion.[22] Lehre, kulturelle Selbstrechtfertigungen von Institutionen und Bemühungen um Persönlichkeitsbildung sind Beiträge zu einer Stabilisierung in einem kulturellen System. Religionsunterricht mag dazu seinen Beitrag liefern[23]; darüber hinaus müssen Unterricht und Lehre die Sensibilität für Offenheit entwickeln. Die Offenheit der Botschaft bleibt davon unbetroffen. Auch Kleopas konnte die Schriften lesen. Das hat ihm wenig genutzt. Erst die interferierende Zeichenhandlung des Auferweckten am Abend in Emmaus öffnete ihm die Augen für die Botschaft.

---

17 Dirk Röller, "Simulation und Fiktion als semiotisches Problem", in: Erhardt Güttgemanns, *Das Phänomen der "Simulation"*, Linguistica biblica FThL, 17/1991, 225-238.

18 Dirk Röller, "Schulstube und Marktplatz", in: *Kunst und Kirche* 10 (1991), 184-187.

19 Dirk Röller, "... am gedeckten Tisch", ARP, Braunschweig 1988.

20 Vgl. Rainer Volp, *Chancen der Religion*, Bielefeld 1975; *Zeichen. Semiotik in Theologie und Gottesdienst*, hg. v. Rainer Volp, München 1982.

21 Kwiran/Röller, a.a.O. (Anm. 2).

22 P. Fauser, "Praktisches Lernen", in: *Mitteilungen des Bundesarbeitskreises der Seminar- und Fachleiter*, 4 (1990), 50-70.

23 Vgl. H. Schmidt, "Pädagogik und Theologie mit Anfragen an die Erziehungwissenschaften", in: *Jahresprogramm des rpi*, Loccum 1991, 20-34; sowie K. Stock, "Die Konstitutionsbedingungen der Religionspädagogik", ebd., 35-47.

Autoren

Karl-Heinrich Bieritz, Dr. sc. theol., Jg. 1936, Dozent für Praktische Theologie an der Ev.-theol. Fakultät der Humboldt-Universität Berlin; Anschrift: Marzahn 3, Psf 233, 1142 Berlin.

Hermann Deuser, Prof. Dr. theol., Jg. 1946, Prof. für Ev. Theologie an der Bergischen Universität - Gesamthochschule Wuppertal und Priv. Doz. für Systematische Theologie an der Ruhr-Universität Bochum; Anschrift: Kriemhildenstr. 5, W-5600 Wuppertal 2.

Wilfried Engemann, Dr. theol. habil., Jg. 1959, Privatdozent an der Ev.-theol. Fakultät der Ernst-Moritz-Arndt-Universität Greifswald und Pfarrer; Anschrift: Friedrich-Loeffler-Str. 67, O-2200 Greifswald.

Martin Heider, Jg. 1963, Student der Theologie an der Ruhr-Universität Bochum; Anschrift: Haydnstr. 7, W-4600 Dortmund 1.

Frank Hiddemann, Jg. 1960, 1987-1992 wissenschaftlicher Mitarbeiter an der Ruhr-Universität in Bochum (Praktische Theologie), Studienleiter im Evangelischen Studienwerk Villigst; Anschrift: Iserlohner Str. 30, W-5840 Schwerte.

Walter A. Koch, Prof. Dr. phil., Jg. 1934, Professor für Anglistik und Semiotik an der Ruhr-Universität Bochum; Anschrift: Markstraße 266, W-4630 Bochum 1.

Gerhard Lukken, Prof. Dr. theol., Jg. 1933, Professor für Liturgiewissenschaft an der Theologischen Fakultät der Universität Tilburg, Niederlande; Anschrift: Arthur van Schendelpark 37, NL-5044 LG Tilburg.

Walter Magaß, Dr. phil., Jg. 1926, Pfarrer, verschiedene Publikationen zu Hermeneutik, Rhetorik und Semiotik; Anschrift: Kreuzstr. 28, W-4500 Osnabrück.

Koloman N. Micskey, Prof. Dr. theol., Professor für Systematische Theologie an der Ev.-theol. Fakultät der Universität Wien; Anschrift: Kaiserstr. 71/PH 1, A-1070 Wien.

Herbert Muck, Prof. Dr., Jg. 1924, Leiter des Institutes für Verhalten und Raum an der Akademie der bildenden Künste Wien; Anschrift: Brühler Str. 104a, A-2340 Mödling.

Dirk Röller, Dr. theol. StD., Jg. 1937, Fachleiter für Ev. Religionslehre am Staatlichen Studienseminar Oldenburg; Anschrift: Peterstr. 44, W-2900 Oldenburg.

Rudolf Roosen, Dr. theol., Jg. 1954, 1979-1983 wissenschaftlicher Mitarbeiter am Praktisch-Theologischen Seminar in Mainz, Pfarrer; Anschrift: Taubenstr. 10, W-5600 Wuppertal 2.

Joachim Scharfenberg, Prof. Dr. theol., Jg. 1927, Professor für Praktische Theologie und Pastoralpsychologie an der Universität Kiel; Anschrift: Hofteich 2, W-2371 Bredenbek Neukönigsförde.

Ronald Sequeira, Dr. A., M.A., Jg. 1937, Dozent für Vergleichende Kulturwissenschaft an der Rijkshogeschool (Staatliche Hochschule) Maastricht, Niederlande; Anschrift: Richard-Wagner-Straße 28, W-5132 Übach-Palenberg.

Hans-Erich Thomé, Dr. theol., Jg. 1950, Pfarrer und Beauftragter für Hörfunk bei der Ev. Kirche in Hessen und Nassau, 1983-1988 wissenschaftlicher Mitarbeiter am Praktisch-Theologischen Seminar Mainz; Anschrift: Paulusplatz 1, W-6100 Darmstadt, Pf. 4447.

Rainer Volp, Prof. Dr. theol., Jg. 1931, Professor für Praktische Theologie am Fachbereich Evangelische Theologie der Johannes-Gutenberg-Universität Mainz; Anschrift: Königstuhlstraße 57, W-6501 Lörzweiler.